피아노 교수학 총론

INTRODUCTION TO PIANO PEDAGOGY

김신영 · 권수미 · 김소형 · 노주희 · 박부경 · 박영주 · 배수영 · 유은석 공저

학지사

머리말

1900년대 초 우리나라 대학에 피아노 실기 강좌가 개설되어 공식적으로 피아노 교육이 실시된 지 약 110년의 역사가 흘렀다. 시간이 흘러감에 따라 교육 철학이 바뀌고, 이러한 철학적 사고에 따라 피아노 교육에도 커다란 변화를 가져오게 되었다. 대부분의 교사는 '왜 그렇게 쳐야 하는지' 음악을 이해시키기보다는 잘못을 수정하면서 많은 레슨시간을 보낸다. 그들은 단순히 "이 음은 악센트를 살려서 크게 쳐야 해. 그리고 저기는 점점 여리게……."라고 지적하고 자신의 연주를 여러 번 보여 주면서 음악의 흐름을 파악하게 한다. 20세기 초에 접어들면서 세계 여러 나라의 명성이 있는 피아니스트와 교육학자들은 테크닉을 강조하는 19세기 모방교수법에 의문점을 가지고 새로운 개념의 피아노 교수법에 대해 관심을 가졌다.

1990년대에 들어 많은 대학에 피아노 페다고지 강좌가 생겨나기 시작하였고, 각 대학마다 강좌의 명칭은 '피아노 교수법' '피아노 교수학' '피아노 페다고지' 등으로 달리 사용되고 있다. 이는 '피아노 페다고지'라는 용어에 대한 시각의 차이가 있기 때문이다. '피아노 페다고지'는 단순히 지도방법이 아니라 하나의 학문으로서 끊임없이 변화하는 연구분야이다. 피아노 페다고지의 대상범위는 유아에서 성인에 이르기까지 매우 다양하다. 이제 피아노 교육은 소수의 재능 있는 엘리트만을 위한 것이 아니다. '왜 우리는 음악을 배우는가'라는 질문을 통해 많은 사람이 왜 피아노를 배우려고 하는지 그리고 피아노 교육의 궁극적인 목적과 중요성에 대한 재인식이 필요하다.

이 책은 대학이나 대학원에서 미래 피아노 교사를 대상으로 하는 피아노 페다고지 강좌 교재로 쓸 수 있도록 고안되었다. 뿐만 아니라 사회 교육현장에서 개인피아노 스튜디오, 학원 및 교습소 교사들이 연령별, 수준별, 단계별로 다양한 대상의 학습자에게 '무엇을, 어떻게 가르쳐야 하는가'에 중점을 두었다. 이에 대상별로 적절한 교수법을 적용할 수 있도록 학습자의 특성 및 기초적인 음악이론을 다루었다. 더불어 교사들의 이해를 높이고자 실례를 들어 설명하였으며, 실제 교육현장에 직접 적용할 수 있도록 교수ㆍ학습 전략을 제시하였다.

『피아노 교수학 총론』은 총 3부 12장으로 나뉘어 있다. 제1부 '피아노 페다고지의 개관'에서는 최근 피아노 교육의 동향을 파악할 수 있는 내용에 초점을 두었으며, 제1장 피아노 교육의 철학, 제2장 피아노 페다고지의 역사, 제3장 피아노 학습이론으로 구성되어 있다.

제2부 '교수ㆍ학습 전략'에서는 피아노 교육의 철학과 학습이론에 기초하여 실제 교육현장에서 활용할 수 있도록 이론과 실제를 병행하여 제시하였다. 제4장 유아과정, 제5장 초급과정, 제6장 중ㆍ고급과정에서는 각 수준에 맞는 연주기법, 다양한 음악활동 그리고 지도방법을 다루고 있다. 제7장에서는 그룹피아노 교육 이론과 그룹유형별 특징을 소개하고 실제 교육현장에 적용할 수 있도록 초급수준, 중ㆍ고급수준의 지도전략과 전자피아노 랩에서 실시되는 클래스피아노 지도 사례를 제시하고 있다. 제8장에서는 사회에서 피아노 전공자들이 연주자뿐 아니라 반주자, 실내악 등 다양한 활동을 하는 데 필요한 역량을 기르기 위한 기능적인 건반 연주기술을 다루고 있다.

제3부 '전문적인 피아노 교사'에서 제9장은 최근에 부각되고 있는 테크놀로지를 피아노 교육에 활용할 수 있는 다양한 방법을 제시하고 있다. 제10장 성인피아노 교육, 제11장 특수교육에서는 학습자의 특성에 따른 다양한 지도전략을 제시하고 있다. 마지막으로, 제12장에서는 피아노 전공자들이 졸업 후 학원을 설립하는 데 필수적으로 알아야 할 학원과 교습소 법규, 상담방법 등 학원 경영에 관련된 제반사항을 다루고 있다.

이 책을 통해 피아노 전공자들이 사회에서 연주자로서뿐만 아니라 피아노 교사로서 전문적인 자질과 역량을 갖춘 음악인으로 활동하는 데 도움이 되길 바란다. 나아가 대학에서 피아노 페다고지가 학문으로서 자리를 잡고 피아노 교육계의 발전에 조금이나마 기여할 수 있기를 바란다.

끝으로 『피아노 교수학 총론』이 나오기까지 아낌없는 조언과 격려를 해 주신 모든 분에게 감사드리며, 이 교재를 펴내는 데 깊은 배려와 성원을 해 주신 학지사 김진환 사장님과 편집부 직원 모두에게 감사드린다.

2020년 3월
저자 일동

차례

제5장 초급과정 _____ 유은석

제6장 중 · 고급과정 _____ 배수영

제7장 그룹피아노 교육 _____ 김신영 · 권수미

제8장 다양한 건반 연주기술 _____ 박영주

제3부 · 전문적인 피아노 교사

피아노 교수학 총론

제1부

피아노
페다고지의 개관

제1장

피아노 교육의 철학

김신영

●

피아노를 지도할 때 논리적인 철학적 접근을 개발하기보다는 배운 대로 가르치는 것이
교사들에게는 더 쉬울 것이다. 바로 지금이 변화할 때이다!

– 맥스 캠프(Max Camp) –

먼저 피아노 페다고지의 의미를 터득하기 위해 다각적인 관점에서 피아노 페다고지의 기본
개념을 살펴본다. 이와 관련하여 피아노 교육의 목적 및 목표 그리고 피아노 교육의 중요성
을 파악함으로써 피아노 교육의 본질과 의의에 대한 이해를 돕는다. 마지막으로, 시대의 흐
름에 따라 교수법 철학이 어떻게 변천되었는지 고찰해 봄으로써 최근 피아노 교육의 동향을
조명해 본다.

1. 피아노 교육의 본질과 의의

피아노 페다고지의 진정한 의미를 터득하고 피아노 페다고지와 피아노 연주의 공통점과 차이점은 무엇이며 서로 어떤 상관관계가 있는지를 살펴보면서 피아노 교육의 본질과 그 의의를 알아본다.

1) 피아노 페다고지의 의미

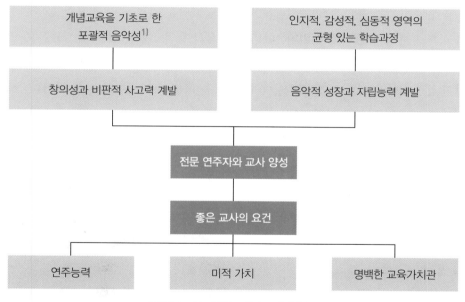

[그림 1-1] **피아노 페다고지의 목표**

---

1) 1950년대 후반과 1960년대 초반, 대학에서 그룹피아노 프로그램이 확산되면서 음악교육 전공, 비음악 전공 및 성인 취미 학생이 포함된 초급 피아노 학생들을 위해 새로운 프로그램이 나오게 되었다. 이러한 프로그램은 음악을 배우는 모든 학생들이 세부전공 분야에 상관없이 포괄적인 음악교육의 일환으로 피아노 교육을 받아야 한다는 철학에 따라 고안되었다. 따라서 새로이 설계된 프로그램은 피아노 수업에서 초견, 화성, 이조, 즉흥연주와 같은 기능적인 건반 연주기술을 학생들에게 기본적으로 교육시키기 위한 것이다 (Fisher, 2010). 1954년 페이스(R. Pace)는 모든 수준에서 레퍼토리와 함께 이론, 청음, 즉흥연주 및 초견을 통합한 일련의 독창적인 교재를 출판하여 피아노 페다고지 분야에 큰 공헌을 하였다.

흔히 우리는 "왜 음악을 배우는가?"라는 질문을 던진다. 많은 사람들은 음악을 모든 인간에게 기본으로 여기고 음악교육 그 자체가 더 나은 인간을 만드는 것처럼 인식한다. 반대로, 어떤 사람들은 음악을 여분의 교과(extra-curricula)이고 하나의 장식물(frill)로 간주한다. 우리는 음악학습이 인간경험에 의해 결합되어 있는 인지적, 감성적, 심동적 영역 내에서 상호 연관되어 있을 때 실제로 학습과정을 향상시킬 수 있다는 것을 인식해야 한다. 이것이 모든 음악활동에 내재되어야 하는 음악학습의 독특한 특징이다(Pace, 1982).

그런데 단순히 다른 사람의 연주를 모방하거나 교사의 지시에 수동적으로 따르는 결과 중심적 접근(product-oriented approach)은 학생들이 극도의 정확한 테크닉과 기술로 작품을 연주하지만 음악적으로 성숙해지고 자립능력을 기르는 데 필요한 통찰력이 부족하고 학습과정이 결여되어 있다. 이러한 방식의 음악교육을 받은 학생들은 수년 후에도 단순한 음악조차도 해석하거나 좋은 연주를 하지 못한다. 음악성이 없는 모든 테크닉적 표현이나 과도한 감정 표현을 하는 연주는 음악의 이해가 결여된 것이다.

음악이 심미적 경험을 통해 인간의 삶을 보다 풍요롭게 한다는 것은 널리 받아들여지고 있고 거의 논쟁의 여지가 없는 관점이다. 그러나 음악학습의 결과로 삶이 정말로 풍성해지지 않은 수백만의 사람들이 있다. 음악은 '시간의 예술'이므로 연주는 특정한 시간 프레임 안에서 중단되지 않고 음악의 흐름이 지속되어야 한다. 사람이 음악적인 행위를 하면서 일어나는 인지적(지식), 감성적(감정), 심동적(신체의 움직임) 영역 간에 적절한 균형이 이루어진다면 이러한 미학적인 순간이 대부분의 사람들에게 다가갈 수 있을 것이다.

좋은 피아노 교사가 되기 위해서는 다양한 대상의 학습자에게 연령별, 수준별, 단계별로 효율적인 교수법을 적용할 수 있는 장차 전문 연주자(artist)와 교사(teacher)로서의 능력을 갖추어야 한다. 로빈슨과 자비스(Robinson & Jarvis, 1967)는 "성공적인 피아노 교사가 되기 위해서는 연주능력은 물론 음악의 미적인 가치, 연주의 가치뿐 아니라 음악교육에 대한 명백한 가치관을 가지고 있어야 한다."고 언급한다(Kim, 2000 재인용). 이는 피아노 교사가 전문 연주자와 교사로서 갖추어야 할 자질과 역량을 강조하는 것이다.

2) 피아노 페다고지의 기본 개념

우리나라 대학의 교과과정에 '피아노 페다고지'라는 강좌가 포함된 지 대략 40여 년이 지났다. 그러나 "피아노 페다고지란 무엇인가?"라는 질문을 했을 때 명쾌하게 대답할 수 있는 사람이 흔치 않다. 여기에서는 '피아노 페다고지'의 진정한 의미를 알아보기 위해 교육적 · 시대적 · 사회적 관점에서 피아노 페다고지의 기본 개념을 파악해 본다.

(1) 교육적 측면에서의 관점

일반적으로 교육분야에서는 학생들의 창의성과 비판적인 사고력을 기르는 것보다 단순한 지식과 기능에 대한 반복학습에 지나치게 집중하는 경향이 있다. 피아노 교육분야도 같은 맥락에서 문제점이 제기된다. 많은 피아노 학습자들은 언젠가는 교사의 도움 없이 새로운 상황에서 음악적인 문제를 스스로 해결할 수 있는 능력이 필요하다. 그러나 그들은 악곡에 대한 음악의 이해가 부족한 채 다가오는 시험, 연주, 오디션 등을 준비하기 위해 테크닉적인 정확성과 암기에 전념하면서 수없이 많은 시간 동안 반복연습을 하는 경향이 있다(김신영, 2019).

최근 음악교육에 영향을 미친 교육학자들의 비판적인 견해와 그 배경을 살펴보면 다음과 같다.

① 교육학자들의 학교교육에 대한 비판
- 1890년대 말 심리학자 듀이(J. Dewey)가 학교교육의 반복암기교육을 비판하는 책을 출판하게 되면서 1900년대 초 학교교육에 영향을 미쳤다.
- 1900년대 중엽 커슨스(N. Cousins)와 같은 많은 교육학자들을 중심으로 창조적인 사회에서 학교교육의 중추적인 역할이 무엇인지, 교육의 가장 큰 진리가 무엇인지 등의 주제를 둘러싸고 그에 대한 비판이 심각하게 대두되었다.
- 1940년대 델로 조이오(N. Dello Joio)가 새라로렌스대학(Sarach Lawrence College)에서 가르치면서 대학 프로그램이 음악의 기초가 빈약한 수준에서 교사들을 배출하고 있다는 것을 느끼고 '포괄적 음악성' 향상을 위한 그의 견해를 내놓기 시작하였다.

② 포괄적 음악성의 배경

[그림 1-2] **포괄적 음악성의 배경**

출처: 김신영(2017).

'포괄적 음악성'[2]이라는 개념은 현대음악 프로젝트(Contemporary Music Project for Creativity in Music Education: CMP)에서 발생하였다. 현대음악 프로젝트는 1959년 시작된 청년 작곡가 프로젝트(Young Composers Project: YCP)에서 계승되어 1973년까지 수행되었다. 이 프로젝트는 1950년대 후반 본격화되어 미국음악교육자협회(Music Educators National Conference: MENC)의 주관 아래 추진되었다. 1965년 노스웨스턴대학교(Northwestern University)에서 열린 세미나에서 최초로 '포괄적 음악성(comprehensive musicianship)'이라는 용어가 나오게 되었다.

③ 포괄적 음악성의 개념

포괄적 음악성은 모든 음악적 경험의 통합을 강조하는 접근이다. 음악의 기초를 튼튼히 하기 위해서는 음악의 기본 영역인 창작(creating), 연주(performing), 비판적 감상과 분석(critical listening and analysing)이 개인레슨뿐 아니라 모든 교과에서 통합되어야 한다는 것이다. 즉, 음악이론에서 배우는 지식은 실기와 통합되었을 때 학생의 전공학습을 견고하게 할 수 있다는 것을 의미한다. 미국의 음악교육학자 볼(C. Ball)은 "음악은 하나의 예술이다."라고 주장한다. 그러나 학생들은 모든 음악학습을 전체로 보기보다는 실기학습의 기술 지향적인 면(skill-oriented aspects)에 집중하고 나머지 커리큘럼을

---

2) 포괄적 음악성은 교수법이나 과정의 구조개혁이라기보다는 음악에 대한 과정, 접근, 태도이다. 포괄적인 학습은 창의적 사고력을 계발시키기 위해 모든 음악의 근원을 탐색한다(Willoughby, 1971)

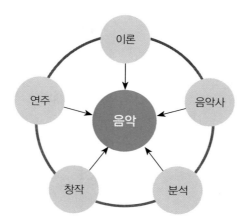

[그림 1-3] **포괄적 음악성의 개념**

필요 없는 사실의 잡동사니로 보는 경향이 있다고 강조한다(Willoughby, 1971). 따라서 음악교사는 학생들에게 사실적인 지식을 채우려고 시도하기보다는 그들 스스로 발견할 수 있는 학습과정을 촉진시키기 위해 자료들을 조직하고 연관지어야 한다.

최근 피아노 교육의 동향과 연관된 포괄적 음악성의 개념을 요약하면 다음과 같다.

• 음악 내 · 음악 외의 연관성
• 레퍼토리의 확장
• 학생 중심의 개념학습
• 음악 기본 영역의 통합

(2) 시대적 측면에서의 관점

과거의 전통적인 피아노 교수법은 음 읽기, 정확한 리듬 익히기 그리고 어려운 테크닉을 익히기 위해 교사의 지시에 맹목적으로 따르면서 앵무새처럼 기계적인 반복연습에 전념하는 접근이다. 현재까지도 많은 피아노 교사들은 인지적인 면(실기와 음악사, 음악이론과의 관계)을 무시한 채 테크닉의 정확성과 암기를 강조하면서 자신이 익힌 연주기법으로 피아노를 어떻게 연주하는가를 보여 주고 사소한 것을 수정하면서 피아니스트가 되기 위한 훈련을 계속시키는 경향이 있다. 예를 들면, "단순히 이것은 리타르단도, 저것은 점점 여리게, 여기에 악센트, 저기엔 음의 길이를 충분히 해……." 하면서 학생들을 지도하는 방법을 흔히 볼 수 있다. 이러한 접근은 '왜 그렇게 쳐야 하는지' 음악을 이해하는 데 기초가 되는 원리를 무시한 19세기의 진부한 모방교수법이라고 말할 수 있다(김신영, 2019).

이와 같은 피아노 교육은 학생의 음악적인 재능을 제대로 성장시키지 못할 뿐 아니라 더욱이 학생 스스로 음악적인 문제를 해결할 수 있는 능력을 계발시키는 데 도움이 되지 못한다. 따라서 레슨을 받지 않는 경우 학생은 혼자서 작품을 해석하고 연주하는 데 어려움을 겪게 되는데, 이는 학습과정에서 음악을 제대로 이해시키지 못한 교사의 탓이라고 볼 수 있다.

최근 음악교육에 영향을 미친 20세기 교육사상가들의 견해와 피아노 교수법적 접근의 변천을 살펴보면 다음과 같다.

① 20세기 교육사상가들의 음악교육에 대한 견해
- 가드너(Gardner, 1983)는 다중지능이론(theory of multiple intelligences)을 통해 음악성을 향상시키기 위해서는 음악 실기분야에서 감성적 영역과 심동적 영역 못지않게 인지적 영역이 중요함을 강조하였다.
- 리머(Reimer, 1989)는 "연주란 내적인 성장에 대한 외적인 표현"이라고 언급하였다. 좋은 연주를 위해서는 학생들의 내적 감수성, 상상력, 예술적 사고력을 계발함으로써 그들만의 해석으로 독창적인 표현을 할 수 있도록 학습이 이루어져야 함을 의미한다.

② 피아노 교수법적 접근의 변천
㉠ 전통적인 교수법
- 테크닉, 암기 중심의 기계적인 반복학습
- 직접적인 모방교육
- 결과 중심적 접근
- 단기간의 목표

ⓛ 최근의 교수법
- 음악의 기본원리 파악
- 시행착오를 통한 비판적인 학습
- 과정 중심적 접근
- 장기간의 목표

(3) 사회적 측면에서의 관점

대학에서의 피아노 교육은 장차 학생들이 졸업 후 전문 연주자와 교사로서 역량을 기를 수 있는 전문적인 지식과 기술을 습득시켜야 한다. 현실적으로 피아노 전공자들이 졸업 후 피아노 연주자, 반주자, 실내악 등 연주활동에만 종사하는 사람은 극히 소수에 불과하다. 대부분의 피아노 전공자들은 개인지도, 피아노 학원, 방과 후 학교, 문화예술단체 등에서 유아과정, 어린이 초보자, 성인 초보자, 전공자 또는 아마추어 등 다양한 대상의 학생들에게 피아노를 가르치는 일에 종사한다. 따라서 미래 피아노 교사들은 전문 음악교육자로서 다양한 대상의 학생들에게 맞는 적절한 교수법을 적용하여 그들을 성공적으로 가르칠 수 있는 능력을 갖추기 위한 학위과정이나 교사연수 프로그램이 필요하다(김신영, 2019).

그럼에도 불구하고 전문 피아니스트는 피아노 지도에 있어서도 전문가라는 일반적인 통념을 가지고 있기에 대부분의 대학에서는 연주자 양성에만 주력하는 교육을 담당해 오고 있다. 많은 피아노 교사들은 자신이 배웠던 것과 같은 방법으로 학생들을 지도하면서 음악인으로 양성하기보다는 피아노 연주자 양성을 위한 훈련을 계속한다. 결국 피아노 전공자들은 장차 피아노 교사로서 사회에서 학생을 '어떻게 효율적으로 가르쳐야 하는가'에는 별로 관심이 없고 작곡자의 음악적 의도에 대해서는 이해도 하지 못한 채 대단한 테크닉을 요구하는 작품의 연주 준비에만 전념하는 경향이 있다. 이와 같이 과거의 전통적인 교수법에 의한 기능 위주의 교육을 받는 많은 어린이들은 정서교육은 커녕 점차적으로 피아노 음악에 대한 싫증을 느끼게 되고 음악공부를 중단하기도 한다. 이러한 경향은 피아노 교사로서의 실제적인 준비와 교육 철학의 결핍을 표출하는 것이라고 말할 수 있다.

대학이나 사회현장에서 일부 교사들은 '피아노 페다고지는 초급학생들을 가르치는 방법을 배우는 분야'로 잘못된 인식을 한다. 이러한 제한된 인식은 브루너(J. Bruner)의 학습이론에 의해 뒷받침되며 그 적용대상의 범위는 다음과 같다.

① 피아노 페다고지 대상의 범위

피아노 페다고지 분야는 기초단계에서 고급단계에 이르는 유아, 초급, 중급, 고급과 정 그리고 특수아동 및 성인학습자 등에 이르기까지 그 범위가 넓다. 또한 전공자 학습 과 취미학습, 아동과 성인의 학습 등과 같이 학습목적과 연령대에 따른 다양한 형태의 학습을 포함하고 있다.

② 고급과정의 발견학습에 대한 교육학자의 이론

브루너는 나선형 교육과정이론을 통해 "초급과정의 경험은 지속적으로 심화단계로 연결될 수 있도록 장차 응용할 수 있는 능력을 계발할 수 있는 학습과정이 필요하다." 고 강조한다(Duckworth, 1968). 따라서 피아노 페다고지 분야는 초보자를 위한 교수법 을 다루고 있으므로 고급과정에는 적절하지 않다고 보는 인식은 잘못된 것이다. 고급 과정에 적절하지 않은 교수법은 초급과정에서도 적절하지 않음을 의미한다.

3) 피아노 교육의 의의

(1) 교육의 행위

성공적인 피아니스트로 성장하기 위해서는 개개인의 재능, 신체적 발달, 교육환경뿐 아니라 좋은 교사의 선택이 피아노 교육의 성패를 좌우하는 중요한 요인이다. 좋은 연 주자가 되려면 천부적으로 타고난 음악적 재능뿐만 아니라 피아노를 연주하기에 좋은 손의 크기, 모양 등 신체적 발달 여건이 중요하다. 무엇보다도 중요한 조건은 좋은 교 사를 만나는 일이다. 왜냐하면 교사는 학생의 뛰어난 음악적 의사소통능력을 계발해 줄 수 있어야 하기 때문이다. 말하자면, 교사는 학생의 능력과 수준에 맞는 교수법을 적용하여 학생의 상상력을 열어 줄 수 있는 학습환경을 조성하고 잠재력을 계발시켜 줄 수 있는 역량이 필요하다. 다양한 대상의 피아노 학습자들은 제각기 다른 목적을 가 지고 있을지라도 피아노라는 악기를 통하여 학생들이 아름다운 소리를 느끼고 예술적 으로 악곡을 연주할 수 있는 능력을 길러야 한다.

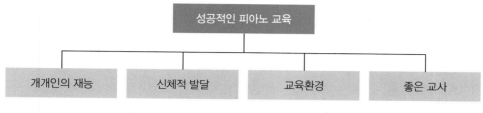

[그림 1-4] **성공적인 피아노 교육의 기본 요인**

(2) 교육방법

학생이 초보자이든 상당한 수준에 도달한 학생이든 간에 교사는 매 레슨마다 학습목표를 미리 세워야 한다. 피아노 교육은 학생의 연령, 능력 그리고 수준을 고려하여 효율적인 피아노 교수법을 통해 잠재력을 계발하고 음악적으로 독립할 수 있는 능력을 길러 주는 것이 바람직하다. 우리는 교사의 프리즘보다는 '학생 자신의 프리즘을 통해 음악작품의 세계'를 볼 수 있도록 도와야 한다. 여기에서는 '어떻게 가르칠 것인가'에 초점을 둔다.

① 기존의 교육방법

전통적인 교수법은 좋은 연주를 위해 능란한 손놀림의 기술 습득을 위한 수단으로 잘못된 부분을 수정해 주는 결과 중심적 접근이다. 이러한 접근은 정확한 테크닉과 전화번호를 암기하듯이 작품의 암기를 위해 매일같이 장시간 피아노 앞에서 음악의 이해를 하지 못한 채 맹목적으로 반복연습을 한다. 유명한 피아니스트 프로인들리히(Freundlich, 1977)는 "음악작품을 가르칠 때 어린이에게 연주의 본질적인 문제점을 파악하게 하기 위해서는 다만 '그것은 이렇게 하는 거야. 똑같이 해.'라고 말하는 것으로는 충분치 않다."고 말한다. 그는 '모방은 진부한 교수법'이라고 언급하면서 학생의 음악적 잠재력을 계발하는 데 매우 비효율적이라고 주장한다.

② 20세기 이후의 교육방법

20세기에 들어와 유럽, 미국을 비롯한 세계적인 피아노 교육자들이 강조하는 교수법은 좋은 연주를 위해서만이 아니라 '왜 그렇게 피아노를 연주해야 하는지'를 설명해 줌으로써 음악의 이해를 돕고 학생 스스로 창의적인 사고를 할 수 있도록 도와주는 과정 중심적 접근(process-oriented approach)이다. 이러한 접근은 시행착오를 통해 음악에 대한 내적 통찰력을 길러 줌으로써 작곡자의 의도를 파악하고, 자기 스스로 문제점을 발견하고 해결하도록 돕는다.

(3) 교육의 내용

훌륭한 피아니스트로 성장하기 위해서는 음악작품의 전체적인 구조물을 파악할 수 있는 능력이 필요하다. 이를 위해 교사는 피아노 교육을 통해 테크닉적 기술 습득만이 아니라 음악을 해석하고 이해하는 능력, 나아가서는 다른 사람을 감동시킬 수 있는 창의력과 상상력을 길러 주어야 한다. 여기에서는 '무엇을 가르칠 것인가'에 초점을 둔다.

기존의 전통적인 교수법은 리듬, 테크닉의 정확성과 악보에 나타나 있는 단순한 악상표현에 중점을 두고 있는 경향이 있다. 유명한 피아노 교육학자 브라이언트(Bryant, 1964)는 "진정한 테크닉의 발전은 음악예술의 기본적인 기초에서 모두 밀접하게 통합되어 있는 신체적, 지성적 그리고 음악적 요소에 달려 있다."라고 언급한다. 그에 의하면, 테크닉은 피아노 레슨의 목적이 아니라 단지 작곡자가 의도했던 것을 표현하기 위한 수단에 지나지 않는다는 것이다.

한편, 20세기 이후 훌륭한 피아노 교육학자들은 음악의 이해와 더불어 리듬조절, 청각조절, 테크닉조절이 상호 관련해서 종합적으로 음악을 표현할 수 있는 능력을 계발하는 데 중점을 두어야 한다고 강조한다. 교사는 학생이 피아노 전공을 하든지, 안하든지 상관없이 누구나 처음 새로운 악곡을 접할 때부터 음 읽기, 정확한 리듬, 템포뿐 아니라 작품의 특징, 구조, 연관성을 이해하도록 해야 한다. 이것은 작곡자가 구조 안에서 소리를 창작하기 위해 어떻게 음악적 요소를 배열했는지 파악함으로써 음악의 내적인 통찰력을 기를 수 있기 때문이다. 그리고 교사는 학생이 신체적 · 정신적 · 청각적 · 리듬적

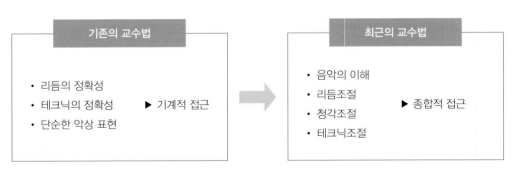

[그림 1-5] **피아노 교수법의 접근**

인 면이 상호 관련되어 단순히 악보에 있는 부호의 정확성이 아닌 예술적으로 표현할 수 있는 능력을 기르도록 해야 한다.

2. 피아노 교육의 목적

> 음악을 해석하게 하는 능력을 부여하는 것은 모방이 아니라 음악성을 계발하는 것이다. 모방은 진부한 교수법이다.
>
> – 마커스(Adele Marcus) –

음악교육의 궁극적인 목표를 성취하기 위해 음악교사는 '왜 음악은 인간의 삶에 중요한지' '음악의 본질적 속성이 무엇인지' 음악교육의 본질과 가치를 올바르게 이해해야 한다. 이러한 차원에서 피아노 교육의 가치는 무엇에 두고 있으며 그 본질은 무엇인지, 나아가서 피아노 교육의 궁극적인 목적은 무엇인지 살펴보도록 한다.

1) 피아노 교육의 중요성

피아노 교육은 음악의 모든 분야에서 기초가 되며 음악적 표현에 있어서 고도의 가치를 지니고 있다. 피아노는 넓은 음역을 가지고 있을 뿐 아니라 다양한 음색을 표현할 수 있으며, 선율, 화성, 리듬과 같은 음악의 기본적인 학습활동을 하는 데 적합하기 때문이다. 바람직한 피아노 교육을 위해서는 피아노라는 악기를 통해서 귀로 음악을 듣고, 내적으로 느끼고, 신체로 표현함으로써 아름다움을 경험하게 하는 것이다. 그렇다면 "왜 우리는 음악을 배우는가?" "음악의 가치는 무엇인가?"라는 질문을 통해 그 의미를 파악하면서 피아노 교육의 중요성을 살펴보고자 한다.

음악학습은 학생들에게 음악을 단순한 즐거움 그 이상으로 발전시킬 수 있도록 이루어져야 한다. 음악예술은 일반 대중에게 여가활동을 통해 즐거움을 느끼게 하며, 그들은 진정한 마음으로 활동을 위해 노력하고 나면 편안한 휴식을 취할 수 있다. 그러나 전문 음악인들의 노력은 일반인과 다르다. 전문 음악인들은 연주를 위해 몇 시간이고 많은 시간을 보내며 작품을 연습한다. 이러한 노력은 청중에게 단순히 즐거움을 주

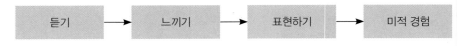

[그림 1–6] **바람직한 피아노 교육의 방향**

는 이상의 음악적 가치가 있기 때문이다. 베토벤은 그의 작품 제9번 「합창교향곡」에서 자신을 1급 환상가(visionary)라고 입증하였다(Cecco, 1986). 그는 작품을 쓰면서 단순히 사람들을 즐겁게 하거나 즐겁게 하기 위해 땀을 흘리며 노력하지는 않았다. 그의 작품은 인류애에 대한 메시지를 음악 언어로 승화시키고 있다는 점에서 음악의 위대함을 지니고 있기 때문에 걸작품인 것이다. 이를 염두에 두고 학생들에게 음악의 가치를 이해하고 이를 느낄 수 있는 방법을 가르치는 것이 교사의 몫이다.

음악과 타 예술은 창의적 사고를 할 수 있는 기본적인 수단이다. 교사는 학생들이 작품을 통해 다른 시각에서 새로운 가능성을 바라볼 수 있는 상상력을 키울 수 있도록 가르쳐야 한다. 이것이 인간의 삶에 있어서 갖추어야 하는 기본 역량이 아닐까? 발달심리학자 가드너에 따르면 인간의 인지는 언어, 수리, 음악, 대인관계 등 다양한 능력에 의해 표현된다. 그는 "음악을 비롯한 다양한 능력 개발에 두루 힘써야 지적이면서도 표현력 있고 또한 창의적인 인간을 육성할 수 있다."는 것을 강조한다(Gardner, 1983). 교사는 대상에 맞는 체계적인 교육에 의한 음악체험을 통해 학생 개개인의 잠재되어 있는 음악 감수성을 계발함으로써 심미적 가능성을 최대한 신장시킬 수 있다.

뿐만 아니라 피아노 악기를 배우는 것은 컴퓨터 키보드 누르는 법을 배우는 것과는 다르다. 피아노는 처음 시작할 때부터 손가락과 그 주변 근육조직을 조절하는 테크닉을 배운다. 그리고 소리에 색칠을 하여 다양한 감정을 표현하고 소리의 모양을 상상력에 의해 만들어 낸다. 그 과정에서 인간의 잠재된 감성과 감각을 계발하게 된다. 교사가 학생들에게 효과적으로 듣는 방법을 통해 실제로 음악의 가능성을 상상하고, 무엇이 될 수 있는지 상상하고, 그것이 무엇인지 비교하도록 가르친다면 그들은 새로운 이미지에서 자신의 음악을 사고할 수 있게 되고, 그 이미지를 표현하기 위해 노력할 것이다.

어떤 학생은 "다른 사람의 연주를 단순히 흉내 내거나 교사의 지시에 따르는 대신 자신의 독특한 음악적 사고를 표현하기 위해서는 작곡자의 다양한 음악 부호들을 어떻게 해석할 수 있을까요?"라고 물을지도 모른다. 성공적인 연주와 지도를 위해 교사는 어떤 능력이 필요할까? 교사는 어떤 역할을 해야 할까?

피아노 교육학자 페리(J. Perry)는 "교사는 '음악에 대한 사랑'이 선행되어야 하며, 폭넓은 음악 지식과 음악 메시지의 의미를 이해하는 능력이 필요하다."고 언급하였다. 한편, 클라크(F. Clark)는 '지도능력'을 하나의 '기술'로 보고 "교사도 연주자와 같은 기술이 필요하다."고 지적하면서 "성공적인 교사는 연주자와 마찬가지로 음악을 알아야 한다."고 강조하였다. 이는 교사가 작품에 대한 내적인 통찰력을 가지고 테크닉적이고 감정적인 요구를 적절히 표현할 수 있도록 지도하는 능력이 필요하다는 것을 말한다. 블릭켄스태프(M. Blickenstaff)는 교사의 역할에 대해 "학생들의 마음, 귀, 상상력을 열어 줄 학습환경을 만들어야 한다."고 언급하였다(Maris, 1989). 즉, 교사는 학생들이 새로운 통찰력을 탐구하고, 실험하고, 표현하도록 자극함으로써 단순히 악보에 나타나 있는 정확성이 아닌 창의력과 상상력을 계발하여 예술적으로 표현하는 방법을 배울 수 있도록 가르쳐야 한다는 것이다. 학생이 어떤 경험을 하느냐에 따라 학생이 어떤 사람이 되는지가 크게 달라질 수 있다. 따라서 학생의 발전은 교사의 손에 달려 있다. 이것은 곧 교사의 큰 책임이라고 할 수 있다.

2) 피아노 교육의 목적 및 목표

최근에 들어와 피아노 교육의 중요성이 부상함에 따라 피아노 교육의 목적이나 교사의 역할에 대한 연구가 활발히 진행되고 있다. 대부분의 교사들에게 레슨에 대한 개념은 점차 복잡해지는 일련의 작품을 배우기 위해 능란하게 손놀림을 하는 기술을 습득하도록 하는 수단을 의미한다. 여러 해 동안 피아노를 배운 학생들조차도 기초적인 음악 요소와 특징을 이해하는 능력이 부족하며 작품의 구조에 대해 매우 제한된 음악적 지식을 가지고 있는 경우를 흔히 볼 수 있다. 결과적으로 학생들은 음악적인 성장을 제대로 하지 못한 채 기계적인 방식에만 전념하게 된다. 이에 대해 뉴먼(Newman, 1974)은 "많은 연주자들이 미세한 부분에 대해서는 극도로 세심한 주의를 하는 반면에, 작품의 전반적인 형식을 구성하는 부분의 상호관계는 무시한다."고 지적한다. 그럼에도 불구하고 많은 피아노 교사들은 연주회, 학기말 시험, 콩쿠르 등에서 좋은 결과를 가져오기 위한 연주자 양성에 목표를 두고 있다. 이는 피아노 교육에서 장기간의 목표를 완전히 무시하는 것이다.

20세기에 들어와 많은 피아노 교육학자들은 음악성 계발뿐 아니라 작품을 통해서 공부하는 방법을 배움으로써 교사의 도움 없이 스스로 문제를 해결할 수 있는 자립능력을 길러 주는 전문 연주자와 교사를 양성하는 데 목표를 두어야 한다고 강조한다. 마테이(Matthay, 1913)는 "신체적 운동을 통해서 작품을 소리로 표현하는 것은 쓸데없는 짓일 뿐 아니라, 음악적으로도 분명히 해롭다."고 19세기 기계적 접근을 맹렬히 비난하였다. 그는 반복적인 테크닉 연습이 학생들로 하여금 작품 해석에서 '어디에'와 '무엇을'에 대한 것을 이해시키고 음악적으로 '어떻게'와 테크닉적으로 '어떻게'를 발견하는 데 도움을 주지 못한다는 것이다. 레빈(Lhevinne, 1972)은 "많은 학생들이 대단한 테크닉을 요구하는 작품을 가지고 레슨에 임하지만 작곡자의 음악적 의도에 대해서는 아무런 이해도 하지 못하고 있다."고 지적한다. 그리고 그는 음악적 이해의 기본원리, 특히 리듬구조에 대한 이해는 레슨을 시작할 때부터 가르쳐야 한다고 주장한다. 한편, 볼턴(Bolton, 1964)은 "학생들이 리듬, 프레이징과 구조 그리고 음색을 포함하는 요소들을 이해함으로써 음악 해석에 대해 배울 수 있다."고 강조한다. 이는 선율, 화성, 리듬의 상호관계가 전체적인 음악의 구성 측면에서 이해되어야 한다는 것을 의미한다.

음악적으로 발전하기 위해서는 학생이 어떤 수준에 있든 간에 선율, 화성, 리듬 그리고 형식의 기본적 원리에 대한 철저한 기초 지식을 필요로 한다. 학생들은 이러한 기초 지식을 습득함으로써 음악의 개념을 파악하게 되며 레슨이 끝난 후에도 자기주도적인 학습을 계속할 수 있게 된다. 또한 작곡자의 의도를 이해하기 위해서는 항상 전체적으로 작품을 해석하는 지식이 필요하다. 피아노 교육에서는 음악적 요소의 상호관련을 포함하여 음악의 구조적 속성, 특히 리듬 구조 및 긴장과 해소를 만들어 내는 음악의 복잡한 내용을 이해하도록 가르쳐야 한다. 따라서 교사는 학생들이 단지 '연주자'로서 만이 아니라 '음악인'으로 성장할 수 있도록 광범위하고 전반적인 목표를 설정하는 것이 필요하다.

여러 피아노 교육학자들이 피아노 교육의 목적이나 목표에 대해 언급한 내용을 살펴보면 다음과 같다.

• 크로니스터(Chronister, 1977)
피아노 학습은 연주회 준비를 위해 작품을 배우는 것에서 학생이 작품의 구조에 대한 이해를 높일 수 있는 음악적 지식을 갖추도록 이끌어 주는 방향으로 전환해야 한다.

• 레이먼드(Raymond, 1950)

피아노 교육의 중요한 목적은 음악적으로 이해하도록, 즉 작곡자의 의도가 무엇인지에 대해 가르치는 것이다. 교사는 학생에게 연습하는 방법을 보여 주고, 작품 속에 있는 선율, 리듬 그리고 화성적 윤곽에 대해 설명해야 한다. 그리고 학생이 악보에서 요구하는 손 모양을 만들고 적응해 나가도록 하며 학생 자신이 작품을 재창조하기 위해 장애물을 뚫고 나가도록 자극해야 한다. 그러한 과정에서 학생이 작곡자의 의도를 표현할 수 있게 해야 한다.

• 브라이언트(Bryant, 1963)

피아노 교육에서 가장 중요한 목표는 학생들에게 음악적 구조를 지각하도록 이끌어 주는 것이다. 음악적 구조를 지각하지 못한다면 음악은 들떠 있고, 목표가 없는 소리를 낼 것이다. 그러나 음악적 구조를 지각하면 작품구조에 대한 이해를 바탕으로 내적인 안정과 만족을 찾고 포괄적으로 해석하는 능력을 발견할 것이다.

• 화이트사이드(Whiteside, 1969)

레슨의 목적은 학생으로 하여금 연습과정에서 문제점을 발견하는 법을 가르쳐 주는 것이다. 교사가 하는 일은 진찰 전문의가 되는 것이다. 그러기 위해서는 교사가 학생의 연주를 들은 뒤 기본적 리듬과 스스로 비판적으로 듣는 것이 결여되어 있는지의 여부를 결정하는 능력을 가져야 한다.

3. 교수법 철학

19세기 이후 피아노 교육의 기본 원리에 대해 점진적으로 철학적인 측면에서 발전되어 왔다. 기존의 전통적인 피아노 교육 접근이 최근에 이르기까지 어떻게 변화되었는지 살펴본다.

1) 19세기 피아노 교육

19세기에 접어들면서 점차적으로 피아노가 보급되어 감에 따라 '바람직한 피아노 연주능력을 계발하기 위한 가장 효과적인 방법은 무엇일까?'에 대한 관심을 갖게 되었다. 대부분의 피아니스트들은 하루에 많은 시간을 기계적인 반복연습에 소비하는 것이 연주능력을 계발하는 열쇠가 된다고 믿었다. 1820년대 칼크브레너(F. W. M. Kalkbrenner)는 "학생들에게 테크닉 연습을 하는 동안 신문을 읽어라."고 조언하였다(Camp, 1981 재인용). 이는 순수한 기계적 운동이 당시 명성이 있는 연주자들이 보여 주었던 것과 같은 피아노 테크닉으로 발전할 수 있다는 19세기 교수법적 사고에서 비롯되었던 것이다. 당대 피아노 레슨은 다양한 스케일과 연주곡들을 지도하면서 기계적인 손가락 훈련의 많은 반복으로 이루어졌다.

그래서 많은 교사들은 좋은 피아노 연주자가 되려면 유럽의 거장들에게서 그 '비법'을 전수받아야만 한다고 생각하였다. 이 비법이란 결국 19세기의 '직접적인 모방'으로 접근하는 데에 지나지 않는다. 이러한 접근을 통해 학생들은 교사가 지시한 대로 수정하고 모방함으로써 작품 해석하는 법을 배운다. 그러나 이 훌륭한 교수법은 음악을 이해하는 데 기초가 되는 원리를 무시했기 때문에 음악성 계발을 더디게 하거나 음악적으로 발전시키는 데 제한적이다. 최근까지도 많은 교사들은 이 모방접근법을 사용한다. "단순히 이 음은 악센트를 살려서 크게 쳐야 해. 그리고 저기는 점점 세게……."와 같이 수많은 레슨시간 동안 잘못을 수정하거나 교사는 작품을 여러 번 연주하여 학생들이 '음악이 어떻게 흐르는지'에 대한 개념을 갖게 한다.

이와 같은 모방적 접근은 학생으로 하여금 음악 해석에 대해 어떤 결정도 내리지 못하게 할 뿐만 아니라 음악적으로 독립하는 데 도움이 되지 못한다. 바로 이것이 피아노를 배우는 수많은 사람 중 대부분이 공식적인 레슨을 중단하고 난 후에는 더 이상 학습을 지속시키지 못하는 중요한 이유이다. 더욱이 이러한 교수법은 학생에게 '공부하는 법을 배우도록' 도와주기보다는 주로 모방에 의하여 작품을 배우도록 하는 접근이므로 어떤 상황에도 응용되지 않으며 새로운 작품마다 다시 배우지 않으면 안 된다.

2) 20세기 피아노 교육

20세기 전반 피아노 교육의 동향은 일반적으로 교사 중심의 엄격한 권위주의적 접근을 따랐다. 19세기에서와 마찬가지로 교사들은 빠른 손가락 테크닉을 무엇보다도 중요시 여겼으며, 움직임이 없는 손목과 단단한 손가락의 독립을 요구하였다. 많은 피아노 교사들의 교육 철학은 명기성이 있는 연주자(virtuoso performer)를 기르기 위해 19세기 유럽 콘서바토리 접근에 뿌리를 두고 있었다.

19세기에 미국의 많은 피아니스트들은 유럽의 유명한 스튜디오에서 수학을 하면서 유럽 지도자들로부터 피아노 교수법의 영향을 많이 받았다. 메이슨(W. Mason), 드레이쇼크(A. Dreyschock), 리처드슨(N. Richardson)과 같은 교육학자들은 미국으로 다시 돌아와 과거의 교수법에 대한 의문점을 갖고 새로운 개념의 피아노 교수법에 관한 책을 발간하면서 미국 피아노 교육의 선도적인 역할을 하였다(김신영, 2019).

20세기 초에 접어들면서 유명한 연주자 또는 피아노 교육학자들의 인터뷰를 기초로 하여 테크닉, 작품 해석, 유명한 피아노 교사의 교수법 등을 주제로 하는 『피아노 매스터리(Piano Mastery)』와 같은 책들이 출판되는 등 피아노 교수법에 대한 관심이 높아졌다(Bartels, 1960; Camp, 1981). 유럽을 포함한 세계 여러 나라의 탁월한 피아노 교육학자들 역시 테크닉을 강조하면서 기계적인 반복학습에 많은 시간을 소비하는 19세기의 모방교수법에 대해 문제점을 거론하게 되었다.

이 시기에 유럽과 미국에서 호평을 받는 연주자와 교육자들은 피아노 교육의 새로운 철학을 받아들이기 시작하였다. 이러한 철학은 좀 더 자연스러운 테크닉적인 접근으로 아름다운 음을 만들기 위해 몸 전체, 특히 팔의 사용을 포함하였다. 교육과 인간발달 분야에서 새로운 진보로 피아노 레슨은 점차적으로 덜 권위주의적이며 아동 중심의 삶을 풍요롭게 하는 경험으로서 음악에 중점을 두게 되었다. 가정에서 점점 더 피아노 소유가 보편화됨에 따라 많은 피아노 교사들은 다양한 대상에 맞는 접근법을 적용하였다(Lyke, 2011).

3) 최근의 피아노 교육

오늘날 피아노 레슨은 100여 년 전과 완전히 다른 모습을 띠게 되었다. 학생은 개인

교사의 스튜디오, 음악학원, 사회 기업체 또는 학교 방과 후 프로그램에서 피아노 교육을 받을 수 있다. 레슨의 유형은 개인레슨일 수도 있고, 파트너 레슨이나 그룹 클래스(group class)를 포함할 수도 있다. 학생들은 자신의 연주를 디지털 키보드에 녹음할 수 있고, 음악 기보 소프트웨어를 사용하여 자신의 작품을 표기할 수도 있고, 랩 컴퓨터에서 음악이론 게임이나 과제를 완성하거나 스튜디오 웹사이트에 자신의 연주 동영상을 올릴 수도 있다.

　　과거와 달리, 최근 교육에서는 학생의 심리적 측면을 중요하게 다루고 있다. 클라크는 성공적인 교사에게 필요한 기본기술은 음악에 대한 지식 외에 학생에 대해 알아야 "학생의 귀를 통해 듣고, 학생의 눈을 통해 보고, 연주할 수 있는 능력을 느낄 수 있다."고 강조한다(Maris, 1989). 이 말은 교사는 학생에게 일어나는 모든 심리적 요소를 잘 파악해야 한다는 의미이다. 따라서 교사는 학습과정에서 우선 학생에게 보이는 반응을 충분히 관찰하고 작품에 대한 특징을 인식하도록 지도하는 것이 매우 효과적이다. 최근 음악 교육과정에서 심리적 중요성은 '형태심리학의 원리(principles of gestalt psychology)'가 뒷받침하고 있다.

　　캠프(Camp, 1981)는 그의 저서 『피아노 연주법과 교수법 철학(Developing Piano Performance)』을 통해 '교수법 철학'에 대해 네 가지 주요 내용을 제시하고 있다.

- 학생들은 각기 특성이 있으므로 집단적으로 다루어서는 안 될 뿐 아니라 똑같이 정해진 작품이나 연습을 하도록 해서는 안 된다. 하나의 정해진 규정은 피아노를 배우는 모든 학생에게 어떤 발달단계에서도 바람직하지 못하다는 것이다.
- 마테이, 레빈, 마커스 그리고 그 외의 20세기 수많은 교육학자들은 "피아노 예술에서 청각조절, 리듬조절 그리고 테크닉조절이 상호 관련해서 발달해야 한다."고 강조한다. 이러한 조절들이 상호 협동하는 것은 바람직한 피아노 연주를 하는 데 필요한 모든 정신적·신체적 과정을 종합하는 역할을 한다.
- 학습은 개별적인 기술을 축적하는 것이라기보다는 연결된 학습구조가 통합되고 전진하는 지속적 과정이다. 그러므로 직접적 모방과 사소한 것을 수정시키는 19세기 접근법은 수많은 학생들의 잠재력을 계발시키는 데는 다만 걸리적거리는 장애물에 지나지 않는다.
- 지적인 이해와 연주의 모든 요소를 신체적으로 표현하는 종합적인 능력 개발은 형

태심리학의 순환적 연결을 위한 이론적 기틀로서 가장 효과적으로 소용되는 피아노 교수법 철학을 형성하는 것이다.

연구자들이 심리학, 신경과학, 테크놀로지, 인간개발 그리고 다른 분야에서 계속하여 획기적인 발전을 이루고 있으므로 교사들은 가능한 한 최상의 교수법을 받아들이는 방법을 배워야 할 것이다. 라이크(Lyke, 2011)는 미국 피아노 교육에서 '최근의 철학적인 동향' 몇 가지를 요약하여 다음과 같이 제시하고 있다.

- 테크닉은 음악적 해석과 떼어 놓을 수 없다.
- 몸 전체의 상호협동은 피아노 연주에 필수적이다.
- 리듬조절은 음악적인 조직과 흐름의 진행을 촉진하는 데 도움을 준다.
- 효과적인 연습과 연주는 정신집중, 청각인식 그리고 종종 자기평가를 필요로 한다.
- 피아노 학생들의 성공 여부는 피아노 교육의 인본주의적 측면에 달려 있다.

100여년의 역사를 지내 오면서 피아노 교육은 엄격한 유럽 콘서바토리 접근방식에서 보다 인본주의적이고 학생 중심의 접근방식에 이르기까지 엄청난 변화를 가져왔다. 오늘날 많은 교사들은 다양한 대상의 학생들을 이해하고 그에 맞는 교수법을 적용하면서 즐겁고 아름다운 경험을 하도록 몸과 마음을 다하여 지도해야 할 것이다.

토의 주제

1. 피아노 교육의 본질과 의의에 대해 논의해 보자.
2. 시대의 흐름에 따라 피아노 교육의 철학이 바뀌고 있다. 최근 피아노 교육의 동향에 대해 토의해 보자.

제2장

피아노 페다고지의 역사

김신영 · 권수미

•

인생은 피아노와 같다.
여러분이 피아노를 통해 얻는 것은 여러분이 피아노를 연주하는 방법에 달려 있다.

– 톰 레러(Tom Lehrer) –

먼저 피아노 음향학에 대한 기본적인 지식을 습득하고 피아노의 변천사를 살펴봄으로써 피아노 음악에 대한 이해를 높여 준다. 유럽과 미국 그리고 우리나라 피아노 페다고지의 발달사를 통해 교육 철학이 어떻게 변천해 왔는지 그에 따른 피아노 교육의 동향을 살펴보면서 현재 우리나라 피아노 페다고지 분야의 당면한 과제를 조명해 보도록 한다.

시대별로 작곡가의 피아노 음악에 대한 이해를 높이기 위해서 피아노 페다고지의 역사적 흐름을 다루기에 앞서 피아노 음향학과 악기의 발달과정을 살펴보면서 피아노 교사에게 기본적인 지식을 습득하게 한다.

1. 피아노 음향학의 이해[1]

어떤 피아니스트는 음향학이 불필요하다고 여길 줄 모르나 피아노 액션의 작동원리에 대한 지식은 피아니스트에게 건반을 누르는 힘과 소리의 생성과의 관계, 피아노 음색을 만들어 내는 요소, 피아노 테크닉과 관련된 음향학에 대한 이해 등 여러 가지 측면에서 상당한 도움을 줄 수 있다.

피아노는 건반을 누르기만 하면 다른 악기보다 쉽게 소리를 내므로 초보자에게는 아마도 가장 쉬운 악기일는지 모른다. 한편, 피아노는 아주 넓은 음역을 가지고 있을 뿐아니라 화성이나 대위기법 등 다양한 작품기법이 가능한 악기이므로 복잡한 작품을 잘연주하기에는 어떤 악기 못지않게 어려운 악기일 수 있다. 피아노는 학생들에게 선율의 움직임과 화음의 구조에 대한 실례를 제시할 수 있어 음악의 기초를 배우기에 이상적인 악기이다(Hirokawa, 1997). 또한 피아노는 놀라울 만큼 넓은 다이내믹의 영역과 음색을 가지고 있다.

여기에서는 먼저 피아노의 구조와 특성을 살펴보고, 피아노 교사에게 피아노 연주와관련된 피아노 음향학에 대한 기본적인 지식을 습득하게 함으로써 피아노 내부에 있는각 요소와 소리와의 연관성을 파악하게 한다.

1) 현악기와 타악기로서의 피아노

피아노는 현악기와 타악기의 두 가지 기능을 가지고 있다. 피아노 소리는 오랫동안음을 유지하는 현에서 생성된다. 그리고 피아노 소리는 순간적으로 현을 때리는 해머

---

1) 김신영(2001). 피아노 음향학과 피아노 교육, **음악연구**의 내용을 기초하여 재구성하였다.

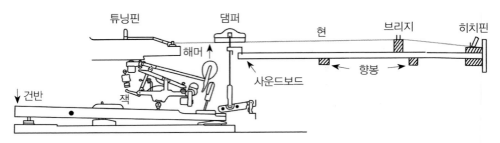

[그림 2-1] **단순화한 그랜드 피아노 액션**

에 의해 생성된다. 이것이 피아노의 두 가지 특성이다.

[그림 2-1]은 건반, 해머, 현 그리고 기타 부품들을 포함하고 있는 기본적인 피아노 기계구조(mechanism)의 측면도를 보여 준다. 이 그림을 통해 현악기적인 측면(현, 브리지, 사운드보드)과 타악기적인 측면(해머)이 상호작용하는 것을 볼 수 있다. 실제적으로 현대 피아노의 액션은 각 건반을 누를 때 대략 100개의 부품이 움직이는 매우 복잡한 기계장치이다.

피아노 연주에서 기본적인 테크닉 요소 중의 하나가 근육이완 조절이다. 많은 피아니스트들은 긴장된 근육을 풀고 이완하는 접근법을 배우는 데 오랜 시간이 소요된다. 그것은 피아노의 내부 구조가 복잡할 뿐 아니라 그 기계장치가 시야에서 감추어져 있기 때문이다. 많은 사람들은 해머와 현뿐만 아니라 소리 그 자체와 관련이 없는 감각을 계발하려는 경향이 있다. 피아노 소리의 생성과정에 대한 이해는 이런 문제점을 극복하는 데 도움을 줄 수 있을 것이다. [그림 2-2]에서 볼 수 있듯이 기본적으로 피아노 소리를 생성하는 에너지의 경로는 건반을 누르면 지렛대의 원리로 댐퍼를 들어 올리고 해머가 현을 때린다. 이때 생성된 현의 진동은 브리지를 통해 사운드보드(음향판)에 전달되고 주변에 둘러싸인 공기와 접촉하여 비로소 우리의 귀에 소리가 전달된다.

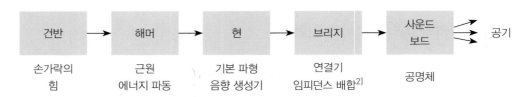

[그림 2-2] **피아노 소리의 에너지 경로**

---

2) 현의 진동 에너지는 브리지를 통해 사운드보드에 전달된다. 이것을 '임피던스 배합'이라고 한다.

2) 소리의 발생

우리는 여러 가지 방법에 의해서 현이나 드럼 스킨을 자극시킬 수 있다. 소리는 해머, 스틱, 활과 같은 도구(exciter)가 현을 어떻게, 어디를, 얼마나 오랫동안 두드리고 문지르는가에 따라 달라진다. 팀파니 스틱처럼 피아노 해머는 좋은 진동을 위해 넓은 면적에 걸쳐 현을 접촉할 수 있도록 양모를 압축시킨 펠트로 만들어져 있다. 음역에 따라 해머의 강도와 두께가 달라진다. 높은 음역의 현은 가늘고 짧으며 진동수가 빠르기 때문에 가늘고 단단한 해머를 가지고 있다. 반대로, 낮은 음역으로 갈수록 현은 점점 두껍고 길어지며 진동수가 느리기 때문에 전체의 현을 활성화시켜 풍부한 소리를 낼 수 있는 부드럽고 두꺼운 해머로 되어 있다.

해머가 두드리는 현의 위치에 따라 배음의 형성이 달라지므로 타현점은 음색과 밀접한 관계를 갖게 된다. 해머의 가장 좋은 위치의 타점은 현 길이의 약 1/7~1/8지점이다(Campbell & Greated, 1987). 이것은 7번째와 8번째의 배음을 약화시키고 2번째에서 5번째에 이르는 배음을 잘 울리게 함으로써 맑고 아름다운 소리를 낼 수 있는 진동 파형이 형성되기 때문이다. 한편, 해머가 정확하게 현의 중간을 두드리면, 2번째, 4번째, 6번째, 8번째 배음을 약화시키므로 매우 둔탁한 소리를 내게 된다.[3]

해머가 현을 두드리면 충격파(에너지)는 현의 길이를 따라 뻗치게 된다. 현은 원상태로 돌아오려고 하지만 해머가 그곳에 있기 때문에 움직일 수 없다. 해머가 현에서 떨어지자마자 반대방향으로 현을 따라 2개의 에너지 파동이 움직인다. 이것을 '진행파(travelling wave)'라고 부른다. 그들은 서로 다른 시간에 현의 반대편 끝에 도달하여 반대방향으로 반사한다. 이것이 모든 현 진동의 특성이다.

현은 에너지의 일부를 공중으로 전달한다. 이것은 현의 진동이 직접 닿아 있는 공기에 전달되기 때문이다. 현의 대부분의 에너지는 브리지로 전달되고 다시 사운드보드로 전달된다. 현의 상하운동은 브리지의 상하운동으로 매우 쉽게 이동한다. 브리지는 넓은 면적에 걸쳐 사운드보드에 접촉하고 현의 에너지를 분배한다. 이것은 사운드보드 전체 면적에서 공명하도록 만든다. 대부분의 피아노에는 저음부와 중고음부를 위한 2개

---

3) 해머가 현을 두드려 발생하는 음은 기본음과 많은 부분진동음이 합쳐진 복합음이며, 이 부분음은 기본음에 대해 2배, 3배 등 정수배가 되므로 배음이라고 한다.

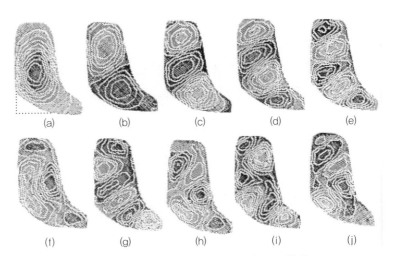

[그림 2-3] 그랜드 피아노 사운드보드의 모드 형태

(a) 52Hz; (b) 63Hz; (c) 91Hz; (d) 106Hz; (e) 141Hz; (f) 152Hz; (g) 165Hz; (h) 179Hz; (i) 184Hz; (j) 188Hz
출처: Fletcher & Rossing (1998).

의 브리지가 있다. 브리지는 사운드보드의 중간에 위치하고 있어서 사운드보드 전체를
더욱 강하게 진동하도록 도와준다.

사운드보드는 대부분의 악기의 소리와 음색을 강하게 공명시키는 주요한 공명체이다.
사운드보드는 브리지의 파동을 받아들여 전체의 면적에 에너지를 펼친다. 그리고 넓은
면적에 걸쳐 주변의 공기와 접촉한다. 이것이 임피던스 배합(impedance matching)이다.
사운드보드는 피아노의 전반적인 소리의 색깔을 만드는 자체의 공명모드를 가지고 있
다. 이 모드는 나무의 모양, 두께, 크기 및 강도에 의해 결정된다.[4] [그림 2-3]에서 볼 수
있듯이 사운드보드 자체가 다른 모든 주파수에서 다른 형태의 패턴으로 진동한다. 다만,
(a) 점선 부분에서처럼 사운드보드의 모서리에서는 진동하지 않는 것을 알 수 있다.

3) 음색

앞에서 우리가 보아 왔듯이 피아노의 음색은 여러 가지 요소에 의해 결정된다. 해머
의 강도와 두께는 더 밝거나 둔탁한 소리를 만들어 내며, 해머의 타현점은 어떤 주파수

---

4) 피아노 제작사마다 나무의 재질이 다르므로 특유의 음질이나 음색을 갖게 된다.

를 강조하거나 감쇠시키는 데 영향을 미친다. 뿐만 아니라 건반을 누를 때 손가락이 건반과 부딪치는 소리, 건반이 바닥(키 프레임)에 부딪치는 소리, 해머가 현을 때릴 때 타격 소리 등 현의 진동에 의한 소리 외에 여러 가지 소리가 순간적으로 함께 울린다. 피아니스트가 고려해야 할 더욱 중요한 요소는 해머와 현의 상호작용, 사운드보드의 모드, 스트레치 튜닝, 페달에 의한 공명진동 등이 있다. 이 요소들이 피아노 음색에 미치는 영향을 살펴보면 다음과 같다.

첫째, 피아노 현의 질량, 길이, 장력은 본래의 파장을 형성하는 중요한 요소일 뿐만 아니라 연주자의 터치에 따라 해머의 현을 두드리는 속도는 현의 진동 형태에 변화를 주어 음색은 물론 음의 크기에도 영향을 준다.

둘째, 사운드보드의 모양, 재질, 두께, 나뭇결, 조립방법 등은 특수한 모드, 즉 기본적인 공명진동수에 미세한 다른 파형을 형성하여 악기의 음색에 지대한 영향을 미친다. 다양한 터치에 의해 음이 울린 후 시간이 경과함에 따라 사운드보드 그 자체의 진동 모드는 달라진다. 그로 인해 사운드보드는 여러 가지의 모드 모양으로 진동하기 때문에 피아노의 음색은 매우 풍부해진다. 가장 낮은 음은 대략 30개 정도 되는 배음(harmonics)을 가지고 있으나 높은 음은 훨씬 적은 배음을 가지고 있다.

셋째, 피아노 소리의 흥미 있는 특징은 스트레치 튜닝(stretch tuning)이다. 사람이 귀로 편안하게 들을 수 있도록 조율하게 되면, 중간 음역을 중심으로 저음 현들은 약간씩 점점 더 내려가고 고음 현들은 약간씩 더 올라가는 현상이 생긴다. 다른 현악기와 달리 피아노 현의 재질은 강철로 되어 있다. 앞에서 언급한 것처럼 현의 진동 요소는 질량, 길이, 장력인데, 여기에 강철의 탄성이 추가되면서 배음 형성에 변화를 주게 될 뿐 아니라 높은 배음으로 갈수록 진동수를 더 빠르게 하는 현상의 결과를 가져온다. 이는 음을 보다 풍부하고 생기 있게 하며 피아노만이 갖는 독특하고 아름다운 음색을 만든다.

넷째, 페달은 피아노의 구조에 따라 기능이 다르며 배음 구조와 음색에 영향을 준다. 댐퍼 페달은 모든 댐퍼를 들어 올려서 그리고 소스테누토 페달은 몇 개의 댐퍼를 올려서 건반을 누르지 않은 다른 현을 계속 진동시켜 공명된 음을 내게 한다. 그랜드 피아노에서 소프트 페달은 액션장치 전체를 오른쪽으로 이동시켜 3현 중 2현만을 때리도록 하여 음의 크기를 줄이거나 음색을 변화시킨다. 그러나 업라이트 피아노에서 소프트 페달은 모든 해머를 이동시켜 현에 더 가까워지도록 하여 건반을 똑같은 힘으로 누르더라도 해머가 받는 운동에너지가 적어진다.

4) 터치

피아니스트가 악기의 소리에 영향을 주는 중요한 하나의 방법은 다양한 터치의 사용을 들 수 있다. 피아노 터치는 과학적 관점과 예술적 관점에서 갈등의 근원이 되어 왔다. 과학자와 예술가의 서로 다른 관점에서 터치와 음향의 관계를 살펴볼 것이다.

과학자는 단지 해머가 현을 치는 속도의 결과로 피아노 음향을 보려는 경향이 있다. 예술가는 일반적으로 피아니스트의 손가락, 손, 손목, 팔 그리고 몸 전체의 근육협동과 조정능력에 따라 좌우된다고 본다. 과학적 관점의 제안자 가트(Gat, 1965)[5]는 "음색의 변화는 음량의 변화된 비율에 의해서만 가능하다."라고 언급한다. 즉, 음량이 일정할 경우 터치를 바꾸어도 음색에는 아무런 변화가 생기지 않는다는 것이다.[6] 더욱이 "음색은 피아니스트에 의해서가 아니라 악기의 구조, 즉 해머 펠트의 종류나 해머의 상태에 달려 있다."고 강조한다. 한편, 피아니스트 레빈(Lhevinne, 1972)은 "좋은 음을 만들어 내는 조건을 갖춘 손과 팔의 조정은 전투의 절반이다."라고 언급한다. 또 다른 피아니스트 산도르(Sandor, 1981)는 자신이 학생들을 지도하면서 숙련된 경험을 바탕으로 관찰한 결과 "손의 모양, 팔의 무게나 몸의 체중이 악기의 소리에 영향을 미친다."고 확신한다.

흥미롭게도 아스켄펠트와 얀손(Askenfelt & Jansson, 1990)은 과학적 연구를 통해 다른 유형의 터치는 건반의 동작에 영향을 미친다는 것을 발견하였다. 이 결과는 산도르의 견해를 뒷받침해 주고 있다. 건반 위에서 손가락을 떨어뜨리는 스타카토 터치는 건반 자체가 비연속적이고 지그재그 방식으로 움직이고, 레가토 터치는 건반을 누르기 전에 이미 손가락이 건반에서 이완된 상태로 움직이므로 건반이 훨씬 부드럽고 지속적으로 움직인다는 것이다.

해머의 동작은 유사한 방법으로 터치에 의해 영향을 받는다. [그림 2-4]에서 볼 수 있듯이 음을 누르기 위해 가운뎃손가락 하나만을 사용한 경우, 부드럽고 지속적인 해

---

5) 가트는 헝가리 부다페스트 음악원에서 피아노를 바르톡(B. Bartók)에게, 작곡을 코다이(Z. Kodály)에게 배웠다. 후에 그는 부다페스트 음악원 교수로 부임하였고, 연주자로서, 피아노 교육학자로서 피아노 교사를 위한 교수법에 관심을 가지고 논문, 저서 등을 발표하였다(Gat, 1965).

6) 물리학자 테젤(E. Tezel)은 이 견해의 가장 대표적인 인물이며, 반복실험 연구 결과 프랑크(M. Planck)와 같은 권위자를 비롯하여 많은 물리학자들은 같은 결론에 도달하였다(Gat, 1965).

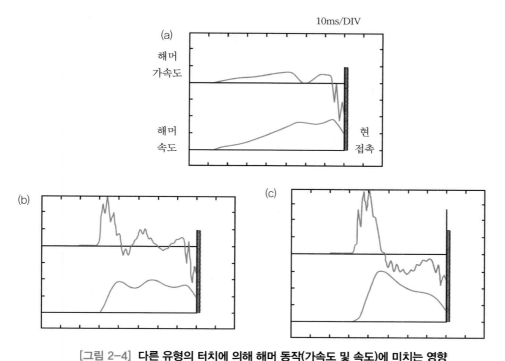

[그림 2-4] 다른 유형의 터치에 의해 해머 동작(가속도 및 속도)에 미치는 영향
(a) 가운뎃손가락만 (b) 이완된 손가락을 가진 무거운 팔 (c) 경직된 손가락을 가진 무거운 팔
출처: Askenfelt & Jansson (1990).

머의 동작이 이루어지며, 이완된 손가락을 가진 무거운 팔을 사용하거나 경직된 손가락을 가진 무거운 팔을 사용한 경우, 훨씬 톱날같이 불연속적인 해머의 동작이 발생한다(Askenfelt & Jansson, 1990). 피아노 음질은 악기의 물리적 구조와 더불어 피아니스트의 손가락, 손목, 팔, 어깨, 몸 전체의 조정뿐만 아니라 다양한 피아노 테크닉에 의해 좌우된다고 볼 수 있다.

5) 페달

피아니스트가 악기의 소리에 영향을 주는 중요한 또 하나의 방법은 다양한 종류의 페달 사용을 들 수 있다. 페달의 음향학적 효과에 대한 올바른 이해는 피아니스트에게 또한 중요하다. 우리는 좀 더 나은 음악적인 연주를 하기 위해 페달에 대해 무엇을 알고 있으며, 어떻게 사용할 수 있는지 댐퍼 페달, 소프트 페달, 소스테누토 페달에 대해 살펴볼 것이다.

댐퍼 페달은 음이나 코드를 서로 연결하거나 좀 더 크고 풍부한 소리를 만들기 위해 사용된다. 동시에 댐퍼 페달의 사용은 음색에 대한 효과를 낼 수 있다. 가장 일반적인 페달의 적용은 레가토 페달링이다. 음이나 코드를 누른 후 댐퍼 페달을 사용하여 손가락만으로는 연결하기 어려운 음이나 지속적인 코드의 멜로디 라인을 연결하는 것이다. 상황에 따라 페달은 새로운 음이나 코드에서 바뀌어야 한다. 이는 새로운 음이나 코드를 누르는 순간에 빨리 현을 약화시켜서 음이 섞이지 않도록 하기 위한 것이다. 댐퍼 페달은 또한 공명된 진동에 의해서 음색을 변화시킨다. 추가적인 공명된 소리는 전체 음량을 높이고 원래 음의 배음을 향상시켜 악기의 전체적인 소리를 더 크게 만든다.

소프트 페달은 해머를 약간 오른쪽으로 이동시켜 다이내믹의 변화뿐 아니라 음색을 변화시킨다. 베토벤 시대에는 하나의 현만 두드리도록 하기 위해 해머가 더 멀리 오른쪽으로 이동했으나 현대 피아노의 소프트 페달은 실제적으로 해머가 약간 덜 이동하여 세 현 중 고음역(upper range)에 있는 두 현만을 두드리게 된다. 많은 연주자들은 단지 피아니시모를 연주하기 위한 수단으로 소프트 페달을 사용할지 모르나 음색의 변화를 가져온다는 것을 의식해야 한다. 파스케(J. Pasquet)는 "소프트 페달의 주요 기능은 여리게 연주하기 위한 것이 아니고 음색의 변화를 주기 위한 것"이라고 강조한다. 이는 해머가 두드리지 않은 현의 공명된 진동 때문에 음색의 변화가 나타나는 것이다(Pasquet, 1981, p. 31). 오늘날 대부분의 피아노 해머는 옆으로 이동시켜 평소에 때리지 않은 부분을 사용하여 음색에 변화를 준다.

소스테누토 페달은 페달을 밟기 직전에 타현한 어느 특정한 음만을 지속시킬 수 있게 해 준다. 이것은 방금 두드린 현의 댐퍼만 들어 올려서 작동하는 것이다. 이 페달을 밟은 후에 두드린 다른 현들은 진동하지 않고 정상적으로 작동하며 평상시와 같이 댐퍼 페달의 영향을 받는다. 특히 이 페달은 드뷔시(C. Debussy)나 다른 작곡가의 현대음악에서 오르간 포인트와 지속음을 특징으로 하는 패시지에서 유용하다. 산도르(Sandor, 1981)는 "먼저 어떤 음을 누른 다음 소스테누토 페달로 음을 잡아 주고, 다른 음들을 연주하는 동안 유지된 음의 배음들이 공명하는 진동을 통해 활성화됨으로써 특이하고 아름다운 소리를 낸다."고 언급한다(p. 173). 댐퍼 페달이나 소프트 페달만큼 광범위하게 사용되지는 않지만 소스테누토 페달을 적절하게 사용하여 다채롭고 표현적인 효과를 낼 수 있다.

2. 피아노의 발달과정[7]

현대인의 일상생활에 깊숙이 자리한 피아노는 독주악기뿐만 아니라 반주악기 그리고 대중음악의 영역에서도 널리 사용되고 있다. 그럼에도 불구하고 300여 년 전 발명되었을 당시에는 그다지 환영받지 못했는데, 유럽에서 피아노가 발명된 이후 피아노의 위상이 어떻게 달라졌는지 그리고 피아노 제작기술의 발달이 당시의 작곡기법에 어떻게 반영되었는지 살펴본다.

1) 제1기: 1790년대 이전

(1) 피아노포르테의 탄생

피아노의 역사는 1600년대로 거슬러 올라가 해머 액션을 지닌 4옥타브의 악기인 덜시머(dulcimer)에서 찾아볼 수 있다. 그러나 이 악기는 그 이상의 피아노로 발전되지는 못했다(Gordon, 1996). 현대의 피아노는 1709년 이탈리아 쳄발로 제작자 크리스토포리(Bartolomeo Cristofori, 1651~1731)에 의해 태어났다. 이 악기는 쳄발로와 같이 잭(jack)으로 뜯는 방식이 아니라 건반을 누르는 힘이 지레작용으로 해머에 전달되어 해머의 최종속도에 의해 음량이 결정되는 구조를 가져 셈여림의 표현이 가능하게 되었다. 크리스토포리는 그의 새 악기를 '여리게

[그림 2-5] 피아노포르테

1720년 바르톨로메오 크리스토포리(Bartolomeo Cristofori)에 의해 제작, 뉴욕 메트로폴리탄 예술 박물관 소장

도 세게도 연주할 수 있는 쳄발로(gravicembalo col piano e forte)'라고 불렀으며 후에 '피아노포르테'로 줄였고 최종적으로 '피아노'가 되었다. 이 악기는 연주되지 않은 현의 진동을 막아 주는 소음장치(damper)와 해머가 현을 친 후 뒤로 물러나게 하는 이탈장치(escapement)가 고안되었으며, 나무로 된 프레임, 가는 철사로 된 현 그리고 4옥타브의

---

7) 김신영(2001). 피아노 음향학과 피아노 교육, **음악연구**의 내용을 기초하여 재구성하였다.

음역을 가진 그랜드 피아노 모양으로 되어 있다.

이러한 혁신적인 악기였음에도 불구하고 하프시코드나 쳄발로가 그 시대의 중요한 자리를 차지하고 있었고 초기 피아노는 소리가 아주 빈약했기 때문에 바흐(J. S. Bach), 스카를라티(D. Scarlatti)와 같은 당대 최고의 작곡가들은 별 관심이 없었다. 그러나 헨델(G. H. Hándel)은 이탈리아 크리스토포리 공장에 찾아가 '음의 강약을 표현할 수 있는 신형 쳄발로'를 살펴보면서 큰 흥미를 보이기도 하였다(이혜진, 2001).

[그림 2-6] 스퀘어 피아노

1760년경 요하네스 줌페(Johannes Zumpe)에 의해 제작, 보스턴 미술관 소장

[그림 2-7] 슈타인 피아노

1782년 요한 안드레아스 슈타인(Johann Andreas Stein)에 의해 제작, 뮌헨 바이에른 국립박물관 소장

(2) 새로운 피아노 악기의 등장

당대 작곡가들의 작곡 양식 및 기법은 피아노 제작기술의 발달과 관련되어 있다. 1726년 크리스토포리의 계승자인 질버만(Gottfried Silbermann, 1683~1753)이 개발한 초기의 피아노를 바흐에게 보였으나 "고음역이 약하고 난해한 액션으로 되어 있다."고 비판받았다. 1747년 질버만에 의해 새로이 개발된 피아노는 바흐에게 극찬을 받았다. 그러나 바흐는 아직 미흡한 점을 많이 가지고 있는 피아노보다는 이미 악기 제조기술의 절정에 있었던 하프시코드를 더 선호하였다. 피아노가 대중들의 호응을 얻기 시작한 것은 피아노가 발명된 이후 50년 이상의 세월이 흐른 뒤인 1770년 무렵이 되어서이다. 이는 악기가 효과적이고 원활하게 보급되지 못한 점도 있었겠지만 이러한 우수한 악기를 받아들이기에는 음악가나 음악 애호가들의 인식이 부족했던 점에서도 그 원인을 찾아볼 수 있다.

영국식 피아노의 기원은 질버만의 제자 줌페(J. Zumpe)가 고안한 모델에 있다. 1760년경 줌페가 개발한 '스퀘어 피아노'는 액션이 우수할 뿐 아니라 가격이 저렴하여 중산계층 사람들에게 점차적으로 악기가 보급되기 시작하였다. 한편, 이와 비슷한 시기인 1777년 모차르트(W. A.

Mozart)는 이탈장치의 사용뿐 아니라 고른 액션과 뛰어난 댐퍼의 성능 때문에 빈의 슈타인(Johann Andreas Stein, 1723~1792)이 제작한 피아노에 매료되었다. 이 피아노는 액션이 가볍고 소리가 작아서 건반을 누르기 위해 많은 힘을 가할 필요가 없을 정도였다. 이 악기는 거의 전체가 나무로 만들어져 있으며 5옥타브의 음역을 가지고 있는 소형이었다. 당시 빈을 중심으로 활동하던 하이든과 모차르트의 모든 피아노 작품이 이 음역의 범위에서 이루어졌으며, 악기의 소리는 밝고 투명하여 작곡가들의 음악적 요구를 충족시킬 수 있었다.

2) 제2기: 1790~1850년대

19세기로의 전환기, 특히 대략 1790년부터 1850년 사이의 약 60년 동안 피아노 제작기술에 눈부신 발전이 이루어졌다. 이 시기에 콘서트가 귀족 중심의 살롱에서 중산계급인 민중을 수용할 수 있는 넓은 콘서트홀로 바뀌면서 보다 잘 울려 퍼지는 큰 음량의 피아노가 요구되었다. 이에 제조자들은 견고하고 힘 있는 피아노 제작에 집중하였다. 영국의 브로드우드(John Broadwood, 1732~1812)와 프랑스의 에라르(Sébastien Érard, 1752~1831)가 현대적 피아노를 탄생시키는 데 많은 공헌을 하였다. 브로드우드는 1780년 우나 코르다와 서스테이닝 페달을 개발하였다. 그는 영국 과학자들의 도움으로 현의 장력과 해머가

[그림 2-8] 브로드우드 피아노
1795년 존 브로드우드(John Broadwood)에 의해 제작

두드리는 타현점을 개선하였으며, 1794년에는 6옥타브로 음역을 증가시켰다.[8]

베토벤(L. v. Beethoven)이 활동했던 시기의 피아노는 5옥타브에서 점차적으로 6옥타브 반으로 음역이 증가하였다. 맥케이(Mckay, 1987)에 의하면, 베토벤은 1790년대 5옥타브의 음역을 가진 슈타인 피아노를 사용하였으나 '발트슈타인' 소나타 작품을 시작하

8) 베토벤은 「소나타 Op.106, 해머 클라비어」에서 6옥타브를 오르내리는 연속적인 음계를 통해 곧 작품에 반영하였다.

[그림 2-9] 에라르 피아노
1854년 리스트 시대 세바스티앵 에라르(Sébastien Érard)에 의해 제작, 국립 미국사 박물관 소장

면서 6옥타브로 된 에라르 피아노를 사용한 것으로 전해진다. 1817년 이후에는 특별히 음량이 큰 악기를 한 대 만들어 달라는 요청을 하기도 했는데 베토벤의 악화된 청력 때문이었다고 한다. 그 이후 그는 브로드우드 피아노를 즐겨 사용하였고, 1825년에는 오늘날 스타인웨이의 음질에 버금가는 그라프(Graf) 피아노를 사용하였다.

18세기에는 피아노 제작기술의 발달이 주로 독일과 영국에서 이루어졌는데, 19세기에 들어서면서 프랑스가 악기제작에 관심을 보이기 시작하였다. 여기에 주도적인 역할을 한 에라르는 1796년 영국식 타현기술을 도입한 '에라르 피아노'를 제작하여 뒤섹(J. Dussek)과 같은 당대의 피아니스트들로부터 긍정적인 평가를 받았다(김용환, 2003). 베토벤도 1803년에서 1816년까지 '에라르 피아노'를 소유하였다. 보다 힘이 있고 음향이 풍부한 피아노를 필요로 했던 베토벤에게 이 악기는 빈식 피아노보다 그 욕구를 더 충족시킬 수 있었던 것이다. 1821년에 에라르는 타현기술에 있어서 획기적인 발명이라 할 수 있는 '이중 이탈장치(double escapement)'를 완성하여 빠른 템포의 연타 연주가 가능하게 되었다.[9] 베토벤처럼 늘 피아노의 성능과 싸워 왔던 리스트는 액션이 딱딱하고 건반이 무거운 피아노를 특별 주문하기도 하였다. 그는 초인적인 기교를 구사하여 청중을 매혹시키는 연주를 하였다. 1823년 리스트는 향상된 현의 질과 사운드보드를 가지고 있는 7옥타브의 에라르 피아노를 사용하였다. 19세기 후반에는 현대의 악기에 가까운 스타인웨이를 사용하였다고 한다(Askenfelt & Jansson, 1990).

---

9) 리스트가 1838년에 작곡한 파가니니 주제에 의한 대연습곡 「라 캄파넬라」는 빠른 템포에서 연타를 가능하게 만든 새로운 발명에 따른 기법이 반영된 예시이다.

3) 제3기: 1850년~현재

19세기를 지내 오면서 피아노는 해머 헤드의 무게, 펠트로 감싸여진 해머 헤드, 강화된 현의 두께, 음폭의 확대 등으로 현의 인장력이 크게 증대되었다. 증대된 인장력으로 인해 피아노의 프레임은 점차 철골을 사용하게 되었고, 음역은 88건으로 확대되었다. 이와 같이 변화된 피아노 음향 때문에 피아니스트가 시대별 작품을 연주할 때 반드시 작곡가가 당대에 사용했던 피아노의 특성을 고려해야 한다.

1880년 이후로 지금에 이르기까지 피아노의 제조 세부기술은 진전을 보였으나 기본적으로 피아노 음향이 보다 잘 어울리면서 부드러운 악기로의 발전을 꾀한다는 면에서는 변함이 없었다. 다만, 현대 기술에 의해 피아노가 대량 생산되어 가격 저하를 가져와 피아노 저변 확대에 큰 기여를 하였다. 오늘날 우리가 피아노라는 악기를 연주하고 음악을 감상하는 것이 당연하게 여겨지지만 현대 피아노가 있기까지 피아노는 사회적 상황과 작곡가들의 요구에 따라 이를 흡수하기도 반대로 영향을 주기도 하면서 경쟁에서 살아남아 지금 우리 곁에 있는 것이다.

3. 피아노 페다고지의 발달사

여기에서는 유럽과 미국 그리고 우리나라에서 피아노 페다고지가 어떻게 발달되어 왔는지 그 과정을 살펴봄으로써 피아노 교사들에게 피아노 페다고지 분야의 올바른 인식을 도모하고 앞으로 나아가야 할 방향을 모색해 본다.

1) 유럽

1709년에 크리스토포리에 의해 피아노포르테가 발명된 이후 악기가 보급이 되기까지 50년 이상의 세월이 흘렀다. 1700년대 후반에 이르러 피아노포르테만을 위한 고유 서법이 나타나기 시작하였다. 피아노 악기제작의 발전과 함께 지난 300여 년 동안 유럽에서 피아노 지도가 어떻게 이루어져 왔는지 살펴보도록 한다.

(1) 초기의 건반악기 교수법

① 디루타

최초의 건반악기 교수법으로 알려진 문헌은 약 1600년경 이탈리아의 베니스에서 디루타(Girolamo Diruta, 1554~1610)가 저술한 『일 트란실바노(Il Transilvano)』(1593)이다. 초기 건반악기 교수법에 있어서 건반연주 자세와 터치방법은 중요한 이슈였으며 디루타의 교수법은 당시 오르가니스트뿐만 아니라 하프시코드 연주자들을 위해 사용되었다.

첫째, 오르가니스트들은 건반의 중앙에 앉는다.

둘째, 가슴과 머리를 세우고 앉으며 몸으로 제스처나 몸동작을 삼가야 한다.

셋째, 팔이 손을 이끌고 나가야 하며, 이때 손은 팔의 높이보다 높아서도 낮아서도 안 되며 같은 높이에 놓는다.

넷째, 손가락은 약간 둥글게 구부려서 건반 위에 고르게 놓는다. 이때 손은 움직이는 데 불편함이 없도록 놓여야 한다.

다섯째, 건반은 부드럽게 눌려져야 하며, 손가락을 높이 들어 올려 내려쳐서는 안 된다.

(Harich-Schneider, 1954)

② 쿠프랭

디루타의 저술 이후에 발표된 주목할 만한 건반악기 교수법 저서는 18세기 초 프랑스 클라브생 음악의 대표적인 작곡가인 쿠프랭(François Couperin, 1668~1733)의 『클라브생 연주의 예술(L'Art de Toucher le Clavecin)』(1716)이다. 이는 클라브생을 배우려는 초급학습자부터 예술적인 연주에 이르는 데 필요한 교수법을 제공하는 쿠프랭의 대표 저서이다.

쿠프랭은 손 모양 형성을 위하여 클라브생 학습 시작의 적정 연령을 6~7세로 보았다. 악기 선택에 있어서도 어린이의 손은 어른의 손과는 달리 약하기 때문에 악기를 시작할 때 스피넷이나 클라브생과 같이 가벼운 두 악기를 사용할 것을 권장하였다. 쿠프랭은 독보 지도에 있어서 어린이가 악보를 보며 연주하기 이전에 손에 익숙한 몇 가지의 연습곡을 학습한 후 독보에 들어가길 충고한다. 왜냐하면 당시의 음악은 단순히 음표만 있는 것이 아니라 수많은 장식음이 있어 혼란을 가중시켰을 뿐만 아니라 손 모양이나 손가락 위치 등에 신경 쓸 것이 많기 때문이다(Chmielowskam 1963; Letňanová, 1942 재인용). 연주자세에 있어서도 성인의 경우 건반에서 약 9인치(약 25cm) 정도 떨어져 앉으며 체구가 작은 어린 학생일수록 점점 가깝게 앉기를 권유하였다(Couperin, 1933). 의자의 높이를 적절히 맞춰 앉음으로써 팔꿈치, 손목, 손가락이 일직선 위에 놓이도록 해야 한다.

③ 엠마뉴엘 바흐
쿠프랭의 저서 이외에 18세기 독일에서 발표된 대표적인 건반연주 교수법 저서는 다음과 같다.

마르푸르크(F. W. Marpurg)『클라비어 연주기술(Die Kunst das Klavier zu spilen von dem Musicus an der Spree)』(1750)
바흐(C. P. E. Bach)『건반악기 연주기법에 대한 시론(Versuch über die wahre Art das Klavier zu spilen)』(1753)
튀르크(D. G. Türk)『교사를 위한 피아노 튜닝 지침(Klavierschule oder Anweisung zum Klavierspilen für Lehrer und Lehrnende)』(1798)

이 중 바흐(J. S. Bach)의 아들인 엠마뉴엘 바흐(Carl Philipp Emanuel Bach, 1714~1788)가 저술한『건반악기 연주기법에 대한 시론(Versuch über die wahre Art das Klavier zu spilen)』(1753)은 18세기 후반부터 19세기 초반까지 가장 영향력 있는 저서로서, 하이든, 베토벤, 클레멘티, 크레머, 훔멜 등 당시 유명한 피아니스트들은 모두 이에 기초를 두고 학습하였다. 이전에 프랑스에서 나온 건반악기 교수법 저서와는 달리『건반악기 연주기법에 대한 시론』에서는 1·2권에 걸쳐 하프시코드뿐만 아니라 당시의 건반악기인 클라비코드와 피아노포르테를 모두 다루고 있다. 뿐만 아니라 장식음과 운지법을 체계적으로 정리하고 있으며 책 전반에 걸쳐 대위법, 화성 통주저음, 즉흥연주, 종지 등도 다루고 있다.
1권 서문에서 엠마뉴엘 바흐는 건반악기를 연주하는 진정한 예술은 다음 세 가지 요소, 즉 '정확한 운지법' '좋은 꾸밈음' 그리고 '좋은 연주'에 있다고 서술하고 있다. 동시에 잘못된 연주란 깨끗하지 않은 연주, 부적절한 음색, 부적절한 손모양과 자세 그리고 부적절한 표현이라고 지적한다. 그리고 당시 건반악기 연주자들이 습득하여야 할 능력으로 즉흥연주 능력, 모든 조성에서 주어진 선율이나 화성을 수월하게 조옮김할 수 있는 능력, 초견능력 그리고 통주저음 연주능력 등을 제시하였다. 운지법에 있어서 그동안 엄지손가락과 새끼손가락 사용을 가능한 한 회피하였던 데 반하여, 엄지손가락을 축으로 하는 교차방법을 사용함으로써 현대 운지법의 기본적인 틀을 확립하였다.

> 훌륭한 건반악기 연주자가 되기 위해서는 하프시코드와 클라비코드 두 악기 모두를 연주할 수 있어야 한다. 클라비코드 연주를 잘하면 하프시코드 연주를 잘 할 수 있으나 그 반대는 그렇지 않다. 왜냐하면 하프시코드 연주자들은 한 가지 음색만을 구사할 수 있기 때문이다. 하프시코드를 통하여서는 손가락의 기민함을 배우고 클라비코드를 통해서는 다양한 음색구사를 배워야 한다(C. P. E. Bach, 1753: Letńanová, 1942, 재인용).

2권에서는 좋은 연주를 위한 좋은 자세, 화성, 통주저음, 대위법, 즉흥연주 등에 대해 서술하고 있다. 음악적 사고나 감정을 민감하고 명확하게 표현하는 것이 좋은 연주라 하였으며, 당시 계몽주의 시대적 영향을 받아 감동을 줄 수 있는 연주를 하기 위하여 뛰어난 가수의 연주를 많이 들을 것을 권하고 있다.

(2) 18~19세기 초기 피아노 교수법

① 손가락 학파의 탄생

18세기 초엽에 크리스토포리에 의해 발명된 피아노포르테가 작곡가 및 연주자들에게 인정을 받기까지는 오랜 시간이 걸렸다. 따라서 18세기는 옛 악기인 하프식코드와 새 악기인 피아노포르테가 공존하는 시기였다. 두 악기는 음색과 터치에 큰 차이가 있음에도 불구하고 손가락의 민첩성이 가장 중요시된 하프시코드의 연주법이 피아노포르테에도 상당히 오랜 시간 동안 그대로 유지되었다.

이처럼 피아노가 발명되고 약 100년 동안의 피아노 지도는 오직 민첩한 손가락 테크닉 개발에 집중하여 이루어졌기 때문에 이러한 동향을 손가락 학파(Finger School)라고 부르게 되었다. 이때 학생은 절대적인 권위를 갖는 교사의 연주를 듣고 모방하여 연주하는 것이 당시 피아노 교육의 전부였으며 이를 위하여 매일매일 장시간의 연습을 통하여 연주 테크닉을 습득할 수 있다고 믿었다(Kochevitsky, 1967). 클레멘티, 체르니 등과 같은 피아노 연주자이자 교육자들은 당시 손가락 기교 습득을 위한 수많은 교육적인 연습곡을 저술하였다

② 주요 음악가

• 클레멘티

근대 피아노의 아버지라 불리며 실제 피아노 교수법을 위한 최초의 저서를 남긴 클레멘티(Muzio Clementi, 1752~1832)는 『피아노 연주기법을 위한 안내(The introduction to the art of playing on the pianoforte)』(1801)에서 피아노 주법에 대하여 다음과 같이 서술하였다(Clementi, 1803).

> 첫째, 손가락의 힘을 강하게 하기 위하여 손등이나 팔은 움직이지 않은 채 각각의 손가락을 높이 들었다가 힘차게 내려치는 연습을 강조하였다. 그리고 손모양은 구부리고 손끝은 항상 손바닥을 향해 움직이도록 하였다.
>
> 둘째, 앉는 의자의 높이는 될 수 있는 한 높여서 몸의 상체로부터 나오는 힘으로 건반을 깊이 누를 수 있도록 해야 한다.

클레멘티의 이와 같은 생각은 당시 손가락 학파의 피아니스트들에게 보편적인 피아노 주법으로 알려졌다. 그의 연습곡 『그라두스 아드 파르나숨(Gradus ad Parnassum, Op. 44)』은 손가락 훈련을 위한 다섯손가락 음계 패턴과 아르페지오, 분산화음, 트레몰로, 3도 진행, 반복음, 손의 교차 등 손가락의 민첩한 움직임과 고른 소리를 내기 위한 테크닉 연습곡 및 소나타, 캐논, 푸가, 론도 등 100여 곡의 작품이 수록되어 있다.

• 체르니

피아노 연주자이자 교육자인 체르니(Karl Czerny, 1791~1857)는 손가락 테크닉을 조직적으로 개발하기 위해 많은 저서를 남겼다. 그중 4권으로 구성된 『피아노포르테의 이론과 실제의 완전학습(Complete theoretical and practical piano forte school)』(1839)은 당대 피아노 교육의 백과사전이라고 불렸다. 체르니는 손가락의 움직임을 발달시키기 위해서는 오로지 기계적인 훈련이 필요하다고 믿었으며 피아니스트들이 연주에서 당

면하게 될 문제들을 해결하기 위한 수천 개의 길고 짧은 연습곡을 썼다. 체르니는 테크닉이 음악과는 별개로 개발되어야 하며 그런 후에야 비로소 이 테크닉이 예술적으로 표현하는 데 기여할 수 있다고 믿었다(안미자, 2007; Kochevitsky, 1967).

• 칼크브레너

피아노 연주자이자 교육자인 칼크브레너(Friedrich Wilhelm Kalkbrenner, 1785~1849)도 체르니처럼 음악과 분리된 기계적인 테크닉 훈련의 중요성을 강조하였다. 하나의 예시로 그는 건반에 막대기를 수평으로 설치하는 핸드 가이드(hand guide)라는 기구를 고안하여 손의 위치를 잡아 주고는 학생이 연습하는 동안 신문을 읽으라고 권장하기도 하였다. 이처럼 손가락 학파에서는 피아노를 치는 자세에 있어 위팔을 몸에 단단히 붙이고 손가락만을 사용할 것을 요구하였다. 이때 손이나 팔을 움직이지 않는 대신 손가락의 힘을 기르기 위하여 손가락은 가능한 한 높이 쳐들고, 구부리고, 내리치듯이 피아노를 칠 것을 지시하였다.

(3) 19세기 피아니스트와 교수법

① 손가락 학파의 교착상태

19세기는 손가락의 훈련만을 절대적으로 중요시하는 음악가들과 더불어 기존의 교수법을 비판하는 음악가들이 공존하는 시기였다. 피아노가 발명되고 100년이 지난 이 시기에는 악기의 구조적인 변화뿐만 아니라 작곡가의 창조적인 상상력, 피아니스트들의 기술적인 능력이 상호작용하여 손가락만을 사용하는 연주기법으로는 해결할 수 없는 새로운 문제들이 생겨났다. 인위적이고 고립된 손가락만으로 연주하다가 신경근 장애를 일으켜 부상당하는 피아니스트들이 속출하기도 하였다. 그럼에도 불구하고 대대수의 피아노 교사들은 여전히 팔의 사용을 허용하지 않으며 민첩한 손가락의 움직임만을 강요하였다. 이처럼 손가락 학파는 현실에서의 피아니스트들이 갖는 문제를 해결하지 못하면서 교착상태에 빠지게 된다.

이처럼 19세기 피아노 교수법이 연주자의 자연스런 생리적 · 심리학적인 측면을 무시하였음에도 불구하고 훌륭한 피아니스트들이 많이 배출된 것은 사실이다. 19세기를 대표하는 피아니스트 쇼팽, 슈만, 리스트와 같은 천재들이 바로 그들이다. 그들은 교사가 지도하는 것과 정반대의 길로 가더라도 직감적으로 문제를 해결해 나갔다. 그들은 손가락뿐만 아니라 팔의 모든 부분이 조화롭게 움직이며 피아노를 연주하여야 한다고 생각했던 것이다.

② 주요 음악가

• 비크

슈만의 장인이자 클라라 슈만의 아버지인 비크(Friedrich Wieck, 1785~1873)는 음색을 들으며 섬세하게 건반을 터치하는 교수법을 소개하였다. 이것은 시대를 앞서가는 선구자적인 관점이었다. 비크는 섬세한 음색을 이끌어 내기 위해서 유연한 손목으로 손가락을 마치 건반 침대에 올려놓은 것처럼 누르며 연주해야 한다고 주장하였다(Levinskaya, 1930). 그의 교수법 저서인 『피아노와 노래(Piano and Song)』(1875)에서 타악기를 두들기는 듯 한 터치를 비판하며, 음악을 듣는 귀를 개발시킨 후 음악적 활동을 할 것을 일깨웠는데, 이 점은 당시로서는 상당히 진보적인 교수법이다.

• 쇼팽

쇼팽(Frédéric Chopin, 1810~1849)은 피아노 지도를 별로 좋아하지는 않았으나 그의 피아노 교수법에 대한 문헌은 상당히 독특하였다(Cortot, 1952; Kochevitsky, 1967; Mikuli, 1915).

그는 피아노를 처음 시작할 때 건반 위에 올려놓는 손가락의 가장 편안한 위치는 C장조 다섯음 위치가 아닌 E, F#, G#, A#, B의 자리라고 하였다. 짧은 엄지손가락과 새끼손가락은 흰건반에 놓고 긴 손가락은 검은건반 위에 올려놓게 함으로써 자연스럽게 둥근 손가락의 모양을 갖추게 할 수 있고 검은건반에 놓여 있는 손가락은 팔과 일직선에 놓임으로써 지렛대의 원리에 따라 더 강한 힘을 얻을 수 있게 되기 때문이다. 당시 손가락만 사용하던 연주법과는 달리 쇼팽은 손, 손목, 앞 팔과 팔 전체를 사용하는 것이 중요하다고 믿었다. 특히 스케일이나 아르페지오를 연주할 때 엄지손가락을 회전 또는 교체하며 손을 돌리기보다는 손가락과 함께 팔이 건반을 따라 수평으로 이동하는 것이 더 좋다고 하였다.

쇼팽의 연주와 교수법은 레가토로 노래하는 선율의 표현을 중요시한다. 그는 제자들에게 건반 위에서 노래하는 것을 배우기 위하여 훌륭한 성악가가 노래하는 것을 많이 감상하라고 조언하였다. 한번은 그의 제자가 과도한 힘으로 거칠게 포르테를 연주하였더니 "그 소리가 무엇인가? 강아지 짖는 소리인가?"라고 대답한 일화는 유명하다(Gliński, 1932).

• 슈만

슈만(Robert Schumann, 1810~1856)은 비록 피아노 지도를 많이 하지는 않았으나 음악과 음악가에 대한 글을 많이 쓰며 피아노 지도에 관한 그의 생각을 표현하였다. 그는 스케일이나 에튀드가 유익하지만 기능적인 연습만 매일 장시간 동안 하는 것보다는 음악적으로 복잡한 작품을 연주하며 그 안에서 기술적인 문제도 해결하는 것이 더 낫다고 말하였다. 또한 그는 음악을 듣는 능력이 음악가-연주가에게는 무엇보다도 중요하다고 믿었으며, 음악적 심상을 가지고 작품을 내적으로 듣기 전에는 연주하지 말라고 할 정도였다. 이는 그의 스승인 비크의 교수법의 영향을 받은 것으로 손가락은 연주자가 생각하며 의도하는 것에 따라 건반 위에서 움직이는 도구에 불과하다고 여겼던 것이다(Kochevitsky, 1967).

• 리스트

리스트(Franz Liszt, 1811~1886)는 그의 교수법 원리에 대해서 특별히 남긴 저술은 없으나, 제자들의 편지와 리스트의 시대별 작품을 분석해 봄으로써 그의 지도 스타일을 알아볼 수 있다. 리스트는 테크닉의 발전은 연습에만 의존하는 것이 아니라 연습하는 테크닉에 달려 있다고 하였다. 그의 스승인 체르니가 음악과 건반을 완전히 분리하여 테크닉을 연습하였던 것과는 달리 리스트는 음악 안에서 테크닉의 문제점을 해결하라고 하였다. 이를 위하여 음악가가 해야 할 첫 번째가 바로 '듣는 것을 배우는 것'이고 이어 연주하려는 악곡을 미리 분석하여 연주자 안에 떠오르는 심상을 바탕으로 어떻게 연주할지 숙고한 후 연습에 옮기는 것이라고 하였다.

리스트는 쇼팽과 함께 19세기 전반의 피아노 음악에 큰 영향을 끼친 피아니스트-작곡가로 우아하면서도 낭만적인 음악표현을 중요시하였다. 리스트는 기교적인 면에서는 좀 더 화려하였으며 그의 다이내믹 표현영역은 더 넓었다. 따라서 손가락만을 사용하는 연주주법으로는 그의 음악을 표현하는 데 한계가 있었기에 팔, 어깨, 상체를 이용하여 무게를 실어서 연주하는 테크닉을 구사하였다. 이처럼 리스트는 음악적 심상을 통해 표현하여야 할 테크닉의 기술을 찾았고 손, 팔, 어깨, 상체에 이르는 연주자의 몸을 통해 이를 구현하였다.

(4) 데페의 새로운 피아노 교수법과 '해부학적-생리학적 교수법'의 탄생

① 새로운 피아노 교수법의 필요성

19세기 후반에 손가락 학파의 이론과 동시대의 피아니스트들의 연주 실제 간의 불일치가 점차적으로 드러나게 되었다. 앞서 언급한 천재 피아니스트들을 포함하여 유능한 연주자들은 당시 그들의 피아노 교사의 지시에 따라 연주하지 않았다. 일부 교사는 연주력이 뛰어난 그들의 피아니스트 제자들이 더 자유로운 팔의 움직임으로 연주할 수 있는 권리를 인정하였지만, 여전히 대다수의 학생들에게는 손가락 학파의 이론에 엄격히 따라올 것을 요구하였다. 결국 음악적 재능이 뛰어나지 않은 학생들은 손가락의 민첩한 움직임을 위한 엄청난 양의 기술적 훈련으로 손의 마비나 신경과 근육의 부상을 당하는 일이 속출하게 되었다. 이러한 손가락 학파의 교착상태는 과학적 발전과 함께 옛 학파의 이론을 비판하고 학생들의 팔의 긴장을 완화시키는 새로운 교수법의 필요성을 제시하는 움직임을 일으켰다.

② 주요 음악가

• 데페

약한 근육을 과도하게 사용하며 손 부상을 당한 젊은 피아니스트들이 많아짐에 따라 사회적으로 논란이 일어났다. 이에 대해 독일의 유명한 지휘자이면서 피아노 교사인 데페(Ludwig Deppe, 1828~1890)는 '피아니스트의 만성적인 팔의 고질병(Armleiden des Klavierspielers, 1885)'이라는 제목으로 기사를 썼다. 여기서 데페는 피아니스트가 강한 팔의 근육을 사용하지 않고 약한 손 근육을 집중적으로 사용할 경우 손부상이 발생한다고 언급하였으며, 이것은 이후 생리학적인 연구로 입증되기도 하였다. 이어 그는 학생들의 팔의 긴장을 완화시키는 이완(relaxation)과 무게조절(weight-playing)에 의한 새로운 교수법의 필요성을 지적하였다. 데페는 피아노를 칠 때 팔의 무게를 느끼는 것부터 시작하여야 하며, 훌륭한 연주는 팔, 손목 그리고 손가락이 유기적으로 연결되어 자연스럽게 상호 협동함으로써 가능하다고 주장하였다.

• 브라이트하우프트

19세기 말부터 20세기 초반에 데페의 교수법은 피아노 연주과정과 원리를 연주자의 신체골격과 근육기관을 해부학과 생리학적으로 분석하는 많은 연구로 이어졌다. 여기서 발생한 테크닉 교수법은 코간(Grigori Kogan, 1901~1979)에 의해 '해부학적-생리학적 교수법(anatomical-physiological school)'이라 이름 붙였다.

이 교수법의 중요한 저서 중 하나는 브라이트하우프트(Rudolf Maria Breithaupt, 1873~1945)의 『피아노 연주법(Die Naturliche Klaviertechnik)』(1912)이다. 그는 피아노 연주에 있어 이완(relaxation)과 무게조절(weight-playing)에 대해 집중적으로 언급하였다. 특히 많은 음을 지속적으로 연주하며 팔의 이완과 무게조절을 잘 하기 위해서는 위팔을 직선으로 움직이는 것보다 둥근 곡선(rotary movement)으로 움직이는 것을 조언한다(Breithaupt, 1905). 비록 많은 이견과 비평이 따랐지만 그의 책은 16년 동안 5번이나 개정판이 출판될 만큼 피아노 연주사에서 가장 많은 관심을 받은 책 중 하나로 평가받고 있다.

• 마테이

마테이(Tobias Matthay, 1858~1945)는 그의 저서 『터치의 행위(The act of touch)』(1903)에서 19세기의 손가락 운동에 집착하는 기계적인 연습에 대해 엄격하게 비판하였다.

그는 작품에서든지 연습곡에서든지 기교숙달을 위해 기술을 음악과 분리하여 가르치는 것이 학생들로 하여금 음악을 구조적으로 이해하는 데 필요한 통찰력을 주지 못한다고 비판하였다. 대신 피아노 연주와 연습에서 복잡한 기교문제에 당면하였을 때 특정 동작을 수행하기 위하여 필요한 근육이 무엇이고 또 이를 어떻게 사용하는 것이 바람직한지 의식적으로 훈련하는 것이 기계적인 훈련보다 효과적이라고 지적하였다(Matthay, 1932). 그리고 당시 잘못 인식되어 논란이 되었던 이완(relaxation)에 대해서는 맥없이 축 늘어져서 부정확하게 뭉개듯이 연주하는 것이 아니고 단지 팔이나 손목에서 불필요한 긴장을 풀고 몸의 에너지를 손끝으로 곧바로 전달함으로써 어느 정도의 긴장을 갖고 연주하는 것이라고 정의해 주었다.

(5) 20세기 초기의 피아노 교수법

① 옛 학파와 새로운 학파의 공존

20세기 초반 피아노 페다고지에는 세 가지 주요 동향이 동시에 존재했으며 오늘날에도 여전히 존재한다. 첫 번째는 많은 교수학자들이 손가락의 민첩성을 높이기 위해 피아노 기술을 개발하는 것은 무의미하다고 문제점을 제기하였음에도 불구하고 대부분의 피아노 교사들은 이에 귀를 기울이지 않고 여전히 손가락 학파를 추종하며 새로운 가르침을 추가하려고 하였다.

두 번째는 해부학적-생리학적 교수법의 지지자들이 피아노 연주에서 이완과 무게조절에 의한 의식적인 운동이 손가락의 기계적인 운동을 대체할 것이라고 믿었다. 해부학적-생리학적 교수법은 옛 학파의 아이디어를 재검토하고 권위주위에 맞섰으며 과학적인 사실에 근거한 피아노 교수법의 길을 열었다. 그럼에도 불구하고 해부학적-생리학적 학파가 실패한 이유는 인간의 운동을 지시하는 중추신경계의 법칙을 간과하였기 때문이다. 오늘날에도 우리는 근육의 미세한 움직임을 관찰하거나 통제할 수 없음에도 불구하고 피아노 연주와 연습에서 의식적으로 인식할 수 있는 것과 없는 것을 제대로 이해하지 못한 채 피아노 연주에 필요한 근육만 사용해야 한다고 주장하고 있다.

이에 따라 사람들은 피아노 연주를 가능하게 하는 근원을 음악 외적요소인 손가락과 근육훈련에서 찾기보다는 점차적으로 음악의 본질인 내적요소에서 찾으려고 노력하였다.

이어 세 번째는 인간의 지성과 심리적인 요소를 활용하는 피아노 교수법에 관심을 갖기 시작하였는데(Martienssen, 1930), 코간은 이러한 동향을 심리적-테크닉적 교수법 (Psycho-Technical School)이라고 불렀다(Kochevitsky, 1967).

② 주요 음악가

• 슈타인하우젠

슈타인하우젠(Friedrich Adolph Steinhausen, 1859~1910)은 『피아노 테크닉의 생리학적 오해와 재구성(The physiological misconceptions and reorganization of piano technique)』(1963)이라는 저서를 출판하였다. 이 책에서 슈타인하우젠은 손가락 움직임

을 강조하는 옛 교수법과 해부학적-심리학적 교수법을 모두 비판하며 피아니스트의 동작은 팔, 손과 손가락의 근육이나 말초신경에서 오는 것이 아니라 중추신경조직에 의해 움직인다고 하였다.

많은 피아노 연주자와 이론가들은 음악적 문제와 별도로 피아노 기술을 추상화할 수 있고 또 그렇게 해야 한다고 믿었지만 슈타인하우젠은 음악적 문제와 기술적 문제의 불가분성을 강조하였다. 목표를 세우는 인간의 마음이 우선돼야 하며 테크닉은 예술적 목표에 도달하기 위한 수단일 뿐이라는 것이다. 그는 피아니스트의 관심을 손과 팔에서 중추신경계로 이끌어 가면서 기술발전에서 목적의식의 중요성을 강조하였다.

• 그 외의 연주자들

이전의 손가락 학파가 무엇을 해야 할지 또는 어떻게 해야 할지를 중요하게 생각하였다면, 새로운 학파는 어떻게 생각하고, 어떻게 연습하고, 연주하는 과정을 어떻게 조직해야 하는지에 대한 질문을 가장 중요하게 여겼다. 심리적-테크닉적 교수법을 지지한 20세기 초반 유럽의 대표적인 연주자와 그들의 생각은 다음과 같다.

루빈스타인(N. Rubinstein): 피아니스트가 연습시간을 소비하기보다 음악적인 문제에 대한 사고와 의지로 이 연습과정의 질적인 면에서 기술을 얻는 것이다.

리만(H. Riemann): 인간의 신경은 뇌의 운동세포에서 근육으로 전달되는 충동과 근육이 즉각적으로 이러한 명령을 따르기 때문에 복잡한 움직임을 제어하는 메커니즘이 중추신경계에 위치한다는 것은 분명하다. 따라서 뇌에서 근육으로 전신운동을 하는 것 이외에 속도를 개발하는 것은 불가능하다. 외부에서의 과정은 어떤 것으로도 대체될 수 없다.

레셰티츠키(T. Leschetizky): 피아노에서 한 패시지를 연주하기 이전에 정신적으로 악보를 보며 실수를 바로잡는 것이 바람직하다.

이들은 공통적으로 피아노 연주를 하기 위해서는 작품의 내용을 충분히 이해한 후 분명한 목적의식을 가지고 본인의 연주를 냉철하게 듣고 비판하면서 중추신경계에 의하여 근육을 조절하며 움직이는 훈련해야 한다고 주장한다.

2) 미국

미국 초기의 피아노 교육은 유럽 콘서바토리 교육 방식을 따랐으나 1900년대에 접어들면서 피아노 교육학자들은 새로운 개념의 피아노 교수법에 대한 관심이 높아졌다. 그 이후 100여년이 지나는 동안 피아노 교육에 대한 접근방법은 극적인 변화를 가져왔다. 피아노 페다고지의 발전 과정에서 피아노 교재는 어떻게 변화되어 왔으며, 음악간행물과 조직단체는 어떤 역할을 해 왔는지 살펴보도록 한다.

(1) 피아노 페다고지의 역사[10]

시대적 흐름에 따라 피아노 교육의 철학이 바뀌면서 교수법이 어떻게 달라지고 있으며 그에 따른 교사교육은 어떻게 실시되었는지 살펴본다.

① 19세기 피아노 교육

미국에서 피아노 페다고지 코스와 학위 프로그램은 20세기 중반 이후 가장 중대한 발전을 가져왔지만 피아노 페다고지 수업에 대한 근거는 19세기 초로 거슬러 올라가게 된다. 1815년 독일 음악교육자 로지에르(J. B. Logier)는 더블린(Dublin)에서 다양한 수준의 학생들에게 클래스에서 동시에 피아노를 가르쳤다. 그는 클래스 수업환경이 피아노 연주와 관련된 음악이론을 가르치는 데 더 효율적이라고 느꼈다(Richards, 1962).

로지에르는 또한 그의 교수법을 알리고 다른 사람들에게 가르치는 방법을 훈련시켰다. 그는 자신의 교수법을 배우는 사람들에게 수업료를 받고 지도하였으며 다른 교사들에게 자신의 '교수법 비밀'을 절대 말하지 않겠다고 약속하게 하였다. 1818년 로지에르로부터 '어떻게 가르치는지'에 대한 그의 교수법을 훈련받은 미국 피아노 교육학자들은 필라델피아와 뉴욕에서 새로운 교수법으로 가르쳤다(Logier, 1818).

한편, 1800년대 미국에서는 공식적인 음악교사 훈련을 위한 컨벤션이 열렸고, 음악정규기관(music normal institute), 개인이 설립한 아카데미(private academy), 보통학교(normal school) 등 교사양성기관이 생겨났다. 1829년에는 가창학교(singing school)의 교사훈련을 위한 최초의 컨벤션이 뉴햄프셔(New Hampshire)주 콩코드(Concord)에

---

10) 김신영(2019). 시대의 흐름에 따른 피아노 페다고지의 재조명, **음악교육연구**의 내용을 기초하여 재구성하였다.

서 개최되었다. 그 이후 위스콘신(Wisconsin)주, 일리노이(Illinois)주, 아이오와(Iowa)주를 비롯한 다른 주에서도 열렸다. 1800년대 중엽에 들어와 음악 컨벤션이 발전하여 생겨난 음악교사양성기관에서는 다양한 음악교육 프로그램이 제공되었다. 음악정규기관에서는 가창학교 교사, 공립학교 음악교사, 개인 음악교사, 교회 성가대 지휘자 등을 양성하였다. 아카데미에서는 적절한 중등교육을 제공하기 위해 개발되었으며, 음악뿐 아니라 학교 관리나 학교 운영과정도 다루었다. 그리고 보통학교에서는 화성학, 음악사, 성악 레슨을 포함한 음악교육을 실시하였다.

이와 같이 가창학교를 통해 대중들에게 음악교육이 소개되면서 1860년대 미국에서 클래스피아노가 인기를 끌었다. 1854년 런던인 버로우스(J. F. Burrowes)는 개인지도나 클래스피아노를 위해 음악의 원리를 포함하고 있는 『피아노포르테 입문서(The Piano-Forte Primer)』 개정판을 뉴욕에서 출판하였다(Lindstrom, 1976). 1876년에는 미국음악교사협회(Music Teachers National Association: MTNA)가 결성되었다. 1880년대 들어와 공립학교에서 그룹으로 피아노 교육을 하게 되었고, 선구적인 MTNA 소속 피아노 교사들이 클래스피아노 훈련 프로그램을 미국 각지에서 개최하였다. 1885년 뉴욕주 포츠담(Potsdam)에 설립된 크레인 정규기관(Crane Normal Institute)과 입실란티(Ypsilanti)에 있는 미시간주립보통학교(Michigan State Normal School)에서 음악교사 양성을 위한 커리큘럼이 제공되었다. 크레인(J. E. Crane)은 미래의 음악교사 양성을 위한 지도실습, 지도관찰, 지도원리와 같은 현행 피아노 페다고지 교과목과 일치하는 커리큘럼을 개발하였다(Keene, 1982). 1887년 캐디(C. B. Cady)는 로지에르처럼 음악성 향상을 위한 그룹지도에 관심을 두었다. 그는 교사훈련뿐 아니라 초급에서 고급수준에 이르기까지 클래스피아노 수업을 옹호하는 논문을 발표하여 미국 전 지역에 클래스피아노의 움직임을 증진시켰다. 1896년 뉴욕에서 스토키(B. Stockey)는 피아노 초보자를 대상으로 예비피아노 클래스 교육을 위한 10주 코스 프로그램을 만들기도 하였다(Richards, 1978).

② 20세기 초 피아노 교육

20세기 초 미국에서 클래스피아노의 움직임이 대중화되어 감에 따라 피아노는 엄청난 인기를 모으게 되었다. 피아노를 제작하는 회사들은 많이 늘어났으며 그들은 공립학교에서 클래스피아노의 빠른 성장에 맞추어 적극적으로 활약하였다. 클래스피아노의 움직임이 전개되어 감에 따라 훈련된 교사의 부족으로 클래스피아노를 지도할 교사

양성의 필요성이 대두되었다.

1913년에서 1926년 사이에는 미국 전 지역에 걸쳐 공립학교에 급속도로 퍼진 클래스피아노가 설치되었으며 클래스피아노 지도를 위한 교사들을 훈련시켰다. 1919년 기딩스(T. P. Giddings)는 『공립학교 클래스피아노 교재(Public School Class Method for the Piano)』를 출판하고 미네소타(Minnesota)주 미네아폴리스(Minneapolis)에서 피아노 교사들에게 그룹피아노 테크닉을 가르치기 위한 수업을 하였다. 1924년 미즈너(W. O. Miessner)는 미즈너협회(Miessner Institute)를 설립하여 피아노 음악 및 페다고지 자료에 대한 교육을 실시하였고 미국 클래스피아노 교육의 발전에 공헌하였다. 1930년 그는 『피아노 선율법(Melody Way to Play the Piano)』을, 1933년에는 개정판을 출판하였으며 이 교재가 많은 사람들에게 널리 사용되었다(Hirokawa, 1997).

1926년 미국음악감독협회(Music Supervisors National Conference: MSNC)에서 출판된 『공립학교 피아노 클래스를 위한 안내서(Guide for Conducting Piano Classes in the Public Schools)』에는 "잘 훈련된 선생님에게 훌륭한 현대 교수법으로 클래스 수업에서 배운 학생들은 더 많은 것을 성취할 수 있었다."고 언급되어 있다(Mehr, 1960, p. 16). 1926년 MSNC는 공립학교에서의 피아노 교육을 증진시키고 클래스피아노 전문교사를 양성하기 위해 피아노 분과를 만들었다(Monsour, 1963). 클래스피아노를 전개시킨 주요 교육학자는 기딩스(T. P. Giddings), 커티스(H. Curtis), 맥코나시(O. McConathy) 그리고 미즈너(W.O. Miessner)이었다. 그들은 공립학교 교사들에게 클래스피아노 수업의 실제적인 정보에 대한 자료를 제공할 수 있는 안내서를 출판하였다. 클래스피아노가 확산됨에 따라 "1930년 880개의 공립학교에서 그룹피아노 교육을 제공한다."고 보고되었다. 동시에 1929년 43개 대학에서 1930년 132개로 클래스피아노 페다고지 코스를 제공하는 기관의 수가 급격히 증가하였다(Monsour, 1963, Richards, 1978). 1929년 셸링(E. Schelling), 게일 하케(Gail M. Haacke), 찰스 하케(Charles J. Haacke), 맥코나시(O. McConathy)가 쓴 『옥스포드 피아노 코스(Oxford Piano Course)』는 1930~1940년대에 클래스피아노를 위해 널리 사용되었던 교수법 중 하나로 자세한 교사의 매뉴얼을 제공하였다.

1930년대 경제불황으로 학교 운영이 어려워짐에 따라 수업 시수 및 피아노 구매가 줄어들고 교사 연봉이 삭감되는 등 어려움이 초래되었다. 이처럼 공립학교에서 클래스피아노 교육이 감소했음에도 불구하고 대학 커리큘럼에서는 클래스피아노 교육이 인기를 끌었다. 1920년대부터 컬럼비아대학교 사범대학(Teachers College, Columbia

University)에 이어서 위스콘신대학교(University of Wisconsin-Madison), 노스웨스턴대학교(Northwestern University) 등 많은 대학에서 피아노 연주 전공의 커리큘럼에 피아노 페다고지 강좌를 포함시키기 시작하였다. 1925년 버로우(R. Burrows)는 컬럼비아대학교 사범대학에서 초급에서 고급에 이르는 그룹피아노 지도와 스튜디오 피아노 교사들을 위한 피아노 페다고지 코스를 최초로 정규 커리큘럼에 포함하였다. 1931년 여름학기에는 성인 초보자를 위한 코스를 제공하였다. 1947년 MTNA 학술 강연에서 버로우(Burrows, 1947)는 고급수준 4명의 대학생을 대상으로 하는 그룹피아노 교수법을 발표하면서 "이 접근은 미국에서 혁명을 일으킬 수 있다."고 제안하였다(p. 176). 1930년대와 1940년대 그는 피아노 페다고지에 관한 지도법과 교재를 출판하였으며 많은 논문 발표를 통해 미국 전 지역에 피아노 페다고지를 보급시킨 주요 인물이다.

1952년 미국음악교육자협회(Music Educators National Conference: MENC)는 피아노분과위원장인 버로우의 지도 아래 클래스피아노 페다고지에 관한 책인 『피아노 클래스 지도를 위한 핸드북(Handbook for Teaching Piano Classes)』을 출판하였다. 컬럼비아대학교에서 버로우의 교수법을 계승한 페이스(R. Pace)는 미국에서 그룹피아노 교수법의 지도자적인 인물이다. 1954년 그는 모든 수준에서 레퍼토리와 함께 테크닉, 청음, 이론, 즉흥연주 및 초견을 통합한 일련의 독창적인 교재 시리즈를 출판하였으며 그 이후로 여러 교육학자들에 의해 개발된 피아노 교재에 많은 영향을 끼쳤다. 이 시리즈는 페이스가 남긴 '피아노 페다고지 분야에 가장 중요한 공헌'이라고 불리고 있다. 또한 그는 북미, 중남미, 유럽 및 아시아 전 지역의 워크숍을 개최하였다(Hirokawa, 1997).

비록 피아노 페다고지 프로그램이 그룹피아노 교사를 양성하기 위해 개발되었지만 개인피아노 교사도 마찬가지로 피아노 페다고지 분야의 발전에 기여하였다. 1953년 미국음악학교협회(National Association of Schools of Music: NASM)에서 매년 열리는 회의에는 개인 음악교사를 대상으로 하는 패널이 포함되었으며 개인 교사의 중요성을 지적하였다. 이는 개인 교사가 잠재력이 있는 음악 애호가를 길러 낼 뿐만 아니라 미래 음악교사 또는 전문 연주자를 양성하기 때문이다. 더 나아가 패널은 교사의 지도 역량을 키우기 위해 연주자를 길러내는 커리큘럼에 대한 필요성을 논의하였다.

③ 20세기 후반 이후 피아노 교육

1950년대 후반과 1960년대 초 대학에서 그룹피아노 교육이 확산되면서 음악교육 전공, 비음악 전공 및 성인 취미 학생이 포함된 초급 피아노 학생을 대상으로 하는 새로운 교육 프로그램이 개발되었다. 이 프로그램은 모든 음악전공 학생이 세부전공 분야에 상관없이 포괄적인 음악교육의 일환으로 피아노 교육을 받아야 한다는 철학의 영향을 받은 것이다. 따라서 학생들은 음악의 기초를 튼튼히 하기 위해 레퍼토리뿐 아니라 이에 연관된 음악이론, 초견, 화성, 이조, 총보, 즉흥연주와 같은 기능적인 건반 연주기술을 배워야 한다는 것이다.

전자피아노 랩의 출현은 그룹피아노 교육의 미래와 방향에 큰 영향을 미쳤다. 1956년 처음으로 볼 주립대학교(Ball State University)에 전자피아노 실습실이 설치되었다(Richards, 1978). 1960년대 이래로 미국 전 지역 대학에서 피아노 비전공자를 위한 클래스피아노가 널리 받아들여졌다. 미래 피아노 교사의 훈련과 전문화된 프로그램의 필요성에 대한 새로운 인식이 증대되면서 학부나 대학원에 피아노 페다고지 학위 프로그램을 제공하는 대학이 생겨나기 시작하였다.

1970년대는 그룹피아노 교육이 피아노 페다고지 분야에서 완전히 인정을 받고 중요한 실체 관심 대상으로 부상한 시대를 열었다. 이러한 흐름은 1980년대 내내 지속되었으며, 최초로 미국그룹피아노심포지엄(National Group Piano Symposium)이 생겨났다(Fisher, 2010). 1978년 랭커스터(E. L. Lancaster)는 대학에서 제공하는 그룹피아노 교사 훈련을 위한 가상의 모델 프로그램을 개발하였다. 그는 많은 피아노 교사들이 그룹피아노 교육에 대한 훈련이 부족하다고 지적하고, 대학에 그룹피아노 페다고지 석사학위 또는 그룹피아노 페다고지를 강조하는 학위 프로그램이 개설되어야 한다고 제안하였다(Milliman, 1992).

1979년에 미국피아노페다고지협회(National Conference on Piano Pedagogy: NCPP)가 창단되면서 교사 연수 프로그램의 중요성이 더욱 강조되었다. 미주리주 윌리엄 주얼대학(William Jewell College)에서 열린 첫 회의 이후로, 이 컨퍼런스는 미국 전 지역의 대학 교사 연수 프로그램에 중점을 두었다. 첫 번째 컨퍼런스에서 80명 이상 참석하였고, 그다음 해 컨퍼런스에서 224명으로 늘어나면서 피아노 페다고지 프로그램 및 강좌에 관심이 더 높아졌다(Milliman, 1992).

1980년대에 이르러 많은 대학에서 학부와 대학원에 학위 프로그램을 제공하게 되었다. 1980년 NCPP 두 번째 회의에 참석한 대부분의 대학교수들은 '어떻게 피아노 페다고지 커리큘럼을 만들어야 하는지' 패널 토론에 전념하게 되었다. 1986년 NCPP는 지도의 질적인 향상을 위해 피아노 페다고지 학생들이 참여하는 공개강좌 세션을 마련하여 숙련된 교사의 평가를 받는 프로그램을 제공하였다.

1988년 이래 미국음악교사협회(Music Teachers National Association: MTNA)는 매년 학생 공개강좌 세션을 마련하여 피아노 연주나 피아노 페다고지를 전공하는 대학원생들이 참여하고 있다. 이 프로그램은 양질의 교사 양성을 위해 경험이 많은 숙련된 전문가가 각 학생들의 공개강좌를 비판하고 조언한다.

미국에서는 2000년 그룹피아노와 피아노 페다고지 포럼(National Group Piano and Piano Pedagogy Forum: GP3)이 처음 개최되어 2년마다 컨퍼런스가 지속되고 있다. 이 포럼은 미래 교사의 방향을 모색하기 위한 아이디어와 함께 교수전략 및 관련 연구를 공유하는 대학 강사들을 위한 플랫폼으로 만들어졌다. 최근 미국음악교사협회(MTNA)와 미국피아노협회(National Piano Foundation: NPF)는 MTNA 컨퍼런스에서 공동으로 시도하는 프로그램인 '그룹피아노 지도 트랙(Group Piano Teaching Track)'을 만들었다(Fisher, 2010). 모든 단계에서 그룹피아노 교육에 전념하는 이 특별 세션은 과거에 미국 전 지역에서 후원된 세미나의 연속이다.

(2) 피아노 교재

시대의 흐름에 따라 피아노 교육의 철학이 바뀌면서 다양한 교수법적 접근에 의한 피아노 교재가 개발되었다. 새로이 개발된 교재들은 테크닉 중심 접근에서 벗어나 독보 접근 방식으로 바뀌면서 교재의 구성이 달라졌을 뿐 아니라 피아노 교수법의 성장

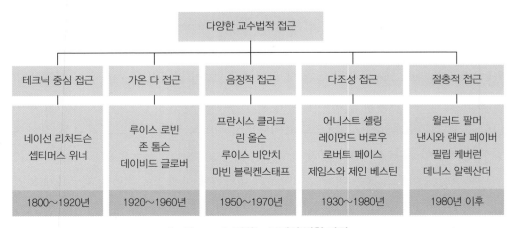

[그림 2-10] 피아노 교재의 변천 과정

과 발전을 보여 준다. 피아노 교재의 변천 과정을 살펴보면서 최근 피아노 교육의 동향
을 조명해 본다.

① 미국 초기 피아노 교재

미국 초기 피아노 교재는 유럽 손가락 학파의 영향을 받아 탁월한 테크닉 개발에 중
점을 두었다. 처음으로 미국에서 개발된 피아노 교재로는 리처드슨(N. Richardson)의
『현대 피아노포르테 교본(Modern School for Piano-Forte)』(1853)과 『새로운 피아노포르
테 교재(New Method for the Piano-Forte)』(1859)가 있다. 몇몇 책들은 오늘날 교재처럼
흥미 있는 부제가 포함되어 있다. 예를 들어, 지침이 간단하고 명료하게 다루어진 위너
(S. Winner)의 『피아노를 위한 완벽한 안내서(Perfect Guide for the Piano)』(1861)와 같
은 교재가 있다. 하지만 1900년대 접어들면서 더 인기 있는 책들은 어린 학생들을 위한
연주의 가장 기초를 다루는 교재들이었다. 이러한 교재에는 매튜스(W. S. B. Matthews)
의 『학습의 표준등급 코스(Standard Graded Course of Studies)』(1892), 블레이크(D. G.
Blake)의 『멜로디곡집(Melody Book)』(1916), 딜러와 퀘일(A. Diller & E. Quaile)의 『딜
러-퀘일 첫 독주곡집(Diller-Quaile First Solo Book)』(1918) 등이 있다(Lyke, Haydon, &
Rollin, 2011).

② 20세기 피아노 교재

1900년대 초 피아노 제작이 절정에 도달하면서 피아노의 보급화로 인해 인쇄업계
의 활동이 증가함에 따라 피아노 교재가 많이 출판되었다. 20세기 초에 가장 널리 사용
된 교재로는 벨로드(W. Berold)의 『윌리엄 벨로드 피아노 코스(William Berold's Piano
Course)』(1904), 윌리엄스(J. Williams)의 『피아노 배우는 첫 해(First Year at the Piano)』
(1924) 등이 있다.

악보 읽는 법도 가온 다(middle C)를 기준으로 읽기, 무보표로 읽기, 손의 위치로 읽
기 등 다양한 접근 방식이 나오게 되었다. 가온 다에서 두 엄지손가락으로 시작하는 '가
온 다 독보법'은 초등학생들에게 음악을 가르치는 데 가장 일반적인 방법이다. 로빈(L.
Robyn)의 『키보드 타운(Keyboard Town)』(1934)은 이 접근법을 처음 시도하였다. 그 이
후로 가온 다 접근법을 발전시킨 교재는 톰슨(J. Thompson)의 『작은 손가락을 위한 연
주법(Teaching Little Fingers to Play』(1936), 글로버(D. C. Glover)의 『어린이 초보 교재

『Beginning Method for Children』(1967) 등이 있다.

1955년 클라크(F. Clark)는 고스(L. Goss)와 함께 『피아노 학습을 위한 프란시스 클라크 교본(Frances Clark Library for Piano Study)』을 출판하면서 랜드마크 접근법이라고 불리는 독보법을 소개하였다. 이 접근법은 보표가 없는 상태부터 시작하여 점차적으로 보표선을 추가시키면서 위 또는 아래로 음정 간격으로 악보를 읽는 방법이다. 올슨(L. F. Olson), 비안치(L. Bianchi), 블릭켄스태프(M. Blickenstaff)의 『음악 경로(Music Pathways)』(1972) 시리즈는 같은 방법의 '음정적 독보법'을 사용하였다. 이 독보법을 강조하는 다른 교재로는 클라크의 『뮤직 트리(The Music Tree)』(1972) 시리즈가 있다.

악보 읽기에 대한 다른 접근방식인 다조성 접근법(multikey approach)은 셸링(E. Schelling), 게일 하케(G. M. Haacke), 찰스 하케(C. J. Haacke), 맥코나시(O. McConathy)의 『옥스포드 피아노 코스(Oxford Piano Course)』(1929)에서 처음 시도하였다. 그 이후로 버로우(R. Burrows)와 에이헌(A. M. Ahearn)의 『피아노를 배우는 어린 탐험가(The Young Explorer at the Piano)』에서 발전시켰으며, 1961년 페이스(R. Pace)의 『피아노를 위한 음악(Music for Piano)』 시리즈에서 다조성 접근법이 소개되었다. 이러한 접근법은 여러 개의 조표에서 악보를 매우 빨리 읽을 수 있도록 12개의 건반 모두에서 5개의 손가락 위치를 배운다. 제임스와 제인 베스틴(James & Jane S. Bastien)은 『베스틴 피아노 라이브러리(Bastien Piano Library)』(1976)와 『베스틴 피아노 교본(Bastien Piano Basics)』(1985)에서 점진적으로 이 독보법을 제시하여 점진적 다조성(gradual multiple key)이라고 하는 독보법을 만들었다. 이 두 가지 전략 모두 기초적인 악보를 읽는 데 다섯 손가락의 위치뿐 아니라 화음의 기초학습을 강조한다.

③ 최근의 피아노 교재

최근의 피아노 교재는 음악 독보를 위한 가온 다 접근법, 음정적 접근법 그리고 다조성 접근법을 결합하는 절충적 접근 방식이다. 이 접근법을 발전시킨 교재는 팔머(W. A. Palmer), 매누스(M. Manus), 레스코(A. V. Lethco)의 『알프레드 기초 피아노 라이브러리(Alfred's Basic Piano Library)』(1981), 낸시와 랜달 페이버(Nancy & Randall Faber)의 『피아노 어드벤쳐(Piano Adventures)』(1993), 크리더(B. Kreader), 커른(F. Kern), 케버런(P. Keveren), 레지노(M. Rejino)의 『헬 레너드 피아노 교재(Hal Leonard Piano Method)』(1996) 등 많은 훌륭한 시리즈들이 있다. 2005년 발간된 알렉산더(D. Alexander), 코왈

칙(G. Kowalchyk), 랭커스터(E. L. Lancaster), 맥아더(V. McArthur), 마이어(M. Mier)의 『알프레드 프리미어 피아노 코스(Alfred's Premier Piano Course)』는 20세기 말 미국 교재의 접근법을 종합적으로 활용한 교재이다.

　지난 수십 년 동안 취학 전 초보자, 성인 초보자, 그룹피아노 수업을 위한 새로운 교수법이 점점 다양해졌다. 새로운 수업 유형과 다양한 초보자 학생의 요구에 맞추어 교재가 변화함에 따라 기본 피아노 교재를 보완하기 위해 추가 교재가 출판되기 시작하였다. 초기 테크닉 보충 교재로는 샤움(J. Schaum)의 『하논−샤움(Hanon-Schaum)』(1946)과 버냄(E. M. Burnam)의 『도젠 어 데이(Dozen a Day)』(1950)가 있다. 이론 보충 교재에는 플레처(L. Fletcher)의 『이론 페이퍼(Theory Papers)』(1943) 등이 있다. 또한 포괄적인 음악성 향상을 위한 청음, 초견, 창작, 독주, 앙상블 등 보충 교재의 사용이 보편화되었다. 음악 테크놀로지의 진보는 피아노 교재에도 영향을 미쳤으며, 오늘날 미디디스크, CD, 이론 소프트웨어 및 웹사이트가 보급되고 있다.

　최근 또 다른 피아노 교육의 새로운 변화를 살펴볼 수 있다. 음악 독보에 대한 하나의 중요한 움직임은 보표 읽기를 시작하기 전에 학생이 기호 읽는 법을 배우는 사전 독보(pre-reading)에 대한 인기가 증가하고 있다. 점차적으로 많은 교사들이 레슨시간에 노래 부르기, 달크로즈의 유리드믹스 및 기타 움직임 활동 그리고 화음 만들기, 초견, 이조, 즉흥연주, 앙상블 연주와 같은 기능적인 기술(functional skills)의 중요성을 강조하고 있다. 또한 스즈키 접근과 같은 모방−반복 교수법(rote teaching)의 영향으로 많은 교사들은 학생의 청각과 음악적 감각을 계발하기 위해 가끔씩 모방−반복 교수법을 활용하고 있다(Lyke, Haydon, & Rollin, 2011).

(3) 전문적인 음악간행물과 조직단체

　미국에서 피아노 교사 훈련의 수준이 계속 높아짐에 따라 피아노 페다고지 분야의 전문성이 요구되었다. 이러한 필요성이 커지면서 20세기 중반 출판물 및 새로운 테크놀로지가 포함된 그룹피아노 교사를 위한 자료가 크게 늘어났다. 피아노 페다고지의 발전 과정에서 출판된 주요 음악간행물과 조직단체를 살펴본다(Lyke, Haydon, & Rollin, 2011).

① 음악간행물

• The Etude(1883~1957)

음악인을 위한 최초의 잡지 중 하나는 프레서(T. Presser)가 1883년에 창간하여 1957년
까지 월간으로 발행된『The Etude』였다. 각 호에는 클래식 및 대중음악에 대한 소논문
(article), 지도에 대한 조언 칼럼, 피아노곡, 연습곡 및 노래의 악보가 포함되었다. 『The
Etude』는 당시 가장 영향력 있고 대중적인 음악출판물이었다.

• American Music Teacher(1951~)

1876년에 설립된 미국음악교사협회는 1951년『American Music Teacher』저널을
출판하기 시작하였다. 새로운 음악에 대한 소논문, 정기 칼럼 및 리뷰는 미국 전 지역
에 걸쳐 음악교사들을 교육하기 위해 계속되고 있다.

• Piano Quarterly(1952~1992)

『Piano Quarterly』는 연구, 역사 및 분석 연구 그리고 컨퍼런스 보고서 등을 전문적
으로 다루는 소수의 학술 피아노 저널 중 하나이다.『Piano Quarterly』는 1993년 전문
적이고 아마추어 클래식 및 재즈 피아니스트를 위한 잡지인『Piano and Keyboard』로
부활하였다.

• Clavier(1962~2008)

1962년 악기출판사(Instrumentalist Publishing Company)는『Clavier』를 발행하기 시작
하였다.『Clavier』는 수년 동안 인기 있는 음악자료를 다루었던 잡지 중의 하나이다.

• Keyboard Companion(1990~2008)

1990년 크로니스터(R. Chronister)는 초급수준의 피아노 교육 전문잡지인『Keyboard
Companion』을 창간하였다. 그 이후에 그는 프란시스 클라크 센터(Frances Clark
Center)에서『Keyboard Pedagogy』로 명칭을 변경하여 출판하였다.

• Clavier Companion(2009~)

2009년 『Clavier』와 『Keyboard Companion』은 합병되어 2개월마다 발간되는 새로운 출판물인 『Clavier Companion』으로 바뀌었다. 이 잡지는 실제적인 피아노 지도에 관련되는 조언, 인터뷰, 특집, 책과 음악평론 그리고 정기 칼럼을 다룬다. 현재 수천 명의 피아노 교사들이 우수한 출판물을 이용하고 있다.

② 조직단체

전문 조직단체는 피아노 페다고지 분야에서 지속적인 전문성을 유지하는 데 필수적이다. 미국에서 피아노 페다고지 분야에 관련된 주요 단체의 활동을 살펴보면 다음과 같다.

• 미국음악교사협회

1876년 창단된 미국음악교사협회(Music Teachers National Association: MTNA)는 음악교육의 전문성을 높이고 음악교사들의 지위를 향상시키기 위해 엄청난 자원을 제공하고 있는 단체이다. 이 협회는 매년 컨퍼런스에서 마스터 클래스, 테크놀로지와 정보 세션, 페다고지 세션, 콘서트, 개인 음악교사 포럼 등 다양한 프로그램을 제공한다. MTNA가 제공하는 많은 프로그램 중에서 가장 가치 있는 프로그램 중 하나는 국가인증프로그램이다. 국가공인음악교사(Nationally Certified Teacher of Music)가 되는 것은 교사가 우수한 자격을 갖추는 동시에 음악교육 분야에서 높은 수준의 역량을 키울 수 있는 중요한 수단이다. MTNA의 회원은 수준 높은 컨벤션이나 피아노 교사 워크숍을 제공하는 주(state) 및 지부(local chapters)에 참여할 수 있다.

• 미국음악학교협회

1924년 설립된 미국음악학교협회(National Association of Schools of Music: NASM)는 음악분야의 고등교육기관 간의 이해를 도모하고 학위 및 기타 자격증을 부여하기 위한 기준을 개발하는 단체이다. NASM에서는 기준을 개발하는 과정에서 참여 교육기관과 전문단체가 서로 협의하여 기준을 결정하며, 실제로 교육기관에서 기준을 준수하고 있는지 여부를 결정하는 역할을 담당하고 있다. NASM은 MTNA와 함께 페다고지 전공 학사학위 기준을 제시하였고 이어서 페다고지 전공 석사학위 가이드라인을 개발하여 격년마다 수정 · 보완을 계속하고 있다.

• 미국키보드페다고지협회

1980년 창단한 이래로 미국키보드페다고지협회(National Conference on Keyboard Pedagogy: NCKP)는 피아노 교육의 질을 높이기 위해 초급에서 고급에 이르는 피아노 교사 훈련에 전념하는 단체이다. 이 협회는 시카고 지역에서 격년으로 개최되고 있으며 수준별로 실제적인 피아노 지도를 위한 조언, 새로운 교육 연구의 세션, 전문가의 뛰어난 시연, 다양한 콘서트, 워크숍 등의 프로그램을 제공한다. 교사들은 미국음악인대학(American College of Musicians), 미국피아노교사조합(National Guild of Piano Teachers) 또는 미국음악클럽연맹(National Federation of Music Clubs)을 선택할 수 있으며, 이 그룹은 모든 수준의 학생들에게 연주할 수 있는 기회를 제공한다.

• 세계피아노페다고지협회

1998년 설립된 세계피아노페다고지협회(World Piano Pedagogy Conference: WPPC)는 매년 컨퍼런스를 개최하고 있다. WPPC 컨퍼런스의 주요 핵심인 '기본으로 돌아가기(Back to Basic)'는 기초를 가르침으로써 음악인으로 성공할 수 있는 능력을 기를 수 있다는 의미를 반영하고 있다. 이 협회는 모든 수준에서 교사 훈련의 질을 높이기 위해 미디나 소프트웨어 활용과 같은 새로운 지도방안, 다양한 주제의 강의, 전문가의 지도 시연, 전시회, 콘서트 등을 WPPC만의 독특한 형식으로 피아노 페다고지 분야에 관련된 다양한 프로그램을 제공하였으나 현재는 지속되지 않고 있다.

최근 그룹피아노 교사를 위한 새로운 자원이 확산되고 있다. 2000년에 처음 개최된 미국 그룹피아노와 피아노 페다고지 포럼(National Group Piano and Piano Pedagogy Forum: GP3)은 연 2회의 컨퍼런스가 지속되고 있다. 그 외에 미국음악교사협회와 미국피아노협회는 공동으로 MTNA 컨퍼런스 프로그램에 '그룹피아노 지도 트랙'을 만드는 등 다양한 국제 음악단체 및 컨퍼런스가 있다.

3) 한국

(1) 피아노 페다고지의 역사[11]

① 대학에서 피아노 페다고지의 도입

국내 피아노 페다고지 강좌와 학위 프로그램은 1990년대 본격화되기 시작하였으나 피아노 수업의 시작은 1909년 이화학당(현 이화여자대학교)에서 비롯되었다.[12] 1886년 미국 선교사 스크랜턴(M. F. Scranton)에 의해 설립된 이화학당의 초기 음악교육은 대부분 선교사들이 담당하였다. 이화학당은 1925년 이화여자전문학교 인가를 받아 음악과를 창설하고 피아노 전공을 설치하여 실기교육과 이론교육의 균형을 중시하는 미국의 음악교육체제를 바탕으로 교과과정이 이루어졌다.

이화여자대학교 음악대학의 역사를 살펴보면, 1920년대 중반에 들어와 미국에 크게 확산된 클래스피아노의 열기로 인해 피아노 교사교육의 일환으로 이화여자전문학교에서 이미 아동피아노 교수법이 실시되었다고 기록되어 있다(이화여자대학교 음악연구소, 2003). 1925년 이화여자전문학교는 국내 최초로 피아노 전공을 설치하여 피아노 연주자의 육성과 더불어 피아노 교사 훈련을 병행하였다. 이는 미국에서 수학한 후 이화에 부임한 음악과 교수진(김애식, 1923~1947)이 미국의 교육체제를 도입하여 피아노 교사교육의 육성을 목표로 삼았던 것이다. 1930년 이화여자전문학교 음악과에서는 피아노 초보 학습을 위한 교재인 미즈너의 『피아노선율법』(W. O. Miessner의 「The Melody Way」의 편역)을 출간하고, 당시 미국 국내에서 폭발적인 인기를 누린 피아노 페다고지 신교재의 도입과 아울러 20세기를 주도할 새로운 선진 피아노 페다고지를 도입하였다(최승현, 2006). 이에 1930년에 개편된 정규 교과과정에는 클래스피아노, 클래스피아노 교수법이 정규 교과과정에 포함되었으며 음악과 교과과정이 보다 체계적으로 확립되었다.

그러나 영(M. E. Young), 우드(G. H. Wood), 모크(M. V. Mock), 골만(C. Gorman)의 외

---

11) 김신영(2019). 시대의 흐름에 따른 피아노 페다고지의 재조명, **음악교육연구**의 내용을 기초하여 재구성하였다.
12) 1909년 '음악'이 정식과목으로 채택되어 개인레슨이 본격화되기 시작하였으며 월 50전을 내고 피아노 레슨을 받는 학생이 한 명 있었다(이화100년사 편찬위원회, 1994, p. 70).

국인 음악과 교수들과 같은 시기에 활동하였던 한국인 음악과 김애식 교수가 퇴직한
후 1948년 교과과정 개편에서는 클래스피아노, 클래스피아노 교수법이 잠시 폐지되었
다. 1951년 학제가 개편되면서 이화여자대학교 예술대학 음악학부의 교육목표는 우수
한 연주자, 작곡자 그리고 음악교육자를 양성하는 데 두었다. 이에 피아노 비전공자를
위한 피아노 교과목이 1957년 교과과정에는 클래스피아노로 명칭이 변경되어 개설되
었으며, 피아노 교수법 역시 명칭을 변경하여 1975년에 다시 부활되었다.

이처럼 우리나라 최초로 1975년 이화여자대학교에 피아노 페다고지 강좌가 교과
과정에 개설되었으나 이를 전국적으로 널리 보급시키고 피아노 교사교육을 활성화시
키고자 활동했던 자료는 찾아보기 어렵다. 그 이후 1985년 피아노 교수법 이수학점이
1학점에서 2학점으로 변경되었고, 1994년 한 학기에서 두 학기 강좌로 확대되었으며,
1999년에는 그룹피아노 교수법이 신설되어 두 학기에 걸쳐 운영되고 있다(이화여자대
학교 음악연구소, 2003).

② 출판사를 통한 피아노 페다고지의 도입

시대적 흐름에 따라 미국에서 피아노 페다고지 분야가 발전하는 과정에서 계속해서
많은 피아노 교재들이 개발되었다. 당시 미국에서 가장 인기를 모으고 있던 새로운 교
재들이 1970년대 후반 이후로 국내 출판사를 통해 소개되면서 우리나라에 '피아노 페
다고지'라는 용어가 본격적으로 사용되기 시작하였다.

국내에서 가장 오래된 테크닉 위주의 『바이엘 피아노 교본』은 일제강점기에 들어온
교재로, 가온 다 접근법을 따르고 있으며, 여전히 우리나라에서 가장 많이 사용되고 있
는 초급교재이다. 그 이후 피아노 페다고지 분야가 성장하면서 개발된 가온 다 접근방
식 교재 중 가장 성공적인 『톰슨 피아노 교본』은 현재도 미국에서 인기리에 사용되고
있으며 국내에는 1970년대 후반에 세광음악출판사를 통해 도입되었다.

1980년 중반에는 점진적인 다조성 접근법을 사용하고 있는 제임스와 제인 베스틴의
『베스틴 피아노 교본』이 음악춘추사를 통해 도입되었다. 이 접근법은 12조성을 4그룹
으로 나누어 1~4급 교재에서 한 그룹씩 점진적으로 다루며 다섯 손가락의 위치를 강
조하는 독보방식이다.

이어서 1992년 상지원에서 도입하여 소개된 팔머, 매누스, 레스코의 『알프레드 기초
피아노 라이브러리』는 가온 다 접근법, 음정적 접근법 그리고 다조성 접근법을 결합하

는 절충적 접근법을 사용하고 있다. 그 이후 『알프레드 기초 피아노 라이브러리』 『베스틴 피아노 교본』 『피아노 어드벤처』 등 20세기 후반의 교본들을 개량하여 『알프레드 프리미어 피아노 코스』가 2005년 발간되었고 곧 이어 우리나라에 소개되었다.

1998년 디지털 피아노 회사 벨로체에서 도입한 낸시와 랜달 페이버의 『피아노 어드벤처』는 최근 미국뿐만 아니라 국내에서도 가장 인기를 모으고 있는 교재 중 하나이다. 이 교재의 독보방식도 가온 다 접근법, 음정적 접근법 그리고 다조성 접근법을 결합하는 절충적 접근을 따르고 있다. 최근 소개되고 있는 새로운 교재로는 예술출판사에서 도입한 멀라이스(H. Malais)의 『피아노 석세스』가 있으며 미국에서 2011년 개발되었다. 이 교재는 악보를 패턴(음정과 화음의 모양)으로 읽는 독보법을 강조하여 시각효과를 이용한 빠른 독보 속도를 보여 준다.

이러한 출판사들은 전국 여러 지역에서 세미나, 워크숍을 개최하여 교재의 특징 및 교수법을 소개하기도 하고, 자격증 과정을 제공하거나 장·단기 교육 연수 일정을 계획하여 피아노 교사 훈련을 하고 있다.

③ 교과과정 강좌 및 학위 프로그램

새로운 피아노 교재의 도입과 더불어 미국 유학파들이 귀국하여 활동함에 따라 1990년대 초 피아노 페다고지에 관심이 높아지면서 국내 여러 대학에서 피아노 전공자를 대상으로 교과과정에 피아노 페다고지 강좌가 개설되기 시작하였다. 오늘날 대학에서 피아노 교수학 개론, 그룹피아노 교수법, 피아노 테크놀로지, 재즈반주법 등 다양한 과목으로 운영되고 있다. 그런데 아쉽게도 출판사의 교육 담당 강사가 평생교육원 프로그램에서 다루어야 할 피아노 페다고지 강좌를 대학 정규수업에서 강좌를 담당하고 학점이나 자격증을 부여하는 사례를 볼 수 있다. 이는 피아노 페다고지 학문에 대한 편견이나 인식 부족에서 오는 잘못된 경우이다.

1990년대 말에 들어오면서 대부분의 피아노 전공자들이 대학 졸업 후 사회에서 피아노 교육에 종사하는 실정을 고려하여 대학에서 전문 연주자뿐만이 아니라 전문 피아노 교사로서 양성과정이 필요하다는 견해가 나오기 시작하였다. 이러한 움직임으로 인해 국내 대학에 피아노 페다고지 전공 석사학위과정이 개설되기 시작하였다.

국내 대학에서는 크게 일반대학원과 특수대학원 소속으로 구분하여 피아노 페다고지 학위과정을 운영하고 있다. 대학마다 제각기 다른 특성을 가지고 교육목표를 설정

하여 교과과정을 제공한다. 1998년 국내 최초로 경원대학교(현 가천대학교) 일반대학원
에 피아노 페다고지 석사과정이 신설되었다. 이어서 상명대학교, 세종대학교, 중앙대
학교, 호서대학교가 일반대학원에 개설되었으며, 수원대학교, 세종대학교, 숙명여자대
학교, 이화여자대학교, 국민대학교는 특수대학원에 피아노 페다고지 전공이 개설되어
있다.

(2) 피아노 교재

우리나라에 가장 먼저 도입된 피아노 학습의 입문서는 『바이엘』로 알려져 있다. 일
제강점기 일본을 통하여 들어온 『바이엘 피아노 교본(Vorschule Im Klavierspiel Op.
101)』은 독일 작곡가 바이엘(Ferdinand Beyer, 1803~1863)에 의해 1850년에 출간된 교
재이다. 바이엘은 당시 독일 고전파 피아노지도에서 흔히 사용하는 손가락 학파의 영
향을 받아 민첩한 손가락의 움직임과 독보의 수월함을 위하여 이 교본을 출판하였다.
현재 독일에서조차 이 교재를 거의 사용하지 않음에도 불구하고 『바이엘』은 우리나라
에서 피아노 교육을 시작하는 일반인에게는 첫 입문서에 해당하는 대명사로 떠올릴 만
큼 아직까지 교육현장에서 널리 사용되고 있다.

19세기 교재인 『바이엘』은 우리나라에서는 1954년 국민음악연구회에서 나운영 편
집의 『바이엘 피아노 교본』으로 처음 출판되었다. 1970년대 말까지 원 교본에 포함된
연습곡 106곡을 완역 혹은 번역하여 그대로 사용하였으나 1970년대 이후 점차적으로
변형하여 출판하기 시작하였다. 예를 들어, 어린이를 위하여 음표의 크기를 확대하고
음악이론 부분을 추가하기 시작하였으며 중간 중간에 원곡 이외의 응용곡을 끼워 넣
기 시작하였다. 1990년대 이후 국내 음악출판사에서는 원 교본의 구조에 편집방법을
다양하게 변형한 수십여 권의 『바이엘』 교본이 출판되어 나왔다. 새로운 연습곡과 응
용곡을 추가하여 원래 『바이엘』 교본에 수록된 원곡의 비율이 20~65%로 낮아졌으며,
이전의 한 권 혹은 상·하권 구성이 3·4권 분권 형태로 출판되기 시작하였다. 그 밖에
교재의 구성 내용에 있어서도 독보법의 변화, 리듬 교육의 강화 등이 이루어졌다(이성
희, 2000).

하지만 『바이엘』 교재가 단순 테크닉 훈련에 그치고 음악적 표현력과 포괄적 음악
성 계발을 위한 체계적인 음악이론, 다양한 레퍼토리, 화성반주, 즉흥연주, 앙상블 등의
활동들이 간과되어 있는 점에 문제를 느끼고 1980년대 이후 외국의 피아노 교재가 수

입·번역되어 사용되기 시작하였다. 이 시기에 국내에서 번역·출판된 외국 피아노 교재들로는 『베스틴 피아노 교본(Bastien Piano Basics)』(1985), 『알프레드 기초 피아노 라이브러리(Alfred Basic Piano Library)』(1992), 『옥스포드 피아노 타임(Oxford Piano Time)』(1998), 『피아노 어드벤처(Piano Adventure)』(2003) 등이 있다. 수입·번역된 외국 교재들은 학습자들의 포괄적 음악성 계발을 위하여 주레슨 교재와 함께 이론, 테크닉, 청음, 즉흥연주, 응용곡집, 앙상블곡집 등 다양한 병행 교재들이 출판되었다. 하지만 외국 교재들은 그 나라의 동요, 민요를 위주로 그 나라만의 독특한 음악적 정서를 다루고 있기 때문에 우리나라 어린 아동들이 그대로 받아들여 사용하기에는 낯설고 적절하지 못하다는 우려와 지적이 나타나기 시작하였다.

우리나라에서도 1995년 이후 우리 음악교육가에 의해 우리의 음악적 정서가 담긴 피아노 교재를 개발하기 시작하였다. 집필진과 출판사의 의도에 따라 교재의 구성에는 차이가 있으나 무엇보다도 서양의 음악적 요소뿐만 아니라 우리나라의 동요, 민요 등을 포함하는 것이 가장 큰 특징이다. 최근에 출판된 한국형 피아노 교본들은 독보 지도에 있어 가온 다 접근법, 음정 접근법, 다조성 접근법을 부분적으로 결합한 절충적 접근법을 따르고 있고, 포괄적 음악성 계발을 위한 다양한 음악활동을 포함시키고 있으며, 『바이엘』 교재에서 벗어난 독창적인 한국형 피아노 교본 개발을 위하여 각각 노력하고 있다. 연도순으로 국내에서 자체 개발된 피아노 교본을 살펴보면 다음과 같다. 엘리트 뮤직스쿨 위원회와 현대음악출판사에서 공동으로 출판한 『엘리트 피아노』(1996)을 시작으로 이데 유미코, 송지혜, 정수임 공저의 『하이비스』(1996), 정완규의 『클라비어』(1998), 유은석의 『피아노 베이직』(2005), 강효정의 『피아노 아카데미아』(2017), 권수미의 『매직핑거』(2019) 등이 있다.

(3) 전문적인 음악간행물과 조직단체

국내에서 피아노 페다고지에 대한 관심이 높아지면서 음악간행물이 발행되기 시작하였고 그 이후 조직단체가 설립되었다. 교사들은 음악간행물과 조직단체를 통해 전문성 있는 피아노 교육에 관련된 다양한 음악 정보를 얻게 된다. 피아노 페다고지의 발전 과정에서 출판된 주요 음악간행물과 조직단체는 어떤 역할을 해 왔는지 살펴본다.

① 음악간행물

국내에서 발간되는 정기 음악간행물은 크게 학술지, 잡지 그리고 신문으로 구분된다. 음악분야 학회에서 발행되는 학술지는 전반적인 피아노 교육 및 음악교육에 관련된 학술정보를 제공하고 있다. 1956년 설립된 한국음악교육학회에서 『음악교육연구』는 연 4회, 1999년 창단된 한국피아노교수법학회에서 '음악교수법연구'는 연 2회, 2003년 설립된 한국예술교육학회에서 『예술교육연구』는 연 4회 발간하고 있다. 그 외 다른 학술지에서도 종종 피아노 교육에 관련된 논문이 실리기도 한다.

1980년대에 들어와 국내 출판계에서 월간 잡지가 발행되기 시작하였으며, 이어서 음악 신문이 발간되어 음악인 및 음악 애호가들에게 많은 정보를 제공하고 있다. 음악간행물에 대해 구체적으로 살펴보면 다음과 같다.

• 피아노음악(1982~   )

『피아노음악』은 1982년 음악춘추사에서 창간되었으나 1995년부터 음연에서 매월 발행하고 있다. 이 잡지는 작곡가별 특집 기사, 피아노 음악에 관련된 기획 기사, 레스너를 위한 조언, 피아노 교수법, 지상공개레슨 등을 다루고 있다.

• 음악교육신문(1991~   )

1990년 설립된 『음악교육신문』은 '미래 교육을 선도하는 신문'이라는 사훈으로 정보를 제공하고 있으며 월 2회, 격주 간으로 발행한다. 각 호에는 연주회 소식, 지상강좌, 시사평론, 연주회 리뷰, 마스터 클래스 현장 취재 등 기획 기사, 신간 소개 등을 게재하고 있다.

• 피아노교수학신문(1994~   )

『피아노교수학신문』은 1981년 설립된 상지원에서 발간되는 주간 신문이다. 주요 기사로는 피아노 페다고지 외신 번역, 피아노 교육에 관련된 기고, 알프레드 페스티벌 광고, 피아노 교재 광고, 프리미어 피아노 페다고지 자격증 광고, 세미나 참가 소감 등을 다루고 있다.

• 음악춘추(1995~)

1977년 노병남에 의해 설립된 악보 출판 전문 음악춘추사는 1982년 『피아노음악』을 창간하였으나 1995년 음연으로 넘어가고, 같은 해 『음악춘추』를 창간하였다. 클래식 음악 전문지 『음악춘추』는 기획 대담-인물 탐구, 젊은 음악인 소개, 신간 도서 소개 등 음악계 정보, 지상공개레슨, 음악회 평론, 스페셜 인터뷰 등 연재 기사를 주로 게재하고 있다.

• 에듀클래식(2001~)

2001년 음악교육신문사 내 월간 잡지 『에듀클래식』이 창간되었으며 국내 유일의 기초 음악교육 전문지이다. 2002년 에듀뮤직이 설립되었으나 2017년 '리움아트 & 컴퍼니'로 상호가 변경되었다. 『에듀클래식』은 전국 음악교육 세미나 일정, 학원 운영 정보, 레퍼토리 연구 및 교수법 소개 등 특집기사를 활용한 음악교육 도안, 칼럼 및 연재 기사를 다루고 있다.

• 월간음악(2007~)

1970년 설립된 월간음악사에서 전문 음악 잡지 『월간음악』을 창간하였으나 1993년 도서 출판 음악세계가 재설립되었다. 그 이후 잡지 명칭이 여러 차례에 걸쳐 바뀌다가 2007년 『월간음악』으로 최종 변경되었다. 레스너를 위한 피아노 교재 설명, 교수법 소개, 지상강좌, 음악 영화, 음반 콘서트의 소개, 학원 운영 자료 등을 제공하고 있다.

• CAMP(2014~)

『CAMP』는 1953년 설립된 세광음악출판사에서 발행하는 월간 잡지이다. 잡지 명칭이 여러 차례에 걸쳐 바뀌었고 2014년 『CAMP(Classical Applied Music Publishing)』로 변경되었다. 학원 정보를 제공하는 홍보 내용을 중심으로 지도강좌, 신간 도서 안내, 피아노 학원 정보, 세광 교재 교수법 등을 다루고 있다.

• Samho Music Talk(2015~)

1977년 창립한 삼호출판사에서 발간하는 월간 잡지는 여러 차례에 걸쳐 명칭이 변경되었다가 2014년 『Samho Music Talk』으로 발행되고 있다. 삼호뮤직 교재 교수법, 신간 도서 안내, 학원 운영 정보, 연주방법 및 지상레슨, 피아노 교수법 등 특별 기획 기사를 다루고 있다.

② 조직단체

국내에서 학위 프로그램이 개설되기 시작할 무렵 피아노 페다고지 분야에 관련된 조직단체가 창설되기 시작하였다. 이 분야에 관련된 주요 단체의 활동을 살펴보면 다음과 같다.

• 한국피아노교수법학회

국내 최초로 1998년 창단된 한국피아노교수법학회(Korean Association of Piano Pedagogy: KAPP)는 피아노 페다고지 분야의 학문적 연구와 그 실천을 통하여 피아노 교육의 발전에 기여하고자 하는 학술단체이다. KAPP는 창단 이래로 거의 10년 동안 피아노 지도자 세미나와 입시생 연주평가회가 주요 활동이었다. 이 단체는 2009년 처음으로 학술대회를 개최하여 주제발표, 구두발표, 포스터 세션, 피아노지도 공개레슨, 렉처리사이틀과 같은 다양한 프로그램을 포함시켰다. 특히 피아노 교사의 질을 높이기 위해 피아노 페다고지 전공 대학원생들이 참여하는 지도 공개레슨 세션은 흥미로운 프로그램이다. 하지만 2017년 이 세션이 폐지되고 마스터 클래스, 출판사 도서 전시 및 교재 공개강좌로 대체되었다. 이외에도 공개레슨, 렉처 콘서트(Talk & Play), 콩쿠르 등이 열리고 있다.

• 한국피아노페다고지연구소

2008년 창단된 한국피아노페다고지연구소(Korea Research Institute for Piano Pedagogy: KRIPP)는 피아노 페다고지의 학문적인 연구를 활성화시키고 현장 피아노 교사교육을 실시함으로써 피아노 교육의 발전을 꾀하고자 하는 단체이다. 이를 위해 KRIPP는 지도자 세미나, 집중 실기과정, 마스터 클래스, 입시평가회, 영재콘서트, 콩쿠르 등 다양한 프로그램으로 활동하고 있다.

• 한국피아노교육협회

2016년 설립된 한국피아노교육협회는 피아노 교사를 대상으로 연주 실력 향상과 동시에 우수한 피아노 교육자를 양성하기 위해 전문 음악인을 초빙하여 강의를 듣고 토론하는 모임단체이다. 주요 활동으로는 개인레슨, 마스터 클래스, 레슨법 세미나, 연주회, 피아노 교재 개발 등이 있다.

이외에도 2003년 창단된 한국피아노교수법연구소는 피아노 교육에 관심이 있는 교사를 대상으로 인터넷 동영상과 오프라인 강의를 통해 교사 양성과정을 운영하고 있다. 또한 피아노 교사 모임 단체인 피아노 페다고지 연구회에서는 자체적으로 교사훈련을 하고 있다.

(4) 우리나라 피아노 페다고지의 나아가야 할 방향

피아노 페다고지가 도입된 지 40여 년의 역사가 지났다. 그동안 피아노 페다고지를 소개하고 그 필요성을 피력하는 데 큰 노력과 변화를 이끌어 왔다. 1998년 국내 최초로 경원대학교(현 가천대학교) 일반대학원에 피아노 페다고지 석사과정이 신설된 이래 10개교의 일반대학원 및 특수대학원에 피아노 페다고지 대학원이 설립되어 학위과정이 운영되고 있다. 뿐만 아니라 국내에서도 전문적인 조직단체가 설립되면서 지역별로 혹은 대학별로 크고 작은 모임 속에 피아노 교육에 대한 연구를 발전시키고 있다.

하지만 피아노 페다고지가 도입된 이후 지금까지 피아노 교수학에 대해 경시하는 인식이 아직도 크게 남아 있는 사실을 부인할 수 없다. 미국은 그룹이나 클래스피아노 전문 지도자 양성을 위한 교육의 필요성에서부터 피아노 페다고지가 대학에 도입됨으로써 학문적인 성장이 급속하게 이루어졌다. 반면, 우리나라의 경우는 피아노 학원 교사들의 재교육의 필요성에서부터 피아노 페다고지가 도입됨으로써 학문으로서의 인식과 정착이 쉽지 않은 것이 사실이다.

피아노 페다고지는 교사가 피아노를 지도하고 학생이 학습하는 모든 교수·학습 과정에서 다루어야 할 교육 철학, 교수·학습 이론, 교재자료, 교수법, 평가, 학생과 학부모와의 소통 역량 및 피아노 연주 등을 다루는 넓은 분야의 학문이다. '음악 교수법'이 '음악 교육학'에서 다루는 한 분야이듯이 피아노 페다고지는 학문으로서 접근하여야 할 '피아노 교수학'이지 특정 지도법만을 다루는 '피아노 교수법'이 아니라는 것이다.

미국에서 피아노 페다고지가 대학에 도입될 때의 배경과 국내에 피아노 교수학이 도입될 때의 배경이 다르기 때문에 이 부분에 대한 인식의 변화를 가져오기 위해서는 현실적인 노력을 지속하여야 할 것이다. 먼저, 대학에서 그룹교육 및 클래스피아노의 적용과 이를 위한 전문가 양성이 보다 적극적으로 현실화되어야 한다. 아직 국내 피아노 페다고지 대학원에서 개설되고 있는 그룹피아노 강좌를 이수한 학생들 중 그룹피아노 교육에 대한 훈련을 받고 졸업하는 학생은 드물다. 실제 그룹피아노 지도경험을 쌓을 수 있는 교육 모델 프로그램의 개발이 시급하다. 이는 대학에서 개설하는 학위과정인 만큼 대학교육의 질적 수준을 높이는 데도 기여할 것이다.

20세기 미국의 피아노 페다고지 발전사를 살펴보면 피아노 교사교육을 담당한 기관은 주로 공공의 이익을 대변하는 비영리단체나 공신력 있는 학회 그리고 대학기관이다. 우리나라의 경우 공신력 있는 대학이나 학회에서 체계적인 교사훈련을 하기보다는 특수대학원(학원 강사 양성 프로그램 등), 개인이 운영하는 협회 그리고 교재를 개발하거나 판매하는 영리단체인 출판사에서 주로 교사교육을 담당하고 있다. 지역이나 학교 등 작은 단위의 교사교육도 중요하고 의미 있는 활동이다. 학령인구가 줄고 입시 위주의 교육이 더욱 강화되어 피아노 지도가 나날이 어려워지는 상황에서 피아노 교사들의 당면한 문제점을 함께 고민하고 풀어 나갈 수 있도록 공신력 있는 대학과 학회 그리고 교사 간의 협업이 절실히 필요한 상황이다.

마지막으로, 국내 전문가들의 학문적인 연구가 뒷받침된 피아노 교재자료의 개발과 교수법의 연구가 끊임없이 이루어져야 할 필요가 있다. 세계적으로 피아노 교육이 어떻게 이루어지는지 동향을 알아보기 위하여 외국 유명 피아노 교재를 수입·번역하여 지도하는 것도 의미가 있다. 하지만 세계적인 수준의 피아노 교재가 우리나라에서 개발되는 것도 가능하지 않겠는가? 동시에 시대적 흐름에 따라 변화하는 피아노 학습환경과 사회적 가치관의 변화에 따른 피아노 교수법의 연구 또한 끊임없이 수반되어야 할 것이다.

21세기를 살아가는 우리나라 젊은 피아노 교사들 세대에서 피아노 페다고지가 단지 피아노 교수법이 아닌 피아노 교수학으로 굳건히 성장해 나아가길 희망해 본다.

1. 피아노의 음향학이 피아노 교육과 어떤 관련이 있는지 중요한 요소를 찾아보고 서로 논의해 보자.

2. 미국에서 피아노 페다고지의 발달과정을 살펴보고 피아노 교사 훈련을 누가, 어떻게 실시하였는지 토의해 보자.

3. 우리나라 피아노 페다고지 분야에서 당면한 가장 큰 이슈가 무엇인지 여러 가지 관점에서 토의해 보자.

제3장

피아노 학습이론

배수영 · 김소형

모든 아이에게는 음악이 있다.
선생님의 역할은 그것을 찾아서 기르는 것이다.

‒ 프랜시스 클라크(Frances Clark) ‒

피아노 학습을 구성하는 요소들과 그 학습에 영향을 미치는 변인들에 관하여 살펴본다. 20세기에 들어와 교육철학이 바뀌면서 나타난 다양한 학습 주체에 의한 관점에 대해 알아보고, 실제 피아노 학습에 효과적으로 적용할 수 있는 관찰학습, 개념학습, 인지적 도제학습, 문제해결학습에 대하여 살펴본다.

피아노 학습은 고도의 기술을 필요로 하는 분야이지만, 그 학습에 관여하는 인지적 과정은 다른 분야의 학습에서와 마찬가지다. 따라서 피아노 교사들은 학습이 어떻게 이루어지는가에 대해 관심을 가져야 한다. 수세기 동안 철학자와 심리학자는 인간이 어떻게 지식을 습득하고 지적인 성장을 이루는가에 대한 다양한 견해와 이론을 제시해 왔다. 20세기에 들어서면서 교육심리학의 비약적인 발전이 이루어짐에 따라 손다이크 (E. Thorndike)의 연습의 법칙, 스키너(B. Skinner)의 행동분석학, 반두라(A. Bandura)의 사회인지학습, 피아제(J. Piaget)의 발달심리학, 브루너(J. Bruner)의 인지심리학 등 학습이 일어나는 다양한 요인에 대한 이론들이 제시되었다. 캠프(Camp, 1995)는 피아노 학습에서도 음악을 이해하는 데 유용한 학습이론을 응용하여 적용하는 것이 필요하며 피아노 교사들이 학습이론을 습득해야 한다고 언급하였다.

이 장에서는 피아노 학습을 구성하는 요소와 학습에 영향을 미치는 변인을 알아봄으로써 피아노 지도에 필요한 전문적인 능력 및 자질을 갖추도록 한다. 그리고 실제 피아노 학습에 효과적으로 적용할 수 있는 관찰학습, 개념학습, 인지적 도제학습, 문제해결학습 등 학습이론을 살펴본다.

1. 피아노 학습의 구성 요소

피아노 학습을 구성하는 요소는 학생, 학습과제 그리고 교사이다. 학생은 과제를 학습하는 것이 목표이고 교사는 학생이 과제를 효과적으로 학습하도록 지도하는 것이 목표이다. 이들 3요소 사이의 관계는 학생의 특성, 과제의 내용, 교사의 전문성에 따라 다양한 양상을 나타내며, 이들이 어떤 상호작용을 하는가에 따라 학습의 효과에 큰 차이가 있다(Bae, 2010). 학생의 특성에는 학습동기, 자기효능감, 음악지능, 신체적·인지적 발달특성, 선행지식 등이 있으며, 학습과제는 음악성 계발과 피아노 연주능력 향상으로 나눌 수 있다. 교사가 갖추어야 할 전문성에는 과제에 대한 전문적 지식 외에도 학생에 대한 이해, 교수법에 대한 이해가 요구된다. [그림 3-1]은 피아노 학습을 구성하는 3요소와 학습에 영향을 미치는 변인에 관한 내용이다.

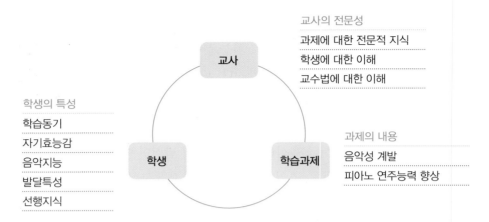

[그림 3-1] **피아노 학습을 구성하는 3요소와 학습에 영향을 미치는 변인**

1) 학생

피아노 학습에 영향을 미치는 학생의 특성 중 음악지능, 발달특성, 선행지식은 교사가 조율할 수 있는 변인이 아니다. 하지만 교사는 이러한 변인에 대한 이해를 바탕으로 학생에게 적합한 과제와 교수법을 선정해야 한다. 학생의 음악지능과 발달특성은 기본적으로 선천적으로 타고나는 특성이므로 학습과정에서 면밀한 관찰이 필요하다. 그리고 선행지식에 대한 이해는 일반적으로 학생과 학부모와의 상담을 통해서 이루어진다.

학생의 학습동기와 자기효능감은 음악지능, 발달특성, 선행지식과는 달리 과제의 내용과 교사의 전문성에 따라 크게 영향을 받는 변인이다. 따라서 교사는 학생의 학습동기를 유발하고 지속시키는 방법과 자기효능감을 향상시킬 수 있는 방법에 대해 반드시 숙지해야 한다. 학습동기와 자기효능감에 대해서 보다 자세히 살펴보도록 하자.

(1) 학습동기

학습동기란 학습하고자 하는 의지이며, 이에 대한 정확한 정의는 학자들 간에 차이가 있다. 일반적으로 학습동기는 성취동기(achievement motivation) 또는 자기결정성(self-determination)과 관련지어 정의하고 있다(김춘경 외, 2016). 성취동기이론에 따르면 성취동기가 높은 학생은 도전적이고 어려운 과제를 수행하는 데 만족감을 느끼며 수업과 과제에 더 잘 집중하고 어려운 과제나 수업에 적극적으로 참여하며 수행의 결과로 자신을 평가하지 않고 실패에 대하여 자신을 긍정적으로 평가한다고 한다. 자기

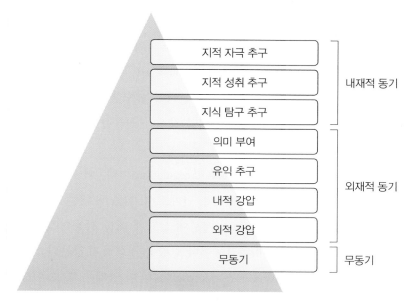

[그림 3-2] **학습동기의 8단계**

출처: Vallerand & Bissonnette (1992).

결정성이란 학습의 선택에 대한 자율성 정도를 말한다. 다시 말해, 학습자가 학습을 얼마나 자율적으로 선택하고 결정했는가에 대한 정도이다. 이러한 자기결정성은 성취동기와 마찬가지로 학습동기에 직접적인 영향을 미친다. 밸러란드와 비소네트(Vallerand & Bissonnette, 1992)는 자기결정성에 따른 학습동기를 무동기 단계에서 자율성 단계까지 8단계로 제시하고 있다(김춘경 외, 2016 재인용).

1단계는 무동기 단계(amotivation)이다. 이 단계에서는 '학습에 대한 동기가 전혀 내면화되어 있지 않고 학습된 무기력 상태'를 보인다. 이 단계의 학습자는 자신의 피아노 학습 성과에 대한 확신이 없고 성과를 내기 위한 연습을 하려는 의지가 없으며 피아노 학습에 대해 무기력하다.

2단계는 외적 강압 단계(extrinsic-external regulation)이다. 이 단계에서는 '외부로부터 직접적인 보상을 받거나 구체적인 행동을 지시하는 등의 통제가 있어야만 학습행동으로 옮긴다'. 부모의 강요에 의해서 피아노를 학습하거나 교사의 처벌을 피하고 칭찬이나 보상을 받기 위해서 학습하는 단계이다.

3단계는 내적 강압 단계(extrinsic-introjected regulation)이다. 이 단계에서는 '자신의 행동을 통제하는 대상이 이전 단계의 주요 타인에서 자기 자신으로 옮겨진' 상태이다.

즉, 외적 가치나 보상체계를 그대로 내면화한 단계로서 이전까지 해 오던 피아노 학습을 중단하는 것에 대한 자신의 죄책감, 긴장, 불안을 회피하기 위하여 학습한다.

4단계는 유익 추구 단계(extrinsic-identified regulation)이다. 이 단계에서는 '특정 목표를 이루기 위해 학습에 유익한 행동을 스스로 선택하여 수행'한다. 피아노 콩쿠르에서 좋은 성적을 내기 위해 추가적인 레슨을 받거나 장시간 연습을 하는 행동을 예로 들 수 있다.

5단계는 의미 부여 단계(extrinsic-integrated regulation)이다. 이 단계는 '자기 자신이 스스로 가치 있다고 판단한 행동을 선택'하는 단계로서, 학습에 대한 선택과 결정은 학습자의 자아개념과 인생목적에 부합되기 때문에 선택에 대한 갈등이 없다. 따라서 자신이 선택한 피아노 학습에 대한 내적 갈등이나 긴장을 경험하지 않는다.

6단계는 지식 탐구 추구 단계(intrinsic-to know)이다. 이 단계는 '알고 이해하고 의미를 추구하려는 욕구에 의해서 공부'하는 단계이다. 피아노 학습과정에서 새로운 음악적 내용을 이해하고 탐구하며 익히는 동안에 경험하는 피아노 연주의 즐거움과 만족을 추구한다.

7단계는 지적 성취 추구 단계(intrinsic-to accomplish to things)이다. 이 단계에서는 '과제를 완벽하게 수행하는 데 중점을 두며, 과제를 완성함으로써 유능감과 성취감을 느끼고, 창조하는 경험을 통한 즐거움과 만족을 얻기 위해 공부'에 몰입한다. 자신의 한계를 뛰어넘기 위하여 주어진 과제 이상의 수준으로 수행하려고 노력한다.

8단계는 지적 자극 추구 단계(intrinsic-to experience stimulation)이다. 이 단계의 학습자는 '무아지경, 흥분감, 절정경험 등의 감정을 느끼기 위해 공부한다'. 비판적 음악 감상을 통해 경험할 수 있는 재미를 얻기 위해 공연을 관람하거나, 열정적이고 흥분되는 학습으로 강렬한 지적 즐거움을 얻고자 새로운 레퍼토리를 학습하는 것을 예로 들 수 있다.

이러한 학습동기의 8단계는 [그림 3-2]와 같이 내재적 동기,[1] 외재적 동기,[2] 무동기[3]로 구분할 수 있다. 피아노 교사는 학생들이 피아노 학습에 대한 내재적 동기를 가질

---

1) 내재적 동기는 지식 탐구, 지적 성취, 지적 자극 추구와 같이 자신의 내적 즐거움, 만족, 재미 등을 얻기 위하여 학습행동을 하는 것이다.
2) 외재적 동기는 외적 강압, 내적 강압, 유익 추구, 의미부여와 같이 외부환경, 주변인, 외적 목표나 가치를 얻고자 학습행동을 하는 것이다.
3) 무동기는 학습된 무기력을 느끼기 때문에 학습행동을 전혀 하지 않으며, 학습동기가 가장 낮은 수준이다.

수 있도록, 피아노 학습을 통해 즐거움과 만족감뿐만 아니라 자신에 대한 유능감과 성취감을 느낄 수 있도록 피아노 학습 내용을 의미 있게 구성해야 한다.

(2) 자기효능감

자기효능감(self-efficacy)은 '자신이 어떤 일을 성공적으로 수행할 수 있는 능력이 있다고 믿는 기대와 신념'을 뜻하는 것으로 캐나다의 심리학자 반두라에 의해 소개된 개념이다. 이는 개인의 존재가치가 아닌 능력에 관한 판단과 믿음이라는 점에서 자아존중감(self-esteem)과는 구별된다. 자기효능감은 다시 일반적 자기효능감과 특수적 자기효능감으로 구분할 수 있다. 일반적 자기효능감은 전반적인 영역에서 자신의 능력에 대한 믿음을 의미하는 것으로 지속적이고 개인적인 특성으로 볼 수 있는 반면, 특수적 자기효능감은 특정 영역 또는 과제에 국한된 것으로 가변적인 특징을 지닌다.

피아노 연주는 전문적인 영역의 과제이므로 피아노 연주에 대한 자기효능감은 특수적 자기효능감으로 볼 수 있다. 따라서 가변적인 특징을 지니고 있으며 성공 또는 실패의 경험을 통해 강화되거나 약화될 수 있음을 이해해야 한다. 현재까지 진행된 다수의 연구에서 자기효능감은 연주 향상에 긍정적인 영향을 미치는 것으로 보고되었다 (McCormick & McPherson, 2003; McPherson & McCormick, 2006). 하지만 너무 높은 자기효능감과 너무 낮은 자기효능감 모두 학습동기를 저하시킬 수 있는 요인이 될 수도 있으므로 교사는 이에 대해 각별히 유념해야 한다. 자기효능감이 지나친 학생은 매번 어려운 과제에 도전하여 잦은 실패를 경험하게 되어 학습에 대한 흥미를 잃을 수 있으며, 반대로 자기효능감이 너무 낮은 학생은 어려운 과제는 피하고 쉬운 과제만을 학습하려고 하기 때문에 학습발전이 더디게 되고 결과적으로 학습에 대한 흥미를 잃게 된다 (Ramdass & Zimmerman, 2008; Schunk & Pajares, 2004).

자기효능감을 높이기 위해서는 교사는, 첫째, 학생의 능력보다 조금 쉬운 과제로 시작하여 성공에 대한 경험을 쌓고 점진적으로 과제의 난이도[4]를 높여 나가면서 학습발전에 대한 성취감도 경험할 수 있도록 이끌어 주어야 한다. 둘째, 또래 친구나 선배들

---

4) 학습과제의 난이도는 피아제(Jean Piaget, 1896~1980)의 인지발달이론, 비고츠키(Lev Vygotsky, 1896~1934)의 근접발달영역, 칙센트미하이(Mihaly Csikszentmihalyi, 1934~)의 플로우 이론에서도 그 중요성이 강조된다.

의 성공경험을 제공하여 타인의 성공에 대한 대리경험을 하게 함으로써 학생들의 자기 효능감을 향상시킬 수 있다. 이때 모델이 본인들과 비슷한 상황이라면 대리경험이 주는 영향은 더욱 커진다. 예를 들어, 같은 선생님께 레슨받는 또래나 선배가 콩쿠르에서 좋은 성적을 받는 것을 지켜본 학생이 자신도 그렇게 될 수 있다고 믿는 것이다. 셋째, 신뢰할 수 있는 타인을 통해 성공할 수 있다는 믿음을 주입하는 언어적인 설득도 자기 효능감을 높일 수 있다. 피아노 교사가 연습을 체계적으로 하면 반드시 연주실력이 향상될 수 있다는 믿음을 학생에게 심어 주는 것이다. 마지막으로, 불안을 일으키는 상황에서 나타나는 정서 및 신체적인 반응과 동요를 최소화하고 안정적인 상태를 유지할 수 있도록 정서적 각성을 하게 하는 것도 자기효능감의 주요한 기제로 작동한다. 예를 들어, 연주불안이 있는 학생에게 연주불안의 원인이 연주에서 발생할 수 있는 실수에 대한 두려움이나 연주결과에 대한 욕심에서 비롯된 것임을 인지하게 하여 이를 조정하게 하거나 심박수를 안정시키기 위해 심호흡을 크게 하고 근육의 긴장을 이완하기 위해 스트레칭을 하는 등의 방법을 들 수 있다.

2) 학습과제

학습과제는 음악성 계발과 피아노 연주능력 향상으로 나눌 수 있다. 음악성이란 음악을 듣고 이해하며, 음악의 미적 아름다움을 느끼고, 이를 표현할 수 있는 능력으로 피아노 연주능력 향상은 음악성 계발과 함께 이루어져야 한다. 여기에서는 피아노 연주능력 향상을 위한 학습과제에 대해서 살펴보도록 하자.

피아노 연주능력 향상을 위한 학습과제는 궁극적으로 피아노 연주 시 작동하는 세 가지 정신적 표상, 즉 목표 심상화(goal imaging), 근운동적 생산(motor production), 자기-모니터링(self-monitoring)을 계발하기 위한 것이다. 목표 심상화는 '악곡이 어떻게 소리 나야 하는지에 대한 분명한 생각을 떠올리는 능력'이고, 근운동적 생산은 '악기 연주에 필요한 신체적 움직임과 반응을 수행하는 능력'이며, 자기-모니터링은 '자신의 연주를 정확하게 들을 수 있는 능력'이다(Woody, 1999, p. 25). 이들은 서로 연계해서 작동해야 하며 세 가지 중 한 가지라도 잘 작동되지 않거나 상호연계가 이루어지지 않을 경우 효과적인 연주를 할 수 없다(Lehmann & Ericsson, 1997). 따라서 각 표상을 계발하기 위한 피아노 학습과제에 대한 이해가 필요하다. 피아노 연주 시 작동하는 세 가지 정신적 표상과 학습과제는 [그림 3-3]과 같다. 이에 대해 보다 자세히 알아보도록 하자.

목표 심상화는 주로 교사나 전문 연주가의 모델링이나 연주하는 악곡에 대한 해석을 통해서 이루어지며, 피아노 연주에서 우선적으로 선행되어야 한다([그림 3-4] 참조). 유아에서부터 성인 학습자에 이르기까지 피아노 교육에 있어서 음악 듣기와 내청 계발의 중요성이 강조되고 연주실력이 뛰어난 피아니스트에게 레슨을 받으며 전문연주가의 연주를 감상하는 것도 이러한 연유에서 비롯된다. 하지만 작곡가가 전달하고자 하는 악곡에 대한 보다 심도 깊은 이해를 위해서는 작곡가와 작품에 대한 배경지식과 악보에 기보된 모든 음악정보의 내용을 이해하고 이를 바탕으로 종합적인 악곡해석을 해야한다. 악보에서 기보된 음악정보는 악곡의 장르와 형식, 템포, 박자, 리듬, 조성, 화성,

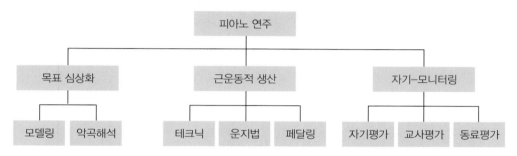

[그림 3-3] 피아노 연주 시 작동하는 세 가지 정신적 표상과 학습과제

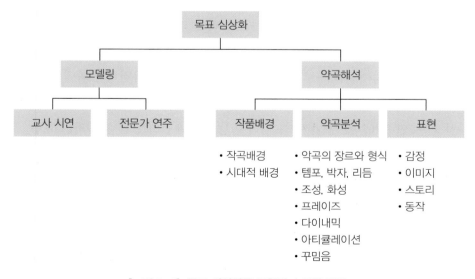

[그림 3-4] 목표 심상화를 구현하기 위한 방법

프레이즈, 다이내믹, 아티큘레이션, 꾸밈음 등 매우 다양하고 방대하기 때문에 피아노 학습의 상당 부분이 목표 심상화 계발에 초점이 맞추어져 있음은 어찌 보면 당연하다고 할 수 있다. 각각에 대한 이해도 중요하지만 이들의 상호연계성을 파악하는 것은 보다 더 중요하다.

피아노 연주에서 근운동적 생산을 위한 학습과제로는 테크닉, 운지법, 페달링이 있다. 목표 심상화를 위해 학습해야 할 내용이 아무리 많고 중요하다 할지라도 근운동적 생산에 대한 학습도 소홀히 해서는 안 된다. 반드시 기초단계부터 올바른 방법을 학습해야 하며, 교사도 이에 대한 전문적인 지식을 갖추어야 한다.

자기-모니터링이란 자신이 피아노 건반에서 내는 모든 소리를 인지하고 비평적으로 들으며 목표 심상화와 비교해서 연주의 문제점을 파악하고 개선점을 찾아 수정하는 것을 말한다. 이는 메타인지를 요구하는 능력으로 기초단계에 있는 어린 학생들에게는 어려운 능력이다. 하지만 기초단계에서부터 반드시 길러져야 하며 체계적인 교수·학습에 의해 발달될 수 있다. 만약 기초단계에서 이를 등한시하고 중·고급 단계까지 학습을 진행한다면, 학생들의 자기-모니터링 능력은 현저히 떨어질 수밖에 없으며 자신이 연주하는 실제 소리를 정확히 들을 수 없게 된다. 피아노 레슨 도중 "네가 연주하는 소리를 더 집중해서 들어!"라는 교사의 지도에 학생은 '나는 분명히 내가 연주하는 소리를 듣고 있는데 뭐가 문제지?'라며 의아해 할 수도 있다. 피아노 연주에서 듣기란 자기-모니터링을 의미하며, 이것은 단순히 청각적 소리를 지각하는 것과는 차원이 다르다. 학습수준이 높아질수록 인지해야 하는 소리는 더욱 많아지고 복잡해지기 때문에 중·고급자 과정에서 이를 계발하는 것은 더더욱 힘들다. 따라서 반드시 초급단계에서부터 계발되어야 하며, 자기-모니터링 능력은 연주에 대한 자기평가 외에도 교사평가, 동료평가를 통해서 발달시킬 수 있다. 제7장과 제8장에서 제시된 그룹피아노 교육과 다양한 건반 연주기술 또한 자기-모니터링 능력을 계발하는 데 효과적인 교수·학습 방법이다.

앞서 살펴본 바와 같이 효과적인 피아노 연주를 위해서 학습해야 할 과제는 실로 방대할 뿐만 아니라 피아노 연주 시에는 모든 정보를 종합하여 동시에 작동하고 표현해야 되기 때문에 더욱 어렵다. 작품의 배경과 악곡의 장르와 형식에 대한 이해를 바탕으로 일정한 템포를 유지하고 박자의 강약을 살리고, 화성과 멜로디의 구성에 따른 프레이징과 다이내믹의 변화를 표현하며, 정확한 아티큘레이션으로 리듬감 있게 올바른 운지법으로 정확한 음을 과도하게 근육을 긴장하지 않고 적절한 페달을 사용하여 좋은 음색을 만들면서 연주하는 능력에 대해 상상해 보라. 실로 어려운 과제임에는 틀림없다. 따라서 이러한 종합적인 능력을 계발시키기 위해서는 교사의 교수법적 역량이 매우 중요하다.

3) 교사

교사는 학습과제에 대한 전문적 지식뿐만 아니라 학생에 대한 이해와 교수법에 대한 지식을 갖추어야 한다. 먼저 학습과제에 대한 전문성에 대해 알아보자. 피아노 학습에서 학습해야 할 과제는 종합적이고 복잡하다. 따라서 학습해야 할 과제를 특성에 따라 계열화 · 유목화하여 학습과제를 나누어 순차적으로 학생에게 전달해야 한다. 이때 필요한 것이 학습과제 분석이다. 학습과제 분석이란 과제의 최종 목표를 달성하기 위해 학생들이 순차적으로 학습해야 요소들을 추출하여 체계화하는 것으로서 교사는 우선적으로 과제의 본질을 분석하여야 한다. 과제의 본질을 분석하여 세부적인 특성을 알게 되었을 때, 과제해결에 필요한 학습이나 수업계획을 수립할 수 있고 구체적인 학습 요소를 찾아내어 효과적인 학습지도를 할 수 있다(Smith & Ragan, 1992). 따라서 피아노 교사는 앞서 제시된 학습과제 분석을 토대로 과제에 대한 세부적인 분석을 진행해야 하며, 이를 통해 교사는 학습과제에 대한 전문성을 신장시킬 수 있다. 또한 피아노 교사에게는 새로운 레퍼토리의 개발과 이에 대한 연구와 해석도 요구된다.

학생에 대한 전문성이란 학습동기, 자기효능감, 음악지능, 발달특성, 선행지식과 같은 학생의 개인적 특성을 파악하는 능력과 학생의 학습과정을 정확히 파악할 수 있는 면밀한 관찰력을 말한다. 이에 교사의 전문성을 의사의 전문성과 비교해 설명하기도 한다. 의사는 환자의 외적인 증상뿐만 아니라 내적인 증상을 관찰하고 점검하여 문제와 그 원인을 찾고 이에 대한 치료를 처방한다. 마찬가지로 교사도 학생의 외적인 행동뿐만 아니라 내적인 인지과정, 심지어 감정적인 부분까지도 관찰하고 점검하여 학생이 당면하고 있는 문제와 그 원인을 파악하고 이에 대한 해결책을 찾아 주어야 한다.

교수법에 대한 전문성은 효과적으로 학습과제를 지도하는 문제에 대한 해결책을 제시해 준다. 교사들은 본인의 학습경험과 지도경험을 바탕으로 개개인의 교수법을 개발한다. 이때 교사들이 음악심리학, 교육심리학, 음악교육학 등에서 제시하는 다양한 학습이론의 원리를 이해하고 이를 피아노 지도에 적용한다면 보다 체계적이고 구체적인 피아노 교수법을 개발할 수 있을 것이다.

2. 피아노 학습이론

학습이론은 어떠한 조건에서 어떻게 학습이 이루어지는가에 대한 일련의 법칙이나 원리를 설명하는 이론이다. 20세기 초 미국의 심리학자인 손다이크에 의해 처음 학습 이론이 제안된 후 여러 학자들에 의해 다양한 학습이론이 나오게 되었다. 이에 영향을 미친 학자들로는 스키너, 반두라와 같은 행동주의 심리학자, 레빈(K. Lewin), 쾰러(W. Köhler) 등과 같은 형태심리학자, 피아제, 브루너, 비고츠키(L. Vygotsky)와 같은 인지심리학자들이 있다. 학습에 대한 다양한 주장은 크게 두 가지 관점으로 요약된다. 첫째, 학습의 목표에 의한 관점으로, 관찰된 행동변화에 초점을 둔 행동주의적 관점과 내적 인지과정에 초점을 둔 인지주의적 관점으로 구분된다. 둘째, 학습의 주체에 의한 관점으로, 학습의 주체가 교사인가 학생인가에 따라 교사 중심 교육과 학생 중심 교육으로 나뉜다.[5] 여기에서는 학습의 주체에 따른 교육 관점을 알아본다.

교사 중심 교육은 교사가 수업의 전 과정을 주도하며 수업을 통제함을 의미하며, 수업목표 설정부터 평가까지 모두 교사의 주도하에 이루어진다. 교사 중심 교육은 학생들의 기초기능을 기르게 하는 데 효과적이며(Borich, 1996; Resenshine, 1979), 수업이 명확하고 체계적이며 학습의 결과를 중시하므로 완전학습을 추구하기에 적합하다.

이에 반해, 학생 중심 교육은 학생에게 수업의 초점을 맞춘 것으로 학생이 수업을 이끌어 나가는 것을 의미한다. 학생 중심 교육은 학생의 흥미와 요구를 반영하고 학생에게 수업목표 설정부터 내용의 선택과 실행, 평가에 이르기까지 선택과 참여를 할 수 있는 기회를 제공한다. 교사는 학생이 자율적으로 학습을 수행해 나갈 수 있도록 안내자 혹은 촉진자로서의 역할을 하고 학습의 결과보다 과정을 중시한다. 학생 중심 교육은 학생들의 문제해결력을 기르는 데 효과적이며, 자기주도학습과 자기조절학습을 추구

---

5) 행동주의 심리학과 인지주의 심리학에 대한 보다 자세한 내용은 『마이어스의 심리학개론』(Myers & Dewall, 2016)과 『학습이론의 이해와 적용』(정순례 외, 2013)을 참조하기 바란다.

⟨표 3-1⟩ **교사 중심 교육과 학생 중심 교육의 비교**

구분	교사 중심 교육	학생 중심 교육
지식	고정된 지식체계	변화하는 지식체계
지식의 근원	교사, 교재	학생의 경험과 해석을 포함
교수방법	강의식, 모델링, 피드백	토의, 토론
교사의 역할	감독자, 관리자	촉진자, 안내자, 공동 참여자
학생의 역할	지식의 수동적 수용	지식의 능동적 수용
학습대상	학생	교사와 학생
평가	교사	학생

하기에 적합하다. ⟨표 3-1⟩은 교사 중심 교육과 학생 중심 교육을 비교한 내용이다.

　교사 중심 교육과 학생 중심 교육은 학습내용뿐만 아니라 학생의 학습능력과 인지양상에 따라서도 그 효과가 다르다. 대체로 자기주도 학습능력이 높은 집단에서는 학생 중심 교육이 효과적이고, 자기주도 학습능력이 낮은 집단에서는 교사 중심 교육이 더 효과적일 수 있다(Brown, 2003). 따라서 교사는 학습자의 수준과 특성과 과제의 내용에 따라 두 방식 중 보다 효과적인 방식을 택해야 한다. 교사 중심 교육의 학습방법으로는 시행착오학습, 프로그램학습, 완전학습, 관찰학습 등이 있으며, 학생 중심 교육의 학습방법으로는 발견학습, 문제중심학습, 협동학습, 자기조절학습 등이 있다. 또한 교사 중심 교육과 학생 중심 교육이 결합된 형태의 학습방법으로 개념학습, 인지적 도제학습 등이 있다. 다양한 학습주체에 의한 관점에 따른 학습이론 중에서 실제 피아노 학습에 효과적으로 적용할 수 있는 관찰학습, 개념학습, 인지적 도제학습, 문제중심학습에 대해 알아보도록 한다.

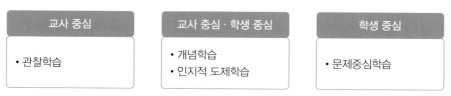

[그림 3-5] **피아노 학습에 효과적인 학습방법**

1) 관찰학습

관찰학습(observational learning)은 반두라의 사회학습이론에 기반을 둔 것으로 모델을 관찰하고 행동을 모방함으로써 학습하는 것이다. 하지만 학생이 모델의 행동을 관찰하였다고 해서 모두 행동을 학습하는 것은 아니며, 주의, 유지, 행동재연, 동기화의 4단계 과정을 거쳐야만 학습이 일어난다(Bandura, 1977). 피아노 학습은 대부분 교사와 학생의 1:1 지도방식으로 진행되고 교사의 모델링은 피아노 학습에서 핵심 지도방법이므로 관찰학습의 각 과정에 대해 정확히 이해하는 것이 필요하다.

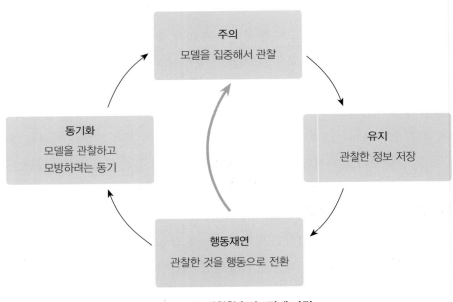

[그림 3-6] 관찰학습의 4단계 과정

(1) 주의

모델을 통해 무엇인가를 배우려면 모델을 집중해서 관찰해야 한다. 집중하여 관찰하지 못한 정보는 학습할 수 없으며 오로지 주의를 기울이고 집중한 것만 학습할 수 있다. 따라서 교사는 학생의 수준에 따라 관찰해야 할 행동을 체계적으로 분류하고 순차적으로 계획하여 차근차근 학습할 수 있도록 모델을 제시해야 한다. 예를 들어, C장조 스케일을 지도할 때 먼저 'C, D, E' 3음의 주법을 먼저 학습하고 'F, G, A, B' 4음의 주법을 학습하게 한 후 이를 이어서 학습하는 방식이다.

(2) 유지

관찰한 모델에게서 얻은 정보를 학습하려면 그 정보를 유지하는 과정이 있어야 한다. 정보를 저장하는 방법에는 심상을 통한 상징화와 언어를 통한 상징화의 두 가지 방법이 있다. 심상적 상징화는 모델의 행동을 영상적으로 저장한 것이고, 언어적 상징화는 관찰한 정보를 언어적 기호로 바꾸어 저장한 것이다. 피아노 레슨의 예를 들면, 학생이 교사의 손의 움직임을 영상으로 저장하는 것은 심상적 상징화이고 손가락 번호로 저장하는 것은 언어적 상징화이다.

(3) 행동재연

행동재연은 관찰한 것을 행동으로 전환하는 것인데, 이 과정에서 신체적 능력과 인지적 재연과정이 필요하다. 학생은 관찰한 모든 행동을 재연할 수 있는 것은 아니다. 관찰한 모델을 심상적·언어적 정보로 저장하고 있더라도 그것을 재연할 수 있는 신체적 능력이 없다면 관찰학습은 일어나지 않는다. 전문 연주가의 현란한 손의 움직임을 관찰하고 저장했다고 해서 모두 그렇게 연주할 수 없지 않은가! 따라서 학생이 제시된 과제를 수행할 수 있는 신체적 조건과 테크닉이 계발되어 있는지를 살펴야 한다.

행동을 재연하기 위해서는 인지적 재연 또한 필요하다. 인지적 재연은 관찰자가 자신의 행동과 모델의 행동을 비교하는 것이다. 인지적 재연과정에서 관찰자는 자신의 행동에 대해 자기관찰(self-observation)하면서 모델행동에 대해 저장하고 있는 심상적·언어적 정보와 자신의 행동을 비교하여 자기교정(self-correction)을 한다. 이 과정은 완전한 행동재연이 일어날 때까지 계속되며 이러한 과정의 반복을 통해 점진적으로 모델 행동에 가까워진다.

피아노 학습에서 교사의 모델을 모방하여 학생이 연주할 때 틀린 부분이 있는 경우, 학생 스스로 자신의 틀린 부분을 인지하고 수정하도록 기다리지 않고 교사가 성급하게 틀린 부분을 지적하고 수정하기도 한다. "레가 아니고 도!" "2박자 동안 누르고 있어야지." 등 학생의 인지적 재연과정이 일어나기도 전에 먼저 교사가 개입한다. 교사는 학생이 자신의 행동을 관찰하고 수정하도록 충분한 시간을 주어야 하고, 학생이 자신이 틀린 부분을 인지하지 못한다면 이는 모델에 대한 정보를 제대로 저장하지 못한 것이므로 다시금 모델을 제공하여 학생 스스로 주의과정과 유지과정을 거쳐 인지적 재연을 통해 행동의 재연을 완성해 가도록 한다. 이때 교사는 학생이 재연하지 못한 정보에 대해 부분적인 모델을 제공해 줄 수도 있다. 예를 들어, 학생이 특정 음을 지속적으로 틀릴 경우 교사는 허밍으로 그 음을 불러 준다든지 잘못 연주된 리듬을 손뼉으로 쳐 줄 수 있다.

(4) 동기화

모델을 관찰하고 모방하려는 동기화 과정(motivational process)이 있어야 학습이 발생한다. 관찰학습은 결과기대("매일매일 열심히 연습하면 피아노를 멋지게 연주할 수 있어!")와 자기효능감("나는 피아노를 잘 칠 수 있어!")에 의해 동기화가 이루어진다. 따라서 교사는 학생이 결과기대에 만족하고 자기효능감을 발휘하도록 많은 연주기회를 제공해야 한다. 간혹 진도에 급급해서 악곡을 제대로 완성하지 못한 채 다른 악곡으로 넘어가는 경우가 있다. 음악적으로 완성하지 못한 연주는 연주에 대한 만족감을 주기 어렵다. 학생들이 자신 있는 곡을 매회 레슨에서 연주하려고 하는 것을 본 적이 있을 것이다. 이때 다음 진도를 넘어가야 한다는 생각에 이를 저지해서는 안 된다. 학생이 자신의 연주를 뽐낼 기회를 주고 이에 더해 "이번에는 좀 더 크고 당당하게 연주해 보는 것은 어떨까?" 혹은 "이번에는 좀 더 느리고 부드럽게 연주해 보는 것은 어떨까?" 등 연주에 변화를 주어 음악적 표현력을 신장할 수 있도록 이끌어 주어야 한다. 이러한 경험을 통해 학생은 피아노 연주에 대한 자기효능감이 향상되며, 피아노 학습에 대한 결과기대를 하게 되고, 피아노 학습에 대한 동기가 높아진다.

2) 개념학습

개념학습(conceptual learning)이란 새로운 개념의 학습 또는 기존개념을 수정하는 학습을 말한다. 개념이란 '공통적 특성 또는 결정적인 속성을 공유하는 일련의 대상, 상징 또는 사태를 지칭한다'(Schunk, 2016, p. 322). "저것은 피아노야."라고 말하는 경우 '피아노'라는 말은 그 특정한 피아노에만 적용되는 것이 아니라 피아노의 특성을 가진 모든 사물에 적용된다. 개념학습은 개념의 속성을 확인하고, 그것을 새로운 예에 일반화하며 비예로부터 예를 변별하는 단계를 거쳐야 하며, 새로운 개념의 상위, 중위, 하위 개념 및 결정적 속성과 변동적 속성을 함께 학습함으로써 새로운 개념의 구조 또한 분명하게 정의할 수 있어야 한다(Schunk, 2016). 박자라는 상위개념을 예로 들어 보면 홑

박자와 겹박자는 중위개념에 속하며 $\frac{2}{4}$박자, $\frac{3}{4}$박자, $\frac{6}{8}$박자, $\frac{9}{8}$박자 등의 박자는 하위
개념으로 구분된다. 조성은 장조와 단조로 구분되는데, 이때 장조와 단조의 결정적 속
성은 7음 음계로 구성되었다는 것이고 변동적 속성은 장조의 반음은 3–4음, 7–8음이
고 단조의 반음은 2–3음, 5–6음으로써 온음 · 반음의 위치가 다른 것이다. [그림 3–7]
은 음악적 개념의 상위, 중위, 하위 단계 예시이며, [그림 3–8]은 조성에서 장조와 단조
의 결정적 속성과 변동적 속성 그리고 하위 단계인 장조에서 C장조와 G장조의 결정적
속성과 변동적 속성에 대한 예시이다.

[그림 3–7] **음악적 개념의 상위, 중위, 하위 단계 예시**

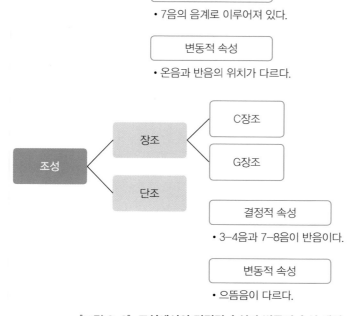

[그림 3–8] **조성에서의 결정적 속성과 변동적 속성 예시**

우즐러(Uszler, 2000)는 피아노 학습에서 배워야 하는 음악적 개념은 개념의 이름과 정의를 학습함에 앞서 음악적으로 경험되어야 한다고 주장한다. 음악적 개념은 인지적 개념이 아니라 청각적·근운동적 개념으로, 이를 시각화하여 음악기호로 나타낸다. 간혹 교사들은 음악적 개념을 음악기호와 함께 인지적 개념으로 지도하는 경우가 있다. "$\frac{4}{4}$박자는 한 마디에 4분음표가 4개 들어 있는 박자야." 혹은 "스타카토는 음가를 2분의 1의 길이로 연주해야 해." 등과 같은 개념 설명은 $\frac{4}{4}$박자와 스타카토의 개념을 학생에게 정확히 전달하지 못한다. 이는 음악적 개념과 같은 청각적·근운동적 개념은 반드시 학생의 직접적인 경험을 통해서만 학습될 수 있기 때문이다. 따라서 피아노 학습에서의 개념 학습은 개념의 정의에 앞서 개념에 대한 경험이 먼저 선행되어야 한다. 따라서 피아노 학습에서의 개념 학습은 〈표 3-2〉와 같은 5단계를 거쳐야 하며(Uszler et al., 2000), 이러한 단계를 통해 학생들은 보다 확고하게 음악적 개념을 학습할 수 있다.

음악적 개념 학습의 첫 번째 단계는 개념에 대한 경험을 하는 것이다. 피아노를 치는 활동 외에 음악 듣기, 노래 부르기, 유리드믹스, 리듬악기 연주하기 등의 음악활동을 병행하는 것은 보다 효과적일 수 있다. 이때 피아노($\boldsymbol{p}$), 포르테($\boldsymbol{f}$)를 작은 공과 큰 공으로 제시하는 것과 같이 시각적 자료를 제시하는 것 또한 도움이 된다. 개념에 대한 경험이 충분히 이루어지고 나면, 두 번째 단계로 경험한 개념의 이름, 기호, 정의를 학습한다. 세 번째 단계는 새롭게 학습한 개념을 기존에 알고 있던 개념과 대조하여 개념의 결정적 속성과 변동적 속성을 파악하는 것이다. 또한 새로운 개념의 상위, 중위, 하위 개념을 파악한다. 네 번째 단계는 학습한 개념을 강화하는 것이다. 동일한 학습환경

〈표 3-2〉 **음악적 개념 학습단계**

학습단계	학습내용	
1단계: 경험	학생은 먼저 개념에 대한 경험을 한다.	
2단계: 정의	경험한 개념의 이름, 기호, 정의를 안다.	
3단계: 내면화	새롭게 학습한 개념을 기존에 알고 있던 개념과 대조하여 개념의 결정적 속성과 변동적 속성을 파악한다.	
4단계: 강화	새롭게 학습한 개념을 다른 학습 환경에서 지속적으로 사용하면서 개념을 강화시킨다.	
5단계: 개념획득	개념은 확고하게 학습된다.	

에서 지속적으로 반복하는 것보다 다른 학습환경에서 사용하는 것이 개념을 강화시키는 데 보다 효과적이다. 피아노 학습에서는 같은 개념이 사용된 새로운 악곡을 학습함으로써 개념을 강화시킬 수 있다. 또한 즉흥연주, 화성붙임, 이조, 앙상블 등의 활동을 통해서도 개념의 강화가 이루어진다.

4분음표의 개념을 학습한 학생을 대상으로 8분음표의 개념을 지도하는 예를 들어 보자. 1단계로 학생은 8분음표를 손뼉을 치거나, 걷거나, 리듬악기로 연주해 보는 방법 등으로 경험한다. 2단계로 학생에게 8분표의 기호와 이름 그리고 '온음표의 $\frac{1}{8}$ 길이의 음'이라는 정의를 인지시키고, 3단계에는 기존에 학습한 4분음표와의 대조를 통해 4분음표와 8분음표는 음가라는 결정적 속성과 음의 길이가 다르다는 변동적 속성이 있음을 이해시킨다. 4단계에서는 3단계에서 이해한 4분음표와 8분음표에 대한 개념을 리듬 즉흥연주를 통하여 강화시킨다. 마지막 단계에서 학생은 8분음표에 대한 개념이 확립된다. [그림 3-9]는 음악 개념 학습의 단계와 각 단계의 학습활동을 도식화한 것이다.

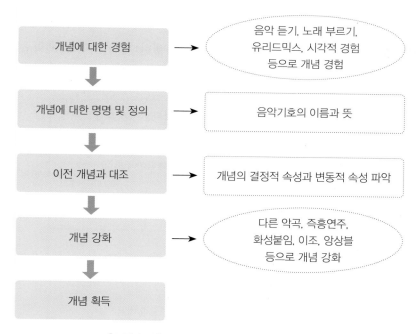

[그림 3-9] **음악 개념 학습의 단계와 학습활동**

3) 인지적 도제학습

브라운 등(Brown et al., 1989)에 의해서 제안된 이 이론은 교사 중심의 전통적 도제식 교육에 학생 중심의 구성주의 이론을 접목시켜 적용·변화시킨 것이다. 인지적 도제학습(cognitive apprenticeship learning)은 학생이 교사의 실제적 과제를 해결해 나가는 과정을 관찰하고 모방함으로써 새로운 지식을 구성하도록 이끈다. 앞서 살펴본 관찰학습과 같이 학습이 모델의 관찰과 모방을 통해서 일어난다는 점에서는 동일하나, 교사가 제시하는 모델이 단순한 행동모델이 아닌 과제해결의 전체 과정에 대한 모델이라는 점에서 큰 차이가 난다. 학생은 교사의 과제해결과정을 관찰하고 모방하고 재연해 봄으로써 과제를 스스로 해결할 수 있는 능력을 기르게 된다. 또한 교사는 과제에 대해 효과적으로 사고하고 인지적으로 처리하는 방법에 대한 모델을 제시할 수 있다. 학생은 이를 통해 고차원적 인지적 기술을 습득할 수 있다.

인지적 도제학습에서 교사의 역할은 전적으로 '도제'의 역할을 수행하는 것이다. 교사는 학생의 머릿속에 지식을 채워 넣는 역할을 하는 것이 아니라, 모델을 제시하고 학생의 과제해결과정을 지도하며 격려하는 역할을 수행한다. 인지적 도제학습은 시연

[그림 3-10] **인지적 도제학습과정**

(modeling), 코칭(coaching), 비계(scaffolding), 명료화(articulation), 성찰(reflection), 탐색 (exploration)의 단계를 거친다. [그림 3-10]은 인지적 도제학습 과정을 도식으로 나타 낸 것이다.

시연단계에서 교사는 과제를 해결하는 전체 과정에 대한 전문가적 모델을 제시한다. 이때 제시하는 과제는 실제 피아니스트들이 악곡을 연습하는 과정에서 당면하는 것이 어야 한다. 손에 적합한 운지법을 찾는 것에서부터 템포를 정하고 프레이즈를 분석하 고 아티큘레이션을 결정하는 것뿐만 아니라, 음악적으로 표현하기 힘든 부분과 테크닉 적으로 연주하기 어려운 부분을 해결하는 과제에 이르기까지 실제적인 과제를 선정하 여 이에 대한 구체적인 해결과정과 방법을 단계적으로 시연해야 한다.

코칭은 교사의 모델을 관찰한 학생이 동일한 과제를 가지고 이를 해결해 보는 과정에 서 교사가 힌트, 피드백, 모델, 상기시키는 말과 같은 도움을 주는 것이다. 비계는 학생 이 스스로 과제를 해결할 수 있도록 교사가 인지적인 '발판'을 제공하는 것으로 학생의 과제해결능력을 향상시킨다. 코칭과 비계는 순차적으로 이루어지는 것이 아니며[6] 학 생이 당면하는 문제에 따라 서로 번갈아 가며 사용된다. 학생의 과제해결능력이 향상함 에 따라 코칭과 비계의 필요성은 감소하고 점차적으로 사라진다. 이를 페이딩(fading)이 라고 한다.

명료화는 학생이 학습한 문제해결과정에 대한 이해 및 학습한 내용을 학생 스스로 말이나 행동으로 표현해 봄으로써 학습을 보다 명료하게 하는 단계이다. 이때 교사는 아무런 도움을 주지 않는다. 성찰은 학생이 자신의 문제해결을 교사의 수행 그리고 자 신의 초기 수행과 비교하며 숙고하는 단계이다. 이를 통해 학생은 과제해결능력을 보 다 더 향상시킬 수 있다. 탐색은 학생이 학습한 것을 적용할 수 있는 새로운 방식, 즉 교 사 앞에서 연습해 보지 않은 방식을 탐구해 보는 단계이다. 학생은 이 단계에서 자신만 의 독창적인 과제해결전략을 개발할 수 있다.

[그림 3-11]은 [악보 3-1]의 악곡에 대한 손가락 번호를 정하는 과제를 인지적 도제 학습 방법을 적용하여 지도하는 예시이다.

---

6) 시연, 코칭, 비계 단계는 반드시 순차적으로 진행되는 것은 아니다. 교사의 코칭과 비계가 더 이상 필요 하지 않은 페이딩에 이르기까지 순환·반복적으로 진행되는 경우가 더 많다.

[악보 3-1] 「참새」(외국곡)

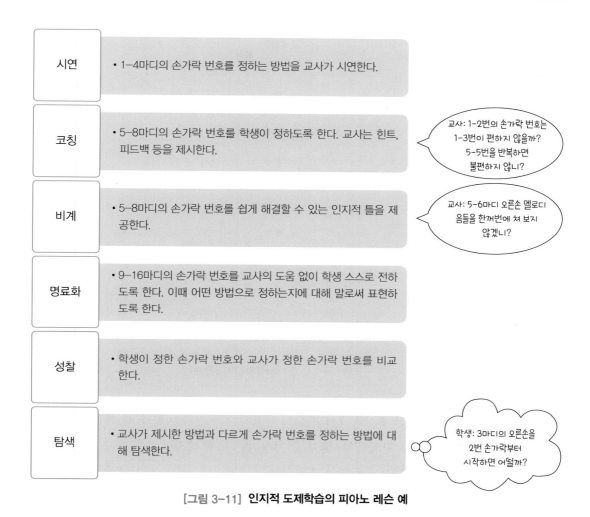

[그림 3-11] 인지적 도제학습의 피아노 레슨 예

4) 문제해결학습

문제해결학습(problem-sloving learning)은 듀이(J. Dewey)의 반성적 사고에 의한 문제의 해결원리와 진보주의적·경험주의적인 교육이론에 근거한 학습 형태로 학생 중심 학습 및 문제해결을 강조하는 이론이다. 학생들이 문제에 당면하여 이를 해결해 나가는 과정에서 학습이 이루어진다고 보며, 학생의 문제해결능력과 자기주도적 학습능력 계발에 초점을 둔다. 교사의 역할은 문제를 제시하고 학생의 학습과정을 관찰하고 안내하고 보조함으로써 학습을 촉진하는 것이다. 브랜스포드와 스테인(Bransford & Stein, 1993)은 문제해결의 일반적인 과정으로 다음과 같은 다섯 과정을 제안하고 있다.

[그림 3-12] **문제해결과정의 5단계**

　첫째, 문제확인은 현재 상황에서 변화가 필요하다는 것과 이를 위해 해결해야 할 문제가 있음을 인지하는 단계이다. 둘째, 문제정의는 문제 상황에 포함된 조건이 무엇인지 파악하여 문제의 성격을 규명하고 정의하는 단계이다. 셋째, 대안탐색은 문제의 해결방안을 찾기 위해 필요한 정보를 수집하고 이를 활용해 여러 대안들에 대한 목록을 작성하고 최선의 해결방안을 선택하는 단계이다. 넷째, 계획실행은 선택한 해결방안을 실행하는 단계이다. 다섯째, 효과확인은 해결방안을 통한 문제해결의 효과에 대한 평가를 실시하는 단계이다. 만약 문제해결에 이르지 못했을 경우, 원인을 찾아 또 다른 대안을 탐색할 준비를 해야 한다.

　다음의 [그림 3-13]은 문제해결학습을 피아노 레슨에 적용한 예시이다. [악보 3-1]의 악곡에 아티큘레이션 표기가 전혀 되어 있지 않은 문제를 해결하는 과정이다.

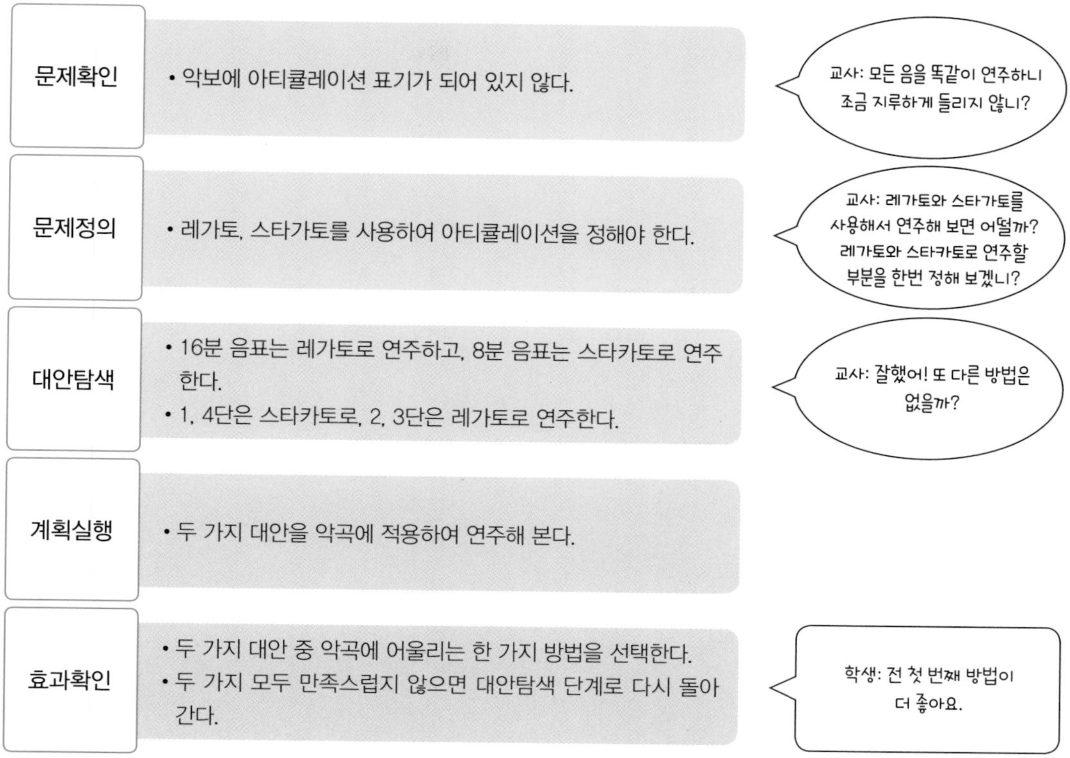

문제확인	• 악보에 아티큘레이션 표기가 되어 있지 않다.
문제정의	• 레가토, 스타가토를 사용하여 아티큘레이션을 정해야 한다.
대안탐색	• 16분 음표는 레가토로 연주하고, 8분 음표는 스타카토로 연주한다. • 1, 4단은 스타카토로, 2, 3단은 레가토로 연주한다.
계획실행	• 두 가지 대안을 악곡에 적용하여 연주해 본다.
효과확인	• 두 가지 대안 중 악곡에 어울리는 한 가지 방법을 선택한다. • 두 가지 모두 만족스럽지 않으면 대안탐색 단계로 다시 돌아간다.

교사: 모든 음을 똑같이 연주하니 조금 지루하게 들리지 않니?

교사: 레가토와 스타가토를 사용해서 연주해 보면 어떨까? 레가토와 스타카토로 연주할 부분을 한번 정해 보겠니?

교사: 잘했어! 또 다른 방법은 없을까?

학생: 전 첫 번째 방법이 더 좋아요.

[그림 3-13] **문제해결학습의 피아노 레슨 적용 예**

토의 주제

1. 모둠별로 각자 자신의 피아노 학습동기에 대해서 이야기하고 피아노 학습동기를 높일 수 있는 방법에 대해 토의해 보자.
2. 전통적 도제학습과 인지적 도제학습의 차이에 대해 토론해 보자.

피아노 교수학 총론

제2부

교수 · 학습 전략

제4장

유아과정

노주희

세상에는 두 개의 악기가 있다.
하나는 눈에 보이는 실제 악기이며 다른 하나는 마음에 있어 보이지 않는 오디에이션 악기이다.
··· 마음의 악기를 먼저 개발하고 실제 악기를 시작하는 것이 이상적이다.

– 에드윈 고든(Edwin Gordon)–

최근에 열의가 높아진 유아피아노 교육의 궁극적 목적 및 교육철학적 사고를 이해한다. 유아에게 적합한 교수 · 학습 원리와 이를 적용하는 학습 절차 그리고 전략으로서의 놀이활동 방법을 모색한다. 노래를 통해 음악적 흥미와 이해를 발전시키며 음악 감수성과 기초 테크닉, 개념학습을 포괄하는 교육방식을 제시한다.

유아는 피아노를 배우기에 적합하지 않다는 생각이 보편적인 인식이었다. 피아노 연주는 신체적인 성숙, 기술의 숙달과 인지적 발달이 전제가 되기 때문이다. 모차르트 (W. A. Mozart)가 누나의 피아노 레슨을 어깨너머로 보고 피아노를 배우기 시작한 것이 3세였다는 기록은 그의 천재성을 입증하는 자료였으나 최근의 현상은 6세와 5세, 4세 심지어 40개월을 전후로 만 3세도 피아노를 시작하는 추세이다. 유아피아노 교육은 완전히 새로운 영역이므로 그 목적과 가치 및 교사의 사고와 자세에 대한 진지한 성찰이 반드시 필요하다. 교육내용을 놀이에 담는 창의적인 교수·학습 전략과 교사의 실천역량은 여느 과정과는 다른 중요성을 갖는다. 유아의 발달특성에 바탕을 둔 교수·학습 원리 및 절차와 방법을 살펴본다.

1. 유아피아노의 방향

유아는 피아노에 대한 선지식이나 편견이 없으므로 교사가 제공하는 환경의 음악을 온 몸으로 흡수한다. "내가 알아야 할 모든 것은 유치원에서 배웠다."는 풀검(R. Fulghum)의 말처럼 피아노 교육에서 알아야 할 모든 것은 유아피아노로부터 시작된다.

유아를 가르치는 것은 일반 아동이나 성인을 가르치는 것과는 다른 기술을 필요로 한다. 배움의 방식과 신체적 조건, 소통방식이 다르기 때문이다. 가만히 앉아서 지식을 전달하고 음악적 해석을 설득하는 것이 아니라 소리와 음악적 경험을 중심으로 펼쳐야 하기 때문에 유아피아노 과정은 피아노 교육의 본질에 보다 충실하다.

유아기에 형성된 기초는 이후에 지속적으로 폭넓은 영향을 미친다. 이 단계가 올바르게 수행되지 못하여 입은 손실은 원상복귀가 불가능하거나 회복에 많은 어려움이 따른다. 따라서 가소성이 높고 연약한 존재인 유아의 피아노 교육에는 교육대상에 대한 이해와 교육 목표 및 목적을 달성하기 위한 교사의 교육철학적 사고가 유아의 심리에 역행하지 않은 유연한 교육의 필수조건이다.

1) 유아와 피아노

유아는 만 3세부터 취학 전 전 연령을 지칭한다. 이 시기는 인간발달의 꾸준한 성장이 이루어지는 결정적인 시기이며 생물학적·인지적·사회정서적 발달이 서로 밀접한 영향을 주고받는 시기이다. 신체를 통제하는 능력이 커지고 대근육과 소근육의 괄목할 만한 발달이 나타나며 차차 손끝을 섬세하게 조작할 수 있게 된다. 유아는 정서나 감정을 숨기지 못하고 격렬하게 감정을 표현하다가도 반대되는 감정으로 쉽게 변화하는 특징을 보이는데, 서서히 성인과 유사한 감정의 분화를 겪고 자신의 감정을 조절하거나 감출 수 있게 된다. 인지적으로 타인의 생각이나 관점 및 사고가 자신과 동일하다고 여기고 여러 상황과 입장을 동시에 고려할 수 없으며 또한 세상의 모든 사물에 생명이 있다고 여기는 물활론적 사고의 특성이 있다.

운동량이 많아 같은 자세로 오래 앉아 있거나 반복연습이 쉽지 않은 유아의 특성 및 발달방향에 대한 이해는 피아노 교육에 매우 실용적인 지식이다. 유아기는 발달의 속도가 빠르고 개인차가 크기 때문에 기질적·심리적·인지적·정서적 특성을 잘 관찰하면 유아와 깊이 소통하며 피아노 학습을 유도할 수 있다.

(1) 교육의 시기

피아노를 시작하려면 글을 읽을 수 있고 숫자를 알아야 한다는 기준이 과거에는 많았다. 연필을 잡거나 교사와의 소통능력, 음악적 흥미 등 좀 더 현실적인 기준도 존재한다.

개인차는 인정하고 있으나 베스틴(Bastien, 1988)은 일반적으로 7~10세, 래스트(Last, 1985)는 7세 반을 교육의 시작시기로 꼽았다. 몬소(Monsour, 1985)는 신체발달과 음악적 개념의 이해를 들어 6~7세가 본격적으로 피아노를 배우기에 효과적인 연령이라고 보았다. 출중한 재능을 보이는 유아가 아니어도 3~6세에 피아노를 가르치려는 변화는 매우 최근의 일이다.

고든(Gordon, 2013)은 기악을 시작하기 위한 적절한 신체적 연령은 존재하지 않으며 음악적 연령이 중요하다고 하였다. 유아기에 발달되어야 할 음고와 음가에 대한 인식력을 바탕으로 장조와 단조의 조성의 차이를 느끼고 2박과 3박에 맞추어 몸을 움직일 뿐만 아니라 각 조성과 박자에서 음고패턴과 리듬패턴을 구사할 수 있을 때 기악교육을 시작하는 것이 바람직하다.

(2) 교육의 효과

피아노 교육은 잠재된 예술성 계발의 시작이며 깊고 신비로운 예술세계에 대한 인식일 뿐만 아니라 창의성을 확장하는 두뇌가 개발되고 독창적인 사고와 독립심, 생에 대한 자신감을 키우며 유연성을 넓혀 준다(유은석, 2008).

피아노로 음악을 시작할 때 갖게 되는 이점은 다른 악기와 차별화된다. 유아기부터 잘 조율된 피아노로 연습하면 좋은 음감이 발전할 가능성이 높다. 피아노는 화음악기이므로 귀 기울여 듣는 노력이 습관화되면 화성감수성이 함양된다. 작은 소리부터 오케스트라에 비유되는 음량 및 페달링을 통한 음색의 변화까지 표현의 자유도 무한하다.

유아가 검은건반과 흰건반이 정렬된 옥타브 구조를 한눈에 포착하기란 힘들지만 눈에 익으면 건반은 음질서를 조직적으로 시각화한다. 악보와의 논리적 관계를 맺는 건반의 구조는 독보를 용이하게 하는 요소이다.

음악이 언어, 신체, 정서 및 인지 발달의 촉매가 되며 뇌 발달에도 기여한다는 연구들이 활발하다. 피아노는 유아에게 각 영역의 발달을 도모할 뿐만 아니라 예술적 표현을 통한 문화예술활동의 주체로서 삶이 풍요로워질 기회를 제공한다.

(3) 교육의 목표와 목적

유아가 마음으로 음악을 듣고 이해하는 오디에이션[1] 능력을 신장하여 피아노 연주를 통해 음악감수성이 함양되고 연주의 꽃을 피우는 작은 예술가로 자라는 것이 유아피아노 교육의 목표이다. 노래가 가진 아름다움을 깊이 느껴 스스로 피아노 연주에 몰입하는 기쁨을 찾고 내면의 생각과 감정을 악기로 표현하며 피아노 기술교육을 넘어 음악을 즐기는 문화예술인으로서 성장하는 데 그 교육의 가치가 있다.

피아노 교육과정을 통해 자존감과 전인적 발달을 꾀하고 누림과 즐김, 소통과 나눔이 자유로운 존재로서 행복한 음악적 삶을 영위하는 것이 유아피아노 교육이 추구하여야 할 궁극적인 목적이다.

---

1) 오디에이션(audiation)이란 고든의 음악학습이론의 핵심용어로서 음악을 듣고 이해하며 나아가 물리적 소리가 존재하지 않아도 마음속으로 듣고 이해하는 역량 혹은 현상을 의미한다.

2) 교육 철학적 사고

유아피아노를 지지하고 있는 교육 철학적 관점은 매우 중요하다. 이러한 관점은 유아를 대상으로 한 피아노 교육에서 매 순간 선택과 판단을 내려야 할 교사가 자신의 행동과 지침이 올바른지 검증할 수 있는 잣대를 제공한다.

(1) 유아 중심

가르쳤다고 배움이 일어나는 것이 아니므로 교사는 자신이 아니라 배우는 학생, 유아를 중심에 두고 생각하여야 한다. 유아의 발달과 성장에 대한 이해 그리고 유아 개개인의 특성을 존중하는 사고를 의미한다. 듀이는 유아의 미성숙을 잠재력으로 해석하였다(Dewey, 2007). 학생은 언제까지 학생으로 머물러 있지 않으며 유아는 빠르게 성장한다.

유아가 교사와의 상호작용을 통해 능동적으로 발전할 수 있는 존재라는 믿음 또한 유아 중심 철학에서 비롯된다. 발달에 적합한 교육과정을 제공하고 성장가능성을 믿어 주며 스스로 발전하고 있음을 알게 하고 성취모델을 제시하는 것, 사랑을 느끼며 사랑받을 자격이 충분한 존재라고 자존감을 길러 주는 유아 중심적 사고가 유아피아노 교사의 인성을 구축한다.

(2) 활동 중심

만지고 동작하고 노래 부르면서 느낌과 경험을 통해 소리현상을 구조화하는 행위를 음악활동이라고 한다. 유아는 말과 설명보다 활동을 통해 교육내용을 더 잘 습득한다. 활동은 하나의 유기체로 얽혀 있는 음악을 특정 요소 중심으로 인지하는 역할을 수행하기 때문이다. 좋은 활동이란 연령과 개인차에 따른 목표의 설정이 올바르고 방법과 목표와의 일치감이 높은 활동을 일컫는다.

피아노 연주에 앞서 연주할 곡목의 특성을 체득하는 음악활동에 소모하는 시간은 당장 손가락 번호를 익혀 진도를 앞세운 수업보다 느린 교육처럼 보이지만 이해를 바탕으로 더 오래 피아노에 머물게 하므로 연주실력을 효율적으로 향상하는 결과를 가져온다. 적합한 목표를 설정하고 목표에 일치되는 활동을 고안할 수 있는 교수법에의 능숙함이 활동 중심적 사고를 실천하기 위한 유아피아노 교사의 교수·학습 기술이다.

(3) 음악 중심

유아에게 제공되는 음악 예술적 경험의 질이 교육의 성패를 좌우한다(노주희, 2016). 음악학습이론의 창시자 고든은 내면의 음악세계의 풍성함이 현실의 기악교육을 성공적으로 이끌어 낸다는 의미로 두 가지 악기론을 말한다(Gordon, 2013). 마음속 오디에이션 악기가 아름답게 울릴수록 현실세계의 악기로 그 소리를 연주하고자 하는 높은 기대감이 형성되어 아이 스스로 자발적으로 연습하고 연주를 즐기며 그 결과 테크닉과 음악성의 동시적 성장이 일어날 것이다.

오디에이션을 함양할 수 있도록 음악적 특성이 분명한 노래들은 유아피아노 교육의 필수재료이다. 유아들이 듣고 싶고 부르고 싶은 노래를 빼놓고 유아피아노 교육을 시작할 수 없다. 그 노래를 연주하고 싶은 마음으로부터 올바른 피아노 학습태도가 형성되기 때문이다. 음악적으로 풍성하고 예술성이 높은 음악환경을 제공하기 위해 유아피아노 교사는 스스로의 음악성과 오디에이션 역량을 연마하여야 한다.

2. 교수 · 학습 방법

유아과정 피아노 교육은 연령과 신체 발달에 적합한 교수법의 고안이 핵심이다. 노래와 놀이에 학습내용을 담아 피아노 음악의 본질에 접근하는 교수 · 학습 원리와 수업의 절차 및 전략적 방법이 그 어느 단계의 교육에서보다 강조된다.

1) 교수 · 학습 원리

20세기에 들어서 영유아음악학습의 이론과 실제를 제시한 학자는 고든이 독보적이다.[2] 유아들의 음악적 능력의 함양을 위하여 고든의 음악학습이론을 우리나라 유아들에게 적용함에 있어 방법론적 원칙은 매우 중요하였다. 첫째, 안내의 방식으로 가르친

---

[2] 고든은 미국 템플대학교 부설 유아음악교육재단(Foundation for Early Childhood Music Education)에서 1989년에 18개월 이상의 영아 클래스를, 1991년에 0세 신생아 클래스를 신설하여 미국 전역에 큰 관심과 화제를 불러일으켰다(Rho, 2004). 고든의 『영유아음악학습이론(A music learning theory for newborn and young children)』은 1990년에 출간되었다.

다. 형식적인 유형의 교육 '지도'와 달리 '안내'는 따뜻한 가정교육 환경처럼 비형식적인 무형의 교육이다. 안내는 '가르치지 않고 가르치기' 및 '숨겨서 가르치기'로 설명될 수 있다(노주희, 2003). 둘째, 육성 노래로 가르친다. 육성 노래는 유아들의 집중을 이끌어 내고 음반과 달리 유아의 반응에 유연하게 대처한다. 셋째, 놀이활동으로 소리를 경험한다. 즐겁게 배운다는 단순한 원리가 실천되지 않는다면 잘못된 교육이다. 이해되지 않은 소리현상을 귀에 쏙 들어오는 음악으로 변화시키는 것이 활동의 역할이다. 넷째, 음악의 다양성을 경험하는 환경을 조성한다.[3] 장조와 단조, 2박과 3박 이외에 다양한 재료의 음악을 접해야 비교를 통해 배우는 유아들이 음악을 더 잘 이해한다.[4]

모국어 학습방법이 모델인 고든의 음악학습이론을 우리나라 아이들에게 올바로 적용하기 위하여 0세부터 미취학 아동의 음악 감수성 프로그램을 개발하여 온 한국오디에이션교육연구소는 20년간의 노하우를 바탕으로 유아피아노 페다고지를 연구·개발하였다.[5] 『오디 피아노·피아노 오디』 시리즈, 『오디 피아노』로 불리는 일련의 교재에 담긴 교수·학습 원리는 유아음악교육의 원리를 바탕으로 듣는 귀를 계발하고 음악성을 함양하는 목표의 피아노 학습에 최적화되어 노래와 놀이로 기본 테크닉과 자세 등 연주력을 향상하며 기초 음악개념 및 화성 등 음악감수성의 계발을 꾀한다.

(1) 오디에이션의 중요성

연주보다 오디에이션 활동이 먼저이다. 연주하고 싶은 마음을 유발하는 것은 귀를 사로잡는 음악이다. 연주할 음악을 먼저 '오디에이션' 하여 이해하는 과정이 필요하다. 자신이 연주할 음악의 선율, 리듬, 화성, 조성, 박자 등을 더 잘 파악할수록 그 음악을

---

3) 고든 음악학습이론의 유아음악교육 방법론은 육성, 자유연속동작(free-flowing movement), 다양한 조성과 박자의 음악, 패턴학습법으로 요약될 수 있다(Rho, 2004). 신생아와 영유아에게 음악을 가르치는 방식을 1997년 처음으로 한국의 음악교육환경에 적용하면서 한국오디에이션교육연구소는 안내의 개념과 놀이방식 및 상호작용의 원리를 강조하였다(노주희, 2004; 노주희, 2005; 윤은미, 2007; 윤은미, 2008; 최현정, 2004).

4) 장조와 단조 이외에 믹솔리디안, 도리안, 프리지안, 리디안 심지어 로크리안과 다중조성, 2박과 3박 이외에 $\frac{5}{8}$박 같은 불규칙 2박, $\frac{7}{8}$과 $\frac{8}{8}$ 등 불규칙 3박, 다중박자에 이르는 폭넓은 레퍼토리를 유아들이 경험하는 것을 의미한다.

5) 오디 피아노 페다고지는 2000년대 초반부터 실험연구를 시작하여 2009년 '오디 피아노·피아노 오디'라는 제목으로 첫 1권 교재를 출간하고 이듬해 2권 그리고 2012년 3권과 반주책을 모두 출간하였다. 본 책 세 권에는 각 권마다 놀이 해설이 함께 녹음된 음반과 워크북이, 교사지도서를 대신하는 반주책에는 피아노 연주만 녹음된 음반이 수록되어 있다.

좋아하게 되어 이해를 수반한 연주의 가능성이 높아진다. 고든(Gordon, 2013)은 소리 그 자체는 음악이 아니며 오직 오디에이션을 통해서만 음악이 된다고 하였다. 오디에이션은 소리를 의미 있는 음악으로 바꾸어 놓는다.

(2) 소리의 중요성

악보보다 소리가 먼저이다. 음악을 배우는 과정은 모국어를 습득하는 과정과 동일하므로 순차적으로 구조화된 학습과정이 중요하다. 듣기, 말하기, 읽기, 쓰기의 피라미드 구조로 자연스럽게 고도화되는 언어발달처럼 음악도 이러한 단계로 학습할 때 쉬워진다. 쓰기에서 읽기, 말하기, 듣기로 역행되는 외국어 학습이 의식적인 노력을 담보로 하는 것과 달리 모국어적 음악학습은 각 단계에서 다음 단계로의 이행이 자연스럽게 발생한다. 듣기는 모든 학습의 기초이므로 듣기능력이 풍성하게 계발되어야 전체 음악 역량이 크게 성장할 수 있다.

(3) 음악감수성 발달단계

대부분의 학자들이 음악적 능력이 나타나는 연령에 주목한 반면, 고든은 음악적 발달의 유형과 단계에 주목하였다(노주희, 2006). 태어난 순간부터 아이는 그가 처한 환경과 타고 태어난 소질의 상호작용을 통해 음악적으로 발달하며 이로부터 개인차가 발생한다.

고든이 기악교육을 할 수 있는 음악적 연령이라 함은 유아 음악감수성 발달단계의 대부분을 겪고 벗어난 연령을 의미하였다. 빠르면 3세 늦으면 6세 이상의 큰 연령 차이를 보인다. 현실적으로 피아노 교육을 시작하고자 하는 유아들이 모두 음악적으로 준비되었다고 가정할 수 없기 때문에 발달단계의 이해는 필수적이다. 단계에 따라 음악적 환경과 자극을 적절하게 제공하여야 기악음악을 통해 음악적 발전을 지속할 수 있기 때문이다.

〈표 4-1〉 유아 음악감수성 발달단계 및 유형

유형	단계
노출(acculturation; 출생~2–4세) 소리환경을 의식하지 못함	1. 흡수(absorption) → 모든 음악을 받아들인다. 2. 비의도적 반응(random response) → 음악에 반응하여 옹알이하지만 음악과 일치하지는 않는다. 3. 의도적 반응(purposeful response) → 음악과 관련된 동작과 옹알이를 시도한다.
모방(imitation; 2–4세~3–5세) 소리환경을 의식할 수 있음	4. 자기중심성의 탈피(shedding egocentricity) → 동작과 옹알이가 음악적 소리와 일치하지 않음을 인식한다. 5. 음악문법의 해독(breaking the code) → 환경의 음악적 소리, 특히 음고패턴과 리듬패턴을 어느 정도 정확하게 모방한다.
동화(assimilation; 3–5세~4–6세) 스스로를 의식하며 소리 환경에 반응	6. 자기깨닫기(introspection) → 선율노래(song), 리듬노래(chant), 호흡, 동작이 협응되지 않음을 인식한다. 7. 동작과 노래의 협응(coordination) → 선율노래, 리듬노래와 호흡, 동작을 조화시킨다.

출처: Gordon (2013), p. 32.

(4) 신체 성숙도

피아노 연주는 신체발달과 운동능력에 구속되므로 신체 성숙도에 영향을 받는다. 피아노를 연주하는 운동능력은 누구에게나 자연스럽게 발달되는 것이 아니기 때문에 유아의 신체에 무리를 주지 않으면서 피아노 연주에 필요한 동작을 섬세하게 유도하여야 한다.

『오디 피아노』는 신체발달의 미숙함을 이유로 파편에 불과한 음형만을 연주하지 않도록 배려하고 유아에게 무의미하게 느껴지는 반복적인 근육운동에서 벗어나 자유로운 동작으로 연주력과 테크닉 향상을 도모하는 교수방법의 필요성에 주목하였다. 연구의 결과로 '오디 피아노' 페다고지는 전체 노래를 듣고 부르면서 일부분을 연주하는 창의적인 교수법을 계발하여 유아의 자발적인 연주동기를 유발하고 유아의 신체 성숙도 안에서 피아노 연주에 필수적인 동작능력을 함양한다. 유아는 부분을 연주하지만 음악적으로 훼손되지 않은 전체 악곡을 경험하며, 부분을 연주해도 유아 스스로 느끼는 예술적 성취감은 전체를 향하므로 신체발달이 음악성을 구속하지 않는다.

2) 교수 · 학습 절차

학습이 자연스럽게 일어나려면 순서가 중요하다. 악기보다 오디에이션이 먼저이며 연주보다 노래가 먼저이고 악보보다 소리가 먼저인 순차적인 학습의 절차를 따를 때 음악적인 연주가 가능해진다.

(1) 노래 듣고 부르기

노래를 충분히 듣고 부르면 노래의 음악적 뉘앙스를 연주로 섬세하게 표현하는 데 보다 큰 자신감을 준다. 피아노 연주에 앞서 노래 부르기가 선행되면 피아노 연주에 있어서도 노래 부르는 태도를 형성하여 악보를 기계적으로 연주하는 피아노 기술자가 되는 것을 방지한다. 유아는 선율노래뿐 아니라 리듬노래를 통해 균형 잡힌 음악소질을 함양하고 음악적 본질에 다가가는 섬세한 표현력을 기른다.

(2) 오디에이션 활동

유아는 동작과 소품, 악기놀이와 이야기가 있는 음악놀이 등의 활동을 통해 소리 속의 구조와 형식을 오디에이션한다. 놀이 속에서 유아는 선율과 박자, 조직과 하모니 등 음악의 개념을 자연스럽게 습득한다. 풍부한 음악적 경험은 폭넓은 음악적 사고의 기반이다. 오디에이션 활동은 피아노 연주, 독보, 이론적 이해 등 모든 음악학습의 준비도(readiness) 교육으로서 기능한다.

(3) 의식화

노래하고 춤을 추고 연주하면서 익힌 건반의 구조, 테크닉, 용어 등 소리와 연계된 활동은 경험 내용에 대한 의식화 과정을 밟아 깊이 내면화된다. 의식화는 워크북 그리기 또는 스티커 놀이이거나 질문의 형태를 띠는 경우도 있다(곽정미, 2014). 소리와 놀이로 쌓은 경험의 정체를 정의하고 개념적으로 이해하는 의식화 과정은 현상을 논리적으로 재구성하게 하므로 쉽게 잊히지 않는 공고한 지식이 된다. 지식이 암기로 주어질 때 억압이 되지만 이해를 통해 주어지는 지식은 아이들의 지적 욕구를 채운다.

(4) 음악적인 연주

몸 전체를 유연하게 연속적으로 사용할 수 있는 자유연속동작(free-flowing-movement)으로 음악에 몰입할 수 있고 양팔의 움직임이 완벽히 자유로워야 음악을 느끼며 즐기는 피아니스트로 성장한다. 악곡을 연주하는 데 그치지 않고 선율선에 내포된 화음을 듣고 반주할 수 있으며 조성과 박자를 임의대로 바꾸고 즉흥연주하는 음악적 창의능력을 키우면서 유아는 악보에 구속되는 피아노 기술자가 아니라 악보에 숨은 소리까지 듣고 연주할 수 있는 피아노 음악가로 발전하게 된다.

(5) 악보 노출

악보 노출이란 글을 모르는 유아에게 그림책을 읽어 주는 것과 같은 원리로 약식 음표나 그림 악보가 아닌 실제 악보 그대로를 노출하여 악보 읽기를 자연스럽게 준비하는 과정을 일컫는다. 악보에 대한 두려움을 줄이고 독보에의 기대감을 이끌어 내므로 유아피아노를 배우는 연령에서 악보 읽기에 앞서 악보 노출이 선행되어야 한다. 충분한 악보 노출이 악보 읽기의 전제가 되면 쓰기 공부의 연계가 수월하다. 소리로 익힌 음고패턴과 리듬패턴의 악보 노출은 초견능력을 감각적으로 기른다. 악보 노출 후에는 반드시 악보를 보고 연주하는 절차로 마무리한다.

3) 놀이 학습방법

유아는 놀이를 현실보다 더 현실적으로 받아들인다. 장난감이자 교구인 소품, 동작으로 주고받는 소통방식, 음악적 자극이 되는 신기한 악기들과 무궁무진한 이야기의 세계가 유아피아노의 풍부한 교육적 자원이다.

(1) 동작놀이

유아가 음악을 느끼는 직접적인 방식이다. 박자와 리듬, 템포, 아고긱과 같이 음악의 시간적 흐름에 관여된 요소뿐만 아니라 음높이, 음악적 조직, 형식 등 음악의 본질적 요소가 신체를 통해 구체적으로 수용된다. 동작으로 전달하면 유아는 피아노 연주자세 및 몸의 유연성, 양팔의 자유에 대한 개념도 능동적으로 이해한다. 동작교류 및 편안한 신체표현이 유아와의 의사소통을 이끌어 내는 중요한 수단이 될 때 유아의 높은 에너지가 음악적 기쁨으로 분출된다.

(2) 소품놀이

특정한 목적으로 고안된 교구와 달리 주변에서 쉽게 볼 수 있는 소품은 촉각과 시각을 통하여 추상적인 음의 움직임을 즐거운 경험으로 변화시킨다. 얇은 스카프에 호흡을 불어 긴 호흡과 짧은 호흡의 대조를 느끼거나 긴 지속음을 공이 굴러가는 시간으로 파악하는 등 소품은 재미와 이해를 동시에 심고 유아의 일상을 통합한다. 예컨대, 손목의 이완을 가르치는 뱀 장갑 소품은 동작에 의미를 주어 손목을 유연하게 움직이는 역할을 수행한다.

(3) 악기놀이

작은북, 리조네이트 벨, 실로폰 등 리듬악기와 선율악기는 유아에게 새로운 음색의 자극을 제공한다. 가장 큰 악기로서의 위엄을 갖춘 피아노 역량을 찾아가는 어려운 여정을 이 작은 악기들이 친절하게 안내한다. 비교적 쉽게 다룰 수 있으며 아름다운 소리 빛깔을 가진 색다른 악기들은 다양한 경험을 통해 피아노 교육목표를 흥미롭게 달성한다. 연주 후에 손목을 들어 긴장을 해소하는 동작패턴을 터치벨로 배우는 등 테크닉도 악기활동으로 배우면 쉬워진다.

(4) 이야기가 있는 음악놀이[6]

이야기는 유아를 집중하여 듣게 하는 효과적인 몰입의 도구이다. 가사 없는 기악음악도 이야기를 만나면 극적인 드라마가 생긴다. 마음에 다가온 이야기는 유아를 생각하고 상상하게 한다. 유머를 주며 동시에 하모니와 즉흥연주 같은 음악행위에 대해 진지한 태도를 촉구한다. 음악은 이야기에 생명을 불어넣고 이야기는 음악에 의미를 부여한다. 유아가 자신의 신체를 탐색하고 악기를 연주하고 놀이에 빠지고 대담한 음악적 표현을 끌어내는 다양한 역할을 이야기가 수행한다.

---

6) 2000년대 초반에 오디연구소에서 개발한 활동 장르이다. 이야기와 음악의 단순한 접목이 아니라 하나로 통합되는 내면화를 추구한다. 이야기가 있는 음악놀이는 2015년부터 소극장 및 중·대극장의 음악교육극으로 확장되어 총 11개의 교육극와 체험전이 창작되었다.

3. 학습내용

유아과정 학습내용은 소리와 음악적 흥미를 중심으로 이루어져야 한다. 긴장과 이완이 적절한 올바른 연주자세, 조성과 박자, 화성 등 악곡을 해석하여 연주하는 습성, 악보에 대한 흥미와 이해력, 자신의 연주를 집중해서 듣기, 피아노로 노래하기 등 피아노 교육을 시작할 때 형성된 태도와 역량은 이후에도 지속적으로 피아노 연주의 기술적, 음악적 발전에 큰 영향력을 미친다.

1) 자세

좋은 자세가 좋은 소리를 만든다. 피아노는 몸집이 큰 악기이고 신체의 힘을 특수한 방식으로 이용하므로 작은 체격의 유아가 저절로 바른 자세를 갖기란 몹시 어려운 일이기 때문에 지시를 통해 올바른 자세를 가르치다 보면 유아의 흥미를 놓치고 관계도 해치게 된다. 동작과 체조, 손유희 등 재미있는 방법으로 피아노 연주자세를 습관화하는 것이 좋다.

(1) 앉는 자세

발이 바닥에 닿으며 자유로운 움직임에도 몸을 지지하도록 보조발판을 놓고 의자에 깊이 앉지 않는다. 양발을 어깨너비 정도로 벌려 하체로 몸의 균형을 잡아 등을 펴고 어깨를 편안하게 둔다. 노래 속에서 불필요한 긴장 없이 자세를 익히게 하는 것이 좋다. 코끼리 발의 비유로 이루어진 노래를 부르며 두 발을 '쿵쿵' 울리면 발이 바닥에 닿고 허리를 곧추 세울 수 있다. 공작새의 활짝 편 날개의 비유는 등과 어깨를 쭉 펼 수 있게 한다. 노래를 부르며 '활짝' 부분에서 날개를 펴듯 양팔을 벌리며 등과 어깨를 편다. 양팔을 자유롭게 흔들어 팔의 긴장을 풀고 넓은 음역을 넘나드는 손가락 동작으로 피아니스트가 된 것처럼 흉내 내어 움직인 다음 고래처럼 호흡하며 "밤"을 노래할 때 피아노 건반 위에 둥근 손을 올려서 피아노를 연주하는 준비를 갖춘다.

앉는 자세	동작	노래
	코끼리 발로	코 끼리 는두 —발 을 쿵 쿵 —
	공작새 날개로	공 작새 는날 —개 를 활 짝 —
	자유로운 팔로 민첩한 손가락으로	룰 루룰 루룰루— 랄 라랄 라랄 라—
	고래처럼 숨쉬면서	고 래처 럼숨 쉬어 요 — 밤

[그림 4-1] 앉는 자세

출처: 『오디 피아노 · 피아노 오디 I』, 「안녕, 피아노 친구」, pp. 8-9.

(2) 팔의 무게

팔은 어깨와 손의 긴장을 풀어 주고 몸의 힘을 손가락에 전달한다. 팔의 무게를 느끼는 활동을 통하여 유아가 팔의 작동방식과 역할을 탐색할 수 있도록 한다. 팔의 긴장과 이완이 반복적으로 대비되는 체조라든지 팔을 저울 삼아 떨어뜨리는 노래와 놀이 등은 팔의 무게감을 느낄 수 있는 활동이다.

(3) 피아니스트의 손 모양

피아니스트의 손과 팔의 움직임에 대한 개념이 정립되면 자세를 바로잡는 데 큰 도움이 된다. 손가락을 참새처럼 가볍게 움직이고, 손목을 비둘기처럼 부드럽게 들어 올리며, 딱따구리처럼 단단한 손끝으로 연주하고 자유로운 팔이 독수리처럼 건반 위를 날아다니는 놀이 활동으로 피아니스트의 손가락, 손목, 손끝과 팔의 움직임에 대한 느낌을 갖는다. 가볍고 빠르게 움직이는 악곡, 마무리가 부드러운 악곡, 단단한 손끝의 타건이 돋보이는 악곡과 자유로운 팔의 움직임이 돋보이는 악곡의 예시를 들어 유아의 이해를 구체적으로 도울 수 있다.

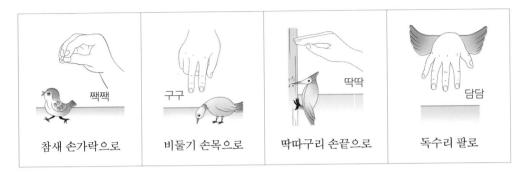

참새 손가락으로 · 짹짹 | 비둘기 손목으로 · 구구 | 딱따구리 손끝으로 · 딱딱 | 독수리 팔로 · 담담

[그림 4-2] **피아니스트의 손**

출처:『오디 피아노 · 피아노 오디 I』,「대머리 독수리」, pp. 28-29.

2) 테크닉

유아는 이해 없이 행할 수 없고 이유 없이 반복할 수 없으므로 스스로 하고 싶은 마음을 형성하여 노래와 놀이 속에 숨겨서 음악적 흥미를 통해 테크닉을 가르치는 것이 좋다. 유아의 테크닉은 초급이나 성인과 다른 순서가 필요하다. 단단한 손보다 이완을 먼저 가르치고 처음부터 호흡과 표현을 격려하며 실제 근육활동에 앞서 흥미로운 개념의 정립으로 관심과 동기를 유발하는 것이 우선이다.

(1) 손목과 팔의 이완

① 손목의 이완

근육이 발달하지 않은 유아에게 단단한 손을 요구하는 것은 긴장을 가르치는 것과도 같다. 신체발달에 적합하지 않기 때문이다. 이완을 먼저, 그것도 이유와 의미를 담아서 재미있게 가르치는 것이 좋다. 건반 위에 손을 올리고(prepare) 건반을 눌러 소리 내고(touch) 건반으로부터 손목을 올리는(up) 연속과정에서 건반을 누르는 무게의 반동으로 손목과 팔을 자연스럽게 들어 올리는 이완을 습관화한다(박귀원, 2013).

유아의 피아노 연주는 둥근 손 모양을 유지하기 쉬운 검은건반에서 시작하는 것이 바람직한데 [악보 4-1]에서처럼 두 개의 검은건반을 동시에 연주한 후 부드러운 이완이 이어지도록 가르친다. 검은건반 세 개를 동시에 연주할 때와 한 음 한 음 따로따로 연주할 때의 이완, 검은건반 다섯 음을 하나씩 연주할 때의 이완, 동일한 음을 연주할 때에 한 개 손가락을 위에서 아래로 건반위치를 조절하여 연주하고 손목을 들어 이완하는 경우 등 서로 다른 연주상황에서 타건과 동시에 긴장을 풀고 손목과 팔을 자연스럽게 들어 올리는 여러 방식의 이완을 악곡 속에서 흥미롭게 가르친다.

[악보 4-1] 손목의 이완

출처: 『오디 피아노 · 피아노 오디 I』, 「삐삐새」, p.11.

② 손목의 회전

손목을 들어 올려 이완하는 동작과 달리 손목의 회전은 손가락의 움직임이 방향을 바꿀 때나 한 방향의 연주를 마무리할 때 손목을 돌리면서 원을 그리며 이완하는 경우이다. 연속된 검은건반 두 음을 연주할 때 손목을 밖으로 돌리거나 안으로 돌리면서 들어 올리는 이완이다. 오뚜기 인형처럼 혹은 뱀처럼 움직이는 비유를 통하여 회전 이완의 개념과 실제를 쉽게 이해할 수 있다.

[악보 4-2] 손목의 회전 음형

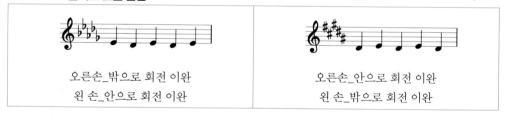

③ 팔의 이완

팔의 이완은 손목의 이완과 별개로 가르칠 수 없으므로 손목의 이완과 회전이 필요한 모든 과정에서 팔의 이완은 함께 경험된다. 북을 연주하며 팔의 이완된 감각을 먼저 경험한 다음 연주에 적용하는 방법이 유용하다. 피아노 위에서 양팔을 벌린 음 높이에 양손을 교대로 떨어뜨려 양팔의 무게를 느낀다. 페달톤으로 연주하면 단순한 노래에 광범위하게 적용 가능하다. 다음 단계로는 양손 모두 둥근 손 모양을 형성하여 두 음으로 연주한다. 한 음 연주가 두 음 연주로 확장되어 손과 팔의 긴장이 높아지면 더 큰 이완이 필요해진다.

연속된 옥타브로 팔을 떨어뜨려 연주하는 방식은 팔의 이동을 포함하므로 한층 숙달된 연주가 요구된다. 오른손으로 상행할 때나 하행하면서 연주할 때, 왼손으로 연주할 때, 양팔을 서로 반대방향으로 연주할 때, 양팔을 동시에 같은 방향으로 연주할 때, 각기 난이도가 다르므로 옥타브 연주가 등장하면 악보에 표기되어 있지 않더라도 가능성을 열어서 옥타브의 움직임을 실험할 기회를 갖는 것이 좋다. 모든 연주는 노래로 가르칠 때 효과적이므로 각각의 음형에 어울리는 노래와 함께 연주한다.

[악보 4-3] **팔의 이완 순서**

| 한 음씩 떨어뜨리고 이완 | 둥근 손 떨어뜨리고 이완 | 옥타브 떨어뜨리고 이완 |

(2) 단단한 손

단단한 손끝으로 관절을 세워서 둥근 손 모양을 무너뜨리지 않고 유지하여 연주하는 것은 유아에게 몹시 어려운 일이다. 딱따구리처럼 단단한 손끝으로 '딱딱' 동작하는 놀이로 시작한다. 둥근 손의 끝을 단단하게 유지하는 연주는 무너지지 않는 동굴의 비유라는 개념적 이해를 바탕으로 5도의 화음을 지속적으로 연주한다. 손이 작은 유아는 자리를 바꾸어 4도로 연주하면 손의 크기와 무관하게 같은 음을 연주할 수 있다.

(3) 호흡과 표현

피아노는 타건으로 소리를 생성하므로 호흡과 멀어지면 연주는 무미건조해진다. 유아에서부터 성인에 이르기까지 노래를 통해서 피아노를 배우는 것을 권장하는 이유이다. 고래처럼 큰 호흡으로 연주하는 동작 협응뿐만 아니라 레가토와 스타카토의 기법도 긴 숨, 짧은 숨으로 여러 가지 소품을 직접 후, 후, 후 혹은 후~~ 불어 보면 기법과 동시에 소리의 차이를 이해하면서 연주할 수 있다. 왼손과 오른손 교대로 스타카토와 레가토를 연주한다든지 연속된 두 음 슬러의 움직임, 크고 작고의 소리크기와 점점 작게 등 표현기법도 노래와 놀이로 배울 때 이해가 쉽다. 같은 음악을 다양한 방법으로 불러 보면서 느낌의 차이를 이야기하고 가장 적절한 표현을 찾도록 하는 것도 한 방법이다.

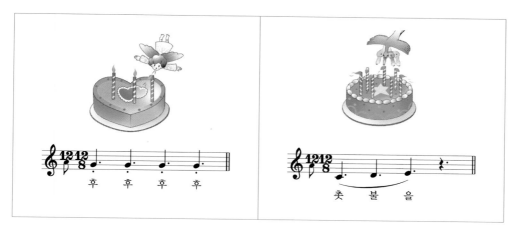

[그림 4-3] 호흡과 표현

출처: 『오디 피아노 · 피아노 오디 II』, 「생일 케이크」, pp. 23-25.

3) 리듬과 박자

(1) 강박과 약박

박자의 이해에서 중요한 것은 강박과 약박의 조합에 대한 감각적인 인식이다. 박자의 인식에서 가장 효과적인 놀이는 동작활동이다. 약박에 맞추어 걷거나 강박에서 제자리 뛰기 혹은 점프하기 등 악곡의 특성에 맞추어 몸무게를 사용하면 규칙적인 박의 역할 및 강박의 위치를 자연스럽게 인지할 수 있다. 단순 2박과 3박의 곡 이외에 불규칙 2박과 불규칙 3박 등 다양한 박자를 통해 풍성한 음악환경을 조성한다.

(2) 일정한 템포

대부분의 악곡을 시작할 때 동작활동을 통해 규칙적인 시간단위를 인식하게 한다. 불규칙 박자의 규칙성 및 단순 2박, 3박의 규칙성은 모두 안정적인 템포에 대한 감각에 기여한다. 육성노래 또는 음원에서 음악적 시간의 규칙적인 단위를 듣고 놀이를 통해 인지를 강화하면 이를 바탕으로 일정한 템포로 연주하기가 쉬워진다.

[악보 4-4] 박자의 대조

출처: 『오디 피아노 · 피아노 오디 II』, 「젓가락 행진곡, 오디 행진곡」, p. 37-38; 『오디 피아노 · 피아노 오디 III』, 「엉뚱 행진곡」, p. 35

(3) 박자의 대조

유아는 비교를 통해 배우므로 3박의 익숙한 음악을 2박으로 변환할 때 익숙함과 새로움의 부딪힘을 통해 박자 개념이 한층 명확해진다. 3박의 노래가 2박으로, 5박으로 변화하면 박자에 따른 리듬의 질서도 재구성된다. 표면적 리듬의 구조가 동일하여도 전혀 다른 리듬으로 느껴지는 대조의 경험을 통하여 음악적 시간을 조절하는 창의적 역량이 개발된다.

(4) 리듬패턴

리듬패턴은 악곡에서 사용된 리듬뿐만 아니라 그 음악의 박자에서 사용하거나 대체할 수 있는 다른 리듬패턴으로 확장하여 어휘력을 쌓는 공부이다. 많은 단어를 알고 사용할 수 있을 때 더 정확한 언어표현이 가능하듯이 리듬패턴을 다양하게 구사할 수 있는 능력은 유아에게 리듬연주에 대한 자신감을 부여한다. 패턴학습은 리듬 어휘력의 신장을 통해 음악적 창의력에 기여하기 때문에 다양한 리듬패턴을 듣고 익숙하게 사용하며 연주할 수 있게 격려하여야 한다. 처음에는 자유로운 구음으로 시작하고, 익숙해진 패턴은 리듬 실라블로 읽고 노래하여 강박과 약박의 역할을 터득하면 연주에서도 자연스럽게 리듬의 억양이 표출된다.

[악보 4-5] 리듬패턴 읽기

(5) 리듬 즉흥연주

유아들은 모두 타고난 음악가이므로 선택과 자유를 주면 누구나 즉흥연주를 배울 수 있다. 오히려 교육의 엄격함이 즉흥연주의 능력을 억누르고 빼앗기 때문에 정해진 악보에 구속되지 않도록 변형의 기회를 다양하게 제공하여야 한다. 예컨대 [악보 4-1], [악보 4-11] 「삐삐새」의 삐삐 노래에서 이분음표 둘을 여러 가지 리듬패턴으로 마음대로 쪼개어 연주하는 것으로 시작할 수 있다. 변주의 재미를 알게 되면 유아가 스스로 변형한 연주를 시도하거나 제안하게 될 것이다. 악보대로 연주해야 되는 것이라고 가르치기보다 원형을 이해한 다음에는 언제든지 즉흥연주의 시도를 격려한다. 여러 리듬패턴을 선택하고 반주음형도 변형하여 자유로운 리듬 창작 연주의 기회를 통해 창의적 역량을 실험하게 하여야 한다.

4) 화성감수성 및 즉흥연주

피아노는 화성악기이다. 넓은 음역에 걸쳐 화성의 아름다움을 풍성하게 누리는 악기의 황제임에도 불구하고 피아노 학습에서 화성교육은 거의 악곡분석일 뿐 연주자의 화성역량에 관한 연구는 전무하므로 유아 화성감수성에 대한 지도 연구는 화음에 대한 준비도 교육과 화성을 이해하는 다각적인 교육과정의 필요성을 대변한다(고은숙, 2014; 변지원, 2017).

(1) 앙상블

① 성부의 분리

화성감수성 발달의 첫 번째 단계는 성부의 분리적 청취이다. 분리적 청취를 위해서 익숙한 노래들을 두 성부로 동시에 연주하는 교육적 고안이 있다. 이야기를 통해 서로 다른 성부를 분명하게 인식하도록 한다든지 하나의 선율을 시간차를 두고 소개하는 방법 등을 통해 각 성부를 독립적으로 또한 성부 간의 어울림을 인지하도록 도울 수 있다.

② 페달톤 및 보르둔

「아리랑」처럼 귀에 익숙한 노래를 부르며 페달톤처럼 어울림이 손쉬운 음을 연주하면 성부의 분리와 화음의 청취가 잘 이루어진다. 5음 음계에서 중심적 역할을 하는 두 개의 음을 어떠한 조합이든 자유로이 연주하면서 화음을 만드는 한 가지 방식을 익힌다. 1음과 5음으로 된 보르둔으로 멜로디를 반주하여 결과적으로 2성부, 3성부로 확장할 수 있다. 1음과 5음도 분리하여 청취하도록 연습하면 2성부 이외에도 3성부의 악곡도 성부별로 들을 수 있고 또한 동시에 종합적으로도 들을 수 있는 오디에이션 역량이 개발된다.

③ 오스티나토 반주

오스티나토의 단순한 반복에서 성부 간의 불협화가 협화로 해결되는 경험을 얻는다. 오스티나토 그 자체도 익숙한 음형에서 가져오면 한층 쉽게 느낄 것이다. 예를 들어, 「집으로」에서 반주가 된 오스티나토들은 「해달별」 「콩딱 아리랑」 「요술마술」 「노랑 파랑 오디 기차」 등 이전의 노래와 연주에서 가져온 음형들이다. 이러한 경험은 반주에 대한 고정관념 없이 서로 다른 노래의 어울림을 시도해 보는 음악적 도전을 유발한다.

[악보 4-6] **오스티나토 반주**

출처: 『오디 피아노 · 피아노 오디 II』, 「집으로」, p. 53.

(2) 조성

① 으뜸음

조성의 이해에서 중요한 것은 으뜸음에 대한 감각적 인식이다. 장조의 악곡에서 장조의 으뜸음을 '도'로 노래하고 단조의 악곡에서 으뜸음을 '라'로 노래하고 연주한다. 모든 악곡에서 으뜸음을 찾고 인식하는 과정이 노래와 계명, 악기소리와 건반 그리고 악보 위에서 이루어져야 한다. 보르둔, 페달톤, 오스티나토의 연주에서도 으뜸음이 중요하게 등장한다. 장조와 단조 이외에도 도리안, 믹솔리디안, 리디안, 프리지안 등 다양한 조성[7]에의 노출이 풍성한 음악성 형성에 기여한다.

② 베이스라인

화음의 근음을 인식하는 것은 화성감수성의 형성에 필수적인 요소이다. 교사가 멜로

[악보 4-7] 베이스라인 연주

출처: 『오디 피아노 · 피아노 오디 II』, 「노랑 파랑 오디 기차」, p. 21.

---

7) 조성은 중심음의 유무를 기준으로 하는 넓은 의미와 장단조의 음질서를 의미하는 좁은 의미로 각기 사용되는데, 고든은 조성이라는 용어에 선법을 포괄하는 넓은 의미를 적용하였다. 고든의 음악학습이론에서 도리안, 프리지안, 리디안, 믹솔리디안 등의 모드는 이론에 그치지 않고 실제 음악의 선율적, 화성적 재료로 활발하게 사용된다. 『오디 피아노 · 피아노 오디』 교재에도 다양한 조성의 음악이 수록되어 있다.

디를 노래하는 동안 유아가 I-V-I와 같이 반복적이고 단순한 베이스라인을 노래하고 연주할 수 있도록 안내한다. 이외에도 I-I-V-I, I-IV-V-I 등의 서로 다른 화성진행을 가진 노래의 베이스 라인의 인식과 연주에 참여하여 서로 다른 화성진행을 경험한다.

③ 3화음

베이스라인이 익숙해진 다음에 3화음을 쌓아 공부하는 것이 바람직한 순서이다. 화음의 구성음을 이해하고 멜로디 라인과 화음 사이의 협화와 불협화를 통해 화성을 이루는 소리의 긴장과 해결을 느낀다. 화음의 기능을 느끼는 동작 활동과 소품 활동은 화성의 이해를 수반한 연주를 돕는다.

예를 들어, 으뜸화음의 동작은 양손을 모아 안정된 자세를 취하고 딸림화음의 동작은 발레리나처럼 양팔을 벌리고 무릎을 굽히기로 한다. 노래 화음에 따라 동작놀이를 하다가 버금딸림화음의 동작은 유아가 제안하게 하고 의견을 수용하여 활동을 전개하면 된다. 한번 정한 동작을 다른 노래에서 사용하여도 좋고 다른 동작을 사용할 수도 있지만 으뜸화음과 딸림화음의 성격을 고려하여 동작을 정하는 것이 바람직하다.

④ 조성의 대조 및 종지

I-V가 명확하게 형성되는 동일한 노래를 장조와 단조로 조성을 바꾸어 비교함으로써 음의 질서가 갖는 차이를 느끼게 한다. 한 번의 경험으로 끝나지 않고 다양한 악곡에서 장조와 단조의 대조를 느끼고 연습하면 유아 스스로 장조를 단조로 변환할 수 있는 역량이 길러진다. 조성의 대조를 명확하게 느끼게 하려면 병행조로 바꾸는 것보다 같은 으뜸음조로 바꾸는 편이 더 낫다. 병행조는 으뜸음의 위치와 음역이 달라지므로 집중하여 할 요소가 과다해지기 때문이다. 음역과 으뜸음이 바뀌지만 음악의 내적 질서는 바뀌지 않는 조옮김의 세계도 소리경험으로 다양하게 안내하면 수월하게 접근한다. 종지의 인식 및 다양한 종지에 대한 경험 또한 조성에 대한 감각의 형성에 매우 중요하다.

[악보 4-8] 조성의 대조

| 장조 노래 _ 바다로 | |
| 단조 노래 _ 하늘로 | |

출처: 『오디 피아노 · 피아노 오디 II』, 「하늘로, 바다로」, p. 17.

⑤ 음고패턴

　음고패턴은 주어진 조성에서 음높이에 집중하는 음감형성 방법이다. 주어진 음악에서 사용된 패턴뿐만 아니라 그 음악의 조성과 화성에서 사용하거나 대체할 수 있는 다른 음고패턴으로 확장하여 어휘력을 쌓는 공부이다. 리듬패턴이 리듬에 대한 자신감을 통해 창의성에 궁극적으로 기여하듯이, 다양한 음고패턴을 듣고 익숙하게 사용하고 연주하도록 격려하면 자연스럽게 음높이 어휘력을 확장하여 창의력을 향상시킨다. 처음에는 자유로운 구음으로, 익숙해지면 계명창으로 읽고 노래하여 음의 기능과 역할을 터득하면 연주에서도 선율선이 유려하게 표현된다.

[악보 4-9] 음고패턴 읽기

| 구음으로 읽기 | |
| 계이름으로 읽기 | |

(3) 즉흥연주

① 개념 및 연습하기

즉흥연주란 악곡의 자유로운 변형이 허용되는 환경에서 성장할 수 있는 역량으로, 악보에 갇힌 사고에서 형성되기 어렵다. 손쉬운 선율적 즉흥연주의 한 가지 방법은 화음을 기초로 정해진 음 안에서 자유롭게 연주하는 것인데, 먼저 즉흥연주의 개념을 정의하고 화음을 이해하는 전제가 필요하다. 즉흥연주의 기회는 유아의 자유로운 음악적 사고와 창의적 역량을 키운다.

[악보 4-10] 즉흥연주

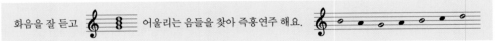

출처: 『오디 피아노 · 피아노 오디 III』, 「옛날 옛날에」, p. 50.

② 그라운드 베이스

반복되는 화성을 기초로 하는 그라운드 베이스 음악의 연주는 유아의 음악성 및 오디에이션 역량을 강화한다. 유아는 단순한 음형을 연주하지만 교사는 귀에 익은 악곡과 중첩된 연주를 들려줌으로써 풍성한 하모니를 유아가 느낄 수 있다. 서로 다른 선율이 동일한 화성진행을 공유하는 흥미로운 경험을 통해 선율의 원천으로서 화성의 면모를 이해한다. 그라운드 베이스의 소개는 화성에 접근하는 쉬운 창작방법을 통해 창작의 동기를 북돋운다. 화성의 이해를 바탕으로 하는 창의성의 성장은 단지 즉흥연주나 작곡의 기초로 그치지 않고 보다 근본적인 음악적 해석의 기초를 제공한다. 연주 또한 자유로운 해석이 뒷받침될 때 빛이 나는 창의적 과정이기 때문이다.

창작과 창의성의 씨앗은 성인이 되거나 손가락 근육이 재빠르게 움직인 다음에 뿌려질 수 있는 것이 아니다. 오히려 아름다운 음악이라고 느끼는 결정적인 소리경험이 바로 씨앗이다. 마음을 울리는 이상적인 소리의 상이 형성되어 내면에서 음악을 들을 수 있을 때, 그 소리를 변형하여 듣고 연주하며 반주를 상상하고 다른 악기로 소리를 그려 보는 과정에서 창의성의 싹이 튼다. 유아피아노 과정에서 씨앗을 뿌리고 싹이 터야 상급과정에서 자라고 꽃피고 튼실한 열매를 맺을 수 있을 것이다.

5) 독보

유아가 '소리가 담겨 있는 문자'라고 악보를 이해하려면 악보로부터 소리를 꺼내어 듣는 악보 오디에이션(notation audiation) 역량이 필요하다. 악보를 보고 음악을 듣는 악보 오디에이션 능력은 악보상의 음이 건반에서 어떤 음인지 아는 방식으로 키워지지 않는다. 모국어 학습에서처럼 충분히 듣고 활동을 통해 이해한 소리를 악보로 보는 학습 순서가 지켜질 때 비로소 악보에서 소리를 들을 수 있게 된다. 고든의 음악학습이론에서 악보 읽기는 소리를 이해한 리듬패턴과 음고패턴에서 시작되어 점차 긴 패턴이 되고 전체 악곡으로 진행된다.

유아의 경우 악보 읽기 이전에 악보의 노출과정이 필요하다는 점에 오디 피아노 페다고지는 주목하였다. 아직 글을 몰라도 엄마는 아이에게 책을 읽어 주며 문자와 말 사이의 연관성을 친절하게 일깨운다. 글을 깨우치는 자연스러운 이 과정이 악보의 이해에서도 필요하다. 읽지도 연주도 하지 못하지만 유아들은 자신이 듣고 노래한 음악이

[악보 4-11] 악보 노출[8]

출처: 『오디 피아노·피아노 오디 I』, 「삐삐새」, p. 13.

---

8) 『오디 피아노·피아노 오디』 교재는 유아가 악보의 박자 개념을 쉽게 이해하기 위하여 오디에이션 이론의 교수법 제안에 따라 박자표의 의미를 풀어서 기보하였다. 예를 들어, 1권은 $\frac{3}{}$, 2권은 $\frac{3}{}$ $\frac{3}{4}$, 3권에서 비로소 통상적인 표기 $\frac{3}{4}$을 독립적으로 사용한다. 이러한 과정을 통해 4분음표라는 지식이 없는 유아도 악보의 박자와 마디 구조를 점진적으로 깨우칠 수 있다.

어떻게 쓰여 있는지 악보에 대해 무궁한 호기심을 갖는다. 이러한 관찰과 모국어의 읽기 습득 원리를 바탕으로 『오디 피아노 · 피아노 오디』 시리즈는 전체 악곡을 듣고 노래하면서 일부분의 연주에 참여하는 방식을 계발하였다. 즉, 노출단계로부터 악보 읽기를 시작하는 것인데 부분을 연주하되 전체 악보를 함께 제시함으로써 유아가 음악적 시간의 흐름을 파악하게 한다. 전체 흐름에 대한 이해와 연주 부분에 대한 집중이 공존하며 악보와 소리가 감각적으로 결합된다.

예컨대, [악보 4-11]의 음악에서 유아는 교사가 노래 부르거나 연주하는 음악적 흐름을 눈으로 따라가다가 삐삐새가 그려진 자신의 부분에 도달하면 '삐삐'를 노래하며 연주하는데, 연주를 위하여 음표를 열심히 볼 뿐만 아니라 전체 연속적 음악 속에서 부분의 역할을 이해하며 연주하게 된다. 삐삐에 국한되던 집중력은 악곡이 익숙해짐에 따라 다른 부분으로 확장되며 시야가 넓어진다.

유아는 이 과정에서 악보가 왼쪽에서 오른쪽으로 점진적인 음악적 시간에 따라 진행하며 음악의 시작과 끝이 있는 것처럼 악보가 시작하고 끝나는 지점이 있음을 알고 나아가 한 음의 소리에 하나의 음표가 연관된 악보의 논리를 터득함으로써 소리가 담기는 기록체계를 서서히 이해한다. 호기심과 탐구에서 시작되는 악보 읽기는 쓰기와 병행하며 점차 가속도가 생긴다.

연주자에게 독보력은 수많은 아름다운 음악유산을 연주하게 해 주지만 독보력 그 자체가 음악성을 보장하는 것이 아님을 이해할 필요가 있다. 찰스(R. Charles), 베를린(I. Berlin) 등의 전설적인 재즈 음악가뿐만 아니라 세기의 테너 파바로티(L. Pavarotti) 등 악보 읽기를 배우지 않고도 훌륭한 음악가로 성장한 사례들이 시사하는 바를 놓치지 말아야 한다(Uszler et al., 2003). 악보 읽기의 중요성 앞에 음악성이 함몰되지 않도록 가르치려는 교사의 노력이 유아피아노 교육현장에 절실하게 요구된다.

토의 주제

1. 유아 중심적 사고로 피아노를 가르치는 교사가 유아를 대하는 언어에 대해 토의해 보자.
2. 활동 중심적 사고로 피아노를 가르치는 교사는 불안정한 템포를 어떻게 바로잡을지 논의해 보자.
3. 음악 중심적 사고로 피아노를 가르치는 교사의 수업준비는 어떠한지 토론해 보자.

제5장

초급과정

유은석

훌륭한 음악가의 특성은 잘 훈련된 귀, 잘 훈련된 마음, 잘 훈련된 심장 그리고 잘 훈련된 손이다.
네 가지 부분 모두는 일정한 균형으로 함께 발달되어야 한다.

– 졸탄 코다이(Zoltan Kodaly) –

본격적인 피아노 학습이 이루어지는 학령기 아동, 특히 초등학교 저학년(만 7~9세)의 특성을 살펴보고, 그들의 특성에 맞는 창의적인 교수법을 모색한다. 초급과정에서 가르쳐야 할 내용을 크게 독보, 리듬, 테크닉, 음악성의 측면으로 나누어, 각 요소의 기초개념과 지도순서 그리고 구체적인 교수전략을 제시한다.

피아노 학습은 누구나 쉽게 시작할 수 있지만 능숙해지기까지는 오랜 시간과 노력을 필요로 한다. 모든 배움이 그러하듯이 피아노를 배우는 데도 적절한 시기가 있다. 적절한 시기를 놓치게 되면 나중에는 배우기도 힘들고, 늦게 시작한 만큼 뒤처지게 된다. 연주에 필요한 지식과 테크닉은 처음 습득한 기초 위에 새로운 개념과 기술이 계속해서 축적되며 발달하기 때문이다. 최근에는 피아노를 배우는 인구가 유아부터 실버 세대에 이르기까지 다양해졌지만, 아직도 본격적인 피아노 학습을 시작하는 연령은 아동이 학교에 입학하게 되는 만 7세 전후가 가장 일반적이다.

이 시기의 아동은 배움에 열정적일 뿐만 아니라 인지적으로나 신체적으로 피아노를 배울 수 있는 준비가 되어 있다. 특히 청 감각이 일생의 절정에 이르게 되므로 음악의 기본기를 확실하게 다지는 데는 최적의 시기라 할 수 있다. 초등학교 저학년 아동이 보이는 특성을 구체적으로 살펴보면 〈표 5-1〉과 같다.

〈표 5-1〉 **초등학교 저학년 아동의 특성**

신체적 특성	• 신체적인 활동이 왕성하다. • 손의 감각과 손놀림이 발달하여 무리 없이 악기를 다룰 수 있다. • 뼈는 아직도 성장 중이므로 뼈와 인대가 큰 힘을 받기 어렵다.
인지적 특성	• 읽고 말하는 언어력이 급속하게 성장한다. • 음계나 음표의 수리적 조직에 적응할 수 있는 수 개념이 발달한다. • 논리적 사고의 과정으로 가역적인 사고와 서열화 능력, 유목화 능력이 형성된다.
음악적 특징	• 음악적 현상의 보존능력과 개념이 현저하게 발달한다. • 6~9세: 음정구별능력이 향상된다. • 8~9세: 조성감, 화성감, 리듬감 등이 크게 향상된다. 음악적 능력의 기반을 마련하는 데 있어서 결정적인 시기이다.
사회적 특성	• 부모의 절대적 권위에서 부모/교사의 권위로 이동한다. • 학교를 다니면서 소속감이 강하게 발달한다. • 강한 자아의식, 자기의 능력에 대한 자신감이 형성된다.

대부분의 초급 피아노 교재와 교육 프로그램은 이러한 특성을 지닌 아동을 염두에 두고 설계되었다. 교재에는 테크닉과 이론, 음악성, 연주 레퍼토리 등 수업시간에 다루어야 할 내용들이 골고루 들어 있으므로, 많은 교사는 좋은 교재를 선택하는 것으로 피

아노 교습을 시작한다. 하지만 아동마다 배움의 목적과 성향이 다르므로 하나의 교재가 최선의 해결책이 될 수는 없다. 초급학생들을 위한 지도는 그들의 모든 감각(운동감각, 시각, 청각)을 사용하여 피아노 연주를 '전체'로 경험할 수 있는 것이어야 한다. 교사가 다양한 음악 개념과 기술을 종합적으로 인지하고 있을 때 보다 유연하고 효과적인 수업을 만들어 갈 수 있을 것이다. 이에 이 장에서는 초급수준에서 다루어야 할 내용을 독보, 리듬, 테크닉, 음악성으로 나누어 학령기 아동의 특성에 맞는 창의적인 교수·학습 전략을 제시한다.

1. 독보 지도

독보는 하나의 상징체계를 음악적 사고로 전환시키는 일이다. 상징체계를 능숙하게 다루는 것은 그 영역의 사고발전을 위해 필수적이다. 일단 마스터되면, 그 적용범위는 사실상 제한이 없기 때문이다(Olson, 1978). 다중지능이론을 주장한 가드너(H. Gardner)는 기보체계를 이용한 문제해결능력을 음악지능의 발달을 재는 한 척도로 보았다. 실제로 독보력이 좋은 사람은 그렇지 못한 사람보다 음악적 재능을 꽃피우는 데 있어 유리하다. 독보가 빠르면 이전 세대가 만들어 놓은 엄청난 양의 음악을 다시 재현하고 재해석하는 것이 쉬워지고, 자신의 음악적 창작품을 기보하여 다른 사람들에게 전달하는데도 도움이 된다. 반대로, 독보력이 떨어지는 아동은 학년이 올라갈수록 새로운 곡을 배우기 힘들어하고, 점차 음악에 대한 흥미를 잃어버리기 쉽다. 연구에 따르면, 초급과정에서는 독보능력이 연주에 미치는 영향이 크지 않지만, 고급과정으로 올라갈수록 독보와 연주는 밀접한 상관관계를 보이는 것을 알 수 있다(McPherson, 1994). 따라서 독보는 지속적인 예술의 발전을 위하여 반드시 습득해야 할 가치 있는 도구이며, 아동이 가장 먼저 습득해야 할 주요 음악 기술 중 하나이다. 독보에 능숙해질 때, 연주하는 것이 즐겁고 훨씬 더 풍부한 음악을 경험할 수 있다.

1) 독보에 영향을 미치는 요인

(1) 음이름 읽기와 음정 읽기

많은 교사들은 피아노 학습 초기에 계이름이나 음이름 읽기 학습을 강조한다. 계이름 쓰기, 음표 그리기, 스티커 붙이기, 음이름 게임, 퍼즐 등의 많은 활동이 단순히 음이름을 외우는 데서 끝난다면 독보력의 발전에는 큰 도움이 되지 않는다. 더 중요한 것은 각각의 음이름을 아는 것이 아니라 음과 음 사이의 관계를 보는 것이다. 시쇼어(Seashore, 1938)는 악보를 읽는 과정을 언어를 배우는 것에 비유하여 언급한다.

> 독보하는 방법을 유추해 보자. 아동은 개별적인 글자를 보고, 이것을 소리와 연결시키고, 소리를 단어로, 단어를 문장으로, 문장은 절로 조직하는 것을 배우게 된다. 그는 점차 더 큰 단위로 읽게 되므로 독보는 점점 쉬워진다. 이것은 악보를 읽는 것과 유사하다(pp. 153-154).

글자가 의미 있는 언어가 되려면, 적어도 하나의 단어가 만들어져야 한다. 마찬가지로 음악의 음들도 그룹으로 인식되지 않으면 어떤 악상도 불러일으킬 수 없다. 음악에서 의미를 지니는 가장 작은 단위는 음정이다. 음정은 두 음 사이의 거리를 말하는 것으로, 음정에 따라 소리의 성질이 달라진다. 예를 들어, 대체로 장3도는 밝음, 즐거움, 행복함 등의 느낌을, 단3도는 어두움, 슬픔 또는 서정적인 느낌을 주는 것이다. 연주자가 각 음을 의미 있는 단어의 한 부분으로 인식할 때, 그 음을 더 큰 패턴과 프레이즈로 연결시켜 해석할 수 있다.

(2) 패턴 읽기

독보를 잘 하는 사람은 악보에서 중요한 정보를 골라내고, 패턴을 찾고, 그룹으로 보는 것에 능숙하다. 이렇게 음을 '묶음(chunk)'으로 인지하면 두뇌가 쉽게 읽은 내용을 저장하고 기억해 낼 수 있기 때문이다. 아동이 새로운 곡을 시작할 때 음의 그룹 또는 패턴, 음계, 도약, 반복, 동형진행 등을 파악할 수 있도록 이끌어 주면 빠르면서도 음악적인 독보 습관을 길러 줄 수 있다. 하나의 예로, 「바이엘, Op. 101, No. 80」을 연주할 때 악보를 한 음씩 읽을 때는 매우 복잡하고 어렵지만, 다음과 같이 주요 선율패턴과 리듬패턴 그리고 화성패턴을 파악하고 나면 독보가 훨씬 단순해지고 음악적 해석도 가능해진다.

[악보 5-1] 「바이엘, Op. 101, No. 80」, 1-8마디

(3) 독보를 잘하기 위한 조건들

더 나아가 독보를 잘하는 사람은 다음과 같은 특징을 보인다.

- 조성과 화성에 대한 민감성(해결음이나 진행방향을 포함)을 가진다.
- 몸과 팔, 손, 손가락이 악보에 자연스럽게 반응할 수 있는 테크닉(음계, 아르페지오, 음정, 아티큘레이션, 악상 조절, 프레이징, 신체의 유연성, 운지 등)을 지닌다.
- 연주하는 것보다 악보를 빨리 읽고, 넓은 시야를 가진다.
- 건반에 대한 감각적인 센스가 있어서 악보에 주목하고 건반을 적게 본다.
- 악보를 보고 머릿속에 어떤 소리가 날지 그려 볼 수 있는 내청능력을 갖추고 있다.
- 기초 음악이론 지식과 일반 음악양식의 구조에 대한 통찰력을 갖추고 있다.

결국 좋은 독보능력은 음정, 화성, 구조, 형식 등의 이론, 테크닉과 음악성이 함께 길러졌을 때 얻을 수 있다. 교사는 이러한 발달이 일어날 수 있도록 자료를 준비하고, 레슨 때 다루어진 내용을 집에서 연습할 수 있도록 도와야 한다.

(4) 언제 독보를 시작해야 하는가

독보를 시작하는 시기는 아동의 준비상태에 따라 달라진다. 음악적 기호를 소리로 전환하기 위해서는 먼저 적절한 조성감과 리듬언어가 발달되어 있어야 한다. 즉, 소리의 진행방향을 듣고 반응할 수 있고, 악센트나 맥박, 선율적 리듬을 느끼고 반응할 수 있어야 하는 것이다. 이것은 기초적인 조성패턴과 다양한 리듬 스타일을 지니고 있는 노래를 많이 다루었을 때 길러질 수 있다. 음악을 듣고, 노래를 부르고, 음악에 맞춰 춤추는 등의 경험이 풍부한 아동은 악보 읽기를 가르칠 때 만족할 만한 진전을 보인다.

적극적으로 독보를 강조할 수 있는 시기는 아동이 혼자서 연습을 할 수 있을 때이다. 만약 부모나 보조 선생님이 옆에서 악보 읽는 것을 함께 도와줄 수 있다면 더 어린 나이에도 시작할 수도 있다. 하지만 부모가 도와줄 수 없는 상황에서는 계속해서 노래 부르고, 듣고, 귀로 연주하는 활동을 하는 것이 낫다(Chronister, 1996).

2) 독보 지도방법

독보는 음악에 대한 인식과 이해를 보여 주는 것으로 인지과정과 연결되어 있다(Sloboda, 1984). 따라서 교사는 아동이 쉽게 이해할 수 있도록 학습과제를 아동의 인지능력에 맞게 조직하여 제시해야 한다. 여기에서는 아동의 성장발달을 고려한 독보 지도 순서와 방법을 살펴본다. 참고로, 리듬 읽기는 '리듬 지도'에서 구체적으로 다루게 되므로 여기에서는 음높이(pitch), 즉 음정을 중심으로 다룬다.

(1) 모방 · 반복 학습

아동은 피아노를 처음 배울 때 한꺼번에 쏟아지는 낯선 개념과 용어, 상징들로 인하여 압도되어 버리기 쉽다. 따라서 처음부터 무리하게 악보 읽기를 가르치기보다는, 먼저 교사의 연주를 듣고 따라하면서 반복적으로 연습하도록 하는 것이 좋다. 이러한 모방 · 반복 학습은 좋은 손모양과 자세를 잡는 데 도움이 되며, 귀를 발달시켜 주는 장점이 있다. 특히 아티큘레이션이나 악상, 리듬 등의 다양한 표현요소들을 설명이 아닌 소리로 듣고 자연스럽게 습득할 수 있게 되므로 음악적인 연주를 가능하게 해 준다. 모방 · 반복 학습은 다음과 같은 단계로 지도할 수 있다.

① 교사가 작은 악곡이나 악곡의 일부분을 올바른 손의 위치와 팔의 움직임으로 한 손씩 시범연주를 해 준다.

② 아동은 교사가 연주할 때의 움직임을 관찰하고, 좋은 움직임이 만들어 내는 소리와 악상을 듣는다.

③ 아동은 교사의 손 위에 자신의 손을 올려놓고 교사의 움직임을 감각적으로 느껴 본다.

④ 아동은 동일한 패시지를 혼자서 연주한다. 이때 교사가 적절한 가이드를 해 준다.

이 방법은 모국어를 배우는 원리를 강조하는 스즈키(Shinichi Suzuki, 1898~1998) 교수법에서 효과적으로 사용되었다. 하지만 독보의 어려움을 과장해 모방·반복 학습을 오래 하는 것은 바람직하지 않다. 독보를 함으로써 느끼는 만족감은 더 많은 것을 배우고자 하는 시도로 연결될 수 있기 때문이다.

(2) 예비 독보 학습

① 무보표 학습

무보표 학습(pre-staff reading)은 보표가 없거나 악보의 일부만 그려진 악보를 읽고 연주하는 것을 말한다. 처음 독보를 시작할 때는 배우는 음과 리듬이 제한되어 있기 때문에 쉽고 단순한 곡을 다루게 되는데, 이 과정에서 아동은 지루함을 느끼고 자칫 배움에 대한 열정을 잃을 수도 있다. 이들은 쉬우면서도 자신들의 귀에 멋지게 들리는 곡을 치기를 원하기 때문이다. 그렇다고 수준을 높여 어려운 악보를 읽게 하면 독보를 다른 방법으로 해결하려고 할 것이다. 무보표 학습은 독보의 부담을 줄여 주면서 아동이 원하는 곡을 칠 수 있는 대안이 된다.

무보표 학습은 주로 검은건반에서 시작하는데, 이는 좋은 손모양을 잡고 건반에 대한 감각적인 민감성을 길러 주는 데 효과적이다. 건반의 위치에 민감해지면, 악보를 보면서 주변시야로 손가락의 위치를 확인할 수 있어 연주할 음을 찾기 위해 건반을 자주 내려다보지 않아도 된다. 이처럼 무보표 학습은 독보하는 습관을 기르는 데 유익하지만, 자칫 악보만 보고 칠 뿐 자신이 내는 소리를 귀 기울여 듣지 않는다면 내면의 귀가 발달하지 않으므로 교사의 세밀한 관심이 필요하다.

② 실제 악보에 익숙해지기

독보를 위한 예비과정으로 쉬운 무보표 악보를 제시하는 것보다 일찍부터 실제 악보를 보며 기보체계에 익숙하게 만들어야 한다고 주장하는 교육자들도 있다. 에른스트(Ernst, 1953)는 독보를 하기 위해서는 음악 기호와 소리를 연결시키는 경험이 필요하다고 말한다. 음악적 경험은 항상 귀에서 눈으로 이루어져야 한다. 독보를 돕는 많은 활동을 해야겠지만, 더 중요한 것은 학생들로 하여금 악곡을 노래하거나 연주하면서 기보된 악보를 보게 하는 것이다. 오랜 시간 음악기호만 가지고 하는 활동(음이름 쓰기, 리듬 표시하기, 조표학습 등)은 독보력을 기르는 데 큰 도움이 안 된다. 대신 아동이 음악을 들을 때, 실제 악보를 시각적으로 보는 것은 필수적이다. 고든(E. Gordon)의 음악학습이론을 바탕으로 만들어진 『오디 피아노 · 피아노 오디』 교재에서는 아동이 노래를 부르다가 일정 부분만을 연주하지만, 전체 악보를 실제 그대로 제시하고 있다([악보 4-11] 참조).

(3) 음의 진행

실제 악보 읽기로 들어가려면 먼저 보표상에서 음이 진행하는 방법을 알아야 한다. 음의 진행은 독보의 기초가 되는 개념으로, 다음의 세 가지를 구별할 수 있는 능력이 필요하다.

① 줄에 있는 음(줄음)과 칸에 있는 음(칸음)
② 음이 진행하는 방향(상행, 하행, 반복)
③ 음과 음 사이의 거리(음정)

처음에는 아동이 이미 아는 노래를 가지고 시작하는 것이 좋다. 예를 들어, 「비행기」 노래를 세 개의 건반에서 연주하게 한 다음, 보표 위에서 음표를 그리며 줄음과 칸음, 음의 진행 방향, 차례가기(2도)와 반복음의 개념을 설명하는 것이다. 아동이 이해하는 데는 시간이 필요하므로 음의 진행에 익숙해질 수 있는 게임이나 활동을 병행할 수 있다.

(4) 큰보표와 안내음

음의 진행방법을 이해한 후에는 고정음을 배워야 한다. 피아노 악보 읽기가 어려운 이유는 두 종류의 음자리표를 동시에 읽어야 하기 때문이다. 이것은 두 종류의 외국어를 동시에 읽는 것과 비슷하다. 큰 보표를 제시하는 시기와 방법은 교재를 선정할 때 고려해야 할 요인 중 하나이다. 일부 교재에서는 높은음자리표와 낮은음자리표를 순차적으로 제시한다. 그 이유는 한 번에 하나씩 배우지 않으면, 음자리를 정확히 이해하지 못한 채 추측으로 연주하는 결과를 초래할 수 있기 때문이다. 양손을 모두 하나의 음자리보표에서 연주하게 하면 높은음자리표는 오른손, 낮은음자리표는 왼손이 아니라는 것을 인지시킬 수도 있다(Chronister, 1996). 이렇게 한 보표씩 배우는 것이 쉽긴 하지만 뒤에 배우는 보표는 완전히 마스터하기 힘들다는 단점도 있다. 한편, 최근 출판되는 교재 중에는 높은음자리표와 낮은음자리표를 동시에 소개하는 경우가 많다. 처음부터 큰 보표에서 배우는 것은 하나씩 배울 때보다 만족감이 크다. 두 음자리가 합쳐졌을 때 더 풍부한 소리를 얻을 수 있기 때문이다. 더 나아가 학습 초기에 학생이 연주를 하며 만족스러움을 느끼면 계속해서 더 배우고 싶어 하는 효과의 법칙(law of effect)[1]이 작동한다(Savler, 1945).

음의 위치를 찾을 수 있도록 도와주는 안내음(guide notes)은 다음과 같은 방법으로 찾을 수 있다. 큰보표의 가온 C에 오른손 엄지를 올려놓고, 5번 손가락이 닿는 곳이 높은음자리표의 둘째 줄 G이다. 같은 방법으로 가온 C에 왼손의 엄지를 올려놓고, 5번 손가락이 닿는 곳이 낮은음자리표의 넷째 줄 F이다. 학습이 전개됨에 따라 큰 보표에서 모든 C의 위치를 찾을 수 있다. 모든 C는 가온 C를 중심으로 대칭관계를 이루고 있다.

[악보 5-2] 큰 보표 위의 안내음과 모든 C의 위치

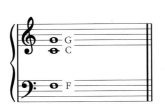

---

1) 행동주의 심리학자 손다이크(Edward Thorndike, 1874~1949)는 동물이 어떤 반응을 하였을 때 그 반응이 동물에게 즐거움을 초래할 경우, 다음의 유사상황에 놓였을 때 그 반응이 일어나기 쉽다는 효과의 법칙을 발견하였다.

첫 음의 위치를 더 빨리 찾기 위해 기억을 돕는 단어를 사용할 수도 있다. 높은음자리표의 칸음을 나타내는 F–A–C–E와 덧줄음을 찾기 쉬운 A–C–E를 기억하면 좋다.

(5) 다섯 손가락 자리

피아노 기초과정에서 '다섯 손가락 자리(five-finger position)'는 매우 중요하다. 그 이유는 다섯 손가락 자리가 피아노 연주의 기본이 되기 때문이다. 우선 이것은 신체적으로 가장 자연스럽게 만들어지는 손의 위치이다. 구부린 손가락을 5음에 순차적으로 올려놓으면 긴장감 없이 편안하게 움직일 수 있다. 다음으로, 다섯 손가락 자리는 손가락과 건반의 관계를 가르쳐 주는데, 이것은 운지법의 기초가 된다. 차례 가는 음들은 바로 옆에 있는 손가락으로, 건너가는 음들은 건너뛴 손가락으로 친다는 것을 확실히 인지한 다음에 손의 확장으로 넘어가야 한다. 이때 아동이 빠지기 쉬운 함정은 특정 손가락과 음이름을 동일시하는 것이다. 따라서 다장조에만 오래 머물기보다는 조성을 바꿔 가며 다양한 위치의 음이름을 익혀본다.

(6) 음정과 화음

음정은 음높이를 관계적으로 인지할 수 있게 해 줄 뿐만 아니라, 선율과 화음의 구조를 이해하는 데 도움이 된다. "왜 각각 다른 근음 위에 만들어진 장화음은 비슷하게 들리는가?" "왜 어떤 선율 또는 화음의 소리는 특이하게 들리는가?" 등의 질문에 대한 음악적인 설명이 가능해진다. 따라서 음정 읽기에 능숙해지면, 악보에 표기된 것을 빠르게 보고 해석할 수 있다.

① 반음과 온음

음정의 가장 작은 단위는 반음이다. 반음과 온음은 음계를 만드는 기초가 된다. 음계를 구성하는 반음과 온음의 관계를 알면 건반 어디에서든지 만들 수 있고, 이것이 조옮김(transposition)의 기본이다.

② 음정

오선에서 각각의 음정은 패턴을 가지고 있다. 짝수 음정(2도, 4도, 6도, 한 옥타브)은 줄–칸 또는 칸–줄의 패턴으로 되어 있다. 홀수 음정(3도, 5도, 7도)은 줄–줄 또는 칸–칸의 패턴으로 되어 있다. 이것을 다음과 같이 피아노 연주에 연결시킬 수 있다(Bobbitt, 1970).

- 보표를 보고 두 음 사이의 거리를 감각적으로 파악한다.
- 머릿속으로 예상되는 음정을 떠올려 들어 본다.
- 피아노에서 음정을 쳐 본다.

이것을 의식적으로 연습하다 보면, 세 과정이 저절로 한 번에 일어날 것이다. 음정을 노래하거나 연주하면서 동시에 그 음정이 주는 느낌을 생각해 보면 자연스럽게 각 음정의 성질(장, 단, 증, 감 등)을 알 수 있을 것이다.

③ 화음

화음을 구성하는 음들 사이의 간격 역시 감각적으로 한눈에 읽어야 한다. 마치 글을 읽을 때 눈이 단어를 하나로 인식하는 것과 같다. 화음의 베이스부터 시작해서 위로 쌓인 음들의 음정을 파악한다. 동시에 화음의 기능과 자리바꿈 위치를 자연스럽게 인식할 수 있도록 화성에 대한 민감성을 길러야 한다. 자주 사용되는 장·단조 주요 3화음의 화음진행을 여러 조성으로 연습하면 자동적으로 손가락이 반응할 수 있게 될 뿐만 아니라 다음에 올 화음을 예측할 수 있게 되어 독보가 훨씬 빨라진다.

(7) 테트라코드와 음계

테트라코드(tetrachord, 사음음계)는 'tetra(넷)'와 'chordos(줄)'이 합성된 단어로, 다양한 음계의 구조를 설명하는 데 도움이 된다.[2] 테트라코드의 첫 음과 넷째 음이 완전 4도를 이루고, 그 사이의 음들은 온음과 반음으로 이루어졌는데, 그 배열에 따라 다양한 음계를 만들 수 있다. 장음계를 이루는 2개의 테트라코드는 각각 온음-온음-반음의 구조를 가지고 있으며 온음 간격으로 연결된다. 제1테트라코드의 첫 음은 으뜸음, 제2테트라코드의 첫 음은 딸림음이 된다.

---

2) 테트라코드 고대 그리스의 4현금 악기인 포르민크(phorminx)에서 유래되었다고 한다. 초기의 포르민크스에는 음고를 연주하는 길이가 같은 네 개의 줄이 있었는데, 각 줄이 내는 최고음과 최저음의 음정이 4도였다고 한다. 그리스인들은 완전 4도를 음계의 단위로 생각하였으며, 이로부터 후에 2개의 테트라코드를 합한 옥타브의 개념이 생겨난 것이다(Mathiesen, 2001).

[악보 5-3] C장조 음계의 구조

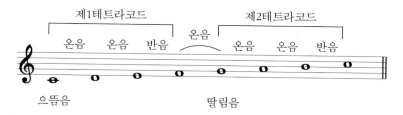

장조 테트라코드의 구조는 동일하므로, 제2테트라코드를 제1테트라코드로 하여 온음 관계의 새로운 테트라코드를 더하면 5도 위의 음계를 만들 수 있다. 즉, C장조의 제2테트라코드(G)에서 시작해 온음으로 연결되는 D테트라코드를 더하면 G장조가 된다. 이와 같은 방법으로 C장조에서 시작하여 5도씩 올라가면 다시 제자리로 오게 되며, 이것이 5도권(circle of fifth)이다.

음계를 아는 것은 여러모로 유익하다. 장조와 단조의 조표를 외우고 있으면, 독보를 하다가 임시표가 나왔을 때 틀린 음을 누르지 않게 된다. 또한 각 조성의 이끔음과 주요화음 진행을 익히게 되어 방향적으로 읽을 수 있다. 테트라코드로 음계의 구조를 파악한 후에는 적절한 운지를 배워야 하는데(p. 185의 '③ 음계의 손가락 번호를 익히기' 참조), 훈련을 통해 완전히 습득된 후에는 손가락이 저절로 효율적인 운지를 하게 되어 독보에 도움이 된다.

3) 여러 가지 독보 접근법

1960년경에는 피아노 교재들이 독보의 전개방식에 따라 구분된다. 대표적인 세 가지 접근법으로는 가온 다 접근법(middle C approach), 다조성 접근법(multikey approach) 그리고 음정적 접근법(intervallic approach)이 있다. 1980년대 이후에는 교수법의 발달로 이들의 장단점이 알려지자, 이들의 단점을 보완하고 각 접근의 장점을 결합한 절충적 접근법(eclectic approach)이 많이 사용되고 있다.

(1) 가온 다 접근법

1930년 이전에 나온 교재들은 대부분 가온 다 접근법을 사용하고 있다. 가온 다 접근법은 큰보표의 가온 다(middle C)에서 시작하여, 오른손은 C, D, E, F, G로 한 음씩 올라가고, 왼손은 C, B, A, G, F로 한 음씩 내려가는 것을 가르친다.

[악보 5-4] 가온 다 접근법의 전개방법

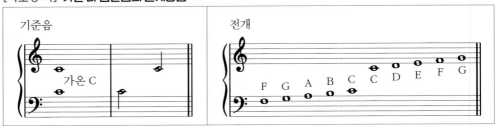

교재에 수록된 레퍼토리는 대부분이 가온 다음 중심의 다장조로 되어 있고, 초급과 정이 끝날 때까지 제한적인 조성(F, G, D, Am 등)을 다룬다. 이들은 대체적으로 음이름 과 함께 리듬, 박자 등을 동시에 제시하며, 연주하는 음역을 빨리 확장시켜 나가야 하 므로 음계 테크닉을 일찍 소개한다. 그러나 화음, 조표, 조옮김, 즉흥연주, 창작 등에 대 한 설명이나 활동은 부족한 경우가 많다.

이 접근의 장점은 이미 배운 음 위에 새로운 음들을 하나씩 더해 가며 배우기 때문에 아동이 음이름과 자리를 기억하기 쉽다는 것이다. 또한 주로 피아노의 가운데 음역에 서 연주하는데, 이것은 아동이 노래를 부르거나 연주하기에 편안한 음역이다. 엄지에 서 시작해서 순차적으로 다섯 손가락을 모두 활용하게 하므로 손가락 테크닉의 발달에 도 좋다.

이 접근의 단점은 그룹이나 패턴보다는 개별적인 음이름 읽기가 강조되기 쉽다는 것 이다. 초기에는 피아노에 있는 88개의 건반 중에 10개의 제한된 음들만 다루게 되어 자 칫 지루해질 수 있으며, 팔을 사용한 테크닉 발달이 늦어진다. 같은 자리에 오래 머물 기 때문에 1번 손가락은 가온 다라고 생각할 수도 있다. 또한 주로 다장조 악곡을 다루 기 때문에 임시표가 많이 붙거나 반음계적인 패시지가 나오면 어려워한다.

가온 다 접근을 사용하는 교재는 1960년대와 1970년대에 크게 성공을 거두었으나, 그 단점이 알려지면서 현재는 이를 보완한 교재들이 많이 나오고 있다. 하나의 예로, 독일의 『1 2 3 클라비어』(Ehrenpreis & Wohlwender, 1995)는 전형적인 가온 다 접근법을 사용하지만 선법을 비롯한 다양한 조성을 다루고 있고, 그래픽 악보, 리듬활동, 음악이 론, 건반화성, 즉흥연주, 재즈 및 현대적 레퍼토리 등을 수록하고 있어 음악적 표현력 과 창의성을 계발하는 데 매우 효과적이다.

(2) 다조성 접근법

다조성 접근은 미국에서 클래스피아노 지도를 위하여 활성화되기 시작하였으며, 반주와 즉흥연주 같은 기능적인 면을 중시하는 최근의 피아노 교재에서 많이 사용된다. 가온 다를 중심으로 한 기존의 피아노 교재는 초견, 화성, 반주, 즉흥연주 등의 기능적인 기술을 다루지 않기 때문에 기초과정을 다 마쳐도 노래를 반주하거나 즉흥연주로 자신의 생각을 표현할 수 없었다. 또한 제한적인 조성만을 다루기 때문에 낯선 조성의 중·고급수준의 악곡으로 넘어가면 문제가 생겼다. 다조성 접근은 피아노 학습의 다양한 기초개념을 포괄적으로 제시함으로써 학생 스스로가 선택하는 다양한 음악활동을 할 수 있게 하였다.

다조성 접근을 주도한 페이스(R. Pace)는 아동으로부터 창조적인 행동이 자연스럽게 나올 것이라고 기대하기보다는 창조적인 반응이 나올 수 있도록 끊임없이 다각적인 기회를 제공해야 한다고 주장한다. 그가 쓴 아동을 위한 교재 『Kinder-Keyboard』는 피아노 학습의 초기부터 모든 조성을 가르친다. 아동은 검은건반과 흰건반을 자유롭게 사용할 수 있다. 이렇게 모든 조성을 연주할 수 있다는 것은 심리적으로 중요한 유익이 있다. 첫째, 아동이 새롭고 익숙하지 않은 레퍼토리를 다룰 때 자신감을 가지고 문제를 해결해 나갈 수 있다. 둘째, C, F, G장조 외의 다른 조성을 읽을 수 있다는 것은 훨씬 더 풍부하고 흥미로운 레퍼토리를 다룰 수 있게 해 준다. 셋째, 다조성 접근으로 배우면 다른 조로 이조하는 것이 쉽고 자연스러워진다. 이조는 여러 상황에서 활용할 수 있는 피아노 기술이며, 초견을 할 때도 매우 유용하다.

베스틴(J. Bastien)은 12조성을 한꺼번에 제시하기 보다는 장3화음을 눌렀을 때 1, 3, 5음의 위치에 따라 4그룹으로 나누어 점진적으로 배우도록 하였다.[3]

- 제1그룹은 1, 3, 5음이 모두 흰건반인 조성으로 C, F, G장조이다.
- 제2그룹은 흰건반-검은건반-흰건반인 조성으로 E, A, D장조이다.
- 제3그룹은 검은건반-흰건반-검은건반인 조성으로 E♭, A♭, D♭(C#)장조이다.
- 제4그룹은 제각각 다른 위치를 가진 조성으로 B♭, G♭, B장조이다.

---

3) 『베스틴 피아노 교본』(James Bastien & Jane Bastien 공저, 1985/음악춘추사 역, 1995)에서는 1권에는 제1그룹, 2권에서는 제2그룹, 3권에서는 제3그룹, 4권에서는 제4그룹의 조성들을 다루는 점진적 다조성 접근법을 사용하고 있다.

단3화음은 장3화음의 3음을 반음 내려 만들 수 있다. 이와 같은 방법으로 장·단조의 화음을 배우게 되면 12조성의 주요화음반주를 할 수 있다. 다양한 위치와 음역에서 연주하는 것은 초기부터 어깨와 팔을 사용하도록 하여 테크닉인 자유로움을 준다. 또한 다양한 음색을 경험하게 하고, 창의력과 상상력을 개발시킨다. 독보에 있어서는 패턴 읽기와 방향 읽기를 강조한다.

하지만 다른 한편으로는 초기에 12조성의 장·단조 다섯 손가락 패턴을 오랫동안 연주하게 되므로, 다섯 손가락 패턴에 묶이게 되는 단점이 있다. 또한 화음을 칠 준비가 안 된 아동은 올바른 손모양을 유지하는 데 어려움이 있을 수 있다. 검은건반에서 시작하는 다섯 손가락 패턴의 경우 1, 5번 손가락이 검은건반에 오게 되는데, 이것은 자주 사용하는 운지가 아닐 뿐더러 음계로 확장했을 때 아주 다른 운지를 사용하게 되므로 아동이 혼란스러워할 수도 있다. 아동의 경우, 손의 위치가 자주 바뀌므로 아동이 악보를 잘 보려하지 않고, 귀로 듣고 연주하려는 습관이 생기기도 한다. 교사는 이러한 장단점을 잘 고려해 적합한 대상에게 적용하는 것이 좋다.

(3) 음정적 접근법

음정적 접근은 독보의 기본원리를 연구하여 발전시킨 방식으로 전적으로 이 방법을 따르는 교재는 많지 않지만, 20세기에 개발된 교재들에 큰 영향을 주었다. 음정적 접근은 다음과 같은 순서로 가르칠 수 있다.

① 한 줄에서 시작하여, 순차적으로 올라가는 음을 가르친다(예: C-D-E). 이것은 2도 음정이며, 줄-칸 또는 칸-줄로 움직인다.
② 두 줄에서 3도로 건너뛰는 음을 가르친다(예: F-A, E-G). 3도 음정은 줄-줄 또는 칸-줄로 움직인다는 것을 가르친다.

[악보 5-5] 2도와 3도 음정

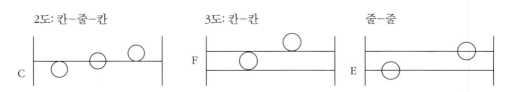

③ 같은 방법으로 음 사이의 거리를 강조하며 4도와 5도를 가르친다.

[악보 5-6] 클라크 『The Music Tree』, 「Ship Ahoy!」, 1-4마디

④ 마지막으로 큰 보표에서 안내음을 가르쳐 주고, 안내음을 기준으로 음이름과 음
   정을 인식할 수 있도록 한다.

음정적 접근의 장점은 고정음을 외우기 전에 방향적 독보를 길러 준다는 것이다. 또
반복적인 패턴이 아니므로 악보를 자세히 읽게 된다. 이것이 잘 훈련되면 덧줄이 많은
패시지를 읽을 때, 일반적인 손의 위치에서 벗어난 음들을 칠 때 그리고 다른 음자리표
(알토, 테너)를 읽을 때 도움이 된다.

하지만 이 접근은 큰 보표를 인식하기까지 많은 시간을 필요로 한다. 아동은 음자리
가 일정하지 않은 것을 힘들어할 수 있다. 더욱이 다양한 음정을 소개하려면 잘 알려진
곡보다는 창작곡이 많이 사용되는데, 이들은 귀에 익숙하지 않아 재미없고 어렵게 느
껴질 수 있다. 이와 같은 어려움 때문에 대부분의 교재는 전적으로 음정적 접근을 하기
보다는 음정적 접근의 기본원리를 활용하고 있다.

(4) 절충적 접근법

1980년대 이후에 출판되는 많은 교재들은 앞에서 소개한 대표적인 접근방법을 둘 이
상 혼합해서 장점을 최대화하고 단점을 보완하는 절충적인 접근을 하고 있다. 예를 들
어, 『피아노 어드벤처』(Nancy & Randall Faber, 1993)는 큰 보표의 가온 다를 중심으로
한 음씩 늘려 가며 전개하는 가온 다 접근법을 사용하면서, 동시에 음정 읽기와 점진적
인 다조성 접근을 절묘하게 결합하였다. 전통적인 가온 다 접근 교재에서는 볼 수 없었
던 화음과 반주, 이조, 즉흥연주와 창작 등 이론과 음악성 계발 학습을 종합적으로 다
루고 있다. 다조성 접근의 문제로 제시되었던 다섯 손가락 자리에 얽매이지 않고 특정
음에 고정된 운지나 검은건반에 엄지가 오는 운지방식을 개선한 점도 주목할 만하다.

이후에 출판된『알프레드 프리미어 코스』(Alexander, Kowalchyk, Lancaster, McArthur, & Mier, 2006~2009)나『피아노 석세스』(H. Marlais, 2010~2013) 등도 현대적 교수법을 바탕으로 종합적인 접근방식을 취하고, CD와 온라인 비디오 등 테크놀로지를 이용한 보충자료를 제시하는 등 시대의 발전에 발맞춰 변화하고 있다.

같은 독보 접근법을 사용하는 교재라도 그 내용과 전개방식에는 많은 차이가 있다. 따라서 교재가 어떤 접근법을 사용했는지를 구분하는 것보다 더 중요한 것은 어떤 독보의 단계를 제시하고 있느냐 하는 것이다. 독보의 전개방식은 교재의 효율성을 좌우하는 중요한 요소이므로, 교재를 선택하기 이전에 면밀하게 검토해야 한다.

2. 리듬 지도

고대로부터 이어져 내려오는 시와 무용, 음악을 아우르는 하나의 공통점은 바로 리듬에 있다. 리듬은 운율, 음악, 춤 동작의 주요 요소이자 이들을 조절하는 힘이다. 리듬은 선율보다 먼저 형성되었을 것으로 추측된다. 원시인들의 그림에 나오는 패턴이나 목걸이 장식 등을 살펴보면, 리듬이 그들의 원초적인 감성과 지적인 본능을 만족시키는 것이었음을 알 수 있다(McKinney & Anderson, 1940). 리듬은 우리의 일상생활 속에서도 쉽게 찾을 수 있다. 시냇물이 흐르는 소리, 빗소리, 파도소리, 시계소리 등 우리 주변에 있는 모든 움직임은 어떤 리듬을 느끼게 한다.

그렇다면 구체적으로 리듬이란 무엇인가? 피타고라스(Pythagoras)는 "리듬은 시간예술이므로 시간 안에서 일어나는 움직임"이라고 하였다. 프랑스 작곡가 당디(V. d'Indy)는 "리듬은 질서이며 공간과 시간 내의 배열"이라고 하였다(Wuytack, 1994). 무용가 퀴리(B. Quirey)는 "리듬은 길이와 악상의 변화를 주면서 발생하는 강세의 반복적인 흐름"이라고 정의하였다(Vanderspar, 1984). 리듬에 대한 견해는 이처럼 사람마다 다양하지만 이들 안에 근본적으로 담겨 있는 메시지를 발견할 수 있는데, 그것은 곧 질서, 조직, 구조의 반복이라 할 것이다.

리듬감이 좋은 연주자는 음악의 흐름에 그의 몸 전체가 자연스럽게 반응하며, 나아가 적절한 타이밍에 맞춰 몸과 손의 움직임으로 표현하게 된다(김영숙, 2007). 그러나 대부분의 학생들은 음높이(pitch)보다 리듬을 섬세하게 듣지 못한다.[4] 이와 같은 문제의 원인은 음악교육에서 리듬교육의 소홀함이나 테크닉 부족 등으로 다양할 수 있지만, 부정확한 리듬이 연주에 큰 방해가 된다는 것에는 모든 교사들이 동의하고 있다. 이에 이 절에서는 초급과정에서 습득해야 할 리듬의 개념을 알아보고, 효율적인 리듬 학습 순서와 교수·학습 방안을 제시한다.

1) 리듬의 기초 개념

(1) 박과 리듬

음악적 시간의 단위는 규칙적인 박(beat) 또는 일정박이다. 박은 상황에 따라 빠를 수도 있고 느릴 수도 있지만, 일정하게 흘러야 한다. 리듬이나 아티큘레이션, 프레이징에 의해 흔들리지 않는 일정박을 유지하는 것은 튼튼한 구조물이 쉽게 무너지지 않는 것처럼 곡의 구성을 단단하게 해 줄 수 있다(김영숙, 2007).

구체적인 의미에서 리듬은 박의 규칙적인 흐름 위에 음의 길고 짧음, 악상, 호흡, 프레이징 등의 표현이 더해져 만들어지는 자연스러운 음악의 흐름이다. 같은 리듬패턴이라도 국악에서의 장단과 서양 클래식 음악에서의 리듬이 다르게 느껴지는 것도 단순한 음길이 위에 더해진 표정 때문이다. 리듬은 항상 박과 함께 느껴져야 한다.

(2) 박자의 종류

음악에서 박은 강박과 약박이 그룹 지어 흐르는데, 규칙적으로 반복되는 강세와 그 패턴을 박자라고 한다. 강박과 약박이 놓이는 규칙에 따라 단순박자, 복합박자, 혼합박자로 분류된다.

① 단순박자(simple meter, 홑박): 강약이 단순한 박자를 말하며, 박이 나누어질 때마다 자연스럽게 둘로 나누어진다. $\frac{2}{2}$, $\frac{2}{4}$, $\frac{3}{4}$, $\frac{4}{4}$, $\frac{3}{8}$ 등이 여기에 속한다.

---

4) 고등학교 악기연주자를 대상으로 한 초견 테스트에서 59~64%의 실수는 리듬에서 일어났는데, 이것은 음정에서 일어난 실수보다 3배나 더 많은 것이었다(McPherson, 1994). 톰슨(Thomson, 1953)은 바이올린 주자와 클라리넷 주자를 대상으로 한 초견 실험에서 연주자들이 만든 실수의 절반 이상이 잘못된 리듬에서 왔다고 말한다. 엘리엇(Elliott, 1982)이 대학생을 대상으로 한 실험결과(61.4%) 역시 거의 동일하다.

② 복합박자(compound meter, 겹박): 같은 종류의 단순박자가 합쳐진 박자를 말하며, 처음에는 박이 셋으로 나누어지고, 이후에는 둘로 나누어진다. $\frac{6}{4}, \frac{6}{8}, \frac{9}{8}, \frac{12}{8}$ 등이 여기에 속한다.

〈표 5-2〉 **단순박자와 복합박자의 비교**

③ 혼합박자(complex meter, 섞임박자): 다른 종류의 단순박자가 합쳐진 박자를 말한다. $\frac{5}{4}$(2+3 또는 3+2), $\frac{7}{4}$(3+2+2 또는 2+2+3) 등이 여기에 속한다.

(3) 템포

템포는 음악의 속도를 말하며, 대개 악곡의 서두에 메트로놈 표시나 빠르기말로 나타낸다. 메트로놈의 표시는 1분 안에 연주되는 박의 수(Beats Per Minute: BPM)를 나타내는 것으로, 베토벤과 체르니가 작품의 빠르기를 지정하기 위해 처음 사용하였다. 그러나 제시된 템포는 연주 공간, 악기, 연주자의 감정상태 등에 따라 바뀔 수 있으므로 절대적이라기보다는 악곡의 기본적인 빠르기를 지시하는 지침으로 받아들이는 것이 좋다.

고전 음악에서 빠르기말은 종종 이태리어로 표시되는데, 속도를 의미하는 용어(예: Lento-느리게, Moderato-보통 빠르게, Presto-아주 빠르게 등) 외에도 동작 또는 감정상태를 표현하는 용어(예: Adagio-여유 있게, Andante-느린 걸음걸이 속도로, Allegro-경쾌하게, Vivace-생기 있게 등)가 사용된다. 어미에 '-issimo'가 붙으면 빠르기말의 의미를 더 강화시킨다(예: Larghissimo는 Largo보다 더 느리게, Prestissimo는 Presto보다 더 빠르게). 어미에 '-etto'나 'ino'가 붙으면 반대의 효과를 가진다. [5]

---

5) Andantino는 Andante보다 약간 빠르게 하라는 뜻으로 쓰이지만, 약간 더 느리게의 의미로 사용될 때도 있다.

그 밖에 템포의 변화를 나타내는 말로 accelerando(점점 빠르게), ritardando, rallentando(점점 느리게), a tempo(본래 빠르기로), tempo rubato(템포에 얽매이지 말고 자유롭게) 등이 있다.

(4) 못갖춘마디

서양음악에서 상박(up beat)[6]은 중요한 의미를 가진다. 이것은 단순히 약박이 아니라 위로 향해 올라가며 에너지가 비축되는 박이다. 리만(H. Riemann)은 상박은 하박을 유도하고, 하박과 연결되어 동기를 형성한다고 하였다. 못갖춘마디로 시작되는 곡은 동기나 프레이즈 자체가 상박으로 시작하고, 이들이 연결되어 형성하는 큰악절 역시 상박으로 시작한다. 그리고 상박으로 시작하는 큰악절들이 모여 못갖춘마디의 곡을 형성하게 된다.

같은 곡이라도 강세를 어디에 두느냐에 따라 전혀 다르게 들릴 수 있다. 예를 들어, 「생일 축하 노래」를 부를 때, 어떤 사람은 노래가 갖춘마디에서 시작한다고 느끼고, 어떤 사람은 못갖춘마디에서 시작한다고 느낀다. 좋은 연주자는 듣는 사람이 박자를 혼동하지 않도록 음의 길이와 강세, 음색을 조절함으로써 적절한 리듬표현을 할 수 있다.

(5) 당김음

당김음(syncopation)은 '방해된 악센트'를 의미하는 리듬용어이다. 음악적 흐름에 변화와 다양성을 주기 위해 고의적으로 규칙적인 반복을 방해하는 것이다. 당김음은 발생하는 위치에 따라 두 가지 종류로 나눌 수 있다.

① **지연된 당김음**(retarded syncopation): 강박에 오는 음표의 길이가 짧고, 약박에 오는 음이 길 때 발생한다.

---

6) 지휘 용어로 첫 박은 손을 아래로 내린다는 의미에서 하박(downbeat)라고 하고, 마지막 박은 손을 위로 올리므로 상박(upbeat)이라고 한다. 유리드믹스에서는 첫 박을 크루시스(crusis: 에너지가 아래로 향하여 깊고 무거운 힘), 둘째 또는 셋째 박을 메타크루시스(metacrusis: 좌우박을 연결하는 튕기는 힘) 그리고 마지막 박을 아나크루시스(anacrusis: 위로 향해 올라가며 에너지가 비축되는 박)라고 부른다.

[악보 5-7] 지연된 당김음 예시

② 앞당겨진 당김음(anticipated syncopation): 첫 박과 이전 마디의 마지막 박이 붙임줄로 연결되어 발생한다. 붙임줄로 인해 당김이 발행할 때는 먼저 붙임줄을 붙이지 않은 상태로 연주해서 박의 분할을 느껴 본 다음 붙임줄을 넣는 것이 좋다.

[악보 5-8] 앞당겨진 당김음 예시

2) 리듬 지도방법

(1) 리듬 제시 순서

① 박자

각각의 박자 계열은 저마다의 독특한 특성을 가지고 있다. 리듬학습을 중요시하는 오르프(Carl Orff, 1895~1982) 교수법에서는 아동에게 박자를 지도하는 순서를 체계적으로 제시하고 있다. 이들은 먼저 $\frac{2}{4}$박자나 $\frac{6}{8}$박자로 시작한다. 두 박자 계열은 활동적이고 외향적인 속도의 특징을 가지며, 심리적으로 아동의 정서에 가장 자연스럽기 때문이다. 아동이 두 박자를 경험한 다음에는 $\frac{3}{8}$박자나 $\frac{3}{4}$박자를 학습할 수 있다. 세 박자 계열은 평온하고 내향적인 특징을 가지며, 잠자는 동안의 호흡패턴과 연관시킬 수 있다. 네 박자는 두 박자의 연장으로 생각할 수 있다. 계속해서 $\frac{5}{8}$, $\frac{5}{4}$, $\frac{7}{8}$과 같은 불규칙 박자를 배운다(Wuytack, 2008).

한편, 대부분의 초급 피아노 교재에서는 $\frac{4}{4}$박자를 가장 먼저 다루고, 그다음에 $\frac{3}{4}$박자를 제시한다. 이들보다 단순한 두 박자 계열($\frac{2}{4}$, $\frac{6}{8}$)은 8분음표의 음가를 두 배 늘려서 $\frac{4}{4}$박자와 $\frac{3}{4}$박자로 제시하는 경우가 많다. $\frac{6}{8}$박자는 상대적으로 나중에 소개되는데, 그 이유는 복합박자에서 한 박은 4분음표가 아니라 점4분음표 또는 세 개의 8분음표라는 것이 수학적으로 어려운 개념이기 때문이다. 그러나 박이 셋으로 나뉘는 곡을 일찍부터 다뤄 보는 것은 박자의 원리를 이해하는 데 도움이 될 뿐 아니라 아동의 정서에도 잘 맞는다. 아동이 즐겨 부르는 동요 중에는 「리 리 리자로 끝나는 말은」 「꽃밭에서」 「반달」과 같은 $\frac{6}{8}$박자 곡이 많고, 우리나라의 전래동요나 민요도 복합박자로 되어 있다.

② 음표

일반적으로 피아노 교재에서 가장 먼저 소개하는 음표는 4분음표(♩)이다.[7] 4분음표는 심장박동이나 발걸음과 관련되어 있어 4분음표를 기준으로 일정박을 가르치기에 좋기 때문이다. 음표를 제시하는 순서에 있어 교재 간의 가장 큰 차이는 8분음표를 언제 소개하느냐에 있다. 대다수의 교재[8]에서는 4분음표, 2분음표, 온음표, 점2분음표를 배운 이후에 8분음표를 제시하고 있다. 이들이 8분음표를 늦게 소개하는 이유는 아동의 소근육 발달이 늦어 빠른 음표를 칠 준비가 안 되어 있기 때문이다. 또한 아동에게 4분음표 기준박의 길이를 충분히 내면화시키기 위함이다(Hill, 2008).

한편, 일부 교재[9]에서는 4분음표와 8분음표를 동시에 소개한다. 이는 오르프와 코다이 접근법에서 영향을 받은 것으로, 4분음표와 8분음표의 대조 속에서 긴장과 완화라는 리듬에 대한 본질을 가르치기 용이하다. 8분음표는 움직이는 음표이다. 아동은 긴 음표나 쉼표보다 움직임에 더 자연스럽게 반응한다. 때문에 8분음표를 약한 손가락으로 치게 하거나 빠른 속도에서 연속적으로 제시하지 않는다면 충분히 초보 아동이 연주할 수 있다. 8분음표 다음에는 2분음표가 도입되며, 계속해서 온음표, 점2분음표, 점4분음표, 당김음, 셋잇단음표, 16분음표 등을 순차적으로 학습할 수 있다. 쉼표는 음표와 함께 제시한다.

---

7) 예외적으로 온음표-2분음표-4분음표 순으로 소개하는 교재도 있다. 이것은 수학적 논리로는 적합하지만, 음악적으로는 그다지 매력적이지 않은 방법이다. 처음부터 온음표를 한 곡 내내 반복하고, 이어 2분음표를 여러 번 반복하는 학습은 아동에게는 매우 지루하고 힘들게 느껴질 것이다.

8) 국내에 출판된 교재 중 『피아노 어드벤처』 『알프레드 기초 피아노 라이브러리』 『알프레드 프리미어 피아노 코스』 『베스틴』 『클라비어』 『피아노 타임』 『바이엘』 등은 8분음표를 늦게 소개한다.

9) 국내에 출판된 교재 중 『하이비스』 『피아노 베이직』 『1 2 3 클라비어』 등은 8분음표와 4분음표를 동시에 소개한다.

(2) 리듬 세기

리듬을 세는 것은 정확한 리듬을 인지하는 데 필수적이다. 리듬을 세는 방법은 크게 숫자를 이용하는 방법(박자 세기, 단위 세기)과 음절을 사용하여 박을 나타내는 방법(음가 세기, 음절 세기)이 있다.

① 박자 세기(metric counting): 한 마디 안에 들어 있는 박의 숫자를 세는 방법으로 각 음표를 박자의 개념 속에서 인식하게 해 준다. (예: $\frac{4}{4}$ = 하나, 둘, 셋, 넷, $\frac{3}{4}$ = 하나, 둘, 셋)

② 단위 세기(unit counting): 각 음표가 지니는 박의 길이를 강조하여 박의 단위로 세는 것이다. (예: ♩ = 하나–둘, ♩ = 하나)

③ 음가 세기(note-value counting): 각 음표의 이름을 음길이에 맞는 음절로 부르는 것으로, 쉽게 음이름을 외우면서 그 음의 길이를 느끼게 할 수 있다. (예: ♩ = 사, ♫ = 두팔, ○ = 온–음–표–다)

④ 음절 세기(syllabic counting): 각 음표의 길이를 나타내는 고유한 음절을 붙여 읽는 것으로, 음가와 구별하여 음길이를 알 수 있다. 대표적인 것으로는 코다이와 고든의 리듬음절이 있다.

코다이 시스템의 음절 읽기는 프랑스의 슈베(Jacques Cheve, 1804~1864)에 의해 고안된 것을 적용한다. 리듬을 처음 배울 때는 머리 없이 기둥만 그려진 음표들을 사용하여 읽는다.

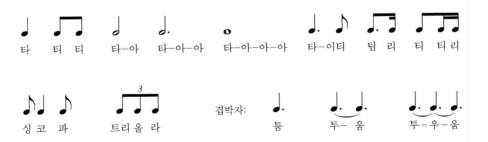

[그림 5-1] 코다이의 리듬음절

고든의 음악학습이론에서 음절 읽기는 모든 박자에서 큰 박을 '두'로 읽는다($\frac{2}{4}$ = ♩, $\frac{6}{8}$ = ♩., $\frac{3}{4}$ = ♩, $\frac{4}{4}$ = ♩). 큰 박은 두 개 또는 세 개의 작은 박으로 나누어지는데, 둘로 나뉘면 '두-데'($\frac{2}{4}$, $\frac{2}{2}$, $\frac{4}{4}$), 셋으로 나뉘면 '두 다 디'($\frac{3}{4}$, $\frac{6}{8}$), 불규칙 5박자는 '두-베-두-바-비(2+3)' 또는 '두-바-비-두-베(3+2)'로 읽는다. 더 작은 분할은 '타'를 붙인다.

두 두   두 데 두타데타   두   두   두 다 디 두타다타디타   두   두   두 베 두 바 비

[그림 5-2] 고든의 리듬음절

숫자로 세는 것은 새로운 음절 시스템을 배우지 않아도 되기 때문에 쉽게 시작할 수 있다. 하지만 피아노 학습의 초기에 많은 숫자의 사용(음표이름, 박자표, 마디 수, 손가락 번호 등)은 아동에게는 혼란을 줄 수 있다. 반면에, 음절 세기는 음악을 숫자가 아니라 소리로 이해할 수 있게 해 주는 장점이 있다. 음절 읽기가 효과적인 학습이 되기 위해서는 몇 년 동안 같은 시스템을 일관성 있게 사용해서 훈련해야 한다.

(3) 말리듬

말 속에 실려 있는 리듬은 음악적 리듬을 이해하는 데 효과적이다. 단어는 일정한 맥박의 기초 위에 말할 때 음악이 된다. 말의 음절이 길고 짧음을 지닌 음악적 찬트로 변화하는 것이다. 단어 안의 음절은 4분음표, 8분음표, 2분음표, 셋잇단음표, 16분음표 등을 나타내는 기초 단위가 된다. 가장 친근한 자신의 이름을 비롯해 과일 이름, 꽃 이름, 색깔, 음식 이름과 같은 단어들이 말리듬의 재료가 될 수 있다. 다음과 같이 $\frac{2}{4}$박자에서 볼 수 있는 가장 기초적인 리듬패턴에 말리듬을 붙여 연습할 수 있다.

사 자   호 랑 이   오 랑 우 탄   산 토 끼   뱀

[그림 5-3] 말리듬을 적용한 리듬패턴

아동은 한 단어에서 시작해 작은악절, 문장, 단락으로 경험을 확장시켜 갈 수 있으며, 더 나아가 2부 형식, 3부 형식, 론도와 같은 음악형식을 배울 수도 있다. 말리듬은 형이상학적인 음절보다 아동이 쉽게 기억할 수 있는 방법으로, 오르프를 비롯한 현대 음악 교수법에서 자주 활용된다.

(4) 신체 움직임

아동이 배운 리듬을 완전히 내면화하기 위해서는 피아노 앞에서만 학습하는 것이 아니라 신체적인 활동을 함께 하는 것이 좋다. 현실적으로 피아노 스튜디오가 좁아서 춤을 추거나 걸을 수 있는 장소가 없을 수도 있다. 많은 움직임을 할 수 없는 상황이라면, 발구르기나 두드리기, 손뼉치기 등의 단순한 동작만 해도 리듬감을 가지는 데 도움이 된다.[10] 특히, 피아노 뚜껑 위에서 두드리기(tapping)는 건반에서 타건하는 동작과 움직임이 비슷하기 때문에 유익하다.

① 박에 맞추어 걷기
- 교사가 치는 손북에 맞춰(♩=60) 몸을 좌우로 움직여 본다.
- 일정박에 맞춰 교실 안을 걸어 본다. 자유롭게 방향을 바꾸어 걸으면서 박이 다양한 공간성을 갖고 있음을 체험해 본다.
- 템포를 조금씩 빨리 하며 걸어 본다. 템포가 빨라질수록 보폭이 작아지며 몸의 중심 역시 빠르게 이동되는 것을 알 수 있다(김영숙, 2007).

② 컵 또는 작은 공 돌리기
- 원형으로 앉아서 노래를 부르면서 박에 맞추어 공 또는 컵을 돌린다.
- 노래 중간에 공 또는 컵을 추가하여 돌릴 수도 있다.

---

10) 보일(Boyle, 1970)은 발로 박을 맞추고, 손뼉으로 리듬패턴을 치게 하는 것이 독보력 향상에 도움이 된다는 것을 고등학교 밴드부 학생들을 대상으로 한 실험을 통하여 보여 주었다. 독보에 대한 책을 쓴 힌데미트(P. Hindemith), 샤넷(H. Shanet), 달린(L. Dallin), 칼슨(J. Carlsen) 모두 그 시작을 학생으로 하여금 리듬을 치거나 박에 맞추어 걷도록 하고 있다.

③ 박자 게임

일명 'I Am Ground'로 알려져 있는 게임 형식을 사용하여 박자를 배울 수 있다.

- 원형으로 둘러앉아 아래에 제시된 동작으로 4박자를 맞춘다.
- 시작하는 사람이 박자에 맞추어 동작을 하면서 오른손 엄지 동작(3박)에서는 자신의 이름을, 왼손 엄지 동작(4박)에서는 친구의 이름을 부른다.
- 호명이 된 사람이 이어 같은 동작으로 자신의 이름과 상대방의 이름을 부른다. 이때 박자가 점점 빨라지지 않도록 해야 한다.
- 4박자가 잘 되면 3박자로 바꾸어 하다가, 마지막에는 2박자로 해 본다. 박자에 맞춰 이름을 말하지 못하면 게임에서 빠지게 되고, 마지막까지 남는 사람이 승자이다.

〈동작〉
- 4박자: 무릎-손뼉-오른손 엄지-왼손 엄지
- 3박자: 무릎-오른손 엄지-왼손 엄지
- 2박자: 오른손 엄지-왼손 엄지

④ 리듬패턴 연습

크고 웅장한 건축물도 여러 개의 작은 벽돌이 모여 이루어지는 것처럼, 단순한 리듬 패턴들이 모여 복잡한 리듬을 만든다. 아동이 충분한 패턴학습을 통하여 박과 리듬의 어휘력을 신장시키고 나면, 이들을 연결시키거나 변형시켜서 여러 악곡에 적용할 수 있다. 다음의 순서로 다양한 리듬패턴을 연습해 보자.

- 메트로놈에 맞추어 걸으며(또는 발을 구르며, ♩ = 46~60), 교사가 음절(딴, 또는 코다이 음절)이나 말리듬으로 찬트를 하면 아동이 따라 찬트한다. 이때 교사는 항상 예비박을 세고 시작하며, 제시된 박자에 맞는 강약의 느낌을 살려 찬트한다.
- 아동이 정확하게 반응하면, 아동 스스로 음절을 찬트하게 한다.
- 메트로놈 없이 박자를 느끼며 리듬을 연습한다.

[악보 5-9] 규칙적인 리듬패턴 예시

[악보 5-10] 불규칙적 분할리듬패턴(2:3) 예시

3. 테크닉 지도

악기를 배우는 것은 지적인 이해와 신체적인 기교를 동시에 발전시켜야 한다는 점에서 일반학습과는 구별된다. 악기연주와 같이 섬세하고 정교한 신체의 협동조절을 요구하는 움직임을 심동적(psychomotor)[11] 기술이라고 하는데, 이는 단지 손가락을 빨리 움직일 수 있는 능력을 뜻하는 것은 아니다. 테크닉이란 음악적 결과를 얻기 위한 목적을 가진 움직임을 말한다. 목적을 가진 움직임이야말로 표현력 있는 연주를 가능하게 한다. 음악적 표현력과 움직임은 서로 연결되어 있어서 동작 자체가 어떤 메시지를 전달하기 때문이다(Fink, 1992). 예술적인 연주를 위해서는 작곡자의 의도를 잘 이해하고, 손가락으로 막힘없이 원활하게 연주해야 하며, 더 나아가 다양한 감정의 변화를 흡족하게 표현할 수 있어야 한다. 이렇게 한 악곡에 대해 인지적으로나 신체적으로, 감성적으로 완전한 지배력을 행사할 수 있을 때 테크닉이 좋다고 할 수 있다. 하지만 테크닉

---

11) 심동적 영역에는 무의식적인 반응으로 나오는 반사적 동작도 있고, 지구력이나 근력, 유연성 등의 신체적 능력도 포함되지만, 대개는 운동적 작동과 인지적 작동이 함께 일어난다.

자체가 예술은 아니다. 테크닉은 단지 예술적인 경지에 이르기 위한 수단이며 길을 닦아 주는 도구일 뿐이다(Hofmann, 1909).

캠프(Camp, 1995)는 피아노 학습 초기에 효과적인 지도를 받은 학생은 연주의 잠재력을 개발하는 데 최상의 기회를 갖는다고 하였다. 테크닉의 발달은 단순한 기초 유형 위에 새로운 기술이 더해지고, 계속해서 이들이 연계 · 발전되어 높은 수준에 이르게 되기 때문이다. 성공적인 연주가들(아마추어, 전문가)은 레슨을 처음 받을 때부터 탁월한 능력을 지닌 교사들로부터 배울 수 있는 행운을 가진 사람들이었다. 그러나 많은 학부모들은 '아직은 기초수준이고 취미로 배우는 것이니 누구에게 보내든 상관없어. 나중에 아이가 흥미를 보이면 그때 좋은 선생님을 찾으면 돼.'라고 생각한다. 그러나 한번 잘못 길러진 습관은 나중에 되돌리기가 힘들다. 이에 여기에서는 테크닉의 다양한 측면을 파악하고, 아동기의 테크닉을 어떻게 지도해야 하는지를 구체적으로 살펴본다.

1) 테크닉의 기본 요소

(1) 오디에이션

건강한 테크닉의 발전을 위해서는 음악적 의도가 가장 우선되어야 한다. 어렸을 때부터 연주를 하기 전에 머릿속에 음악을 재현해 보는 습관을 들이는 것은 테크닉의 발전을 위해서 매우 중요하다. 조용히 정신적으로 자신의 음악적 생각을 그려 보는 것은 연주의 움직임을 일어나게 하는 방아쇠와 같다. 어려운 곡일수록, 아무 생각 없이 치는 것은 무의미한 음악을 만들며, 신체적 긴장감과 피로감을 야기한다. 설득력 있는 선율의 윤곽, 내면의 노래, 리듬감이 피아노를 통해 전달될 때 단순한 신체적 움직임 이상의 의미를 지닌 음악이 나오는 것이다. 피아노를 막 시작하는 초보자라 할지라도 자신이 낸 소리가 예쁜지, 고른지, 원하는 강도인지를 귀 기울여 듣는다면 좋은 연주습관을 기를 수 있다.

(2) 최상의 골격 배열을 고려한 자세

연주하는 것이 즐거우려면 피아노에서 편안하고 자연스럽게 연주할 수 있어야 한다. 좋은 자세는 건반에서 유연하고 자유롭게 움직일 수 있도록 해 준다. 신체 골격의 배열이 최적의 상태일 때, 가장 효율적인 동작을 할 수 있다.

① 척추는 몸의 기관들이 안정적이면서도 자유롭게 움직일 수 있는 지지대이다. 바른 자세를 취하려면 자연스러운 곡선을 따라 척추의 중앙에 앉아야 한다. 몸의 무게는 고관절과 좌골의 중심에 오도록 한다. 머리가 숙여지면 신경을 누르므로, 목에 긴장을 풀고 귀와 척추가 일직선이 되도록 한다. 목 근육이 자유로워야 머리와 팔의 움직임이 편안해진다.

② 의자와 건반과의 거리는 팔을 뻗었을 때 건반의 양끝이 닿을 수 있는 위치에 둔다. 하지만 연주하는 곡에 따라 의자의 거리를 조절할 수 있다. 차이콥스키(P. Tchaikovsky) 협주곡처럼 큰 소리를 낼 때에는 척추를 지렛대 삼아 멀리 앉아서 연주하면 효율적인 힘의 지지를 받을 수 있다. 반대로, 하이든(J. Haydn)이나 모차르트(W. A. Mozart)의 소나타와 같이 손가락을 중심으로 연주할 때에는 가깝게 앉아도 된다(Lister-Sink, 2005).

③ 의자의 높이는 아래팔이 건반과 수평이 되도록 한다.[12] 의자의 높이는 상체와 팔, 손목, 손가락을 경제적으로 움직일 수 있게 해 준다. 레셰티츠키(T. Leschetizky)는 연속적인 옥타브와 화음이 많이 나오는 곡에서는 약간 높게 앉는 것을 추천하였는데, 이는 어깨가 올라가는 것을 방지하고 옥타브와 화음을 연주하는 속도가 촉진되기 때문이다. 아동의 경우 높은 위치에서 연주하는 것보다는 약간 낮게 앉는 것이 좋다. 그 이유는 손목의 위치가 낮아지면 손가락이 자유로워져 정확하고 안정된 터치가 가능해지기 때문이다(Gát, 1968; Bernstein, 1981).

④ 어깨는 힘을 빼고, 팔꿈치는 몸에 너무 붙거나 떨어지지 않는다. 어깨 관절은 가장 자유로운 관절이다. 팔은 앞뒤로 흔들리는 추와 같은 움직임을 갖는다. 흉부의 지지를 얻기 위해서는 나비처럼 팔을 양옆으로 벌리는 것보다 추의 동작을 만드는 것이 더 효율적이다. 팔을 옆으로 벌릴 때는 손이 수평

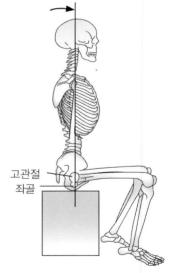

고관절
좌골

[그림 5-4] **균형 잡힌 자세**

---

12) 연주자의 팔의 비율에 따라 아래팔의 위치가 달라질 수 있다(Bernstein, 1981).

적으로 이동하여 연주할 수 있는 위치를 잡기 위해서이다.

⑤ 발은 바닥에 붙인다. 페달을 밟을 때, 움직임은 발목 관절에서 일어난다. 따라서 발
꿈치는 바닥에 편안하게 붙이고 발의 볼(엄지발가락이 연결되어 있는 부분)을 이용
해서 밟는다. 발이 바닥에 닿지 않는 아동은 자신의 키에 맞는 보조발판을 사용한
다. 이것은 발이 허공에서 노는 것을 방지하여 몸의 균형을 잡아 주기에 매우 중
요하다.

(3) 아래팔의 아치

아치는 무게를 지지하고 전달하는 데 매우 안정적이고 효율적인 구조이다. 손가락
과 팔목, 아래팔의 뼈가 [그림 5-5]와 같은 정렬을 이루었을 때, 이것은 기하학적으로
아치와 동일한 이점을 얻을 수 있다. 손을 자연스럽게 구부리고 팔꿈치를 건반과 같은
높이에 두었을 때 아래팔에 아치가 생긴다. 손과 아래팔의 아치는 연주할 때 긴장 없이
편안하게 조절하고 힘을 얻을 수 있는 기초가 된다.

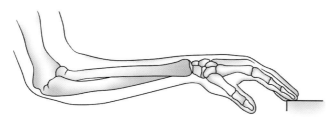

[그림 5-5] 아래팔의 아치

(4) 손모양

가장 이상적인 손모양은 손목은 유연하면서 손과 손등은 단단한 아치형이다. 손가
락이 가장 큰 힘을 받기 위해서는 손가락의 세 관절을 모두 구부리고 손끝을 세워야 한
다. 하지만 손가락을 구부린 상태에서는 손을 벌리기가 힘들고 긴장을 야기하므로 아
동은 구부린 상태를 유지하기 어려워한다. 반대로, 손가락을 펴면 쉽고 빠르게 움직일
수 있지만, 손가락의 힘이 약해진다. 손가락을 눕히면 더 많은 근육의 지지가 필요로
하기 때문이다. 관절과 근육이 가장 잘 움직일 수 있는 자세는 지나치게 손가락을 피거
나 구부리지 않은 중간 범위이다.

① 자연스러운 손모양 찾기

가장 쉬운 방법은 팔을 양옆으로 떨어뜨려 이때 자연스럽게 만들어지는 손모양을 찾는 것이다. 이러한 손모양을 유지한 채, 팔꿈치를 구부려 아래팔이 바닥과 수평이 되도록 올린 다음, 손이 바닥을 향하도록 돌린다. 손끝에 힘이 모아지는 것을 느끼며 손을 건반 위에 놓는다.

② 손 안의 근육 느끼기

겉으로 보이는 손모양뿐 아니라 손 안의 근육을 인식하기 위해서 작은 공이나 풍선을 쥐어 보는 방법도 좋다. 부드럽게 공을 쥔 다음, 손끝에 살짝 힘을 주어 한 손가락씩 그리고 손가락 전체로 공을 눌러 본다. 손목터널(손목 한가운데 정중신경이 통과하는 빈 공간)로 에너지가 자유롭게 흘러가는 것을 상상하며, 손목이 처지거나 힘이 들어가지 않게 한다.

③ 건반 위에서 손모양 찾기

쇼팽은 흥미롭게도 다섯 손가락을 건반의 E, F#, G#, A#, B에 올려 놓도록 하였다. 이러한 손의 위치는 짧은 엄지와 새끼손가락을 흰건반에 두고 나머지 긴 손가락은 검은 건반을 치게 함으로써 자연스럽게 아치형태의 손모양을 만들게 한다. 이 방법은 손의 크기나 힘이 어느 정도 자란 학생에게 적합하다.

④ 단단한 손끝으로 두드리기

앞에서 만든 이상적인 손모양으로 피아노 뚜껑 위를 두드려 본다. 아래팔과 손목은 부드럽게 고정시키고 손과 손가락 전체가 두드리도록 한다. 손끝은 단단하게 손은 유연하게 유지하면서 두드릴 때 나는 맑고 투명한 울림을 들어 본다(예: 똑 똑 똑! = ♩ ♩ ♩ 𝄽).

(5) 소리 만들기

같은 악기라도 연주하는 사람에 따라서 듣기 좋은 소리가 날 수도 있고 불쾌한 소리가 날 수도 있다. 피아노에서 좋은 소리를 얻기 위해서는 악기가 어떻게 음을 만들어 내는지 그 원리를 이해할 필요가 있다. 우선, 피아노는 소리를 내는 방법이 타악기적이다. 건반을 누르면 지렛대의 원리에 의하여 해머가 현을 때리고 그 충격으로 해머가 다시 말려 제자리로 돌아온다. 타건과 동시에 해당 음의 댐퍼가 올라가 현이 진동하게 되며, 시간이 흐름에 따라 소리가 사라지게 된다. 한 번 건반을 누른 후에는 아무것도 지속되는 소리에 영향을 줄 수 없다. 음을 타건한 후 손가락을 붙이고 있는 이유는 소리를 변화시키기 위한 것이 아니라, 손을 떼면 댐퍼가 내려와서 음의 울림이 멈추기 때문이다. 하지만 이것은 건반을 한 번 누른 후에는 더 이상의 노력이 필요 없다는 것이 아니다. 골프 선수나 테니스 선수가 공을 치는 방법을 관찰해 보자. 이들은 단순히 공을 친 후에 스윙을 멈추는 것이 아니라 계속해서 공을 따라가는 백스윙을 한다. 이와 같이 피아노 연주에서도 움직임을 계속 따라가는 마무리 동작이 필요하다. 좋은 소리를 내기 위해서는 손끝은 단단하게, 손바닥은 부드럽게, 손목은 가볍게 그리고 아래팔은 다음 음의 방향으로 계속해서 움직임을 따라가야 한다. 현악기에서 음이 지속되는 것을 보잉으로 나타낸다면, 피아노에서는 손끝의 감각과 팔의 지속적인 움직임으로 느낄 수 있는 것이다.

피아노를 가장 힘들이지 않고 연주할 수 있는 방법은 중력을 사용하는 것이다. 건반은 수평적으로 놓여 있기 때문에 누구나 손가락을 떨어뜨려 쉽게 소리를 낼 수 있다. 하지만 건반을 누를 때, 떨어지는 중력만 작용하는 것이 아니라 반대로 튀어 오르는 반응도 작용한다. 따라서 손가락이 제 위치를 지키기 위해서는 관절이 충분히 단단해야 한다. 실제 연주에서 팔의 무게를 실은 중력만으로 연주할 수 있는 부분은 제한적이다. 따라서 원활한 연주를 위해서는 중력과 함께 팔의 무게와 근육의 힘이 적절하게 협동이 이루어져야 한다.

① 중력을 이용하여 팔 떨어뜨리기
의자에 앉아 허벅지 위에 중력으로 떨어지는 팔의 무게를 느껴 본다.

- 팔에 긴장을 풀고 자연스럽게 아래팔을 들어 올린다. 손가락은 힘을 빼고 늘어뜨린다.
- 팔의 무게를 이용해 아래팔을 툭 떨어뜨린다.
  - 처음에는 그냥 허벅지 위에 떨어지는 팔의 무게를 느껴 본다.
  - 이후에는 손이 무릎에 닿을 때, 손끝을 단단하게(근육 수축) 한다.
- 즉시 팔에 긴장을 풀고 손목을 굴리면서 팔을 들어 올린다.

1. 힘을 빼고 아래팔을 들어 올린다.   2. 팔을 툭 떨어뜨린다. 바닥에 닿을 때 손끝을 단단하게 한다.   3. 즉시 손에 긴장을 풀고 손목을 굴리면서 팔을 들어 올린다.

[그림 5-6] 중력을 이용하여 팔 떨어뜨리기

② 중력을 이용하여 소리내기

앞과 같은 방법으로 건반에서 한 음씩 소리를 내어 보자. 손끝이 건반에 닿을 때, 손끝을 단단하게 하고 손가락과 팔이 일직선이 되게 정렬한다. 타건 후에는 즉시 팔에 긴장을 풀고 손목을 피아노 쪽으로 굴리면서 팔을 들어 올린다.

[악보 5-11] 중력을 이용한 타건 연습

2) 기초 유형

(1) 다섯 손가락의 움직임

다섯 손가락을 고르고 원활하게 움직이는 것은 테크닉의 기본이라 할 수 있다. 문제는 다섯 손가락의 모양과 길이가 제각기 다르다는 것이다. 특히 엄지는 다른 네 손가락과 그 구조와 기능에서 큰 차이를 보인다. 엄지는 짧고 굵으며 손 옆에 붙어 있어 손바닥을 향하여 접거나 회전하는 등의 자유로운 움직임이 가능하다. 이로부터 발생하는 힘과 민첩성의 차이는 손목과 팔이 협동·조절함으로 완화시킬 수 있다. 손목은 미세한 움직임을 통해 팔과 손가락이 타건하기에 효율적인 위치에 오도록 도와준다.[13] 5음음계를 칠 때에는 손목의 두 가지 조절동작이 필요하다(Bernstein, 1981; Sandor, 1981).

① 수직적 조절

엄지에는 뼈 하나가 없는데, 손목뼈에 연결된 관절이 다른 손가락의 제1관절 역할을
한다. 엄지는 바로 이 관절부터 시작하여 손가락 전체를 사용해야 안정적인 움직임을
할 수 있다. 따라서 엄지로 연주할 때 손목을 약간 낮춰주면 타건하기 편안한 위치가
된다. 즉, 손목은 엄지로 연주할 때 가장 낮은 위치에 오도록 하며, 5번 손가락 쪽으로
갈수록 조금씩 들려진다. 역으로 엄지손가락 쪽으로 내려올 때는 반대로 움직인다.

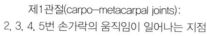
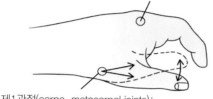

[그림 5-7] 엄지손가락의 움직임

② 수평적 조절

다른 손가락에 비해 힘이 약한 4, 5번 손가락도 아래팔의 뼈와 근육의 지지를 받으면
강한 힘을 낼 수 있다. 그림과 같이 손가락과 팔이 일직선상에 오도록 음이 진행하는
방향으로 손목이 따라간다. 이때 손목의 움직임이 과도하게 일어나지 않도록 주의해야
한다.

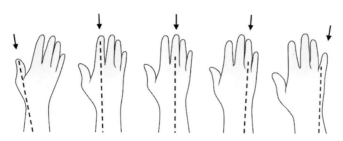

[그림 5-8] 아래팔과 손가락의 정렬

13) 손이 움직일 때는 여덟 개의 손목뼈가 두 열이 되어 움직이는데, 이는 손목의 상하운동, 측면운동, 회전
　　운동을 가능하게 한다.

(2) 회전

아래팔의 회전(rotation)은 손바닥을 아래에서 위로(또는 위에서 아래로) 향하게 돌릴 때 일어나는 움직임을 말한다. 아래팔은 두 개의 뼈(요골과 척골)로 이루어져 있어 회전 동작을 가능하게 한다. 손바닥이 위로 향할 때는 두 뼈가 평행을 이루고, 손바닥이 아래로 향할 때는 교차한다. 아래팔은 척골과 새끼손가락을 축으로 회전하므로 회전동작을 할 때 5번 손가락을 축으로 생각하면 자연스럽게 칠 수 있다. 또한 피아노를 칠 때 손을 엄지손가락이 아니라 5번 손가락에 정렬하면 훨씬 안정된 힘을 얻을 수 있다 (Mark, 2003).

아래팔의 회전동작은 가락음정이 지그재그 형태로 번갈아 가며 나올 때 사용한다. 회전동작은 아래팔의 근육을 이용해서 움직이므로 손가락 힘이 약한 아동도 쉽게 연주할 수 있다. 특히 한 음을 축으로 하여 움직이는 음들을 부각시키고자 할 때 효과적이다. 이 동작을 쓸 수 있는 음정의 범위는 손의 크기에 따라 다르겠지만, 대개 3~7도 사이에서 많이 사용된다.

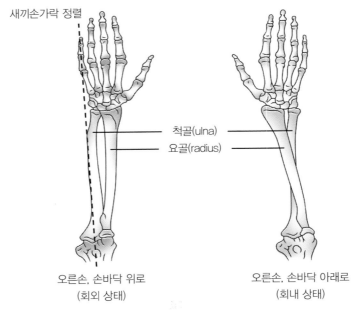

[그림 5-9] 아래팔의 회전

[악보 5-12] 아래 팔의 회전 예시곡

(3) 터치

① 논-레가토

음과 음 사이를 약간 끊어서 연주하는 논-레가토는 가장 쉬운 터치이다. 논-레가토는 대근육을 사용하고 레가토와 같은 복잡한 움직임의 조절이 필요하지 않기 때문에 레가토보다 먼저 소개하는 것이 좋다.[14]

피아노 학습 초기에 검은건반 위에서 음뭉치나 음정을 연주할 때는 팔 전체를 떨어뜨리거나 팔꿈치로부터 아래팔을 아래로 움직이는 논-레가토 터치가 많이 사용된다. 이때 손가락은 팔의 연장이라 생각한다([악보 5-13]의 a 참조). 한편, 이보다 가볍고 빠른 논-레가토 패시지에서는 손목의 움직임을 사용하여 연주할 수 있다. 문을 두드리듯이 손을 손목으로부터 아래쪽으로 움직인다([악보 5-13]의 b 참조).

[악보 5-13] 『알프레드 프리미어 피아노 코스』, a-「음악여행」, b-「처음부터 정확히」

a. 팔을 사용한 논-레카토   b. 손을 사용한 논-레카토

② 레가토

레가토는 함께 묶는다는 뜻으로, 음과 음 사이에 빈틈이 없이 연주하는 것을 말한

---

14) 가트(J. Gát)는 팔 전체로 치는 것이 가장 쉽지만, 손가락의 발달을 위하여 위팔의 사용을 절제하는 악곡을 가르칠 것을 권한다.

다. 아름답게 노래하는 음색을 얻기 위해 꼭 필요한 테크닉이지만, 타악기적인 특성을 지닌 피아노에서 연결된 소리를 내는 것이 쉽지는 않다. 피아니스트 랑랑(Lang Lang, 2017)은 마치 손가락이 도마뱀의 발바닥이 된 것처럼 건반 위에 손가락을 밀착시켜 연주하라고 말한다. 손가락이 걸어간다고 생각하고 한 음이 올라갈 때 다른 음이 내려가는 것이다. 이때 무게가 한 손가락에서 다른 손가락으로 이동한다. 손가락이 움직일 때, 손목과 팔이 모든 음을 따라가며 연결하는 것을 돕는다.

그러나 조용한 패시지를 연주하거나 가볍고 명료한 소리를 원할 경우, 팔의 도움을 받지 않고 손의 소근육[15]을 사용하여 연주할 수도 있다(Bernstein, 1981; Fraser, 2003; Mattay, 1903; Schultz, 1936). 궁극적으로 레가토를 지도할 때는 많은 설명보다도 귀가 테크닉을 이끌어 줄 수 있게 해 주는 것이 좋다.

• 손목 굴리기를 사용한 레가토

아동은 음을 연결해서 연속적으로 치는 것을 어려워한다. 그 이유는 한 손가락은 신근(펴는 근육)이 다른 손가락은 큰 굴근(구부리는 근육)이 작용하기 때문이다.[16] 손가락을 높이 들어 치는 것은 이러한 반대작용을 더 강화시키므로 힘들다. 따라서 처음 레가토를 연주할 때 한 음마다 천천히 음이 진행하는 방향으로 약간의 손목 굴리기(roll)나 회전동작을 사용하면 효과적이다(Bernstein, 1981; Fink, 1992; Fraser, 2003). 이것은 손에 불필요한 힘을 풀고 부드럽게 음을 연결시키기 위한 방법이다. 하지만 지나치게 팔목을 흔들면서 치는 것은 삼가야 한다. [악보 5-14]의 패턴을 보통빠르기에서 엄지부터 5번 손가락까지 손끝의 긴장감을 유지하며, 각 음마다 약간의 회전동작을 사용하여 연습해 보자.

---

15) 손가락의 소근육은 손목과 연결되어 있지 않다. 손가락 근육을 느끼기 위해서는 왼손을 주먹 쥐고 오른손의 손바닥 밑에 넣은 후, 오른손 손가락을 움직여 보면, 손목에 힘이 전혀 들어가지 않은 상태로 움직일 수 있을 것이다. 이것이 손가락의 소근육이다.

16) 근육은 흉쇄골에서 손가락까지 뼈와 같은 방향으로 덮여 있다. 근육은 굴근과 신근으로 나뉘는데, 굴근은 구부리는 것을, 신근은 펴는 것을 관장한다. 긴 굴근은 위팔의 뒷면부터 시작해 팔꿈치와 손목, 관절을 지나 손가락 중간까지 온다. 신근은 팔의 윗면에 있다.

[악보 5-14] 회전동작을 사용한 레가토 연습

• 두 음 슬러

두 음 슬러를 연주할 때는 팔을 첫 음에서 떨어뜨리고 둘째 음에서 들어 올린다. 팔을 떨어뜨릴 때는 손목도 같이 내려가며, 올릴 때는 팔과 손목을 먼저 들어 올려 손가락이 자연스럽게 건반에서 떨어지도록 한다. 음량은 첫 음이 팔의 무게가 실리므로 더 크고, 둘째 음은 여리게 연주된다.

③ 스타카토

스타카토는 '끊어서' '떨어뜨려서'라는 의미의 'staccare'에서 유래한 것으로, 음들을 짧게 분리해서 치라는 뜻이다. 레가토 연주에서는 팔과 손, 손가락이 순차적으로 연결되는 동작으로 움직인다면, 스타카토 연주에는 이들이 동시에 던져져야 한다. 마치 공을 튕기듯이 어깨와 팔, 손목에 힘을 풀고 손을 던져 떨어뜨린다. 올라올 때는 건반과 손목의 탄력을 이용하여 튀어 오른다. 연주하는 스타카토 패시지에 따라 팔이나 손목, 손끝 등 어떤 신체부분이 더 많이 움직이게 되는데, 이때 사용되는 신체부분을 강조해 손 스타카토, 손가락 스타카토, 팔 스타카토로 부르기도 한다.[17]

• 스타카토 반복음

다음은 스즈키 교재의 「작은별 변주곡」에 나오는 주법으로, 다섯 손가락 자리에서 스타카토로 반복음을 연주하는 연습이다. 4개의 16분음표는 건반 가까이에서 손목의 바운스를 이용하여 연주하는 손 스타카토이고, 2개의 8분음표는 건반에서 좀 더 높이 들려 올려 손목이나 팔 스타카토로 친다. 제시된 리듬패턴에 동작을 묘사하는 말리듬

---

17) 손 스타카토는 손끝을 단단하게 하고 손목의 탄력(bounce)을 이용하여 연주하는 것으로, 보통의 빠르기와 소리의 패시지를 연주할 때 사용한다. 손가락 스타카토는 손가락의 손톱관절을 사용해 건반을 튕기듯이 손바닥을 향하여 끌어당기는 주법으로, 빠른 연주에서, 가볍고 명확한 소리를 얻기 위해 사용한다. 팔 스타카토는 팔을 떨어뜨린 후 건반에서 되튀어 오르는 동작으로 비교적 느리고, 도약이 크거나, 큰 힘을 낼 때 사용한다.

을 붙여서 연습하면 더 효과적이다. 빠른 반복음을 연주하는 것은 팔의 긴장이 풀어지지 않으면 할 수 없기 때문에 손모양을 잡는 데 매우 좋을 뿐만 아니라 손톱 관절(제3관절)의 힘을 길러 준다. 먼저 피아노 뚜껑 위에서 연습해 본 후, 건반에서 연습해 본다. 리듬을 바꾸어서도 해 본다(예: ♪♫ ♪♫).

[악보 5-15] 스타카토 반복음 연습

같은 패턴의 반복음을 손가락 번호를 바꾸면서 연주해 보면, 손가락은 바뀌어도 튀어 오르는 동작은 같은 것을 알 수 있다.

[악보 5-16] 운지를 바꾸는 반복음 연습

• 스타카토가 잘 안 될 때

스타카토가 잘 안 될 때는 한 손가락으로 모든 음을 연주해 본다. 각 음마다 손 전체를 던져 연주하는 것을 느낄 수 있다.

[악보 5-17] 한 손가락으로 연주하는 스타카토 연습

출처: 멕시코 민요.

• 스타카토 프레이즈

아티큘레이션은 박자의 단위 속에서 전체적으로 지각되어야 한다. 다양한 아티큘레이션을 개별적으로 지각하는 것은 프레이즈의 리듬과 방향을 파손시키고 종합적인 조절을 방해한다(Camp, 1995). 마찬가지로 스타카토 연주의 핵심은 짧고 톡톡 튀게 연주하는 데 있는 것이 아니라, 그 스타카토 음들이 쉼을 넘어 연속적인 흐름으로 들리게 하는 데 있다. 스타카토를 프레이즈 안에서 인식할 수 있게 하기 위해 다음과 같은 방법으로 연습해 보자.

- 박자 안에서 멜로디를 느낄 수 있도록 박자 세기를 한다.
- 프레이즈를 느낄 수 있도록 가사를 만들어 함께 노래 부른다.
- 소리가 안 날 때도 음악이 흐른다는 것을 인지할 수 있도록 학생이 멜로디를 칠 때 교사가 말리듬을 만들어 불러 준다. 이때 동작을 상기시켜 주는 가사를 붙이면 더 효과적이다(Chon, 2012).

[악보 5-18] 『피아노 베이직』, 「배고픈 늑대」, 1-4마디

출처: 유은석(2005).

④ 악상변화에 따른 터치조절

피아노의 음량은 타건 시 건반에 전달되는 질량(mass)보다 속도(velocity)에 더 영향을 많이 받는다. 즉, 손끝을 단단히 하고 건반을 빠르게 누르면 화려하고 큰 소리(f)를 만들고, 천천히 누르면 부드럽고 작은 소리(p)를 낸다. 큰 음량을 얻기 위해서는 손가락보다 팔을 사용하는 것이 용이하다. 이는 팔이 손가락보다 무겁기 때문이기도 하겠지만, 연주에 관여하는 지렛대의 길이가 더 길기 때문이다. 특히 손가락 근육이 약한 아동에게는 팔의 힘을 사용하는 것이 좋다. 하지만 무리해서 큰 소리를 내게 하는 것은 바람직하지 않다. 아동은 어른과는 힘을 내는 방식이 다르므로 아주 큰 소리를 내게 하면 잘못된 습관을 갖게 할 수도 있다.

크레센도(cresc.)와 디미누엔도(dim.)와 같은 점진적인 변화를 주려면 손가락에 전달

되는 압력을 점점 크게 하거나 줄여야 한다. 이러한 표현에는 손가락 근육의 미세한 운동이 필수적이다. 또 다른 방법은 디미누엔도에서는 손목을 조금씩 올리고 크레센도에서는 조금씩 낮춤으로 압력의 조절을 도울 수 있다(Ching, 1956; Gát, 1968).

(4) 음계

음계 테크닉은 피아노 연주에서 매우 중요한 기술이다. 이것은 양손의 협동조절을 연습하고, 손가락의 민첩함을 향상시키며, 악상과 아티큘레이션의 조절능력을 길러 주는 데 매우 유익하다. 하지만 음계를 연주하는 기술은 매우 복잡하여 피아노에 흥미를 가지고 즐겁게 피아노를 배우던 학생들도 어려운 고비를 넘기지 못하고 포기하는 경우가 종종 발생한다. 최근의 교수법은 음계를 만드는 것(지적 개념)과 연주하는 것(신체적 기술)을 따로 익히도록 한다. 다음과 같은 순서로 음계를 지도할 수 있다.

① 음계의 구조 파악하기

독보 장에서 배운 테트라코드를 사용하면 5도권의 음계를 쉽게 만들 수 있다. [악보 5-19]와 같이 장음계를 두 개의 테트라코드로 나누어 12조성으로 연습해 본다.

[악보 5-19] 테트라코드를 사용한 5도권의 음계 연습

② 엄지손가락 돌리는 연습하기

음계 테크닉에서 중요한 것은 손가락을 바꿀 때 엄지의 움직임이다. 전통적인 방법은 엄지를 손 아래로 넣어 지나가게 하는 것이다. 하지만 산도르(Sandor, 1981)와 화이트사이드(Whiteside, 1955)는 엄지를 손 아래로 구겨 넣는 것은 부자연스럽고 위험하다고 주장하며, 대신 엄지는 손 옆 제자리에 두고 대신 손목을 낮추면서 아래팔의 수평적인 움직임을 이용하여 연주할 것을 제안하였다. 한편, 마테이(Matthay, 1903)와 번스타인(Bernstein, 1981)은 엄지가 지나갈 때 회전동작을 사용할 것을 권하였다. 대부분의 피아니스트들은 연주하는 패시지에 따라 이 둘을 절충하는 입장을 취한다. 엄지 위로 다른 손가락을 넘기는 동작이 엄지를 다른 손가락 아래로 지나가게 하는 것보다 더 쉬우므로 먼저 연습해 본다.

③ 음계의 손가락 번호를 익히기

음계는 7음으로 이루어져 있으므로 세 음과 네 음으로 묶을 수 있다. 흰건반에서 시작하는 음계는 오른손에서는 1-2-3-1-2-3-4의 운지를 가지며, 방향을 바꾸어 돌아오는 마지막 음은 5번 손가락으로 연주한다(예외: 오른손의 F장·단조, 왼손의 B장·단조는 1-2-3-4-1-2-3). 검은건반에서 시작하는 음계는 2번 손가락으로 시작하여 처음 오는 흰건반에 엄지손가락이 오도록 한다(왼손은 하행 시 동일). 음계의 세 음과 네 음을 묶어 모음화음으로 연주하는 것은 손가락번호를 쉽게 기억할 수 있을 뿐 아니라 음계의 구조를 쉽게 파악할 수 있게 해 준다([악보 5-20] 참조).

[악보 5-20] 운지에 따른 음계의 음묶음

④ 한 손씩 연습하기

한 손씩 연습하는 것은 정교한 테크닉을 구사하고 좋은 소리를 내는 데 집중할 수 있게 해 준다. 음계를 고르고 매끄럽게 연주하기 위해서는 손을 약간 안쪽으로 기울이고 (손목을 바깥쪽으로) 팔이 손을 이끌도록 한다. 즉, 몸으로부터 떨어지는 방향으로 갈 때에는 팔꿈치가 밖으로 손을 끌어 주고, 중심으로 향할 때는 안으로 밀어주는 것이다. 한 옥타브 이상의 연속적인 음계를 빠른 속도로 연주할 때에는 엄지를 손 아래로 넣을 시간이 없으므로 빠르게 손의 위치를 바꾸어 주는 것이 더 바람직하다. 각 그룹을 여러 옥타브에서 연주할 때 팔꿈치를 재빠르게 수평적으로 이동시킨다. 악센트의 위치를 바꾸거나 리듬을 바꾸어 가며 다양한 방법으로 연습한다.

⑤ 양손으로 연습하기

• 반진행 연습

음계를 반진행으로 연주하면 두 팔의 움직임과 손가락 번호가 같으므로 병진행으로 연습하는 것보다 훨씬 쉽다. 반진행으로 안정되게 연주할 수 있을 때 병진행으로 연주한다.

• 병진행 연습

처음에는 올바른 손가락 번호를 사용하는지 꼭 확인해야 한다. 다음과 같이 손가락을 바꿀 때 잠깐 멈추어서 다음 손가락을 준비하는 것도 좋다. 이후에는 점차 올바른 운지가 자동으로 나올 때까지 연습해야 한다.

[악보 5-21] 음계의 병진행 연습

⑥ 아름답고 고른 소리로 연주하기

양손을 빨리 치는 것보다 음계의 소리가 고르고 매끄럽게 나는 것이 더 중요하다. 음계를 연습할 때는 항상 달성하고자 하는 목표를 가지는 것이 좋다. 예를 들어, 부드럽게, 깔끔하게, 빠르게, 노래하듯이, 밝은 음색으로, 어두운 음색으로, 때로는 양손의 아티큘레이션이나 악상을 달리하는 등 다양한 방법으로 연주하는 것이다. 이때 항상 자신이 연주하는 소리에 귀를 기울여 의식적인 연습이 되도록 해야 한다.

(5) 아르페지오

음계에서 사용된 수평적인 움직임은 아르페지오에도 적용된다. 음계에서와 마찬가지로 세 음을 묶어서 모음화음으로 연습하는데, 한 화음에서 다음 화음으로 움직일 때는 점프를 하지 말고 수평적으로 재빠르게 이동한다. 팔꿈치는 손과 같은 높이를 유지하며 수평적으로 이동해야 한다.

[악보 5-22] 아르페지오 음 묶음

아르페지오 연주에 있어 가장 큰 문제는 각 손가락의 소리가 고르지 않다는 것이다. 특히 엄지손가락을 돌릴 때, 손목이 올라가고 강한 악센트가 생기기 쉽다. 따라서 손가락 위치가 바뀌는 곳에 주의하며, 편안한 속도에서 강한 리듬감을 가지고 연주해야 한다. 처음에는 악상의 변화를 주지 않고 중간 크기(***mf***)로 연주하다가, 잘 되면 셈여림을 다르게 해서 연주해도 좋다. 빠른 속도에서는 아르페지오를 완전한 레가토로 연주하는 것은 불가능하므로, 각 음을 약간 끊어서 고르게 연습한다.

(6) 화음

화음을 연주할 때는 모든 음이 동시에 연주되어야 한다. 손가락의 힘을 건반에 효율적으로 전달하려면 어깨와 팔은 유연하고 손과 손가락은 단단해야 한다. 손모양은 화음의 모양에 맞춰 미리 준비해야 한다. 화음을 연주하는 방법은 어떤 종류의 화음을 연주하느냐에 따라 바뀔 것이다. 팔의 어떤 부위를 사용할 것인지(아래팔 또는 팔 전체), 어떤 힘을 사용할 것인지(무게와 중력 또는 근육의 힘), 어떤 동작을 쓸 것인지 등이 달라진다. 일반적으로 순수하게 중력만으로 연주하는 경우보다는 근육의 힘을 이용하는 경우가 많다. 수직적으로 내리치는 것보다는 타원형으로 건반을 밀듯이 연주하면 불필요한 잡음을 줄이고 좋은 울림을 얻을 수 있다(Ching, 1956; Fielden, 1949).

힘차고 화려한 분위기의 「팡파레」는 주로 중력과 손목의 바운스를 이용하여 연주하지만 근육의 지지도 필요하다. 시작과 긴 화음에서는 아래팔을, 화음이 반복해서 나오는 부분에서는 손목의 바운스를 사용한다.

[악보 5-23] 「피아노 베이직」, 「팡파레」, 1-4마디

3) 페달링

페달은 '피아노의 영혼'이라고 할 만큼 피아노 연주에 있어서 중요한 역할을 담당한다. 과거에는 아동이 발이 닿지 않아 페달을 밟기 힘들 경우 충분히 성장하기까지 기다렸다 페달링을 하도록 하였으나, 최근의 교수법은 한 페달을 지속적으로 밟게 한다든지 교사가 대신 밟아 주어 페달의 울림을 일찍부터 경험할 수 있게 하고 있다. 페달은 밟는 방법과 타이밍에 따라 그 효과가 달라지므로, 적절한 순서를 따라 신체와 청각의 종합적인 조절이 가능하도록 지도되어야 한다. 아동에게 처음으로 페달링을 지도할 때 다음과 같은 방법을 쓸 수 있다.

(1) 페달 탐색

대부분의 아동은 페달이 만들어 내는 신비로운 소리의 변화에 큰 흥미를 가진다. 페달을 지도하기에 앞서 피아노 뚜껑을 열고 페달의 작동원리를 탐색하도록 것은 아동의 호기심을 충족시킬 뿐 아니라 좋은 페달링 습관을 기르게 하는 데도 효과적이다. 댐퍼 페달을 누르면 댐퍼가 모두 올라가 이때 누르는 음들은 모두 함께 울리게 되는 것과 페달을 떼면 댐퍼가 내려와 소리가 멈추는 것을 직접 보고 듣게 한다. 마찬가지로 우나 코르다(una corda) 페달을 누르면 건반이 오른쪽으로 이동해서 한 줄만 치게 되는 것을 보고, 그 변화되는 소리를 들게 해 준다.[18]

---

18) 피아노의 종류에 따라 페달의 작동방법이 달라진다. 그랜드 피아노에서는 소프트 페달(또는 우나 코르다 페달)을 누르면 건반 전체가 이동하여 현을 때리는 해머의 위치가 변함으로 음량이 작고 부드러워질 뿐만 아니라 음색도 변화시킨다. 업라이트 피아노에서는 소프트 페달을 누르면 해머 전체가 현으로 다가가 타현하게 되므로 음량이 작고 부드러워진다.

(2) 배음

어떤 음을 치면 하나의 음높이로 들리지만, 사실은 [악보 5-24]와 같은 여러 개의 배음 또는 공감하는 음들을 지닌다. 배음에 대하여 알면 댐퍼 페달을 사용할 때 어울리는 음을 찾는 데 도움이 된다.[19]

[악보 5-24] 배음렬(overtone)

배음은 소리가 너무 작아서 일반인들의 귀에는 잘 들리지 않는다. 하지만 [악보 5-25]와 같이 첫 음을 소리 나지 않게 누르고 다음 음을 강한 스타카토로 치면 첫 음이 눌려져 있는 동안 배음이 울리는 것을 들을 수 있다.

[악보 5-25] 『123 클라비어』, 「배음」

(3) 레가토 페달링

피아노 연주에서 가장 많이 사용되는 페달링은 두 음 또는 화음 사이를 연결할 때 사용하는 레가토 페달링이다. 이것은 음을 치고 난 직후에 페달을 밟고, 새로운 음을 칠 때 페달을 떼기 때문에 '싱코페이티드 페달링(syncopated padaling)'이라고도 불린다. 페달리듬은 다음과 같은 방법으로 지도할 수 있다.

---

19) 1차 배음은 한 옥타브 높은 음이고, 2차 배음은 거기서 완전 5도를 올라간 음이다. 3차 배음은 또 한 옥타브 더 올라간 음이고, 4차 배음은 장3도 올라간 음이다. 5차 배음은 단3도가 더 올라간 음이다. 5차 배음까지 나온 음을 모두 눌러 보면 기본음을 근음으로 한 장3화음이 나온다. 모든 음의 음높이가 하나로 들리는 이유는 기본음의 파동에너지가 배음보다 압도적으로 크기 때문이다.

- 교사가 음계를 치고, 학생은 **발동작으로만** 페달 밟기를 한다. 이때 발동작을 "올리고" "내리고"로 말한다.
- 아동 혼자 **페달은 밟지 않고**, 3번 손가락으로 음계를 치면서 발동작을 "올리고" "내리고"로 말한다.
- 3번 손가락으로 음계를 치면서 페달을 함께 밟는다. 계속해서 "올리고" "내리고"를 말하면서 집중해서 친다. 첫 음에서는 페달을 미리 밟고 시작할 수 있다.

[악보 5-26] **페달 연습**

이후의 페달링 훈련은 다양한 작품 속에서 이루어져야 한다. 여러 작곡가의 짧고 쉬운 곡을 다루어 보는 것은 다양한 스타일의 페달링 기법을 습득하기에 좋다.

4. 음악성 지도

음악성이란 음악예술에 관계된 미적인 표현능력을 말한다. 연주의 표현력을 높이려면 테크닉적인 기술과 해석 그리고 창의력이 필요하다(Brenner & Strand, 2013). 그리고 악곡을 잘 해석하기 위해서는 작품의 배경, 시대적 스타일, 작곡가의 음악적 특징 그리고 음악적 구조 등을 아는 지식이 필요하다. 결국 음악에 대한 포괄적인 이해가 따를 때, 스스로 사고하고 악곡을 해석할 수 있는 능력이 길러진다는 것이다. 아동이라고 해서 비유적인 이야기로만 설명하고 연주기술을 전수하는 데 주력한다면, 아동은 음악적 개념을 파악하지 못한 채 계속해서 교사에게 의존한 연주만을 하게 될 것이다. 따라서 교사는 아동기부터 프레이즈, 윤곽(contour), 형식, 화성, 텍스처(texture), 음악적 맥락 등의 음악언어를 지도해야 한다. 음악의 본질을 이해하는 능력이 발달하면 독보력이 향상되고, 설득력 있는 음악표현이 가능해지며, 암보도 빠르고 정확해진다. 이 절에서는 음악언어의 다양한 영역 중 작품의 구성원리를 이해하는 데 기초가 되는 음악형식을 중점적으로 다룬다.

1) 음악형식의 기초

음악형식(musical form)이란 작곡가의 음악적인 생각을 담는 틀로서, 악곡의 구조와 디자인을 뜻한다. 여기서 구조는 악곡의 뼈대를 이루는 성부진행과 화성진행 등의 내면적 요소를 의미하며, 디자인은 악곡의 동기, 주제, 리듬 등의 표면적 요소를 의미한다. 디자인과 조성적 구조는 악곡의 형식을 파악하는 과정에서 매우 중요한 결정 요소가 된다.

(1) 형식의 구성 요소

① 음형(figure)

음악의 가장 작은 구성단위로서, 짧은 음의 진행을 말한다. 이것은 선율적 음높이, 화성진행, 리듬을 지닐 수 있으며, 종종 반복된다. 동기와 동의어로도 사용되기도 하지만, 음형이 큰 의미를 지니지 않은 배경적 요소라면, 모티브는 핵심적 요소라는 데 차이가 있다.

② 동기(motive)

가장 작은 음악적 생각을 의미하는 것으로 주제적 특징 또는 특별한 중요성을 가진 짧은 음형을 말한다. 대개 두 마디로 구성되지만, 1마디나 3마디일 경우도 있다. 악곡은 이 동기를 반복하거나 변화·대비시켜서 만들어진다.

③ 악구(phrase) 또는 작은악절

완전한 음악적 의미를 갖고 있는 하나의 단위를 말한다. 즉, 종지가 있는 최소단위이며, 악구만으로도 주제를 만들 수 있다. 악구의 길이는 4마디가 일반적이지만, 특정한 마디수로 정형화되어 있지 않다.

④ 큰악절(period)

큰악절의 길이는 대체로 8마디로, 두 개의 작은악절(악구)이 모여 이루어진다. 전악절은 질문하는 성격을 띠는 반종지로, 후악절은 응답의 성격을 띠는 정격종지로 끝맺는다. 큰악절 하나로 이루어진 것이 한도막 형식이다.

⑤ 종지(cadence)

악구나 악절의 끝은 종지로 표시된다. 종지는 라틴어의 'cadere(떨어지다)'에서 유래된 말로, 음악의 흐름이 중단되어 휴지 또는 긴장의 이완을 느끼게 하는 지점을 의미한다. 조성음악에서 종지는 특정 화음진행으로 공식화되어 있는데, 그 종지의 종류를 나열하면 다음과 같다.

- 정격종지: V–I의 화성진행으로, 완전히 정지된 느낌을 준다.
- 반종지: V로 끝나며, 계속 진행하는 느낌을 준다.
- 변격종지: IV–I으로 구성되어 있으며, 찬송가 끝에서 '아멘' 할 때 사용되므로 '아멘' 종지라고도 한다.
- 허위종지: V–VI 또는 V 다음에 I 이외의 화음이 나오는 종지를 말한다.

(2) 형식의 종류

기본적인 형식의 종류는 다음과 같다.

① 1부 형식

하나의 큰악절로 이루어진 가장 작은 규모의 악곡형식으로, 한도막 형식이라고도 한다. 동요나 민요, 변주곡의 주제 등 아주 단순한 곡에 쓰인다.

② 2부 형식

2개의 단락으로 구성되며, 두도막 형식이라고도 한다. A부분의 주제가 B부분에서 일부 재현되는지 아닌지의 여부에 따라 '단순 2부 형식(simple binary form, A–A', A–B)'과 '순환 2부 형식(rounded binary form, AB½A)'으로 나뉘며, 각 부분은 반복된다. 바로크시대와 고전시대의 춤곡에 자주 사용된다.

〈표 5-3〉 단순 2부 형식의 구조

	A		B		
장조:	I	V(또는 I)	V		I
단조:	i	III(또는 V)	III	– V –	i

〈표 5-4〉 순환 2부 형식의 구조

	A		B		A'
장조:	I	V	V		I
단조:	i	III(또는 V)	III	– V –	i

③ 3부 형식

3부 형식(ternary form)은 독립된 세 단락으로 구성된 형식으로 세도막 형식이라고도 한다. 가장 널리 애용되는 형식은 A–B–A(A')이며, A–A–B 또는 A–B–C 등의 구조가 있을 수 있다. A부분의 재현이 일부분이 아니라 온전하다는 것이 순환 2부 형식과 구분된다.

〈표 5-5〉 3부 형식의 구조

	A	B	A
장조:	I	V	I
단조:	i	V	i

④ 복합 3부 형식

복합 3부 형식(compound ternary form)은 2부 형식이나 3부 형식으로 구성된 3개 단락이 모여 보다 큰 하나의 3부 형식(ABA)을 이루는 것을 말한다. 예를 들면, A(a–b)B(c–d)A(a–b) 또는 A(a–b–a)B(c–d–c)A(a–b–a) 등의 형식을 취한다. 소나타의 3악장에 자주 나타나는 '미뉴에트–트리오–미뉴에트' 또는 '스케르초–트리오–스케르초'가 이에 해당한다.

⑤ 소나타 형식

3부 형식(A–B–A')이 발전한 것으로 제시부, 발전부, 재현부의 세 부분으로 구성된다. 제시부에서는 대조적인 성격의 제1주제(으뜸조)와 제2주제(대개 딸림조, 단조에서는 관계 장조)가 제시된다. 발전부에서는 제시부에서 나온 주제 또는 새로운 주제가 여러 조성으로 발전된다. 재현부에서는 제시부에서 나왔던 두 주제가 다시 등장하는데, 이 때 대립되었던 제2주제의 조성이 으뜸조로 화합을 이루며 끝난다.

〈표 5-6〉 소나타 형식의 구조

	제시부			발전부	재현부		
	A	경과구	B	주제(a, b, c)의 발전	A	경과구	B
장조:	I		V	X ─ ─ ─ ─ ─ ─ ─ ─	I		I
단조:	i		III(또는 V)	X ─ ─ ─ ─ ─ ─ ─ ─	I		i

⑥ 론도 형식

주요 주제(refrain)가 새로운 주제(episode 또는 couplet)를 사이에 두고 여러 번 반복되어 나타난다. A-B-A-C-A, A-B-A-C-A-D-A 또는 A-B-A-C-A-B-A(소나타 론도) 등의 구조가 있다.

2) 지도방법

(1) 선율의 윤곽 파악하기

윤곽(contour)이란 선율의 방향 또는 모양(shape)을 말한다. 악곡의 디자인이 동일한지, 유사한지, 다른지를 파악하는 것은 선율의 윤곽을 보고 이루어진다.

① 자신의 이름으로 윤곽 만들기

• 원형으로 둘러앉아서 한 명씩 자신의 이름에 높낮이를 넣어 창의적인 방법으로 말해 본다. 나머지 아동은 동일한 높낮이로 이름을 반복하면서 허공에 손가락으로 이름의 윤곽을 그려 본다. (개인레슨일 경우, 친구들의 이름을 높낮이를 넣어 불러 본다.)

• 어느 정도 아동이 준비가 되면 교사가 칠판 위에 윤곽을 그려 준다. 아동 스스로도 그려 본다.

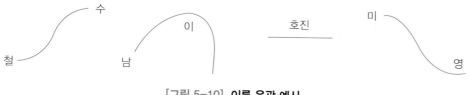

[그림 5-10] 이름 윤곽 예시

② 선율의 윤곽 표현하기

아동에게 익숙한 곡을 가지고 손으로 선율의 윤곽을 표현해 본다.

[악보 5-27] 「그대로 멈춰라」의 선율 윤곽 예시

(2) 즉흥연주

다음의 그림을 보고 연상되는 선율을 피아노에서 즉흥적으로 만들어 본다.

① 그림에 나타나는 선율의 윤곽을 생각해 본다.

② 교사는 연주할 조성과 음계, 마디수를 제시해 준다.

(예: 다장조 5음음계를 사용하여 두 마디 길이로)

한라산에 올라갔다 내려오기

언덕 위에 눈을 굴리기

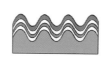
넘실거리는 물결

계단을 씩씩하게 올라가기

[그림 5-11] 즉흥연주를 위한 그림 예시

(3) 악구 찾기

이음줄이 반드시 악구를 나타내지는 않는다. 악구 안에 스타카토나 쉼표도 들어갈
수 있기 때문이다. 악구의 길이는 4마디가 일반적이나, 불규칙적인 악구(8, 2, 1마디 등)
도 나올 수 있다. 다음과 같은 방법으로 예시곡의 악구를 찾아보자.

① 선율을 노래 부르면서 첫 번째 악구에서는 오른쪽으로 걷고, 두 번째 악구에서는 왼쪽으로 걷는다. 이와 같이 계속한다.

② 원형으로 빙 둘러서서 박에 맞춰 공 돌리기를 한다. 첫 번째 악구에서는 오른쪽, 두 번째 악구에서는 왼쪽으로 돌린다.

③ 선율을 계이름으로 노래 부르며 허공에 악구를 그린다. 첫 번째 악구에서는 오른쪽, 두 번째 악구에서는 왼쪽으로 그린다.

④ 교사가 선행악구를 피아노에서 연주하면, 아동은 후행악구를 연주한다. 반대로도 해 본다.

[악보 5-28] 베토벤 「러시아 민속춤」의 악구 찾기

(4) 음악형식 발견하기

같음과 다름을 구별하는 것은 악곡의 형식을 파악하는 기본적인 원리이다. 어떤 곡은 음악적 단락이 동일하고, 어떤 곡은 아주 다르며, 또 어떤 곡에서는 부분적으로 같다. 작곡가들은 반복과 대조를 통해 악곡에 통일성과 다양성을 준다.

① 처음 제시되는 악구나 주제의 일부를 a라고 할 때, 뒤따르는 악구가 같거나 유사하다면 a 또는 a'로 표시하고, 다르다면 b로 표시한다.

② 아동에게는 □ ☆ ○와 같은 도형을 사용할 수도 있다. 같을 때에는 □ □, 비슷할 때에는 □ ■, 다를 때에는 □☆로 표시한다.

[악보 5-29] 베토벤 「러시아 민속춤」의 악구 디자인

앞과 같은 방법으로 「러시아 민속춤」은 두 도막 형식의 곡으로 다음과 같은 디자인을 가졌음을 알 수 있다.

〈표 5-7〉 베토벤 「러시아 민속춤」의 음악형식

악곡의 형식	악구의 디자인	
A	a	a'
B	b	b'

(5) 음악 매핑

음악 매핑(mapping)이란 악곡을 분석하고, 이를 쉽게 익힐 수 있도록 악보를 도법화하는 것이다.[20] 음악 매핑이나 그래픽 기보와 같은 시각적 상징은 교사로 하여금 악곡

---

20) 매핑의 기초를 마련한 사람은 루빈-랩슨(Rubin-Rabson)으로, 그녀의 논문 「The influence of analytical pre-study in memorizing piano music」(1937)에서 악보를 시각화한 도표를 사용한 학생들이 처음부터 악보만 보고 배운 학생들보다 훨씬 더 빠르게 곡을 익힌다는 결과를 얻었다(Schockly, 2002).

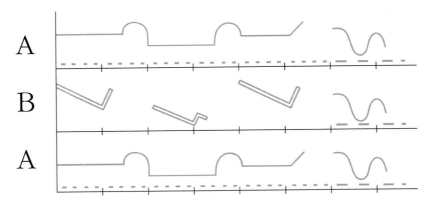

[그림 5-12] 「아일랜드 춤」 매핑[21]

출처: 유은석(2008).

[악보 5-30] 『피아노 베이직』, 「아일랜드 춤」

에 대해 아동과 자연스럽게 토론할 수 있는 베이스를 만들어 준다. 음악 매핑을 보고 악구, 선율의 윤곽, 형식, 화성, 아티큘레이션 등에 대해서 토론할 수 있다.

　　음악과 피아노 연주에 대해 폭넓은 이해를 가지고 있고, 아동이 지닌 음악적 가능성에 민감한 교사는 자신만의 고유한 교수법을 찾아 아동이 성장할 수 있도록 도울 수 있을 것이다. 음악성과 테크닉이 균형 있게 발전할 수 있도록 잘 짜인 레슨을 통해 아동은 의미 있는 음악경험을 할 수 있다. 아동은 우리의 미래이다. 현재 우리가 가르치는 아동이 세계적인 음악가로 성장하게 될지 누가 알겠는가? 그들의 잠재력을 일깨워서 멋진 음악세계로 이끌어 주는 것은 피아노 교사의 책임이자 보람이라 할 것이다.

> **토의 주제**
>
> 1. 독보능력이 아동의 음악적 민감성과 이해력 신장에 어떤 영향을 끼칠 수 있는지 논의해 보자.
> 2. 당신은 다음의 리듬개념들이 어떤 순서로 제시되어야 한다고 생각하는가?
>
> > 음길이(𝅝, 𝅗𝅥, ♩, ♪, 𝅘𝅥𝅯, 셋잇단음표, 점음표), 당김음, 박, 단순박자, 혼합박자, 복합박자
>
> 3. 아동의 약한 손가락 힘을 기를 수 있는 방법을 논의해 보자. 신체적 운동, 연주자세, 테크닉 연습곡, 악곡 안에서의 강화 등 다양한 방법을 생각해 보라.
> 4. 초급 학생들이 악곡의 형식을 알아야 하는 이유를 세 가지만 적어 보자. 악곡의 구조와 디자인을 파악하기 위하여 아동이 알아야 할 지식은 어느 정도인가? 그리고 어떻게 가르칠 수 있는가?

---

21) 기본 틀에 들어 있는 짧은 세로줄은 마디를 뜻한다. A부분의 위 파트는 오른손의 선율 윤곽을 나타내고, 아래 파트는 스타카토 음형의 왼손을 나타낸다. B부분은 오른손과 왼손에서 번갈아 나오는 선율을 윤곽으로 보여 준다. 각 부분의 종지는 모두 같은 형태로 되어 있다.

제6장

중 · 고급과정

배수영

●

잘못된 음을 연주하는 것은 중요하지 않다.
하지만 열정이 없는 연주는 용납할 수 없다.

– 루트비히 반 베토벤(Ludwig van Beethoven) –

중 · 고급과정 학생들의 악곡해석능력과 피아노 연주실력을 향상시키기 위해 학습해야 할 내용에 대해 살펴본다. 먼저, 피아노 음악 응용형식에 대해 알아보고, 템포, 박자와 리듬, 프레이즈, 다이내믹, 아티큘레이션에 대한 음악해석적 이해와 이들 간의 상호관련성 그리고 꾸밈음의 종류와 주법에 관해 살펴본다. 다음으로, 피아노 연주를 위해 효과적인 운지법과 페달링 지도방법을 모색한다. 마지막으로, 멘델스존 「무언가, Op. 19, No. 6」을 예시곡으로 레슨의 실제를 제시한다.

중급과정의 학생은 일반적으로 피아노를 시작한 지 2~3년 정도 지난 학생으로 대략 10~14세 사이의 학습자를 일컫는다. 하지만 연령이나 학습기간에 상관없이 중급과정의 학생은 초급단계에서 피아노 연주를 위해 필요한 기초이론, 독보능력, 기초테크닉, 음악적 어법 등 특정 기술이 습득되어야 한다고 언급한다(Uszler et al., 2000). 중급에서와 마찬가지로 고급과정의 학생에 대한 정의도 모호하나, 이 장에서는 고급과정의 학생은 피아노를 전공하고자 하는 중·고등학생이나 대학 수준의 학생을 대상으로 한다.

중·고급과정에서는 피아노 연주실력 향상과 더불어 학생들이 전체적으로 악곡을 해석하고 작곡가가 의도하는 음악적 내용을 이해하는 능력이 필요하다. 고급수준에서의 성공적인 교육은 무엇보다도 중급수준에서 달성된 목표의 결과에 달려 있다. 피아노에 대한 시간, 흥미, 능력이 제한되어 있는 많은 학생들은 높은 수준에 도달하지 못할 수도 있다. 따라서 중급과정에서는 연주실력을 보다 향상시키기 위하여 고급과정의 학생들과 동일한 악곡해석 능력과 테크닉 계발이 필요하다. 캠프(Camp, 1995)는 음악적으로 발전하기 위해서는 학생들에게 음악의 선율, 화성, 리듬과 형식의 특징을 가르치는 것뿐만 아니라 이들의 상호관련성을 가르쳐야 한다고 강조한다.

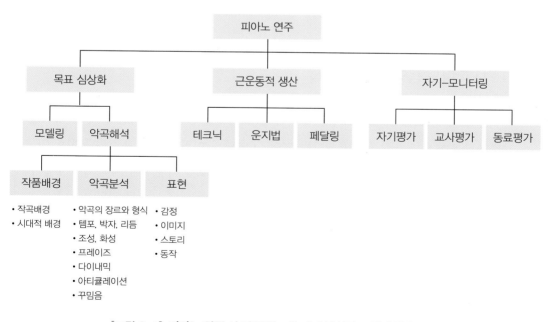

[그림 6-1] **피아노 연주 시 작동하는 세 가지 정신적 표상과 학습과제**

앞서 제3장에서 살펴본 바와 같이 피아노 연주를 위해서 학습해야 할 과제([그림 6-1] 참조)[1]는 실로 방대할 뿐만 아니라 피아노 연주 시에는 악보에 기보된 모든 음악정보를 종합하여 표현해야 되기 때문에 매우 복잡하고 어렵다. 이 장에서는 중·고급과정의 학생들이 목표 심상화를 위해 학습해야 할 악곡해석 중 악곡의 다양한 형식, 템포, 박자/리듬, 프레이즈, 다이내믹, 아티큘레이션, 꾸밈음과 근운동적 생산을 위한 운지법과 페달링에 대해 알아본다. 그리고 멘델스존「무언가, Op. 19, No. 6」을 예시곡으로 레슨의 실제를 제시한다.

1. 악곡해석

악보에 기보된 음악정보는 악곡의 템포, 리듬, 프레이즈, 다이내믹, 페달링, 분위기 등에 대해서 기초적인 자료를 제공하지만 작곡가가 의도한 바를 정확하게 전달하는 데는 한계가 있다. 따라서 연주자들은 악보에 기보된 음악정보를 바탕으로 악곡을 해석할 수 있는 능력을 갖춰야 한다. 악곡해석을 위해서는 작품의 배경을 파악하고, 악곡의 형식과 음악적 내용을 분석한 후, 이를 바탕으로 작품이 그려 내는 감정, 이미지, 스토리 등의 표현을 이해해야 한다.

1) 피아노 음악과 응용 형식

음악 형식(musical form)이란 음악의 구성 요소들을 담는 구조적인 틀이다. 악곡을 해석하기 위해서는 음악 형식을 파악하여야 그 안에 들어있는 음악 요소의 분석이 가능하다. 워터먼(Warterman, 1993)은 본인이 심사위원으로 참가했던 음악축제에서 일부 연주자들이 자신이 연주하고 있는 곡의 제목이나 형식에 대해 모르고 있다는 사실에 놀랐다고 한다. 예를 들어, 마주르카(mazurka)와 같은 제목을 알고 있다 하더라도 마주르카의 음악 형식과 특징을 제대로 알지 못한다는 것이다.

백병동(2007)은 음악 형식을 분류함에 있어 가곡 형식, 론도 형식, 소나타 형식, 다악

---

1) 피아노 연주 시 작동하는 세 가지 정신적 표상과 학습과제에 대한 자세한 내용은 제3장을 참조하기 바란다.

장 형식, 다성음악 형식 그리고 응용 형식으로 구분한다. 초급과정에서 기본 형식에 대해서는 다루고 있으므로, 여기에서는 피아노 음악에서 다루어지는 응용 형식 중 조곡, 춤곡, 성격소품, 변주곡의 특징을 살펴봄으로써 중·고급과정의 피아노 악곡해석에 도움을 주고자 한다.

(1) 조곡

조곡(suite)은 바로크시대의 중요한 기악 장르이다. 박자와 템포, 성격이 대조를 이루는 여러 개의 춤곡을 배열한 것으로, 전체가 같은 조성에 의해 통일된다. 기본 악장은 알르망드, 쿠랑트, 사라반드, 지그이다. 선택 악장은 알르망드 전에 제시되는 서주 (prelude, overture)와 기본악장인 사라반드와 지그 사이에 첨가되는 가보트(gavotte), 부레(bourrée), 미뉴에트(minuet), 샤콘(chaconne) 등이 있으며, 이와 같은 선택 악장은 조곡의 구성에 변화를 준다. 또한 각 춤곡들, 특히 사라반드 후에 더블(double)이라고 불리는 같은 춤곡의 장식된 형태가 한 번 더 이어져 나오기도 한다. 각 춤곡은 대부분 2부 형식을 갖는다.

① 알르망드(allemande)

프랑스에서 유행한 독일풍의 춤곡이다. 보통 빠르기의 2박자 계통으로 곡의 분위기는 대체적으로 진지하다. 일반적으로 곡의 처음은 1개 이상의 짧은 상박으로 시작하고 불규칙한 길이의 프레이즈와 모방적인 짜임새가 특징이다.

② 쿠랑트(courante)

프랑스 춤곡으로 프랑스어 'courir(뛰다)'에서 비롯된 이름이다. 17세기에 이탈리아풍의 코렌테와 프랑스풍의 쿠랑트의 2개의 유형으로 갈라졌다. 코렌테는 빠르고 화성적 양식의 $\frac{3}{4}$ 또는 $\frac{3}{8}$박자로 끊임없이 뛰며 돌아다니는 듯한 음형을 지녔으나, 쿠랑트는 보통 빠르기의 $\frac{3}{2}$ 또는 $\frac{6}{4}$박자이며 미묘한 당김음과 대위적인 짜임새를 가진다.

③ 사라반드(sarabande)

스페인 춤곡으로 3박자 계통의 느린 곡으로 앞의 악장들보다 위엄이 있고 장엄하며 화성적이다. 당김음의 리듬을 가지며 엑센트가 붙는 경우가 많으며 상박 없이 시작하고 일반적으로 셋째 박에서 종지한다. 4마디 혹은 8마디의 프레이즈 구조와 꾸밈음이 많은 단순한 멜로디가 특징이다.

④ 지그(gigue)

영국 춤곡으로 $\frac{6}{8}$ 또는 $\frac{9}{8}$박자로 가볍고 빠른 리듬이 특징이며 종종 부점 리듬과 모방적 짜임새를 갖는다. 지그는 모음곡의 마지막 악장에 주로 나타난다.

(2) 춤곡

춤곡이란 춤을 위한 음악이라는 뜻으로 춤의 특징적 리듬이나 그 형태를 유지하면서 순수하게 음악회용으로 만들어진 작품까지도 의미한다. 명확한 박자에 의한 규칙적인 리듬과 곡의 각 부분이 명확하게 구분되며, 각 춤곡은 개성적인 리듬과 템포를 지닌다.

① 미뉴에트(minuet)

본래 프랑스 시골에서 추던 3박자의 춤으로, 1650년경 궁정에서 처음으로 선보인 후 루이 14세 치하에서 공식 궁정무용이 되었다. 미뉴에트는 프랑스어의 형용사 'menu(작다)'에서 비롯된 이름으로 작고 우아한 스텝이 특징이다. 륄리(J. B. Lully)는 이를 오페라와 발레에 도입하였으며, 이것이 다른 나라에 보급되어 조곡이나 교향곡의 한 악장으로 사용되었다. ABA 3부분 형식으로 구성되며, 첫 A부분을 제1미뉴에트, B부분을 트리오, 마지막 A부분을 제2미뉴에트라고 부른다.

② 왈츠(waltz)

18세기 중엽 오스트리아 및 바이에른 지방에서 유래한 $\frac{3}{4}$박자의 경쾌한 민속춤곡이다. '쿵짝짝' 하는 3박자 리듬에 기초하여 남녀가 한 쌍으로 원을 그리며 추는 춤으로 19세기 유럽에서 널리 유행하였다. 일반적으로 첫 박을 강조하고 셋째 박에 이차적인 주의가 요구된다. 보통 두 도막 혹은 세 도막 형식으로 된 왈츠가 몇 개 연결되고 서주와 코다(coda)가 앞뒤에 붙는다(백병동, 2007).

③ 마주르카(mazurka)

마주르카(또는 마주르)라는 말은 폴란드의 마조프세 지방에서 유래되었다. 이 춤은

12세기경부터 존재하였던 것으로 전하나, 유행하기 시작한 것은 1600년대에 상류사회에 보급되면서부터이다. 마주르카춤에는 마주르·쿠야비아크·오베레크의 세 종류가 있다. 각각 특징이 있으나 공통된 특징으로는 제2박·제3박에 강한 악센트가 붙는 경우가 많고, 리듬은 제1박이 분할되는 경우가 많다.

④ 폴로네이즈(polonaise)

16세기 말 궁정의 행렬에서 비롯된 것으로 남녀가 여러 조로 나란히 줄을 지어 나아가면서 춤을 춘다. 원래는 기사들의 춤이었으나 뒤에 여성 파트너가 끼게 되었다. 장엄하고 격식 있는 무용으로 궁정이나 귀족들의 저택에서 무도회가 시작될 때에 추었다. 18세기에는 무용에서 독립된 기악곡 형식이 나타났으며 보통속도의 3박자로서 여린박 마침을 지닌 프레이즈 구조와 짧은 리듬 동기의 반복이 특징이다.

(3) 성격소품

성격소품(character pieces)은 독일어인 'charakterstück(특성)'에서 유래한 용어로 특정한 분위기나 사상을 담은 짧은 음악작품을 지칭한다. 베토벤의 3개의 바가텔(bagatelle)이 성격소품의 효시로 기록되고 있으며(김용환, 2002), 낭만시대의 성격소품은 문학 또는 작곡가의 철학과의 연관성으로 인해 곡의 해석에 대한 많은 것을 암시한다. 성격소품에는 표제가 없는 작품도 있고, 표제가 있는 작품도 있으며, 표제가 있는 경우의 성격소품은 표제가 곡의 해석에 대한 힌트를 제공한다. 녹턴, 즉흥곡, 랩소디, 발라드, 인터메조 등이 이에 해당된다. 대부분 단순한 구조의 ABA의 3부 형식으로 되어 있다.

① 녹턴(nocturne)

야상곡이라고도 지칭하며, 녹턴을 가장 처음 작곡한 사람은 아일랜드의 작곡가인 필드(J. Field)로 알려져 있다. 분산화음의 반주에 느린 속도의 꿈꾸는 듯한 선율이 특징이며, 쇼팽에 의해 보다 정교하고 세련된 피아노 소품으로 완성되었다.

② 즉흥곡(impromptu)

작곡자가 마음속에 떠오른 악상에 즉흥적인 요소를 가미하여 자유롭게 창작한 악곡이다. 일반적으로 빠르고 활기찬 부분과 이에 대립되는 서정적인 부분으로 구성되어 있다. 슈베르트와 쇼팽의 작품이 대표적이다.

③ 랩소디(rhapsody)

민속적이거나 서사적인 성격을 지닌 자유로운 형식의 악곡이다. 리스트, 브람스, 드보르작의 작품이 대표적이며 과장되고 대조되는 성격들의 구성과 민속적 주제의 사용이 특징이다.

④ 발라드(ballade)

원래 줄거리가 있는 서사시에 의한 가곡을 지칭하는 성악곡의 형식이었으나, 쇼팽과 브람스가 성격소품의 피아노곡에 발라드라는 용어를 사용하였다. 악곡마다 다양한 형식을 취하며 장중하고 우아하며 이야기하는 듯한 스타일과 후렴구를 가지는 것이 특징이다.

(4) 주제와 변주

주어진 주제(theme)에 따라서 그 멜로디의 모양을 바꾼다든지 리듬이나 화성을 변화시키든지 또는 느낌이나 성격까지도 바꾸어서 이를 예술적인 구상에 의해서 배열한 것을 변주곡(variation)이라고 한다. 변주곡은 주제를 어떻게 변형하는가에 따라 음형 변주곡, 성격 변주곡으로 구분되며, 샤콘과 파사칼리아도 변주곡과 같은 형식에 포함된다.

① 음형 변주(figurative variation)

주제에 들어 있는 멜로디의 윤곽, 화성 구조, 악절, 마디 수 등을 유지한 상태에서 주제와 반주부의 리듬을 분할하고 화음 밖의 음으로 장식하며 주제를 변화시키는 변주곡이다. 모차르트의 「'아, 어머님께 말쓰드리죠' 주제에 의한 12개의 변주곡, K.265」이 이에 해당된다.

② 성격 변주(character variation)

성격 변주는 주제의 기분이나 성격을 바꾸어 변화시키는 것이다. 음형 변주와 달리 마디 수, 조성, 리듬, 박자가 모두 변화될 수 있으며 각 변주는 독립된 성격을 갖는다.

따라서 가곡적인 성격의 주제도 행진곡, 스케르초, 즉흥곡 등으로 바뀔 수 있다. 슈만의 「ABEGG 변주곡, Op. 1」이 이에 해당된다.

③ 샤콘(chaconne)과 파사칼리아(passacaglia)

4-8마디의 주제를 지속적으로 반복하면서 멜로디나 리듬에 다양한 변화를 준다. 전형적인 음형 변주의 일종이나 차이점은 주제가 구분 없이 계속해서 반복하면서 이어나가는 것이다. 파사칼리아는 주제가 베이스에 단성으로 제시되고 샤콘은 주제의 화성 조직이 처음부터 제시되고 반복된다.

2) 템포

템포는 '때' '시간'의 뜻이며 보통 빠르기표나 메트로놈표 등으로 표시된다. 템포가 음악의 한 요소로 생각되기 시작한 것은 17세기 이후의 일이며, 빠르기표는 16세기 이탈리아에서 나타나기 시작하여 17세기 중엽에는 독일에도 보급되었다. 퀀츠(Johann Quantz, 1697~1773)는 맥박에 근거하여 기준템포를 1분에 80으로 정하고, Allegro Assai는 ♩= 80, Allegretto는 ♪= 80이라는 규정법을 시도하였다(Kennedy & Kennedy, 2007). 한편, 객관적인 템포규정의 시도는 몇 사람의 실험 등을 거쳐 1816년에 있었던 멜첼(J. Maelzel)의 메트로놈의 발명에 이른다. 19세기에는 기초 템포뿐만 아니라 아고 긱과 같이 악곡의 구조에 바탕을 두는 템포의 변화도 지시하게 되었으며, 쇼팽에 이르러서는 템포 루바토가 빈번하게 사용되기 시작하였다.

(1) 악곡의 템포

템포는 악곡의 성격을 결정하는 중요한 요소이다. 정확한 템포는 존재하지 않으며 시대, 문화, 연주가에 따라 다양하다. 악곡에 표기된 메트로놈 숫자 역시 대략적인 속도를 제시해 주고자 함이지, 정확히 그 속도로 연주해야 함을 의미하지 않는다. 악곡에 표기된 메트로놈 속도를 지키고자 할 때 어떤 악곡은 너무 느리게 느껴지고 또 어떤 악곡은 너무 빠르게 느껴진 경험이 있을 것이다. 하지만 그렇다고 해서 연주가가 아무렇게나 악곡의 템포를 정해도 된다는 것은 아니다. 악곡의 템포 표시와 메트로놈 표시뿐만 아니라 박자, 다이내믹, 선율, 아티큘레이션, 짜임새 등의 작품내용과 구조형식을 바탕으로 악곡에 맞는 템포를 결정해야 한다(안미자, 2007; Rink, 1995). [악보 6-1]의 바흐 「프랑스 조곡, No. 5」, 알르망드의 템포를 정하는 방법을 예로 들어 보자. 악곡에는 템포 표시와 메트로놈 표시가 둘 다 없다. 하지만 알르망드가 $\frac{4}{4}$박자의 2성부 모방구조를 가진 보통 빠르기의 춤곡임을 주목하고 박자를 느끼며 여유롭게 춤을 출 수 있는 정도의 템포로 결정하는 것이 바람직하다.

[악보 6-1] 바흐 「프랑스 조곡, No.5」, 알르망드

(2) 아고긱

아고긱은 연주 시 리듬을 기계적으로 다루지 않고 템포에 미묘한 변화를 주어 다채롭고 풍부하게 표현하는 방법으로 넓은 의미에서는 랄렌탄도(rallentando), 아첼레란도(accelerando), 템포 루바토 등이 이에 포함된다(Randel, 1986).

좁은 의미에서 아고긱은 멜로디나 화성의 구조에 따라 자연스럽게 발생하는 다양한 강세에 음가의 길이를 약간 늘려 주어 그 효과를 내는 것이다. 프레이즈의 첫 음에 아고긱을 주면 약간의 여운을 가진 강조의 효과를 낼 수 있고, 좁게 도약하는 음보다 넓게 도약하는 음에서 조금의 시간을 더 주거나, 협화음으로 해결하는 불협화음에서 아고긱을 주면 곡에 보다 풍부한 감정과 긴장감을 더할 수 있다(Kennedy & Kennedy, 2007).

아고긱은 음악에서 주로 좁은 의미로 사용되며, 넓은 의미에서의 아고긱은 작곡가가 보통 악보에 기보한다. 다음은 자주 사용하는 템포 변화 용어이다.

- accelerando – 점점 빠르게
- stringendo – 서둘러서, 점점 빠르게
- ritardando – 점점 느리게
- rallentando – 서서히 점차적으로 느리게
- smorzando – 사라지며

- più mosso – 움직이는
- meno mosso – 덜 움직이는

(3) 루바토

루바토는 '뺏다'의 의미를 가진 이태리어인 'rubare'를 어원으로 한 용어로 음악적 표현을 위해서 전체의 기본 템포는 변화시키지 않고, 한 프레이즈 중 특정한 음표의 길이를 늘이고 다른 부분은 축소하는 것을 말하며, 이는 템포의 융통성을 가능케 한다 (Kennedy & Kennedy, 2007). 루바토는 악보에 거의 기보되지 않고 연주자의 재량에 따라 사용된다. 루바토를 사용할 때에는 기보된 음표의 음가를 무시해서는 안 되며, 루바토 후에는 본래의 리듬으로 되돌아가야 한다. 루바토는 다음과 같은 경우에 주로 사용된다(안미자, 2007).

① 음악이 페르마타로 접근하는 부분

[악보 6-2] 베토벤 「소나타, Op. 22」, 1악장, 124-127마디

② 클라이맥스로 접근하는 부분에 크레센도 표시가 있는 부분

[악보 6-3] 베토벤 「소나타, Op. 31, No. 2」, 1악장, 8-13마디

③ 음악이 주제로 되돌아가기 전 경과구의 끝부분

[악보 6-4] 베토벤 「소나타, Op. 14, No. 2」, 1악장, 24-26마디

④ 서정적인 모티브가 선율의 나머지 부분과 다르거나 혹은 분리된 부분

[악보 6-5] 베토벤 「소나타, Op. 22」, 1악장, 42-44마디

3) 리듬과 박자

리듬은 음악의 생명이라고 간주될 만큼 중요하다. 음악의 출발은 리듬이고 음악의 형태를 만드는 것 또한 리듬이며, 연주가의 해석 또한 작품의 리듬구조에 따라 정해진다(Camp, 1995; Swinkin, 2015). 기본적으로 리듬은 박자의 강박과 약박의 구조에 따라 강세와 패턴이 달라지므로 박자와 연계해서 파악해야 한다. 또한 리듬은 당김음, 긴 음 앞에 오는 짧은 음에 의해서도 달라지므로 이러한 점에도 반드시 유의해야 한다.

(1) 리듬의 강세와 리듬패턴

① 박자에 따른 리듬의 강세

[악보 6-6]에서 보면 같은 음가로 이루어진 리듬이라도 박자에 따라 강세가 달라지

는 것을 알 수 있다. 강세가 오는 곳이 달라지면서 같은 음가를 가진 리듬이라도 전혀 다른 성격의 리듬패턴이 형성된다.

[악보 6-6] 박자에 따른 리듬의 강세

② 당김음에 의한 리듬의 강세 변화

리듬의 강세는 당김음에 의해 원래의 위치가 달라진다. 당김음은 약박에 강박보다 긴 음이 오는 경우, 붙임줄이 강박에 이어지는 경우, 약박에 악센트가 위치하는 경우, 쉼표가 강박에 위치하는 경우에 발생한다. [악보 6-7]과 같이 네 가지 당김음은 강박의 강세를 약박으로 이동시킨다.

[악보 6-7] 당김음에 의한 리듬의 강세 변화

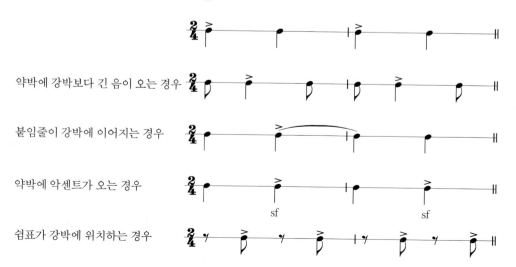

③ 긴 음 앞에 오는 짧은 음에 의한 리듬패턴의 변화

긴 음 앞에 오는 짧은 음도 리듬패턴에 변화를 준다. 작곡가가 특별한 표기를 하지 않는 이상 긴 음 앞에 오는 짧은 음은 이어 오는 긴 음에 에너지를 전달한다. 따라서 [악보 6-8]과 같이 긴 음 앞에 짧은 음이 놓인다면 앞에 있는 짧은 음은 뒤에 있는 긴 음과 연결해서 리듬패턴을 구성한다(Sinn, 2013).

[악보 6-8] 긴 음 앞에 오는 짧은 음에 의한 리듬패턴 변화

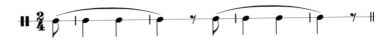

부점 리듬은 아래와 같이 음표의 기둥을 1박 단위로 묶어서 표기하는 기보법에 의해 자칫 이 두 음을 한 묶음으로 오해하기 쉽다. 하지만 부점 리듬의 16분음표는 다음에 오는 점8분음표의 상박이므로 앞의 음이 아니라 뒤의 음에 연결된다.[2] 따라서 16분음표와 다음에 오는 점8분음표를 박의 기준으로 분리해서 연주해서는 안 된다. 이러한 개념적 오해는 부점을 연주하는 테크닉에도 영향을 미친다. 부점은 다음 [악보 6-9]의 예시와 같이 연주하는 것이 보다 자연스럽다(Sinn, 2013).

[악보 6-9] 부점 리듬 연주법

베토벤 「소나타, Op. 26」, 3악장 1-2마디의 부점도 [악보 6-10]과 같이 16분음표를 다음에 오는 점8분음표와 연결해서 연주하도록 한다(Sinn, 2013).

---

2) 부점 리듬의 마지막 음은 약박의 16분음표로 끝나지 않고 강박의 긴 음가로 끝난다.

[악보 6-10] 베토벤 「소나타, Op. 26」, 3악장, 1-2마디, 부점 리듬 연주법

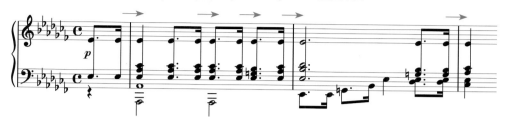

④ 리듬학습 단계

악곡의 리듬은 다음과 같은 단계로 학습될 수 있다. 첫째, 악곡의 박자를 익힌다. 둘째, 박자, 당김음, 긴 음 앞에 오는 짧은 음 등을 파악하여 리듬패턴의 구조와 강세를 파악한다. 셋째, 악곡의 리듬을 리듬패턴 단위로 익힌다(Camp, 1995; Kennedy & Kennedy, 2007).

다음 베토벤 소나타를 예를 들어 살펴보자. 이 곡은 $\frac{2}{4}$박자이므로 1단계에서는 박자에 따라 첫 박에 오는 자연스러운 강세를 익힌다. 2단계에서는 당김음이나 긴 음 앞에 오는 짧은 음에 따른 강세의 변화와 리듬패턴을 파악해야 한다. 이 곡은 5-6마디에서 붙임줄에 의해 첫 박의 강세가 8분음표 뒤로 이동하고, 1마디와 7마디의 바로 앞에 짧은 8분음표의 상박이 있기 때문에 리듬패턴은 앞마디의 짧은 상박부터 시작한다. 따라서 [악보 6-11-2]의 2단계와 같은 강세와 리듬패턴이 이루어진다. 3단계에서는 2단계에서 파악한 강세와 리듬패턴을 적용하여 세부적인 리듬을 익힌다.

[악보 6-11-1] 모차르트 「소나타, Op. 49, No. 1」, 1악장, 1-8마디

[악보 6-11-2] 베토벤 「소나타, Op. 49, No. 1」, 1악장, 1-8마디, 리듬 학습 단계

(2) 독립된 성부에 따른 리듬의 구조

성부간의 리듬이 일치하는 경우가 일반적이나 간혹 성부 간의 리듬이 일치하지 않고 서로 상충하는 경우가 있다. 이는 악곡에 긴장감을 더하기 위한 것으로 이러한 경우에는 성부별로 리듬을 파악하여야 한다. 다음 슈베르트 「즉흥곡 Op. 90, No. 2」의 1-2마디를 예로 들어 보자([악보 6-12-1] 참조). 맨 위 성부는 첫 박에 강세가 놓이나, 가운데 성부는 첫 박에 쉼표가 있기 때문에 둘째 박과 셋째 박의 리듬이 강조된다. 맨 아래 성부는 악센트 표기에 의해 둘째 박에 강세가 놓이게 된다. 따라서 세 성부의 리듬이 모두 다르며, 이를 잘 연주하기 위해서는 성부 간의 상충되는 리듬의 강세에 따른 긴장감을 이해해야 한다(Schiff, 2016).

[악보 6-12-1] 슈베르트 「즉흥곡, Op. 90, No. 2」, 83-86마디

[악보 6-12-2] 슈베르트 「즉흥곡, Op. 90, No. 2」, 83-84마디, 성부의 리듬 구조

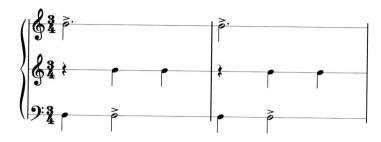

4) 프레이즈

프레이즈는 음악적 내용을 담는 음악적 문장이다. 산문이 단순한 문장으로부터 아주 복잡한 문장으로 나누어지듯이, 음악의 프레이즈도 다양한 길이와 방법으로 나누어진다. 산문을 읽을 때 문맥과 내용에 따라 연결해야 할 부분과 끊어야 할 부분, 강조해야 할 부분과 그렇지 않은 부분을 구분해서 읽어야 전달력이 있듯이 음악도 그러하다. 다음의 예시에 7개의 단어로 이루어진 문장을 어디서 끊어서 읽고 어떤 단어를 강조하는가에 따라 구분하고 밑줄을 그었다. 같은 단어로 이루어졌지만 그 의미가 달라지지 않는가? 이 중 잘못된 구분으로 의미전달이 불분명해지는 문장도 있다. 음악의 프레이즈도 이와 마찬가지이다.

<u>미래는</u> / 현재 우리가 / 무엇을 하는가에 / 달려 있다.
<u>미래는</u> 현재 / 우리가 / 무엇을 하는가에 / 달려 있다.
미래는 / <u>현재</u> / 우리가 무엇을 / 하는가에 달려 있다.
미래는 / <u>현재</u> 우리가 / 무엇을 하는가에 / 달려 있다.

(1) 선율 프레이즈

프레이즈를 나누기 위해서 프레이즈를 이루는 최소단위인 모티브를 분석하는 것이 도움이 된다. [악보 6-13]에서는 최소단위인 모티브들이 프레이즈로 연결되는 과정을 보여 준다. 모티브 혹은 모티브의 연결은 하위단계 프레이즈를 구성한다. 모티브로 이루어진 하위단계 프레이즈는 연결되어 중위단계 프레이즈를 이루고, 이들이 다시 결합하여 상위단계의 프레이즈를 이룬다. 따라서 프레이즈를 효과적으로 연주하기 위해서

는 이러한 프레이즈의 계층적 구조를 파악해야 한다(Camp, 1995).

[악보 6-13] 하이든 「미뉴에트, Hob.IX: 3, No.4」, 1-4마디

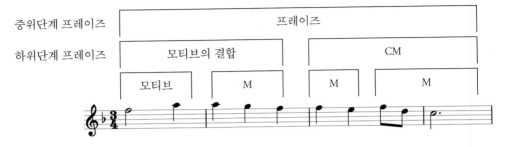

(2) 화성 프레이즈

화성의 분석을 통해서도 프레이즈의 구조를 파악할 수 있다. 이 악곡의 화성은 다음과 같이 반종지가 4마디에 놓이고 완전종지가 8마디에 있다. 따라서 전체 8마디를 상위 프레이즈로 보고 4마디 단위를 중위 프레이즈로 나눌 수 있다.[3]

[악보 6-14] 하이든 「미뉴에트, Hob.IX: 3, No.4」, 1-8마디, 화성적 프레이즈

---

3) 상위 프레이즈를 악절(period), 중위 프레이즈를 악구(phrase), 하위 프레이즈를 악구단편(phrase segment)으로 분석하기도 한다(송무경, 2017).

(3) 성부별 프레이즈

프레이즈는 또한 성부별로 파악될 수 있다. 슈베르트 「즉흥곡, Op. 90, No. 2」는 언뜻 2성부로 볼 수 있으나 3성부로 이루어진 악곡이며, 멜로디 성부의 프레이즈 구조와 베이스 성부의 프레이즈 구조 그리고 가운데 성부의 프레이즈 구조가 각각 다르다. 각 성부의 프레이즈는 [악보 6–15]와 같이 나눌 수 있다(Schiff, 2016).

[악보 6-15] 슈베르트 「즉흥곡, Op. 90, No. 2」, 1-4마디, 성부별 프레이즈

5) 다이내믹

음악 속의 다이내믹(dynamics)[4]은 삶의 희로애락을 표현하는 인간 감정에 비유하여 설명할 수 있다. 기쁘고 환호하거나 슬프고 우울할 때 우리는 소리의 크기로 감정을 표현한다. 대체로 감정이 고조되면 소리는 커지고 감정이 가라앉으면 소리는 작아진다. 음악에서도 포르테(*f*)나 포르티시모(*ff*)는 흥분, 기쁨, 분노, 환호 등을 피아노(*p*)나 피

---

4) 다이내믹이란 음량의 변화에 따른 악상표현을 의미한다(Donington, 1980).

아니시모(**pp**)는 슬픔, 외로움, 적막함, 고요함, 평온함 등을 그려 낸다. 따라서 다이내
믹 기호를 단순히 음량의 크기로 해석해서는 안 되며, 다이내믹 기호에 담긴 내면을 해
석하는 것이 필요하다.

  이때 다이내믹은 음악적 내용에 대한 표현이므로 프레이즈의 구조에 직접적인 영향
을 받는다. 따라서 섬세한 다이내믹의 조절을 위하여 프레이즈의 구조에 따른 수평적
다이내믹과 성부짜임새에 다른 수직적 다이내믹에 대해 살펴보아야 한다.

(1) 프레이즈 구조에 따른 수평적 다이내믹

  다이내믹의 구조도 프레이즈의 구조와 같이 상위·중위·하위 단계로 나뉜다(Sinn,
2013). [악보 6-16]은 모차르트「미뉴에트, K. 2」, 1-8마디 선율의 프레이즈를 계층적
으로 구분한 것이다. 이 곡에서는 다이내믹이 **mp**와 **mf**만 기보되어 있는데, 이는 상
위단계 프레이즈에 대한 다이내믹으로 앞의 4마디는 **mp**로 뒤의 4마디를 **mf**로 연주
하라는 지시이다. 이를 그대로 따라 4마디씩 똑같은 다이내믹으로 연주하면, 중위단계
프레이즈 선율의 하강과 상승, 하위단계 프레이즈 선율의 리듬, 음형, 아티큘레이션을
연주로 표현하기 어렵다. 따라서 이러한 상위·중위·하위 단계 프레이즈를 잘 살려서
연주하기 위해서는 [악보 6-17]과 같은 다이내믹이 요구된다.

[악보 6-16] 모차르트「미뉴에트, K. 2」, 1-8마디, 계층적 프레이즈 구조

[악보 6-17] 모차르트 「미뉴에트, K. 2」, 1-8마디, 프레이즈 구조에 따른 다이내믹 구조

[악보 6-18]과 같이 상위단계 다이내믹이 크레셴도이고 프레이즈 구조가 복잡한 경우에도 섬세한 다이내믹의 조절이 필요하다. 베토벤은 악보상에 p에서 f로의 크레셴도만 제시하였다. 하지만 여기서는 2음씩 슬러로 묶여 있는 모티브들이 순차적으로 진행하지 않고 상하로 반복적으로 움직이는 복잡한 음형을 가지고 진행한다. 따라서 이러한 프레이즈를 효과적으로 연주하기 위해서는 [악보 6-19]와 같은 계층적 다이내믹이 요구된다. 상위단계 다이내믹인 크레셴도를 중위단계 프레이즈에 대한 이해 없이 무작정 커지려고만 하면 안 된다. 중위단계 프레이즈는 4박 묶음과 5박 묶음, 2박 묶음 4개로 이루어져 있으므로 크레셴도가 6단계로 이루어져야 한다.

[악보 6-18] 베토벤 「소나타, Op. 31, No. 2」, 1악장, 9-13마디

(2) 성부 짜임새에 따른 수직적 다이내믹

피아노 악곡에서는 수평적인 다이내믹과 수직적인 다이내믹이 존재한다(Sinn, 2013). 수직적인 다이내믹이란 주 성부는 크게 연주하여 두드러지게 표현하고 보조 성

부는 약하게 연주하는 것을 말한다. 작곡가는 일반적으로 수평적인 다이내믹을 악보에 표기하고 수직적인 다이내믹은 꼭 필요한 경우가 아니면 표기하지 않고 연주자의 자율에 맡긴다.

[악보 6-19]를 살펴보자. 이 부분의 다이내믹은 ***p*** 로 표기되어 있지만, 3성부를 모두 ***p*** 로 연주해서는 멜로디가 잘 부각되지 않는다. 따라서 곡의 분위기는 ***p*** 가 나타내는 평온함, 고요함 등을 간직하면서, 멜로디 성부는 ***mf***, 베이스 성부는 ***mp***, 가운데 성부는 ***p*** 등과 같이 성부 간 다이내믹을 달리하여 연주하여야 한다.

[악보 6-19] 슈베르트 「즉흥곡, Op. 90, No. 2」, 1-4마디

알베르티 베이스 반주를 가진 악곡에서도 성부별로 다이내믹을 달리하여 연주하여야 한다. 특히 알베르티 베이스는 베이스와 화성을 묶어서 짧은 음표로 연주하기 때문에 모두 같은 다이내믹으로 연주하게 되면 자칫 시끄러워질 수 있다. 따라서 [악보 6-20]과 같이 알베르티 베이스를 베이스와 화성으로 분리하여 화성을 베이스보다 작게 연주하여야 한다.

[악보 6-20] 모차르트 「소나타, K. 279」, 1악장, 5-8마디

[악보 6-21]과 같이 오른손 성부에 선율과 화성이 묶여 있는 경우에도 선율과 화성을 분리하여 선율 성부는 좀 더 세게, 화성 성부는 좀 더 작게 연주하여야 한다. 이때 선율 성부를 더 크게 치는 것에 집중하기보다 화성 성부를 보다 작게 연주하는 데 주의를 기울이며 연습하는 것이 더 효과적일 수 있다.

[악보 6-21] 슈베르트 「즉흥곡, Op. 142, No. 3」, var. 1, 19-20마디

[악보 6-22]에서처럼 양손이 유니즌으로 연주하는 선율도 위성부와 아래성부를 같은 음량의 크기로 연주하는 것보다 다르게 연주하는 것이 효과적이다. 일반적으로 위성부를 아래성부보다 크게 연주한다.

[악보 6-22] 슈만 「나비, Op. 2」, 1-6마디

6) 아티큘레이션

아티큘레이션은 음을 시작하고, 강조하며, 지속시키고, 나누는 방법을 의미한다. 음악적 문장인 프레이즈를 '어떻게' 말하는가에 해당하는 표현방법이다. 아티큘레이션은 음악의 표현력을 향상시키기 위하여 악구와 악구 사이의 균형과 박자의 윤곽을 벗어나지 않는 한도 내에서 음을 떼기도 하고 연결시키기도 하는 것이다. 이것은 특별히 명료성을 필요로 하는 곳에서 중요한 수단이다. 아티큘레이션의 대표적인 형태는 스타카

토, 논-레가토, 테누토, 레가토이며, 건반에 누르고 있는 길이는 스타카토가 가장 짧고 논-레가토, 테누토, 레가토 순으로 길어진다.

[악보 6-23] 네 가지 아티큘레이션

같은 아티큘레이션이라도 작품의 템포, 짜임새, 다이내믹에 따라 주법이 달라지고, 아티큘레이션 표기가 없는 악곡에서는 연주가가 재량으로 아티큘레이션을 정할 수 있다. 다음에서는 아티큘레이션 표기가 없는 악곡에서 아티큘레이션을 정하는 방법과 스타카토와 레가토의 다양한 주법에 대해 알아보도록 하자.

(1) 아티큘레이션 표기가 없는 악곡

아티큘레이션 표기가 없는 악곡에서는 연주가가 재량으로 정하거나 에디션을 참조할 수 있다. 특히 바로크시대의 작품과 같이 각각의 음을 최대한 명확한 아티큘레이션으로 연주해야 하는 경우 아티큘레이션을 정하는 것은 더욱 중요하다. 바로크시대 건반악기들은 다이내믹의 변화가 제한적이었기 때문에 소리를 끊어 악센트를 만들어서 셈여림의 효과를 얻었으나, 이러한 연주 관습이 대체적으로 잘 통용되었으므로 작곡가들은 자신의 작품에 아티큘레이션이나 프레이즈 표시를 거의 하지 않았다. 따라서 바로크시대 작품을 연주할 때는 이러한 점을 염두에 두고 연주자가 아티큘레이션을 결정해야 한다.

바로크시대 작품들에 주로 적용되는 아티큘레이션은 4분음표와 8분음표로 이루어진 곡에서는 4분음표는 논-레가토, 8분음표는 레가토로 연주하고, 8분음표와 16분음표로 이루어진 곡에서는 8분음표는 논-레가토, 16분음표를 레가토로 연주한다. 그리고 선율동기들은 흔히 레가토로 연주하는 반면, 큰 도약에서는 논-레가토로 연주한다(Lyke, Haydon, Rollin, 2011). [악보 6-24]는 바흐「프랑스 조곡, No. 5」, 쿠랑트, 1-3마디에 대한 두 가지 아티큘레이션 예시이다.

[악보 6-24] 바흐 「프랑스 조곡, No.5」, 쿠랑트, 1-3마디, 아티큘레이션 예시

〈예시 1〉 Bischoff 에디션

〈예시 2〉 Schneider 에디션

(2) 스타카토

스타카토는 누르는 길이에 따라 스타카티시모, 스타카토, 메조스타카토 등으로 구분하고, 주법에 따라 손가락 스타카토, 손목 스타카토, 자연낙하 스타카토, 순간밀기 스타카토 등 각양각색이므로 반드시 곡의 성격을 파악하여 그에 맞는 스타카토를 선택해야 한다. 다음은 곡의 템포, 짜임새, 다이내믹에 따라 스타카토의 길이와 주법을 다르게 연주해야 하는 예시이다. [악보 6-25]에서는 16분음표 스타카토를 Allegretto vivace 속도로 여리게(𝑝) 연주해야 하므로, 짧고 가볍게 손가락 스타카토로 연주하는 것이 효과적이다. 반면, [악보 6-26]에서는 양손 코드의 8분음표 스타카토를 8분쉼표를 사이에 두고 한 박자의 간격으로 느리고(Andante) 여리게(𝑝) 연주해야 하므로, 자연낙하 주법을 사용하여 8분음표를 가볍게 팅기듯이 연주하는 것이 요구된다. [악보 6-27]에서는 양손 코드의 4분음표 스타카토를 세게(𝑓) 연주해야 하므로 짧고 강하게 순간밀기 주법을 사용하여 연주하는 것이 효과적이다.

[악보 6-25] 베토벤 「소나타, Op.31, No.3」, 2악장, 1-4마디

[악보 6-26] 베토벤 「소나타, Op.14, No.2」, 2악장, 1-4마디

[악보 6-27] 슈만 「어린이 정경, Op.15, No.6」, 1-4마디

(3) 레가토

레가토 표기는 너무나 다양하게 이루어지기 때문에 일관적으로 설명하기가 어렵다. 슬러가 레가토를 표기하는 가장 일반적인 방법이기는 하나 슬러는 프레이징이나 특정한 아티큘레이션을 나타내기 위해 사용하기도 한다. sempre legato라고 직접 표기하는 경우도 있으며, dolce, cantabile와 같은 표현으로 레가토를 암시하는 경우도 있다.[5] 레가토 역시 손가락 레가토, 손목 레가토, 팔 레가토, 레가토 페달링 등 그 주법이 다양하다. 따라서 연주자는 악곡에 맞는 레가토 주법을 찾아야 한다. 예를 들어, 모차르트 소

---

5) 바로크음악에서와 같이 레가토 표기가 아예 없는 경우도 있다.

나타에서는 페달을 사용한 과도한 레가토는 프레이즈의 깔끔함과 명료함을 손상시킨다. 여기서는 음들을 서로 터치될까 말까 하게 연결하는 레가토를 사용하여 이 음악의 성격을 표현해야 한다(안미자, 2007). 반대로, 쇼팽의 녹턴에서는 페달을 충분히 사용하고 음들이 서로 터치되게 때로는 음들을 중첩시켜 연결하는 레가토로 연주하는 것이 효과적이다.

[악보 6-28] 모차르트 「소나타, K.545」, 1악장, 5-8마디

[악보 6-29] 쇼팽 「녹턴, Op.55, No.1」, 1-8마디

7) 꾸밈음

꾸밈음은 보통 작은 음표나 특정의 기호로 표시된다. 멜로디에 우아함을 더하거나 특정한 음과 리듬에 활기를 불어넣기 위해 또는 화성에 변화를 주기 위해 사용된다. 꾸밈음은 바로크 시대에 체계화가 되었으며 18세기에 접어들면서 악보에 정확하게 기보

되었다. 19세기 이후에도 사용되었으나 그 종류는 감소되고 대부분 음표로 기보되는 일이 많아졌다. 꾸밈음에는 여러 종류가 있다. 이 중 가장 빈번히 사용되는 앞꾸밈음, 트릴, 모르덴트, 돌림음, 복합 꾸밈음에 대해 살펴보자.

(1) 앞꾸밈음

앞꾸밈음(appoggiatura)은 주음 앞에 작은 음표로 나타낸다. 박에서 연주되고 주음의 음가에서 앞꾸밈음의 음가를 빼고 연주한다. 긴 앞꾸밈음, 짧은 앞꾸밈음, 겹 앞꾸밈음의 세 가지 유형이 있다.

① 긴 앞꾸밈음

긴 앞꾸밈음은 주음보다 강조하여 연주하며[6] 대개 두 박자 단위의 악곡에서는 주음의 절반 길이의 음가로 연주한다. 모차르트「Klavierstück K. 33b」, 11–12마디는 [악보 6–30]과 같이 연주한다.

[악보 6–30] 모차르트「Klavierstück, K.33b」, 11–12마디

세 박자 단위의 악곡에서는 긴 앞꾸밈음을 주음의 $\frac{1}{3}$ 혹은 $\frac{2}{3}$의 음가로 연주한다. 길이를 정확히 표시하기 위해 실제 음가의 음표로 기보하기도 한다. 모차르트「미뉴에트, K. 6」의 7–8마디는 [악보 6–31]과 같이 연주한다.

---

6) 앞꾸밈음은 대부분 전타음으로 비화성음임을 표시하기 위하여 꾸밈음으로 기보한 경우가 많다. 따라서 이를 강조해서 연주하는 것이 일반적이다.

[악보 6-31] 모차르트 「미뉴에트, K.6」, 7-8마디

　　코드 앞에 긴 앞꾸밈음이 있으면, [악보 6-32]와 같이 꾸밈음과 코드를 박에서 동시에 연주한다.

[악보 6-32] 바흐 「프랑스 조곡, No.5」, 루르, 5마디

② 짧은 앞꾸밈음

　　짧은 앞꾸밈음은 악센트 없이 짧고 빠르게 연주하며 주음의 음가와 관계가 없다. 짧은 앞꾸밈음은 순차적으로 진행하는 경우, 3도의 도약을 감추려는 경우, 셋잇단음표 바로 앞에 붙은 경우, 앞꾸밈음이 베이스와 완전 옥타브를 이루는 경우(이때 주음이 비화성음이 된다)에 사용되었다. 바로크시대와 고전시대에는 박과 함께 연주하는 것이 주된 주법이었으나 19세기 중반 이후로 앞꾸밈음이 박의 앞에 나오는 경우도 있다.

[악보 6-33] 모차르트 「소나타, K.311」, 3악장, 1마디

[악보 6-34] 모차르트 「소나타 K.311」, 3악장, 4마디

③ 겹 앞꾸밈음

주음 앞에 2음 이상으로 이루어진 꾸밈음으로 제 박에 연주하며 주음을 강조하고 꾸밈음은 주음보다 작고 빠르게 연주하여야 한다(안미자, 2007).

[악보 6-35] 모차르트「소나타, K.330」, 1악장, 27-28마디

아르페지오로 이루어진 꾸밈음도 겹 앞꾸밈음[7]으로 보며 [악보 6-36]과 같이 겹 앞꾸밈음과 같은 방식으로 연주한다.

[악보 6-36] 모차르트「소나타, K.331」, 2악장, 11-12마디

[악보 6-37] 모차르트「소나타, K.331」, 3악장, 25-29마디

(2) 트릴

트릴(trill)[8]은 온음 혹은 반음사이의 두음을 서로 번갈아 연주하는 것이다. 멜로디에

---

7) 겹 앞꾸밈음은 슬라이드(slide)라고도 한다.
8) 떤 꾸밈음이라고도 한다.

생기를 더해 주며 순차 및 도약 진행하는 패시지, 선율의 시작 또는 마침, 지속음 또는
페르마타 등에서 자유롭게 사용된다. 형태에 따라 표준 트릴과 접미사를 가진 트릴로
구분한다. 트릴을 실음으로 기보하는 경우도 있으나 보통 tr 또는 ⚬ 등의 기호로 표기
한다. 트릴의 반복횟수는 곡의 형태나 빠르기에 따라 다르며 시작과 끝나는 부분의 형
태도 여러 가지이다. 17~18세기의 바로크시대에는 2도 위의 음에서 시작되는 것이 원
칙이었고, 19세기 전반 이후에는 주음에서 시작되는 일이 많다.

[악보 6-38] 트릴 연주법

① 표준 트릴

엠마누엘 바흐(C. P. E. Bach)는 표준 트릴을 항상 바로 위의 보조음에서 시작해야 한
다고 하였다. 또한 종지를 제외하고는 접미사 없이 연주하며 특히 연속적으로 하행하
는 선율에서는 접미사를 사용하지 않는다.

[악보 6-39] 바흐 「2성 인벤션, No. 15」, 1마디

표준 트릴이라도 ① 주음이 불협화음일 경우, ② 시작하는 위 보조음이 다른 성부와
병행 5도나 8도인 경우, ③ 원음이 순차 진행할 경우, ④ 주음이 온음계나 반음계를 끝
내는 경우, ⑤ 선행음이 보조음과 같은 경우, ⑥ 트릴음이 연속될 경우에서는 주음에서
시작한다(안미자, 2007).

[악보 6-40] 바흐 「파르티타, No. 1」, 알르망드, 30마디

② 접미사를 가진 트릴

접미사(suffix)는 트릴이 붙은 주음 다음에 첨부된 두세 개의 짧은 음표이다. 트릴처럼 빠르게 연주하며 트릴을 마무리하는 역할을 한다. 긴 음가 위의 트릴, 특히 종지에서의 트릴은 접미사가 표기되어 있지 않더라도 접미사를 붙여 연주한다.

[악보 6-41] 바흐 「프랑스 조곡, No. 5」, 알르망드, 1마디

[악보 6-42] 모차르트 「소나타, K. 333」, 3악장, 162-163마디

(3) 모르덴트

모르덴트(mordent)는 트릴과 정반대 방향으로 주음의 바로 아래음을 보조음으로 번갈아 연주하는 것이다. 모르덴트와 다음에 설명할 돌림음은 주음과 보조음 간격을 상황에 따라 온음으로 연주할 수도 있고, 임시표를 사용하여 반음으로 연주할 수도 있다. 모르덴트는 순차 진행이나 도약 진행을 막론하고 상행하는 음에서 주로 사용되며 하행하는 도약 진행에서는 별로 사용되지 않는다. 특히 하행 2도 진행 시에는 거의 사용되지 않는다.

[악보 6-43] 모르덴트 연주법

[악보 6-44] 바흐 「2성 인벤션, No.1」, 1마디

(4) 돌림음

돌림음(turn)은 접미사가 붙은 트릴을 축소한 것으로, 위 보조음과 아래 보조음을 동시에 연주하기 때문에 프랑스에서는 이중 종지(double cadence)라고 부른다. 이것은 긴 트릴을 붙일 시간이 없을 때 사용하기 위한 것이므로 긴 음표일 때 붙이는 것은 잘못 사용된 경우이다. 돌림음이 음표 위에 있으면 제 박자에 악센트를 붙여 연주해야 하고, 두 음표 사이에 있을 때에는 주음을 친 후에 악센트 없이 돌림음을 연주해야 한다.

[악보 6-45] 돌림음 연주법

[악보 6-46] 모차르트 「환상곡, K.475」, 1악장, 179마디

(5) 복합 꾸밈음

악곡을 살펴보면 단순 꾸밈음들을 복합적으로 사용하는 경우가 많다. 복합 꾸밈음(compound ornaments)에는 앞꾸밈음과 트릴, 앞꾸밈음과 모르덴트, 앞꾸밈음과 돌림음, 트릴과 모르덴트, 트릴과 접미사, 앞꾸밈음과 아르페지오, 돌림음과 트릴의 연결과 돌림음, 트릴, 모르덴트 세 가지를 연결한 것도 있다.

[악보 6-47] 바흐 「파르티타, No. 4」, 미뉴에트, 3-4마디

2. 운지법과 페달링

1) 운지법

운지법(fingering)이란 음을 연주하기 위해 적절한 손가락 번호를 결정하여 사용하는 일을 통틀어 지칭하는 용어이다. 좋은 운지법의 사용은 기교적인 문제뿐만 아니라 음악적 표현도 자연스럽게 해결해 주는 열쇠임에도 불구하고 많은 학생들은 이에 주의를 기울이지 않는다(안미자, 2007). 운지법은 악곡을 학습하는 과정에서 가능한 한 빨리 결정하는 것이 중요하다. 운지법을 자주 바꾸는 것은 테크닉뿐만 아니라, 음악적 표현과 암보에 있어서도 좋지 않은 영향을 미칠 뿐만 아니라 한 가지 방법으로 정한 후 이를 반복적으로 연습해서 강화시켜야 자연스러운 손가락의 움직임을 습득할 수 있기 때문이다.

에디션에 기록된 운지법은 학생에게 적합한지 아닌지에 따라 그대로 사용할지 아니면 바꿀지에 대한 여부를 결정하여야 한다. 편집자들은 작곡가가 기록한 것이 아닌 자신들이 결정한 운지법을 표기한다. 따라서 에디션에 표기된 운지법이 모든 사람에게 똑같이 효과적인 것은 아니다. 편집된 운지법을 시도해 보는 것은 도움이 되나 학생들이 에디션에 표기된 운지법을 반드시 지켜야 하는 것은 아니다. 손의 크기, 손가락의 비율, 스트레칭 정도는 사람마다 제각기 다르기 때문에 운지법에는 각자의 손에 맞는 방법들이 있을 수 있다(Lyke, Haydon, & Rollin, 2011). 따라서 학생들은 자신에게 가장 좋은 운지법을 찾아야만 한다. 학생들이 악보에 적혀 있는 손가락 번호를 그대로 따라야하는 경우는 작곡가가 그 번호를 거기에 적어 놓았을 때인데, 이는 작곡가가 원하는 소리나 해석을 이해하는 데 도움이 될 수 있기 때문이다. 다음에서는 온음계·반음계 스케일, 아르페지오, 옥타브, 도약하는 반주 음형, 연타음의 운지법을 결정하는 원리에 대해 살펴보자.

(1) 온음계 스케일 운지법

좋은 운지법 원칙을 학습하는 것은 스케일과 아르페지오 운지법에서부터 시작한다. 모든 장조, 단조, 스케일의 운지법은 다음과 같은 기본 규칙을 따른다(Lyke, Haydon, & Rollin, 2011). 이와 같은 규칙을 따른다면, 단지 몇 개의 스케일을 제외한 대부분의 스케일의 운지법을 해결할 수 있다.

- 엄지는 검은건반에서 사용하지 않는다.
- 기본 손가락 패턴은 3개의 손가락 그룹(1, 2, 3)과 4개의 손가락 그룹(1, 2, 3, 4)을 번갈아 가면서 쓰는 것이다.
- 흰건반에서 스케일의 처음 부분을 시작하고 올라갈 때, 왼손은 5번 손가락으로 오른손은 1번 손가락으로 시작한다. 반대로 흰건반에서 스케일의 처음 부분을 시작하고 내려올 때, 왼손은 1번 손가락으로 오른손은 5번 손가락으로 시작한다.

(2) 반음계 스케일 운지법

반음계 스케일은 다양한 운지법이 가능하다. 첫 번째 방법은 1번과 2번 손가락은 흰건반에 3번 손가락은 검은건반에 사용하는 것이다. 이 방법은 명확한 아티큘레이션을 가능하게 하지만 엄지를 자주 사용하게 되어 빠른 속도로 연주하기는 어렵다.

[악보 6-48] 1, 2, 3번 손가락을 사용한 반음계 스케일 운지법

반음계 스케일을 더 빠르고 레가토로 연주하기 위해서는 다음과 같이 4번 손가락을 한 번 사용하여 연주하는 것이 더 효과적이다.

[악보 6-49] 4번 손가락을 추가한 반음계 스케일 운지법

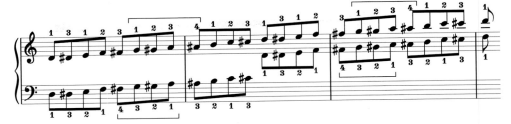

다음과 같이 두 옥타브를 기준으로 1, 2, 3번 손가락과 1, 2, 3, 4번 손가락을 반복하는 운지법은 아주 빠른 속도의 연주에 적합하다.

[악보 6-50] 두 옥타브를 기준으로 한 반음계 스케일 운지법

(3) 아르페지오 운지법

장조와 단조의 아르페지오 운지법은 C, F, G장조 또는 D, E, A단조와 같이 모두 흰건반을 연주하는 아르페지오를 기초로 한다. 아르페지오를 구성하는 음들을 코드로 연주해 보아 편안한 위치에 놓이는 손가락으로 결정하면 된다. 아르페지오를 연습할 때는 1전위와 2전위도 같이 연습한다.

[악보 6-51] 아르페지오 운지법

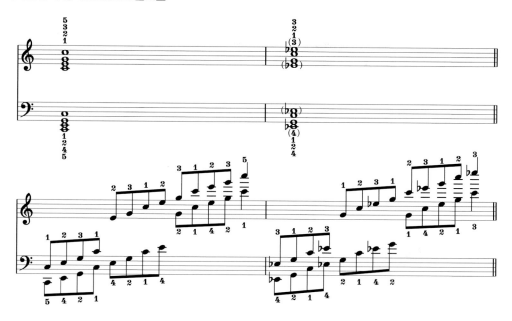

하지만 [악보 6-51]의 2마디의 C단조 2전위 화음과 같이, 아르페지오로 연주할 때 시작하는 음이 검은건반일 때에는 코드의 운지법과 아르페지오의 운지법이 달라진다. C단조 2전위 화음을 코드로 연주할 때는 맨 아래 음에 오른손 1번과 왼손 5번을 사용해야하지만, 아르페지오로 연주할 때는 오른손 3번과 왼손 4번을 사용한다.

(4) 옥타브 운지법

옥타브를 연주할 때 1~5번 손가락의 반복적 사용을 피하는 것이 보다 효과적이다. 일반적으로 흰건반에서는 1~5번을, 검은건반에서는 1~4번을 사용한다. 손이 큰 학생들은 3번 손가락도 같이 사용하여([악보 6-52] 참조) 보다 빠르게 레가토로 옥타브를 연주할 수 있다.

[악보 6-52] 옥타브 운지법

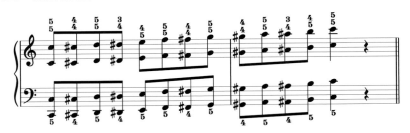

(5) 반복음 운지법

반복음을 연주할 때 같은 손가락을 반복해서 사용할 것인지 아니면 손가락 번호를 바꾸어서 사용할 것인지에 대한 고민이 생길 수 있다. 이는 어떤 소리를 낼 것인가에 따라 결정될 수 있다. 반복음에 같은 손가락을 사용하게 되면 손목과 팔을 사용하기 때문에 보다 강하고 타악기적인 소리를 낼 가능성이 많다. 반면에, 손가락 번호를 바꾸면서 반복음을 연주하면 손목과 팔을 덜 사용하기 때문에 보다 부드러운 소리를 낼 수 있다. 또한 손가락 번호를 바꿈으로써 자연스러운 다이내믹의 변화로 프레이징의 표현을 더 쉽게 할 수 있다. 연주속도에 따라서도 운지법이 달라진다. 빠른 반복음은 같은 손가락으로 연주하는 것보다 손가락 번호를 바꾸어 연주하는 것이 더 쉽다. 리듬도 반복음 운지법을 결정짓는 주요한 요소이다. [악보 6-53]에서와 같이 리듬의 구조에 따라 운지법을 달리 연주하는 것이 효과적이다.

[악보 6-53] 리듬의 구조에 따른 반복음 운지법

2) 페달링

피아니스트들은 페달링을 악보에 표기된 페달표시에만 의존하면 안 된다. 심지어 원전판에 표기되어 있다 할지라도 누가 기록했는지 정확하지 않을 뿐만 아니라 작곡 당시의 피아노와 현재의 피아노는 다르기 때문이다. 또한 피아니스트가 페달링을 열심히 연습했다 할지라도 연주하는 장소의 음향과 연주장에 있는 피아노의 상태에 따라 페달링을 바꾸어야 하기도 한다. 따라서 페달을 사용해서 내는 소리에 집중하여 페달링을 즉각적으로 조절할 수 있는 기술을 습득해야 한다. 다음에서는 댐퍼 페달(damper pedal), 소스테누토 페달(sostenuto pedal), 우나코다 페달(una corda pedal)의 쓰임새와 페달링 기법을 습득하는 방법에 대해 알아보도록 한다.

(1) 댐퍼 페달

댐퍼 페달은 현에 놓인 댐퍼를 들어 올려 소리의 울림을 조절하는 기능을 한다. 댐퍼 페달은 밟는 타이밍과 밟는 깊이 그리고 페달을 바꾸는 방법에 따라 다양하며 사용하는 목적에 따라서도 달라진다(〈표 6-1〉 참조). 또한 댐퍼 페달을 직접 쓰지 않고 댐퍼 페달의 효과가 나게 하는 핑거 페달(finger pedal)도 있다.

〈표 6-1〉 **댐퍼 페달기법**

구분	페달링	사용 목적
밟는 타이밍	• 앞 페달링: 건반을 누르기 전에 미리 밟기	• 공명 있는 소리
	• 동시 페달링: 건반을 누름과 동시에 밟기	• 스타카토 페달링 • 악센트 페달링
	• 뒤 페달링: 건반을 누른 후 밟기	• 레가토 페달링
밟는 깊이	• 풀 페달링: 페달을 끝까지 밟기 • 3/4 페달링: 페달을 3/4 정도 밟기 • 1/2 페달링: 페달을 1/2 정도 밟기 • 1/4 페달링: 페달을 1/4 정도 밟기	• 음향울림 조절
바꾸는 방법	• 완전히 뗀 후 다시 밟기 • 1/2 정도만 뗀 후 다시 밟기 • 재빨리 반복해서 밟기: 트레몰로 페달링	• 음향울림 조절

① 앞 페달링

곡의 도입부에서 첫 음부터 공명이 있는 소리를 내기 위해 댐퍼 페달을 미리 밟는 페달링이다. [악보 6-54]와 같은 경우에 사용하면 효과적이다.

[악보 6-54] 베토벤 「소나타, Op. 31, No. 2」, 1악장, 1-2마디

② 동시 페달링

동시 페달링은 손과 발을 동시에 누르는 것으로 연주자가 원하는 길이만큼 페달을 누르는 것을 말한다. 공명이 있는 스타카토를 표현하기 위해, 악센트 부분에 강세를 더하기 위해 주로 사용한다.

• 스타카토 페달링

[악보 6-55]와 같이 스타카토를 울림이 있게 연주할 때 사용할 수 있다.

[악보 6-55] 베토벤 「소나타, Op. 2, No. 3」, 1악장, 1-4마디

• 악센트 페달링

[악보 6-56]과 같이 두 음 슬러에서 발생하는 첫 음의 강세를 효과적으로 연주하기 위해 사용할 수 있다. 이때 둘째 음을 연주함과 동시에 페달을 떼 준다.

[악보 6-56] 베토벤 「소나타, Op. 31, No. 2」, 3악장, 271-275마디

③ 레가토 페달링

가장 자주 사용되는 페달링으로 음을 연결시키는 보조 역할을 한다. 건반을 눌러 음의 소리를 낸 즉시 페달을 밟는 페달링이다. 음의 연결이 필요한 부분에서는 음의 바로 아래에 페달 표시가 놓여 있다 할지라도 건반과 페달을 동시에 누르고 밟지 않도록 해야 한다. 레가토 페달링은 소리를 울려 레가토의 멜로디를 부각시킬 때, 레가토로 옥타브를 연주해야 할 때, 화음을 이어서 연주할 때 등에서 주로 사용한다.

• 멜로디를 부각시키고자 할 때

[악보 6-57]을 예로 들어 보면, 오른손 멜로디가 긴 음가의 단선율이고 왼손의 반주가 8분음표의 셋잇단음이므로, 왼손의 반주에 오른손 멜로디가 묻히지 않도록 댐퍼 페달로 멜로디 음들을 울려서 연주한다. 이때 왼손 반주를 오른손 멜로디보다 작게 연주해야 보다 효과적이다.

[악보 6-57] 슈베르트 「즉흥곡, Op. 90, No. 1」, 43-46마디

• 옥타브 멜로디를 레가토로 연주할 때

[악보 6-58]의 옥타브 멜로디를 레가토로 연주하기 위해서도 레가토 페달링을 사용해야 한다.

[악보 6-58] 슈베르트 「즉흥곡, Op. 90, No. 1」, 51-55마디

• 화음을 이어서 연주할 때

[악보 6-59]의 화음을 이어서 연주해야 할 때도 레가토 페달링을 쓴다. 이때 화음의 소리가 서로 섞이지 않도록 화음이 바뀔 때마다 바꾸어 주어야 한다.

[악보 6-59] 베토벤 「소나타, Op. 57」, 2악장, 1-4마디

레가토 페달링 연습 방법

레가토 페달링은 페달을 밟는 타이밍이 중요하다. 손가락으로 건반을 눌러 음을 소리 낸 다음 손가락이 건반을 누르고 있는 상태에서 댐퍼 페달을 밟아야 한다. 다음과 같은 방법으로 레가토 페달링을 익힐 수 있다.

① 먼저 페달만 밟는 연습을 한다. 다음과 같이 8분음표 단위로 페달을 밟고 떼는 연습을 한다.

[악보 6-60] **레가토 페달링 연습방법 1**

쉼표=페달 떼기
음표=페달 누르기

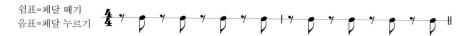

② 어느 정도 익숙해지면 다음과 같은 리듬으로 페달을 밟는 연습을 한다. 이때도 페달만 연습한다.

[악보 6-61] **레가토 페달링 연습방법 2**

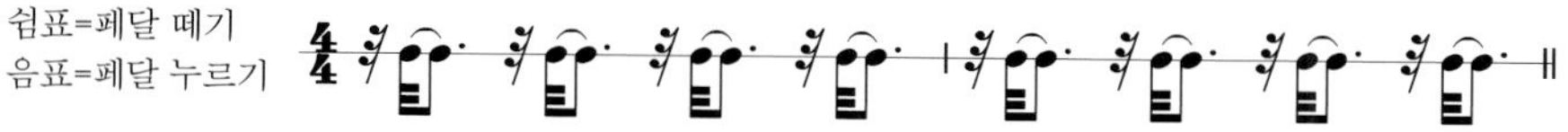

쉼표=페달 떼기
음표=페달 누르기

③ 페달을 밟는 타이밍과 동작이 익숙해지면 다음과 같이 코드연주와 페달링을 함께 연습한다. 이때 코드 사이를 분리하여 페달로 소리를 유지할 수 있는지 집중해서 듣는 연습을 해야 한다. 또한 다음 코드를 연주했을 때 앞의 코드 소리와 섞이지 않고 깨끗하게 연주되었는지도 반드시 점검해야 한다. 느리게 밟는 것이 익숙해지면 페달을 보다 빠른 속도로 바꾸는 연습을 한다.

[악보 6-62] **레가토 페달링 연습방법 3**

페달링
느리게
빠르게

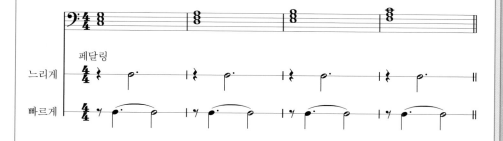

④ 페달의 깊이에 따른 음향 조절

댐퍼 페달은 밟는 깊이에 따라 공명의 정도가 다르기 때문에 밟는 깊이를 달리하여 다양한 음향을 만들 수 있다. 보통 4단계로 구분하며 곡에 어울리는 깊이의 페달링을 사용하여야 한다. [악보 6-63]과 같이 멜로디의 레가토를 표현하면서 동시에 깔끔한 음색이 필요한 경우 1/4 혹은 1/2 페달링을 사용한다.

[악보 6-63] 모차르트 「소나타, K.545」, 1악장, 1-4마디

[악보 6-64]와 같이 긴 페달링이 필요한 경우, 풀 페달링을 사용하면 음들이 모두 섞여 버릴 수 있다. 이런 경우에도 페달을 밟는 깊이를 달리하여 음향을 섬세하게 조절해야 한다. 한 마디 전체를 1/4 혹은 1/2 페달링으로 연주하거나, 긴 페달링을 하는 동안 밟는 깊이를 조절하여(예: 점점 깊어지고 점점 얕아지게) 연주할 수 있다.

[악보 6-64] 드뷔시 「아라베스크, No.1, L.66」, 1-3마디

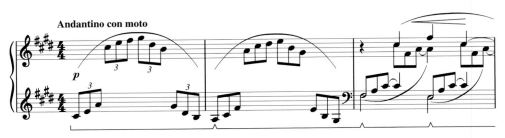

[악보 6-65]의 *ff*부분과 같이 크고 풍성한 소리가 필요한 경우에는 풀 페달링을 사용한다.

[악보 6-65] 쇼팽 「발라드, No.3, Op.47」, 213-216마디

⑤ 바꾸는 방법에 따른 음향 조절

페달을 바꾸는 방법에 따라서도 음향을 조절할 수 있다. 페달을 완전히 뗀 후 다시 밟는 방법이 가장 일반적이나 페달을 1/2 정도만 떼고 소리가 남아 있는 상태에서 다시 밟을 수도 있다. 또한 트레몰로 페달링과 같이 페달을 재빠르게 반복해서 밟는 방법도 있다.

• 1/2 정도만 떼고 다시 밟는 페달링

긴 페달링이 필요한 부분에서 음들이 과도하게 울리는 것을 조절하기 위해 사용된다. [악보 6-66]의 1-2마디는 한 마디의 긴 페달링이 필요한 부분이지만 1~2박과 3~4박의 화성이 다르므로 이 부분을 보다 정교하게 연주하기 위해서는 1박에서 누른 댐퍼 페달을 2박과 3박 사이에 1/2 정도만 떼고 다시 밟는 페달링을 사용할 수 있다.

[악보 6-66] 드뷔시 「아라베르크, No.1, L.66」, 1-3마디

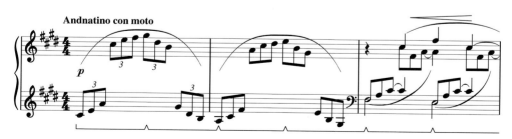

• 트레몰로 페달링

페달을 약간씩만 흔들어 주는 방식으로 재빠르게 반복해서 밟는 페달링이다. [악보 6-67]과 같이 레가토 페달링으로는 자칫 지저분해질 수 있거나 페달을 바꿈으로 인해 프레이즈가 끊어지게 들릴 수 있는 빠른 악절에서 주로 사용한다.

[악보 6-67] 베토벤 「소나타, Op.110」, 2악장, 154-158마디

(2) 소스테누토 페달

그랜드 피아노의 중앙에 있는 페달로 특정한 음을 지속시키는 역할을 한다. 소스테누토 페달을 밟으면 그때 울리고 있던 현, 즉 소스테누토 페달을 밟기 전에 누른 음들만 페달을 뗄 때까지 계속 울리며, 소스테누토를 밟은 후에 치는 음들은 울리지 않는다. 따라서 특정한 음을 지속적으로 울리게 하면서 다른 음들을 레가토로 연주하고자 할 때는 소스테누토 페달과 댐퍼 페달을 같이 사용한다.

[악보 6-68] 슈만 「나비, Op.2, No.12」, 45-70마디

(3) 우나 코다 페달

그랜드 피아노의 경우 우나 코나 페달을 밟으면 건반과 액션이 오른쪽으로 살짝 옮겨 간다. 그래서 3현을 치는 해머는 2현만을, 2현을 때리는 해머는 1현만을, 1현만 치는 해머도 보통은 현을 치지 않는 해머 끝의 부드러운 부분으로 현을 때리기 때문에 전체적으로 음량이 줄어드는 동시에 음색도 미묘하게 변화한다. 따라서 주로 *p* 나 *pp* 를 연주하기 위해 사용한다. 하지만 *p* 나 *pp* 를 우나 코다 페달에만 의존해서는 안 된다. 다이내믹의 변화는 일차적으로 손가락으로 건반을 누르는 속도로 조절하고, 페달은 보조적으로 활용하는 것이 바람직하다. 우나 코다는 [악보 6-69]과 같이 댐퍼페달과 함께 사용할 수도 있다.

[악보 6-69] 리스트 「순례의 해: 제1년 스위스 중 제네바의 종」, 5-8마디

3. 레슨의 실제

이 절에서는 멘델스존 「무언가, Op. 19, No. 6」를 예시 곡으로 중·고급과정 레슨의 실제를 살펴보도록 한다.

[악보 6-70] 멘델스존「무언가, Op.19, No.6」

새로운 악곡을 학습하기 위해서는 다음과 같은 요소들을 고려해서 종합적으로 해석해야 한다. 첫째, 작품배경을 통해 작곡가의 의도를 파악한다. 둘째, 악곡의 구조와 형식을 파악한다. 셋째, 악곡의 박자와 주요 리듬을 파악하고 템포를 결정한다. 넷째, 주제와 모티브, 조성과 화성을 파악하고 이에 따른 프레이즈를 구분한다. 다섯째, 프레이즈의 구조에 따른 다이내믹과 아티큘레이션을 결정한다. 여섯째, 악곡 해석에 맞는 운지법과 페달링을 살펴본다.

1) 작품배경

낭만시대 대표적인 작곡가인 멘델스존(Felix Mendelssohn, 1809~1847)은 유복한 환경에서 태어나고 평온한 환경 속에서 교육받았다. 이러한 배경은 그의 작품 속에도 묻어나는데, 심각한 고뇌보다도 생명력 넘치고 서정적이며 세련되고 아름다운 선율을 가진 작품을 많이 남겼다. 「무언가, Op. 19, No. 6」는 멘델스존이 베니스 여행 당시 운하의 곤돌라를 보고 작곡한 작품으로, 그가 작곡한 48곡의 「무언가」 중 1곡이다. 「무언가」는 '가사가 없는 노래'라는 뜻으로 '성악가가 노래하지 않고 피아노로만 노래하는 작품'을 의미한다. 낭만주의 피아노 소품의 대표적인 작품으로, 간결한 선율과 반주로 구성된 주관적이고 서정적인 감정을 지닌다.

2) 형식

이 악곡은 「베니스의 곤돌라」라는 표제가 붙은 2중창곡으로, 베니스 운하에서 노를 젓던 곤돌라 뱃사공들이 잠시 배를 멈추어 놓고 노래를 부르는 모습을 그린다. 왼손 반주는 파도와 흔들리는 곤돌라를 연상하게 하며, 오른손 노래는 이탈리아 칸초네[9]의 특징을 가진다. 칸초네는 이탈리아 민요이며 솔직하게 표현한 사랑의 노래가 많다. 2마디—4마디—8마디 식으로 확장되는 프레이즈 구조가 특징이다.

이 곡은 ABA′의 순환2부 형식이며, 악곡 구조는 [그림 6-3]과 같다. 도입부(1-7a마디), A부분(7b-17a마디), B부분(17b-34a마디), A′부분(34b-39마디), 종결구(40-46마

---

9) 이탈리아어로 '노래'라는 뜻으로서 이탈리아의 민요 혹은 대중가요를 가리키는 말이다.

디)로 구성되며, 선율은 A부분의 선행악구 4마디, 후행악구 6마디, B부분의 선행악구 8마디, 후행악구 9마디로 점차 확장되었다가, A′부분에서는 5마디로 축소된다.

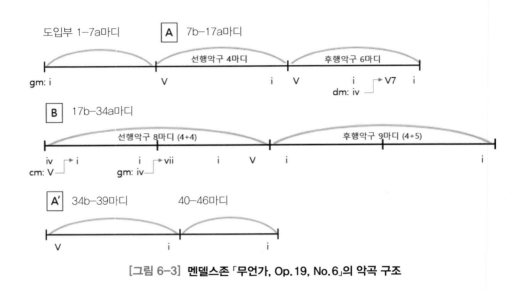

[그림 6–3] 멘델스존 「무언가, Op. 19, No. 6」의 악곡 구조

3) 해석

이 악곡은 표제곡이므로 음악적 요소들을 모두 분석하여 해석하는 것보다 작곡가가 이 악곡에서 그리고자 하는 내용을 중심으로 해석하는 것이 효과적이다. 이 악곡에서는 찰랑거리는 파도를 연상케 하는 왼손 반주 음형과 오른손 이중창의 칸초네 선율을 효과적으로 연주하는 것이 주된 포인트이다.

우선적으로 세 음으로 구성된 왼손 반주의 리듬과 스윙을 익혀서 전체 악곡의 흐름이 끊어지지 않도록 연주할 수 있어야 한다. 도입부의 반주는 왼손과 오른손으로 성부가 나누어져 있다. 먼저 왼손으로 4분음표를 연주한 후, 오른손으로 8분음표 2개를 연주한다. 왼손의 4분음표는 강박에 위치하므로 자연스러운 강세가 온다. 파도가 아래로 풍덩 하고 내려앉는 느낌으로 무겁지 않게 연주한다. 오른손의 8분음표는 슬러로 연결되어 있고 당김음[10]이므로, 슬러의 첫 음에 약간의 강세와 아고긱을 주고 둘째 음은 짧고 가볍게 연주하도록 해야 한다. 파도가 위로 솟구쳤다 가라앉는 느낌으로 연주하며,

---

10) 첫 박에 위치한 쉼표에 의해 둘째박에 강세가 온다.

왼손과 자연스럽게 연결하여 스윙 느낌이 나도록 연주하여야 한다.

[악보 6-71] 멘델스존 「무언가, Op.19, No.6」 왼손 반주 리듬

7마디부터는 같은 형태의 반주를 왼손으로만 연주해야 한다.[11] 그러기 위해서는 왼손의 첫 음에서 둘째 음으로의 도약과 셋째 음으로의 슬러를 연습해야 한다. 이때 [악보 6-72]와 같은 운지법을 사용하는 것이 효과적이다. 손이 작아서 셋째 음을 4번으로 연주하지 못하고 5번으로 연주해야 한다면, 다음 첫 음은 4번이나 3번으로 연주하는 것을 추천한다.

왼손 반주의 페달링에도 주의를 기울여야 한다. 첫 음인 베이스음을 댐퍼 페달로 재빨리 잡아 주고 둘째 음으로 도약해야 한다. 이때 베이스음의 울림을 잘 듣고 연습하도록 한다.

[악보 6-72] 멘델스존 「무언가, Op.19, No.6」, 7-8마디, 왼손 운지법과 페달링

왼손 반주가 잘 연습되었다면, 성악가가 반주에 맞추어 노래를 부르는 것처럼 오른손 선율을 두드러지게 연주해야 한다. 이 곡에서 염두에 두어야 할 노래의 특징으로는, 첫째, 단조의 민요적 성격을 지닌다는 점이다. 순차진행의 부르기 쉬운 선율, 순차진행의 겹 앞꾸밈음(슬라이드) 그리고 단조만으로의 전조(G단조-D단조-C단조-G단조) 등이 이에 속한다. 둘째, 선율이 점차적으로 길어진다는 점이다. 이 곡은 총 5개의 선율로 이루

---

11) 왼손만으로 음악적 표현을 살려 연주하기 힘들어하는 학생에게는 먼저 양손으로 나누어 연습하게 한 후 왼손으로 연습하게 한다.

어져 있는데, 4마디-6마디-8마디-9마디로 확장되다 마지막에 5마디로 축소된다. 셋째, 불규칙한 강세들이 위치한다는 점이다. 효과적인 연주를 위해서는 이러한 특징들을 잘 살려서 연주해야 한다. 이에 대해 보다 자세히 살펴보도록 하자.

첫 번째 선율의 10마디 4박에 있는 겹 앞꾸밈은 유럽 남부지역 음악에서 많이 나타나는 특징으로 크레센도로 연주하며 약간의 리타르단도를 하는 것이 일반적이다.

[악보 6-73] 멘델스존 「무언가, Op.19, No.6」, 10-11마디, 선율

못갖춘마디로 시작하는 두 번째 선율([악보 6-74])은 첫 번째 선율을 반복하다, 13마디 5박에서부터 15마디 5박까지 선율이 확장되고 변화되며, 15마디 6박부터 17마디까지 변화된 부분을 메아리처럼 반복한다. 여기에서는 선율이 확장된 14-17마디의 조성이 G단조에서 D단조로 5도 위로 전조됨을 느끼고, 14마디와 15마디의 강세와 다이내믹을 잘 살려서 연주해야 한다. 13b-15마디의 선율은 **sf**의 A를 향해서 크레센도를 하는 것이 효과적이며, 이때 악센트가 위치한 14마디 4-6박의 vii° 화음의 긴장감이 **sf**의 i 화음으로 해결되는 것을 느끼며 아고긱을 주어 연주하도록 한다. 15b-17마디의 선율은 앞 선율의 여운을 가지고 보다 작게 연주한다.

[악보 6-74] 멘델스존 「무언가, Op.19, No.6」, 11b-17마디

B부분의 첫 번째 선율[12]은 4마디+4마디로 이루어져 있고, 두 번째 선율은 4마디+5마디로 이루어져 있다. 이 부분에서는 두 번째 선율이 5마디로 확장되는 부분([악보 6-75])을 잘 살려서 연주해야 한다. 31마디 마지막 박의 **sf**와 붙임줄에 의해 1박이 길

---

12) 전체 악곡에서는 세 번째 선율이다.

어졌을 뿐만 아니라 32마디 2박에 당김음에 의한 강세가 오게 되어 극적인 긴장감을 이루고, 이 긴장감이 하강하는 스타카토 선율에서 서서히 이완된다. 따라서 31마디 **sf**와 32마디 2박의 강세를 잘 표현하고 잇달아 하강하는 스타카토 선율에서는 서서히 데크레센도를 하며 마지막에서는 약간의 리타르단도를 하도록 한다.

[악보 6-75] 멘델스존 「무언가, Op. 19, No. 6」, 30-34마디

4. 피아노 문헌

중 · 고급과정에서는 학생들에게 적합한 악곡을 선정하는 것은 무엇보다 중요하다. 학생들은 자신들이 연주하고 싶은 악곡을 학습할 때 훨씬 더 많은 연습을 할 뿐만 아니라 피아노 학습에 대한 동기와 성취가 높아진다. 하지만 각 학생의 능력과 선호에 맞는 악곡을 찾는 것은 쉬운 일이 아니기 때문에 교사는 피아노 문헌에 대한 폭넓은 지식을 쌓아야 한다. 피아노 문헌에 대한 지식을 쌓기 위해서는 우선적으로 피아노 문헌을 정리하여 소개하는 다양한 피아노 문헌 서적들을 참고할 수 있다. 또한 여러 나라에서 시행되는 급수제도에서 제시하는 수준별 급수시험 지정 곡목을 참고하는 것도 하나의 방법이다. 이 절에서는 중 · 고급과정 피아노 문헌 선택에 참고할 수 있는 머그라의 피아노 문헌 분류와 몇몇 나라의 급수제도를 소개하고자 한다.

1) 머그라의 피아노 문헌 분류

머그라(J. Magrath)는 『피아니스트의 표준 교수지침 및 연주문헌(The Pianist's Guide to Standard Teaching and Performance Literature)』에서 중급부터 고급초반까지의 피아노곡을 10단계로 정리하여 중 · 고급과정의 피아노 문헌을 제시하였다. 수천 개의 방대한 문헌을 바로크, 고전, 낭만, 20세기로 시대별로 분류하고 각 시대별 작곡가들의 문헌을

주석과 함께 제시하였다. 주석에는 작품 스타일, 특성, 요구되는 테크닉, 음악적 개념, 문제점, 지도 시 고려해야 할 점, 에디션에 대한 정보와 각 악곡의 수준단계가 명시되어 있다. 〈표 6-2〉는 서문에 제시된 1단계에서 10단계까지 각 단계의 수준을 나타내는 대표곡이다. 머그라의 『피아니스트의 표준 교수지침 및 연주문헌』을 참고하여 각 시대 문헌 안에 제시된 악곡의 특징과 난이도를 고려하여 보다 다양한 중급 레퍼토리를 선정할 수 있는데, IMSLP 사이트(www.imslp.org.)와 같이 악보를 무료로 제공받을 수 있는 사이트를 활용하는 것도 한 방법이다.

〈표 6-2〉 머그라의 중급과정 작품 난이도 10단계

수준	문헌
Level 1	Bartok *Mikrokosmos*, Vol.1
Level 2	Türk *Pieces for Beginners*
Level 3	Latour Sonatinas Kabalevsky *Pieces for Young People*, Op.39
Level 4	*Anna Magdalena Bach Notebook* Gurlitt *Album for the Young*, Op.14 Tchaikovsky *Album for the Young*, Op.9
Level 5	*Anna Magdalena Bach Notebook* Sonatinas by Attwood, Lynes Menotti *Poemetti*
Level 6	Clementi *Sonatinas*, Op.36 Burgmüller *25 Progressive Pieces*, Op.100
Level 7	Kuhlau and Diabelli Sonatinas Bach easier *Two-Part Inventions* Bach *Little Preludes* Dello Joio *Lyric Pieces for the Young*
Level 8	Moderately difficult Bach *Two-Part inventions* Beethoven easier variations sets Field Nocturnes Schumann *Album Leaves*, Op.124 Schubert Waltzes Turina *Miniatures*
Level 9	Easier Bach *Three-Part Inventions* Easiest Haydn Sonata movements Easiest Mendelssohn *Songs without Words* Easiest Chopin Mazurkas

Level 10	Bach *Three-Part Inventions* Easiest Chopin Nocturnes Beethoven *Sonatas*, Op. 49, 79 Mozart *Sonata*, K. 283 Muczynski *Preludes*

출처: 『The Pianist's Guide to Standard Teaching and Performance Literature』, p. xi.

2) 급수제도

영국왕립음악대학연합회(The Associated Board of the Royal Schools of Music: ABRSM)이나 뉴욕주립학교음악협회(New York State School Music Association: NYSSMA)의 급수제도는 국가나 주정부의 자격시험으로 인정받음으로써 그 평가 결과가 공교육과 연계되어진 교육시스템에서 학교 음악평가나 대입입시에 반영이 되는 수혜가 있다. 때문에 음악교육의 활성화를 이끄는 큰 원동력이 될 뿐만 아니라 국가 교육정책에 있어서 음악교육의 입지를 높일 수 있는 계기를 제공해 준다. 각 급수제도는 해당 연도의 급수시험 지정 곡목을 수준별로 제시하는데, 학생들이 학습해야 할 주요 문헌과 난이도에 대한 정보를 제공한다. 〈표 6−3〉은 ABRSM의 급수시험(2019 & 2020)의 Grade 1에서부터 Grade 8까지의 지정곡 목록이다.[13] 각 급수별로 세 목록(List A, List B, List C)으로 구분하여 지정곡을 제시하고 있으며, 지원자들은 각 목록에서 1곡씩 선택하여 해당 급수 시험을 준비해야 한다.

우리나라에서도 한국음악교육협의회에서 운영하는 급수제도가 있으나 대부분 회원으로 가입된 음악학원이나 교습소 원장들이 지도하는 학생들을 위한 자격시험으로 운영되고 있으며, 평가 결과를 공교육과 연계하여 활용하는 측면은 지극히 제한적으로 이루어지고 있다. 한국학원총연합회 전국음악교육협의회 주체 피아노 실기 급수 지정 곡목은 전국음악교육협의회 사이트(http://www.ma.or.kr)에 제시되어 있으므로 이를 참조하는 것도 도움이 될 수 있다.

---

13) ABRSM에서는 각 급수별로 스케일과 아르페지오, 시창, 청음 시험을 함께 본다. 이에 대한 보다 자세한 사항은 https://kr.abrsm.org/en를 참조하기 바란다.

〈표 6-3〉 ABRSM 급수시험 지정곡(2019 & 2020)

급수	목록	작곡자	지정곡/편곡자
Grade 1	List A	Attwood	Theme (from *Theme and Variations, Sonatina No.4 in D*)
		Duncombe	Minuet in C (from *First Book of Progressive Lessons*)
		Anon. English	Agincourt Song, arr. Hammond
		W. F. Bach	Air in A minor
		Haydn	Quadrille
		Türk	A Lovely Day
	List B	Brahms	Wiegenlied (No.4 from *Five Songs*, Op.49), arr. Litten
		Oesten	The Echo (No.14 from *Mayflowers*, Op.61)
		Swinstead	The Lonely Road (No.6 from *Work and Play*)
		Bartók	Quasi adagio (No.3 from *For Children*, Vol.1)
		Andrew Eales	Head in the Clouds
		Andrew Lloyd Webber	Close every door (from *Joseph and the Amazing Technicolor Dreamcoat*), arr. Bullard
	List C	Ian King	Happy Day
		J. M. Last	Who Said Mice? (from *Cats*)
		Kevin Wooding	The Egyptian Level
		Heather Hammond	In the Scrum (from Cool Piano Sport, Grade 1–2)
		John Kember	Gospel Song (No.2 from *On the Lighter Side: 16 Pieces for Solo Piano*) with straight quavers; observing alternative ending
		S. Wilson	The Witch (No.7 from *Hansel & Gretel*)
Grade 2	List A	Diabelli	Lesson in C (No.10 from *Die ersten 12 Lektionen*, Op.125)
		Anon.	Musette in D, BWV Anh. II 126
		Telemann	Gigue à l'Angloise (6th movt from *Partita in G*, TWV 32:1)
		Clementi	Arietta in F (from *An Introduction to the Art of Playing on the Pianoforte*)
		Handel	Air (Hornpipe) in D minor, HWV461
		Haydn	Allegro (4th movt from *Sonata in G*, Hob. XVI:8)

	List B	Burgmüller	Arabesque (No.2 from 25 *études faciles et progressives*, Op.100)
		Kabalevsky	Waltz (No.13 from 24 *Easy Pieces*, Op.39)
		Vitalij Neugasimov	Lazy Bear (from *Piano Sketches*, Book 1)
		Beethoven	Nel cor più, arr. Fly
		Gurlitt	Night Journey (No.65 from *The First Steps of the Young Pianist*, Op.82)
		Somervell	Plaintive Waltz (from *Holiday Pictures*)
	List C	June Armstrong	Dusty Blue (from *Paint Box*)
		B. Carleton	Ja-Da, arr. Iles
		Brian Chapple	Petite valse (from *Lazy Days*)
		Gillock	A Memory of Paris
		Saint-Saëns	Royal March of the Lion (from *The Carnival of the Animals*), arr. Litten
		Pam Wedgwood	Lazy Days (No.7 from *Up-Grade! Piano Grades 1–2*)
Grade 3	List A	Hook	Allegro (1st movt from *Sonatina in F*, Op.12 No.3)
		Seixas	Giga (2nd movt from *Sonata in D minor*)
		M. Praetorius	Bransle de la torche (from *Terpsichore*), arr. Pell
		Dittersdorf	English Dance in B- (No.9 from 20 *englische Tänze*)
		Haydn	German Dance
		Mozart	Menuett in F, K.5
	List B	W. Carroll	Shadows (No.3 from *River and Rainbow*)
		Gurlitt	Allegretto grazioso (No.11 from *Kleine Blumen*, Op.205)
		Reinecke	Prelude (1st movt from *Serenade in C*, Op.183 No.1)
		L. Cohen	Hallelujah, arr. Miller
		Martha Mier	Thistles in the Wind
		Tchaikovsky	Old French Song (No.16 from *Album for the Young*, Op.39)

		List C	Bartók	Dance (No. 8 from *For Children*, Vol. 2)
			R. R. Bennett	Diversion (No. 1 from *Diversions*)
			Nikki Iles	Blues in the Attic
			June Armstrong	Unicorn (from *Stars*)
			Lerner & Loewe	Wouldn't it be Loverly? (from *My Fair Lady*), arr. Bullard
			Christopher Norton	Face in the Crowd (No. 25 from *The Microjazz Piano Collection 2*)
Grade 4		List A	Beethoven	Bagatelle in C, WoO 54
			Benda	Sonatina in A minor
			Telemann	Petit jeu (from *Fugues légères et petits jeux*)
			J. S. Bach	Minuet (5th movt from *French Suite No. 3 in B minor, BWV 814*)
			Diabelli	Scherzo: Allegro (2nd movt from *Sonatina in G*, Op. 151, No. 1)
			Haydn	Finale: Presto (3rd movt from *Sonata in A*, Hob. XVI:26)
		List B	W. Carroll	The Reef (No. 5 from *In Southern Seas*)
			Grieg	Arietta (No. 1 from *Lyriske småstykker*, Op. 12)
			Elgar	Chanson de matin, Op. 15, No. 2, arr. Blackwell
			Grechaninov	In the Fields (No. 10 from *Glass Beads*, Op. 123)
			Kullak	Grandmama Tells a Ghost Story (No. 3 from *Scenes from Childhood*, Op. 81)
			Tchaikovsky	Morning Prayer (No. 1 from *Album for the Young*, Op. 39)
		List C	Gillock	Holiday in Paris
			Richard Michael	A Kwela for Caitlin
			Luboš Sluka	Rytmická (No. 6 from *Moments at the Piano*)
			Ben Crosland	Sleepytown Blues (No. 9 from *Cool Beans!*, Vol. 2)
			Bernard Désormières	Anatolian 08
			Prokofiev	Peter's Theme (from *Peter and the Wolf*, Op. 67), arr. Duke

Grade 5	List A	J. S. Bach	Aria (4th movt from *Partita No. 4 in D*, BWV 828)
		Haydn	Andante in A, Hob. I:53/II
		Jean Baptiste Loeillet	Minuetto (5th movt from *Suite No. 6 in Eb*)
		W. F. Bach	Allegro in A
		Handel	Aria in G (4th movt from *Suite in G*, HWV 441)
		Kuhlau	Allegretto grazioso (2nd movt from *Sonatina in C*, Op. 55, No. 3)
	List B	T. Kirchner	Plauderei (No. 1 from *Plaudereien*, Op. 60)
		Farrenc	Étude in A minor (No. 2 from *25 études faciles*, Op. 50)
		Sibelius	Joueur de harpe (No. 8 from *Bagatelles*, Op. 34)
		Bloch	Dream (No. 10 from *Enfantines*)
		Franck	Poco lento (No. 5 from *L'Organiste*, Vol. 1)
		Schumann	Erinnerung (No. 28 from *Album für die Jugend*, Op. 68)
	List C	Lutosławski	Rektor (No. 12 from *Melodie ludowe*)
		Prokofiev	Lentamente (No. 1 from *Visions fugitives*, Op. 22)
		Mike Cornick	Film Noir
		Gillock	New Orleans Nightfall (from *New Orleans Jazz Styles*)
		Poulenc	Valse Tyrolienne (No. 1 from *Villageoises*)
		Pam Wedgwood	Hang-Up (from *After Hours*, Book 3)
Grade 6	List A	T. A. Arne	Andante (1st movt from *Sonata No. 1 in F*)
		J. S. Bach	Fugue in G (from *Prelude and Fugue in G*, BWV 902)
		J. L. Dussek	Allegro (1st movt from Sonatina in Eb, Op. 19, No. 6)
		J. S. Bach	Menuet 1 and Menuet 2 (5th and 6th movts from *Partita No. 1 in Bb*, BWV 825)
		Cimarosa	Sonata No. 17
		Kuhlau	Rondo: Vivace (3rd movt from *Sonatina in G*, Op. 88, No. 2)

		Bruch	Moderato (No. 4 from *Sechs Klavierstücke*, Op. 12)
		Chopin	Prelude in B minor (No. 6 from *24 Preludes*, Op. 28)
		Schubert	Scherzo in Bb (No. 1 from *Two Scherzos*, D. 593)
	List B	Grovlez	Petites litanies de Jésus (No. 8 from *L'Almanach aux images*)
		C. Hartmann	The Little Ballerina
		Rebikov	Feuille d'automne (No. 3 from *Feuilles d'automne*, Op. 29)
		Darius Brubeck	Tugela Rail
		Ibert	Sérénade sur l'eau (No. 10 from *Petite suite en 15 images*)
	List C	Federico Ruiz	Un amanecer en Santa Marta (No. 8 from *Piezas para niños menores de 100 años*)
		R. R. Bennett	Eight Maids a-Milking (No. 2 from *Partridge Pie*, Book 2)
		Michel Legrand	One at a Time, arr. Booth
		Shostakovich	Prelude in F+ minor (No. 8 from *24 Preludes*, Op. 34)
Grade 7		Handel	Gigue (5th movt from *Suite No. 8 in F minor*, HWV 433)
		Haydn	Tempo di Minuetto (3rd movt from *Sonata in Eb*, Hob. XVI:49)
	List A	Mozart	Andante (2nd movt from *Sonata in G*, K. 283)
		C. P. E. Bach	Allegro assai (1st movt from *Sonata in G*, H. 119, Wq. 62/19)
		J. S. Bach	Giga (7th movt from *Partita No. 1 in Bb*, BWV 825)
		D. Scarlatti	Sonata in D minor, Kp. 1, L. 366
		Delibes	Passepied (No. 6 from *Six airs de danse*)
		Mendelssohn	Lied ohne Worte (No. 3 from *Lieder ohne Worte*, Op. 102)
		Parry	Elizabeth (No. 2 from *Shulbrede Tunes*)
	List B	Esplá	Canción de cuna (from *Suite de pequeñas piezas*)
		Gurlitt	Moderato grazioso (No. 7 from *Buds and Blossoms*, Op. 107)
		Skryabin	Prelude in Bb minor (No. 4 from *Seven Preludes*, Op. 17)

		R. R. Bennett	Rosemary's Waltz (No. 2 from *Tender is the Night*)
		Prokofiev	Ridicolosamente (No. 10 from *Visions fugitives*, Op. 22)
	List C	Cheryl Frances-Hoad	Commuterland
		Peter Dickinson	Hymn-Tune Rag
		Khachaturian	Allegro giocoso (1st movt from *Sonatina*)
		Christopher Norton	Mambo (No. 7 from *Latin Preludes 1*)
Grade 8	List A	J. S. Bach	Sarabande and Gigue (4th and 6th movts from *English Suite No. 2 in A minor*, BWV 807)
		D. Scarlatti	Sonata in D, Kp. 214, L. 165
		Shostakovich	Prelude and Fugue in A minor (No. 2 from *24 Preludes and Fugues*, Op. 87)
		J. S. Bach	Prelude and Fugue in A minor, BWV 889
		Handel	Fugue No. 6 in C minor, HWV 610
		Hindemith	Praeludium (from *Ludus Tonalis*)
		Mendelssohn	Fugue in Bb (from *Prelude and Fugue in Bb*, Op. 35, No. 6)
		Soler	Sonata in D minor, R. 25
	List B	C. P. E. Bach	Un poco allegro (1st movt from *Sonata in Ab*, H. 31, Wq. 49/2)
		Beethoven	Presto alla tedesca (1st movt from *Sonata in G*, Op. 79)
		Schubert	Allegro moderato (1st movt from *Sonata in E*, D. 459)
		Clementi	Presto (3rd movt from *Sonata in F minor*, Op. 13, No. 6)
		Haydn	Moderato (1st movt from *Sonata in C minor*, Hob. XVI:20)
		Haydn	Rondo: Presto (2nd movt from *Sonata in C*, Hob. XVI:48)
		Kuhlau	Allegro (1st movt from *Sonatina in C*, Op. 60, No. 3)
		Mozart	Rondo: Allegretto (3rd movt from *Sonata in F*, K. 533)

		Chopin	Nocturne in G minor, Op.37, No.1
List C		Debussy	Voiles (No.2 from *Préludes*, Book 1)
		Nikolay Kapustin	Sonatina, Op.100
		Martinů	Prélude en forme de Danse (No.4 from *Préludes pour piano*, H.181)
		Rachmaninoff	Elégie (No.1 from *Morceaux de fantaisie*, Op.3)
		Raymond Yiu	Lullaby (for Edna Trident Hornbryce)
		L. Boulanger	Cortège (No.3 from *Trois morceaux pour piano*)
		Brahms	Intermezzo in Bb minor (No.2 from *Three Intermezzos*, Op.117)
		Chaminade	Scarf Dance, Op.37, No.3
		Fricker	Toccata (No.2 from *12 Studies*, Op.38)
		Gershwin	Prelude No.1 (from *Three Preludes*)
		W. Mason	Lullaby, Op.10
		Poulenc	Improvisation No.13 in A minor
		Pozzoli	Berceuse
		Timothy Salter	Shimmer
		Joaquín Turina	La belle Murcienne (No.4 from *Femmes d'Espagne*, Series 2, Op.73)

토의 주제

1. 바흐 「평균율」 중 1곡을 선정하여 아티큘레이션에 대해 토의해 보자.

2. 모차르트 「피아노 소나타」 중 1곡을 선정하여 곡의 형식, 주요 리듬패턴, 계층적 프레이즈, 다이내믹 등을 파악해 보자.

3. 슈만 「나비, Op.2」의 작품배경을 파악하고 이를 바탕으로 각 곡의 성격과 주요 음악적 특징에 대해 토의해 보자.

제7장

그룹피아노 교육

김신영 · 권수미

●

만약 우리가 모두 악장이 되어 바이올린을 연주하길 바란다면 결코 앙상블 연주는 할 수 없을 것이다.
따라서 각각의 위치에서 연주하는 모든 음악가를 존경하라.

−로버트 슈만(Robert Schumann)−

그룹피아노 교육에 대한 올바른 이해를 돕기 위해 다양한 피아노 지도유형의 차이점과 그룹피아노 교육이론 그리고 그룹피아노 교육의 효과 등 특징을 살펴본다. 19세기 초에 시작된 그룹피아노 교육이 어떻게 발전되어 왔으며, 그룹피아노 교육의 발전에 영향을 미친 주요 교수학자들의 활동과 그룹피아노 교수법을 소개한다. 이를 교육현장에서 활용할 수 있도록 지도유형별 교수 · 학습 전략을 제시한다.

1. 그룹피아노 교육의 개요

과연 피아노 교육의 목적은 무엇일까? 피아노 교육의 목적에 도달하기 위해서는 어떻게 지도해야 할까? 가장 보편적으로 행해지고 있는 피아노 지도유형은 교사 대 학생 간의 1:1 개인레슨이다. 전형적인 피아노 개인레슨은 피아노 교육의 궁극적인 목적을 충족시키는 데 가장 좋은 방법일까?

1960년대 전자피아노가 개발되면서 미국 대학에서 클래스피아노가 널리 수용되었다. 이러한 움직임으로 인해 모든 음악전공 학생들에게 세부전공에 관계없이 포괄적인 음악교육의 일환으로 그룹에서 피아노 교육이 급격히 증가하였다.

개인피아노 교사들도 학생들 간에 상호작용을 하면서 피아노 학습에 대한 열정과 흥미를 끌기 위해 그룹환경에서 수업을 진행하기도 한다. 하지만 대부분의 피아노 교사는 왜 그룹에서 피아노를 가르치지 않을까? 이는 그룹지도에 대한 교사의 훈련 부족으로 그룹환경에서 피아노를 지도하기가 쉽지 않으며, 그룹교육의 진정한 가치에 대한 확신이 없기 때문이다.

이 장에서는 먼저 '그룹피아노 교육이란 어떤 특성을 가지고 있는가?' '그룹 다이내믹스의 본질(nature of group dynamics)은 무엇이며 그룹피아노 교육과 어떤 연관성을 가지고 있는가?'에 대해 교육심리학자의 연구를 중심으로 알아본다. 또한 미국에서는 그룹피아노 교육이 어떤 목적을 가지고 어떻게 발전되어 왔는지 살펴본다. 그리고 교육현장에 적용하는 데 도움을 줄 수 있는 지도유형별 교수·학습 전략을 제시한다.

1) 피아노 지도유형

피아노 지도유형은 크게 개인피아노 레슨, 마스터 클래스, 클래스피아노, 그룹피아노 교육으로 구분된다. 각 유형의 용어에 대한 모호성으로 인해 약간의 혼란을 가져올 수 있다. 지도유형별로 어떤 특징을 가지고 있는지 살펴보면서 그 의미를 파악해 본다 (Kim, 2000; Pace, 1978).

① 개인피아노 레슨

개인피아노 레슨(private piano lesson)은 교사 대 학생 간의 1:1 유형으로 가장 전형적인 피아노 지도방법이다. 이 지도유형에서는 전문 피아노 교사가 테크닉적인 기술을 학생에게 설명하고 시범적으로 보여 주면서 잘못된 부분을 수정하고 그리고 학생은 그것을 모방하려고 시도한다. 즉, 새로운 학습내용에 대해 학생이 무엇을 할 것인지 보여 주기보다는 매주 일상적으로 어떻게 연주하라고 지시하고 수정을 반복한다.

② 마스터 클래스

마스터 클래스(master class)는 수업시간에 몇 명의 학생들이 돌아가면서 연주하고, 전문 피아노 교사 혼자서 비평하고 학생들에게 지시를 하는 지도유형이다. 개인레슨과 마찬가지로 테크닉과 레퍼토리를 강조하는 형태이다.

③ 클래스피아노

클래스피아노(class piano)는 다수의 어쿠스틱 또는 전자피아노가 구비된 교실에서 그룹의 학생들이 주기적으로 모여 학습하는 지도유형이다. 이 유형은 교사의 지도하에 독주곡을 포함한 스케일, 코드 진행, 초견, 이조, 즉흥연주 등 일련의 기능적인 건반 연주기술(functional keyboard skills)을 그룹에서 동시에 지도하는 형태이다.

④ 그룹피아노 교육

그룹피아노 교육(group piano instruction)은 마스터 클래스나 클래스피아노와는 달리 2명 이상의 학생들이 교사의 지도 아래 상호작용을 하면서 연주상의 문제를 해결하기 위해 서로 도움을 주는 학습형태이다. 이 형태에서 교사는 촉진자로서 학생들과 팀을 이루어 한 학생은 연주하고 다른 학생은 동료의 연주를 관찰한 후 비평을 한다. 이러한 접근은 학생들의 비판적 사고력과 음악성을 계발하는 데 초점을 둔다.

2) 그룹피아노 교육이론

(1) 그룹 다이내믹스

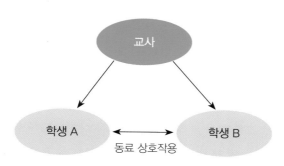

[그림 7-1] **그룹 다이내믹스의 상호작용**

"과연 '그룹 다이내믹스(group dynamics)'란 무엇일까? 어떤 원리와 작용을 하는 것일까?" 하는 질문을 던지면서 그룹피아노 교육과 어떤 연관성이 있는지 살펴본다(Kim, 2000).

그룹을 효과적으로 가르치기 위해서는 그룹 다이내믹스의 본질을 이해할 필요가 있다. 그룹 다이내믹스는 사회 집단 내 또는 사회 집단 간에 일어나는 행동과 심리적 과정의 체계이다. 그룹에서 사람들이 어떻게 상호작용하는지에 대한 연구는 미국 교육학자 듀이(J. Dewey)에 의해 20세기 초에 시작되었으며, 후에 심리학자 르윈(K. Lewin)과 테렌(H. Thelen)이 뒤를 이어 발전시켰다.

듀이의 견해는 세기 전반에 걸쳐 많은 교육자에게 영향을 미쳤다. 그는 학교에서 기계적인 암기를 지나치게 강조하는 것에 대해 강렬하게 비판하면서 "학교는 아동이 장차 성인으로서 민주사회에서 활동하기 위한 도입단계의 역할을 해야 한다."라고 강조하였다. 듀이는 자유로운 의사소통의 정신은 그 목적을 위한 수단이라고 여겼으며, 모든 학생의 적극적인 참여는 학생들에게 학습에 대한 욕구를 자극한다고 하였다(Sharan & Sharan, 1992, p. 3).

르윈은 듀이와 마찬가지로 그룹환경에서 성공적으로 문제를 해결하려는 시도로서 그룹 전체의 역동성(dynamics)을 높이기 위해서는 개인의 참여가 중요함을 강조하였다. 결국 그는 그룹 내에서의 긍정적인 역동성을 표현하기 위해 '그룹 다이내믹스'라는 용어를 창안하였다. 1945년 르윈은 그룹 다이내믹스 연구를 위해 최초로 매사추세츠 공과대학에 그룹 다이내믹스 연구센터를 설립하였다(Cartwright & Zander, 1960).

1950년대부터 테렌은 듀이와 르윈이 제시한 개념을 바탕으로 '협력적인 소그룹 교육'이라는 학문적 주제에 대해 연구하였다. 그 결과, 그는 소그룹에서 다른 아동들과 상호작용을 통해 서로의 생각과 감정을 교환하고 적극적으로 참여하는 활동은 진정한 의미가 있다고 보았다(Thelen, 1981, pp. 114-115).

소그룹 교육이 전통적인 '초크와 토크(chalk and talk)' 교육과 다른 점은 정확히 무엇일까? 이 질문에 대답하기 위해 먼저 그룹을 정의하고 그것이 어떻게 기능하는지를 알아본 다음 교사가 교실에서 소그룹 교육을 적용하는 방법을 살펴보도록 한다.

그룹은 '어느 정도 상호 의존적이라고 상호 간에 인식하는 구성원들의 집합'으로 정의될 수 있다. 이 정의는 그룹의 '협력적인 특성(cooperative nature of the group)'을 강조한다. 도이치(M. Deutsch)는 이것을 부정적인 형태의 그룹 상호작용에서 다른 사람들을 희생시키면서 오직 한 명 또는 소수의 사람들만이 '승리'할 수 있는 경쟁과 차별화한다. 같은 맥락에서 르윈은 그룹을 '역동적인 전체(dynamic whole)'[1]로 묘사하고 있다(Deutsch, 1968). 이는 한 부분이 변화하면 다른 부분도 변화한다는 의미를 내포하고 있다.

앞에서 언급한 소그룹은 다른 커뮤니케이션 형태와 구별되는 일곱 가지 독특한 특성을 가지고 있다(Klopf, 1981).

• 지속적인 상호작용(continuous interaction)

'교사-학생' 또는 '연사-청중'의 틀에 맞추기보다는 그룹 멤버들이 함께 말하고 행동하면서 서로 끊임없이 반응한다. 시간이 지남에 따라 그룹은 점차 의견을 발전시키면서 그 자체적으로 문제를 해결한다.

---

1) 그룹 다이내믹스의 역사는 '전체가 그 부분의 합보다는 크다.'라는 일관된 근본전제를 가지고 있다. 이와 같은 맥락에서 1924년 게슈탈트 심리학자 베르트하이머(M. Wertheimer)는 "전체의 행동은 그 개별적인 요소에서나 이러한 요소들이 서로 어울리는 방식에서 파생될 수 없는 실체들이 있다. 오히려 그 반대가 진실이다. 어떤 부분의 성질도 전체의 본질적인 구조법칙에 의해 결정된다."고 제안하였다(Westheimer, 1999).

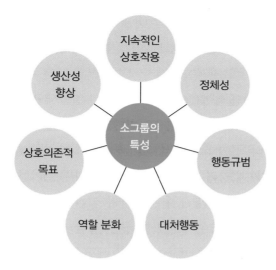

[그림 7-2] 소그룹의 일곱 가지 독특한 특성

- 정체성(identity)

그룹이 짧은 기간 동안 만나고 나면 다른 그룹과 구별되는 행동 양식이 나타난다. 그 것은 독특한 성격을 가지고 있다. 예를 들어, 그 성격은 민주적일 수도 있으며 모든 멤 버는 동등한 책임을 나눈다.

- 행동규범(norms of behavior)

그룹은 그들만의 독특한 행동규범이나 규칙을 세운다. 이것들은 지각한 멤버들에게 부과되는 벌칙과 같은 비교적 단순한 문제들과 관련이 있을 수도 있고 그룹의 정관에 명시된 클럽이나 협회에 속하는 더 복잡한 규칙일 수도 있다.

- 대처행동(coping behavior)

그룹이 자신의 존재를 유지하기 위해 외부의 위협에 대처하는 행동이다. 그것은 그 룹의 고유한 특수용어나 언어 패턴을 만들어 대처하는 등 여러 가지 형태로 나타날 수 있다.

- 역할 분화(role differentiation)

그룹에서 멤버들은 함께 상호작용하면서 특정한 멤버십과 리더십 역할을 수행하는 경향이 있다. 한 멤버에 의해 여러 가지 역할이 수행될 수 있지만 많은 멤버들이 참여하여 각 멤버가 서로 다른 역할을 수행한다.

• 상호의존적 목표(interdependent goals)

그룹의 멤버들이 공통된 관심사를 가지고 함께 상호작용할 때 상호의존을 발전시키고 개인의 욕구가 그룹의 목표에 종속된다. 각 멤버마다 서로 다른 역할이 전개되고 개인 목표의 상호의존이 커지므로 각 멤버는 그룹에서 성공으로 끌고 가는 강한 동기부여를 받는다.

• 생산성 향상(increased productivity)

그룹 상호작용의 본질 때문에 그룹은 독립적으로 일하는 동일한 사람의 결합된 생산물을 초과하여 생산하는 경향이 있다. 이러한 생산성이 향상되는 이유는 그룹이 성공했을 때 개인에게 보상이 주어지면 그룹의 모든 멤버들은 서로에게 최선을 다하도록 동기를 부여하기 때문이다. 또 다른 이유는 피아제(J. Piaget)를 비롯한 수많은 연구에서 볼 수 있듯이 그룹의 상호작용이 아동의 지능 발달에 필요한 요소로서 중요하기 때문이다.

협력학습의 어떤 이점을 교실로 가져올 수 있을까? 존슨과 존슨(Johnson & Johnson, 1994: Kim, 2000 재인용)은 이 주제에 대한 실험연구 결과 다음과 같이 결론지었다. 협력학습은 (a) 학생들의 학습 동기를 부여하고, (b) 학업성취도와 유지를 증진시키며, (c) 적극적인 학습을 장려하고, (d) 다양성에 대한 존중을 증진하며, (e) 더 나은 교사들을 양성한다. 비록 개인적이고 경쟁적인 학습이 종종 좋은 결과를 가져올 수 있지만, 이 연구결과는 장기간에 걸친 협력적인 학습구조가 개인적이거나 경쟁적인 행동이 아닌 협력적인 행동에 의해 가장 잘 수행된다는 것을 뒷받침한다.

음악가 메르(Mehr, 1960)는 "그룹 다이내믹스는 억제되어 있는 감정을 고조시키며 학습을 촉진하기 위한 정신적 과정을 강화시킨다."고 언급한다. 그룹에서 수업이 진행될 때 학생들은 리듬의 감각을 빨리 향상시켜 '음악적 말더듬기(musical stuttering)'를 극복하게 된다는 것이다. 이는 특정한 인지능력이 그룹환경에서 사회적 상호작용을 통해 더 빨리 발달한다는 피아제의 견해와 일치한다. 한편, 덕워스(Duckworth, 1968)는 이미 알고 있는 것과 새로운 사실이 어떻게 부합되는가를 '적합성(fitness)'[2]이라고 부르며, 이를 판단하는 능력은 그룹상황에서 더 잘 배울 수 있다고 언급한다. 그는 브루너 (J. Bruner)[3]와 마찬가지로 "진정한 교육은 학습자가 이미 알고 수용하는 것과 관련되도록 비임의적이고 실질적인 방식으로 학습내용을 다루는 것이다."라고 주장한다. 이 '발견 학습' 또는 '나선형 학습'은 학생들이 동료와 경험을 공유할 수 있을 때 가장 잘 일어난다. "학생들과 교사 간의 끊임없는 피드백 과정은 학생들이 스스로 문제를 해결할 수 있는 강력한 학습 환경을 조성한다."고 그는 말한다(Kim, 2000 재인용).

(2) 협력학습이론

① 협력학습이론의 개요

협력학습은 학습자 개인과 전체 학습자들의 공동목표가 동시에 최대로 성취될 수 있도록 소규모 그룹에서 학습자 간의 상호작용과 역할 보완성, 협력을 활성화시키려는 고도로 구조화된 교육방법론이다. 협력학습의 교육개념은 1980년대 들어와 활동이 급증했을지라도 소그룹 학습의 교육적 접근방식은 1920년대부터 본격적으로 개발되고 연구되었다. 협력학습이론(cooperative learning theory)과 그 적용은 원래 공립학교 교실에서 사용하기 위해 고안되었다.

교육적 접근법의 중요한 개발자로는 데이비드와 로저 존슨(David & Roger Johnson, 미네소타대학교), 슬라빈(R. Slavin, 존스홉킨스대학교), 케이건(S. Kagan, 캘리포니아대학교) 등이 있다. 이들은 듀이(J. Dewey), 르윈(K. Lewin), 피아제(J. Piaget), 비고츠키(L. Vygotsky)와 같은 과거의 교육 및 사회 심리학자들의 연구를 바탕으로 그룹의 엄청난 잠재력을 주요한 학습환경으로 인식하고 이를 토대로 교육이론을 구축하였다(Fisher, 2010).

협력학습의 핵심은 "두 개의 머리가 하나보다 낫다."라는 옛 속담과 일치한다. 이 말은 문제의 해결을 촉진하거나 시행착오로 일어나는 좌절감을 줄이는 데 대개 당연하게

---

2) 수용학습(receptive learning)에서 '적합성'의 영역은 발견학습(discovery learning) 순서의 마지막 부분과 동일하다(Duckworth, 1968).

3) 브루너는 발견에 기초한 학습과정에서 학생이 더 적극적으로 참여하고 일에 전념한다고 주장한다. 이러한 환경에서 그는 "학생이 자신의 호기심을 지속시키고 특정한 개념이 발견되거나 심화되었던 것과 유사한 추가적인 문제들을 독립적으로 해결하는 경향이 있다."고 말한다(Duckworth, 1968).

받아들여진다. 여기에서 '두 개의 머리'는 교사와 학생이 아니라 다소 비슷한 경험, 음악적 배경, 잠재력을 지닌 '두 학생의 머리'를 가리킨다. 즉, 어떤 그룹의 멤버들이 가지고 있는 아이디어, 지식 및 경험은 어느 한 개인의 것보다 크다는 의미이다.

협력학습 중에 무슨 일이 일어날까? 가장 중요한 것은 그룹 멤버들이 학습과정의 모든 단계에 적극적으로 참여한다는 것이다. 그룹이 성공하기 위해서는 모든 멤버가 적극적인 역할을 해야 한다. 협력학습에서 교사는 촉진자로서 학생들에게 학습과정을 안내하고 학생들이 원하는 개념과 원리를 상호작용을 통해 발견하도록 도와준다. 협력수업 내내 학생들은 개념과 원리를 연구하고, 가르치고, 훈련하고, 검토하는 데 도움이 되는 그룹활동에 참여한다. 학생들은 협조적으로 일하기 때문에 압박이 풀리고 대개 불안을 덜게 된다. 또한 긍정적인 학생들의 태도, 높은 성취도, 지식의 보유 증가, 자존감 향상 그리고 언어적 의사소통을 통해 아이디어를 표현하는 능력이 강화된다.

② 협력학습의 필수요소

그룹으로 구성된 학습에서 지시하는 단순한 행동이 반드시 좋은 성과를 가져오는 것은 아니다. 협력학습의 전문가 데이비드와 로저 존슨은 협력학습이 성공하기 위해 반드시 필요한 다섯 가지 요소를 다음과 같이 제시한다(Fisher, 2010).

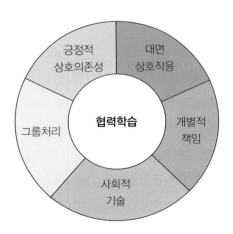

[그림 7-3] 협력학습의 다섯 가지 필수요소

• 긍정적 상호의존성(positive interdependence)

긍정적 상호의존성은 각 멤버가 다른 멤버들의 학습 및 성취도를 증진시키는 마음가짐이다. 그룹은 공동의 목표를 달성하기 위해 협력해야 하므로 '내가 아니라 우리'라는 철학이 우세하다. 멤버들은 배정된 자료를 배우기 위해 개별적으로 그리고 공동으로 책임을 진다.

• 대면 상호작용(face-to-face interaction)

대면 상호작용은 주어진 문제를 해결하는 방법, 개인적 통찰력을 제공하는 방법, 학습개념을 분석하고 과거에서 현재 학습으로 연결하는 방법을 설명하기 위해 그룹 멤버들 간의 의사소통을 포함한다. 촉진자는 항상 멤버들 간에 의견을 공유하고 격려하는 태도를 갖도록 해야 한다.

• 개별적 책임(individual accountability)

개별적 책임은 각 멤버가 그룹과 개인, 개인적 이해와 성장에 대한 자신의 역할에 대해 책임을 갖게 하는 요소이다. 협력학습은 멤버들이 개별적으로 그리고 공동으로 평가하도록 설계되었다. 핵심요소는 다른 멤버에게 의존하여 학습을 완성하는 것을 방지한다.

• 사회적 기술(social skills)

사회적 기술은 그룹 학습 진행을 위해 필수적이다. 교사는 성공적인 그룹을 끌고 가기 위해서 건설적인 비판, 효율적인 시간의 활용, 협력을 요청하는 활동을 하도록 설계해야 한다. 교사는 촉진자로서 긍정적인 사회기술이 발전되어 감에 따라 그것을 강화시키고 보상해야 한다.

• 그룹처리(group processing)

그룹처리는 멤버들이 그들의 일을 돌이켜 생각해 보면서 '무슨 일일까?' '뭐가 문제지?' '어떻게 하면 더 잘 할 수 있을까?'와 같은 질문을 통해 그들의 진보를 강화하기 위한 기법을 개발할 때 발생한다. 교사는 잘한 점과 개선할 점을 검토하여 설문지에 작성하도록 요청함으로써 그룹처리를 촉진할 수 있다.

③ 협력적 접근 vs. 경쟁적 접근

수많은 개인지도 교사들은 그룹교육의 목표와 방법에 대해 종종 여러 가지 의문을 제기한다. 이들은 학생의 진정한 음악적 향상을 위해서는 개인레슨이 가장 좋은 지도 유형이라고 느끼기 때문이다. 한편, 그룹지도 교사들은 교사와 학생의 관계보다 동료 간의 상호작용이 더 가치가 있다고 느낀다. 차이코프스키(P. Tchaikovsky)와 클라이번(V. Cliburn) 콩쿠르와 같은 공식적인 콘테스트에서 많은 참가자들이 좋은 성적을 얻기 위해 기본적으로 '경쟁'이라는 생각을 가지고 참여한다. 일부 교사들은 이러한 경쟁적인 측면을 선호하지만, 다른 교사들은 더 비판적이다(Kim, 2000).

줄스트롬(Julstrom, 1981)은 '경쟁적 접근(competitive approach)'에 대해 두 가지 관점에서 교육철학을 가지고 있다. 하나는 '경쟁을 우수성을 향한 개인의 도전'으로 선호하는 반면, 또 다른 하나는 '경쟁을 엘리트 소수를 제외한 모든 사람들에게 방해'라고 본다. 실제로 많은 개인피아노 교사들은 협력이 아닌 경쟁이 대부분의 사람들에게 가장 강력한 '동기 부여'라고 믿는다. 한편, 슬라빈(R. Slavin)은 실험연구를 통해 협력적 접근이 학문적으로나 사회적으로 훨씬 우수하다고 보았다. 그의 46개의 연구 결과, 협력학습이 다른 접근보다 더 효과적이라는 것을 확신시켰다.

존슨과 존슨(Johnson & Johnson, 1985)은 1,000개가 넘는 협력학습에 대한 연구 결과를 다음과 같이 제안하였다.

- 협력학습 경험은 경쟁적이거나 개인적인 학습 경험보다 더 많은 학습을 촉진하는 경향이 있다.
- 협력학습은 더 높은 학습 동기 부여, 특히 '내적 동기 부여'를 촉진하는 경향이 있다.
- 협력학습은 학습과 교사에 대해 보다 긍정적인 태도를 취하는 경향이 있다
- 협력학습 경험은 자신의 가치에 대한 결론을 도출하기 위해 더 높은 수준의 자부심과 건전한 학습과정으로 연결된다.

3) 그룹피아노 교육의 특징

(1) 그룹피아노 교육의 효과

● 그룹피아노 교육의 효과 ●

- 그룹레슨은 동일한 내용의 반복을 피함으로써 **추가적인 시간**을 확보하여 기능적인 건반 연주기술을 가르친다.
- 그룹레슨에서 학생들은 **동료 상호작용**을 통해 서로 배우며, 교사는 촉진자로서 역할을 한다.
- 그룹레슨은 **발견학습**을 통해 학생들 간의 문제 해결을 돕고 새로운 상황에 적용할 수 있는 능력을 기른다.
- 그룹레슨은 학생들에게 **폭넓은 레퍼토리**를 학습할 수 있는 기회를 제공한다.
- 그룹학습 환경은 다른 사람들 앞에서 연주에 대한 **두려움을 해소**시키고 자신감을 증진시킨다.

피아노 지도에 있어서 개인레슨은 여전히 가장 널리 사용되고 있는 지도유형이다. 특정한 연주를 앞두고 레슨을 받을 때 개인레슨이 매우 효과적이라는 것은 의심의 여지가 없다. 그리고 우수한 교사는 가르치는 방식에 관계없이 좋은 연주자를 배출할 것이다. 그러나 이 교사가 자신의 수업 효율성과 학생의 음악적 능력을 향상시킬 수 있다면 어떤 결과를 얻을 수 있을까?

그룹피아노 교육학자들은 "일반적으로 높은 수준의 음악적 성취와 이해가 개인레슨보다 그룹레슨을 통해 이루어지고 있다."고 주장한다. 이들은 교사와 학생의 효율적인 시간 활용과 그룹학습 환경에서 가져오는 수업방식에 기인한다고 보인다. 교육학자들은 '그룹에서 피아노 교육'의 지도전략을 교육 전반에 걸쳐 실용적이고 효과적인 형태로 인정하고, 1982년 영국에서 개최된 국제음악교육자협회(International Society of Music Educators: ISME)에서 강조한 내용은 다음과 같다.

그룹피아노 교육은 일반적으로 개인교육에서 가능한 것 이상의 좋은 학습이 이루어지는 음악환경을 제공할 수 있다. 더 나아가, 그룹은 학생들 간에 서로 격려하고 동기를 부여받으며, 동료들로부터 도전받는 사회환경을 제공할 수 있다. 그룹은 보다 광범위한 경험—토론, 비판적 경청, 역사적 배경에 대한 연구, 구조적 분석 및 집단적 의사 결정을 더 많이 제공할 수 있다. 그룹은 각 구성원별로 매체를 수행할 수 있다(Fisher, 2010 재인용).

그룹피아노 교육은 역동적 그룹환경에서 교사가 짧은 시간에 여러 학생들에게 포괄적인 음악성 향상을 위해 음악 커리큘럼을 통합하는 접근방식임을 명시하고 있다. 교사는 학생들에게 제한된 시간에 최대한 활용할 수 있는 최상의 방법을 고려해야 한다. 이러한 긍정적 차원에서 그룹피아노 교육은 음악성을 향상시키는 데 개인레슨에서 경험할 수 있는 그 이상의 교육적인 효과가 무엇인지 살펴본다.

첫째, 그룹레슨은 여러 명의 학생들을 동시에 지도함으로써 동일한 내용의 반복을 피하고 추가시간을 확보하여 기능적인 건반 연주기술을 지도한다. 개인레슨에서는 레퍼토리를 지도하는 데 항상 시간이 부족하여 피아노 학습에서 기능적인 건반 연주기술을 소홀히 다루는 경향이 있다. 그룹수업에서는 레퍼토리와 관련된 음악이론, 초견, 청음, 화음 만들기, 즉흥연주, 앙상블 연주 등과 같은 기능적인 건반 연주기술을 배울 수 있는 좋은 환경이다. 이러한 음악학습은 개인레슨과 달리 게임이나 창의적인 활동들을 통해 지도가 가능하다.

둘째, 음악은 사회적 예술이다. 그룹레슨은 학생들이 동료 상호작용을 통해 서로 배우며 발전한다. 이러한 상호작용은 학생들의 동기부여를 높이고, 학생들이 아이디어를 긍정적으로 비판하도록 유도한다. 이때 교사는 촉진자로서 역할을 한다. 예를 들어, 귀로 듣고 피아노 치는 능력이 뛰어난 학생과 악보를 읽으며 연주하는 초견능력이 뛰어난 학생이 함께 학습할 경우, 학생들은 상호 간의 갈등을 해결하는 방법을 관찰하며 서로 배우게 된다. 이러한 피아노 학습은 비판적인 감상능력을 향상시킬 뿐 아니라 학생들이 나머지 6일 동안 개별적으로 연습할 때 수업시간에 배운 학습방법을 적용함으로써 자신의 학습과정을 개선하는 데 도움을 준다.

셋째, 그룹레슨의 핵심은 발견학습이다. 그룹레슨에서는 문제해결을 위해 학생들 간에 여러 의견을 교환하면서 개념을 탐구하고 이를 적용하는 다양한 방법을 모색하게 된다. 이러한 접근은 단순히 교사로부터 무언가를 지시받는 개인레슨과 달리, 교사의 지도하에 그룹 토론, 실험, 발견을 통해 어떤 개념을 이해하도록 유도하는 것이다. 학생들은 사회환경에서 음악적 문제를 해결하는 방법을 스스로 발견하면서 새롭고 어려운 상황에 적용하게 된다.

넷째, 그룹교육은 폭넓은 음악적 이해를 강조하는 포괄적 음악성의 철학과 관련된다. 그룹레슨에서 학생들은 자신이 연주하는 레퍼토리 이외에 동료들이 연주하는 곡들을 배울 수 있는 기회를 갖게 됨에 따라 보다 폭넓은 레퍼토리를 확보할 수 있게 된다.

다섯째, 그룹피아노 환경은 학생들의 연주에 대한 자신감과 열정을 증진시킨다. 그룹에서 공부하는 학생들은 동료들 앞에서 연주경험을 할 수 있는 더 많은 기회를 갖게 된다. 이처럼 자연스럽게 긴장되지 않는 편안한 분위기에서 동료들 앞에서 정기적으로 연주하는 것은 무대공포증을 해소시키고 연주에 대한 자신감을 가지고 침착한 연주를 하도록 한다.

이외에도 그룹피아노 학습에서는 독주뿐만 아니라 동료와의 두오(duo), 트리오(trio), 반주 등과 같은 앙상블을 가능하게 함으로써 다양한 연주력 향상뿐만 아니라 피아노 문헌 습득, 듣는 귀 훈련, 리듬감 향상 등 학생들의 음악적 능력 향상을 위한 지름길을 제공한다.

(2) 그룹피아노 교육의 목표

피아노를 학습하는 각 학생들의 구체적인 목표는 다를 수 있다. 그러나 학생들의 개인적인 동기와 목표에 상관없이, 그룹에서 피아노를 지도하는 교사는 몇 가지의 주요한 목표를 포용하여야 할 것이다(Fisher, 2010).

첫째, 음악학습은 인간의 삶을 윤택하게 하는 데 기여한다는 강한 믿음을 가져야 한다. 특히 피아노 학습은 학생의 신체적·지적·사회적·정서적 영역에 전체적으로 긍정적인 영향을 미치는 데 도움이 된다. 또한 대부분의 교사들은 학생들의 인성과 긍정적인 태도를 기르기 위한 수단으로 음악학습을 독려한다. 뿐만 아니라 학생들의 타고난 재능과 잠재력을 길러내고 계발시키는 수단이기도 하다.

둘째, 음악학습은 인지적인 학습능력, 손과 눈의 협응능력, 운동기술, 비판적인 추리역량, 집중력을 향상시킨다. 이러한 신념은 최근에 많은 연구들을 통해 뒷받침하고 있다. 또한 그룹피아노 환경은 학생들이 그들 주변의 세계와 상호작용하는 능력을 향상시킨다.

셋째, 교사는 학생들이 평생 동안 독립적인 학습자로서 음악을 즐길 수 있는 음악적 · 지적 감각과 호기심을 심어 줄 수 있어야 한다. 이를 위해 그룹피아노 학습은 학생들이 높은 개인적인 기준을 세우고 어려운 연습과정을 이겨내는 인내심과 강한 윤리의식을 기르도록 독려해야 한다.

넷째, 음악학습은 창의적이고 예술적인 감각을 계발할 수 있는 기회를 제공해야 한다. 그룹피아노 학습에서는 숙련된 테크닉, 이론적 · 역사적 이해와 적용 그리고 레퍼토리 연주, 초견, 반주 만들기, 조옮김, 즉흥연주 등과 같은 다양한 활동을 통해 미적 감각능력, 비판적이고 민감한 청각능력, 전반적인 음악성 계발을 기본적인 교훈으로 삼아야 한다.

(3) 그룹피아노 지도유형

피아노 교사는 학습목표나 내용에 따라 다양한 그룹피아노 지도유형을 사용할 수 있다. 피아노 교사가 어떤 유형을 선택하든 간에 가장 중요한 사항 중 하나는 각 학생을 항상 학습에 포함시키는 것이다. 미국의 피아노 교육학자 피셔(Fisher, 2010)는 그룹교육에서 가장 보편적으로 사용되는 몇 가지 유형을 다음과 같이 제시한다.

〈표 7-1〉 **그룹피아노 지도유형**

그룹지도	짝 레슨
	파트너 중복과 그룹레슨
	주간 그룹레슨
그룹지도와 개인지도의 병행	3주간 개인레슨과 4주차 그룹레슨
	개인레슨과 그룹레슨의 교대
	주간 개인레슨과 그룹레슨의 병행
클래스피아노	전자피아노 랩

① 그룹지도(group-only instruction)

역사적으로 살펴보면, 그룹지도의 유형은 초급에서 고급에 이르는 피아노 교육에서 음악의 기초를 튼튼히 함으로써 음악성 향상을 위해 사용되어 왔다. 그룹레슨은 1:1 개인레슨에서처럼 여러 번 같은 내용을 반복하거나 중복할 필요가 없다. 교사의 역할은 학습의 조력자로서 학생들에게 비판적인 관찰을 통해 피드백과 조언을 제시하도록 격려해야 한다. 그룹지도는 학생들의 일정 조정, 수준별 · 연령별 유사한 학생들의 그룹핑 등으로 교육현장에 적용하는 데 어려움이 따를 수 있다. 성공적인 그룹레슨을 진행하기 위해서는 같은 연령대에서 학습 경험이 유사한 두 명의 학생들을 동시에 지도하는 것이 효과적이다.

• 짝 레슨 또는 파트너 레슨(dyad or partner lessons)

짝 레슨은 그룹피아노 지도를 처음 시작하려는 교사에게 가장 접근하기 용이하며, 같은 연령대에서 학습경험이 유사한 2명의 학생을 동시에 지도하는 유형이다. 레슨시간에 2명의 학생은 동일한 학습활동에서 동일한 작품을 배우며 긍정적인 동료평가를 하게 된다. 짝 레슨에서 동료 상호작용(peer interaction)은 자기 자신의 학습에 자극을 주며(성장 동기 부여), 레슨 이외의 시간에 학생들이 매일같이 연습에 도전하기 위한 의미 있는 활동이다. 이러한 활동을 통해 학생들은 비판적인 청각능력을 계발할 뿐 아니라 음악적 개념을 이해하는 데 도움이 된다. 때로는 레슨 도중에 개별 지도가 필요할 수 있으나 짝 레슨을 하는 동안에는 가능한 그룹 다이내믹스의 효과를 끌어 낼 수 있도록 개별활동은 줄이고 동일한 활동에 참여하도록 하는 것이 바람직하다. 예를 들어, 교사가 1명의 학생에게 개별지도를 하는 경우에는 파트너의 학습흐름이 끊기지 않도록 컴퓨터 소프트웨어를 활용한 이론, 청음학습이나, 헤드셋을 끼고 개별연습을 하도록 이끌어 줄 필요가 있다.

• 파트너 중복과 그룹레슨(overlapping partner/group lessons)

파트너 중복 유형은 2명의 학생이 참여하는 2개의 짝 레슨이 포함되며 일반적으로 30분 또는 40분 동안 짝 레슨 수업이 지속된다. 첫 번째 짝 레슨이 진행된 후 이어서 2개의 짝 레슨이 겹쳐서 큰 그룹에서 수업이 이루어진다. 4명의 학생이 참여하는 그룹 세션(group session) 후에는 두 번째 짝 레슨이 진행된다.[4] 파트너 중복 유형은 비슷한 연령대와 수준의 학생들이 짝 레슨과 그룹레슨에 참여할 수 있는 시간을 맞추기에 다소 어려울 수 있다. 이 유형의 스케줄 특성 때문에 그룹레슨 시간이 두 번째 짝 레슨 시간으로 넘어가지 않도록 교사의 신중한 계획과 준비가 필요하다.

---

4) 페이스 그룹교수법에서 〈표 7-4〉의 사례 참조.

• 주간 그룹레슨(weekly group lessons)

그룹레슨 유형은 전적으로 그룹에서 배우는 3명 이상의 학생들이 참여하는 수업유형이다. '클래스피아노'의 유형에서처럼 그룹레슨은 각 학생이 자신의 키보드를 가지고 있는 환경에서 가장 효과적이다. 교사가 그룹 전체 또는 개별 학생에게 말하고 시연할 수 있는 교사용 콘솔이 설치되어 있는 랩에서는 하나의 버튼 클릭만으로 그룹레슨과 짝 레슨 형태를 용이하게 한다. 그룹레슨 유형은 개인레슨과 달리 많은 장점을 가지고 있다. 먼저 학생들은 더 높은 수준의 연주를 위해 교사의 지도 아래 레슨시간 내내 동료 간에 사회적인 상호작용을 하면서 서로를 격려하고 도전할 수 있는 기회를 통해 문제를 해결하는 방법을 모색한다. 이런 과정에서 학생들은 그룹레슨의 성공에 중심이 되는 역동적인 학습환경에서 동료들로부터 많은 것을 배울 수 있다.

② 그룹지도와 개인지도의 병행(group and private instruction combinations)

피아노 교사들은 학교 또는 스튜디오에서 그룹레슨과 개인레슨을 병행하여 지도할 수 있다. 이들은 두 가지 접근의 장점을 활용하여 학생들이 경험할 수 있는 기회를 제공하면서 교육적 효과를 높일 수 있다. 이와 같은 교수매체의 조합을 적용하려면 교사는 순차적인 학습과정 및 학습내용을 제시하기 위한 체계적이고 잘 조정된 커리큘럼이 필요하다. 그룹은 음악의 개념과 원리를 이해시키는 데 비슷한 음악적 수준에 있는 학생들로 구성하는 것이 이상적이다. 그룹레슨은 창작활동 및 연습을 통해 이러한 중요한 개념을 강화하고 앙상블 음악을 배우는 데 자연스러운 환경을 제공해 준다.

• 3주간 개인레슨과 4주차 그룹레슨(three weeks private/fourth week group only)

기본적으로 개인레슨에서 피아노를 지도하지만 그룹레슨의 고유한 역동성을 인정하는 교사에게 적합한 유형이다. 이 유형은 3주간의 개인레슨과 4주째(일주일에 한 번) 그룹레슨을 포함하는 스케줄로 구성된다. 개인레슨에서는 개별적인 테크닉을 지도하고 학생의 특정한 문제를 해결하는 데 중점을 두는 한편, 그룹레슨에서는 음악성 계발을 위해 음악이론이나 청음, 화성 등과 같은 그룹활동을 통해 음악적 개념을 강화하는 데 비중을 둔다. 개인레슨과 그룹레슨을 병행하여 지도할 때 교사는 학습내용이 연결되도록 세심한 스케줄을 짜는 것이 중요하다.

• 개인레슨과 그룹레슨의 교대(alternating private and group lessons)

매주 개인레슨과 그룹레슨을 번갈아 가며 지도하는 유형으로 다양한 지도유형의 장점을 활용할 수 있어 학생이나 교사들이 선호하는 형태이다. 그러나 이 지도유형은 학생, 학부모 그리고 교사 모두 격주로 달라지는 날짜와 시간을 유지하기 위해 스케줄을 조정하는 일이 가장 복잡하고 어려운 점이다. 교사는 학생들이 개인레슨 시 학습한 내용을 개인레슨 사이의 기간 동안에 지속적으로 연습할 수 있도록 과제관리에 유의해야 한다.

• 주간 개인레슨과 그룹레슨의 병행(both private and group lessons weekly)

매주 개인레슨과 그룹레슨을 주 2회에 걸쳐 지도하는 유형이다. 그룹레슨에서 음악성 계발을 위한 새로운 학습내용과 과제가 주어진다. 그 이후 주중에 개인레슨에서 학생의 개별적인 학습이 이루어진다. 이러한 구조는 학생의 전반적인 발전을 가져오고 음악적 개념을 강화시키는 데 가장 바람직한 형태이다. 현실적으로 학생은 개인레슨과 그룹레슨을 준비하는 데 필요한 시간을 할애해야 하고, 학부모는 높은 수업료를 지불할 수 있어야 하며 매주 두 번 교통편을 제공해야 하는 헌신과 노력이 필요하다.

▶ 미국의 그룹피아노 교육학자 페이스는 소그룹 레슨을 지도할 때 유의해야 할 점을 다음과 같이 제시하고 있다(Pace, 1974). 여러 가지 질문을 통해 그룹레슨에서 상호작용이 잘 이루어지고 있는지 스스로 실천해 보자.

• 나는 음악성 향상을 위해 큰 그룹세션의 활동을 위해 했던 것처럼 똑같은 교수법으로 두 학생에게 작품의 교수 요점을 제시했다고 생각하는가?
• 나는 각각의 학생들이 연주를 하든지 관찰하든지 상관없이 항상 활발하게 참여시키고 있는가? 두 학생들이 지속적으로 참여하고 있는가?
• 나는 연주 전 두 학생에게 질문을 통해 좋은 동료 상호작용을 할 수 있다는 확신을 갖고 있는가?
• 나는 동료 지도를 통해 두 학생 모두가 집중하도록 진행하고 있는가?
• 과제곡을 들을 때 '샘플링 기법(sampling technique)'을 사용하고 있는가? 단순히 처음부터 끝까지 듣는 것이 아니라 반복된 부분을 생략하고 작품의 일부만 듣는 것이 합리적이고 바람직하다.
• 나는 학생들이 중요한 음악적 요소와 여전히 주의가 필요한 점에 대해 긍정적이고 직접적인 비판을 하도록 돕고 있는가? 학생들은 어떤 특정한 방법으로 문제가 해결되었는지 알게 되면 자신감을 갖는다는 것을 기억하라.

③ 클래스피아노(class piano)

클래스피아노는 다수의 전자피아노가 구비된 교실에서 그룹의 학생들이 주기적으로 모여 학습하는 지도유형이다. 클래스피아노는 다수의 학생들을 동시에 지도할 수 있도록 간단한 독주곡을 포함한 음악이론, 스케일, 코드진행, 초견, 즉흥연주 등 일련의 기능적인 건반 연주기술을 지도하기에 적합한 교육환경이다(Fisher, 2010; Frisch, 1954; Lyke, 1969; Pace, 1960). 부흐만(Buchman, 1964)은 이러한 연주능력은 독주곡 위주의 1:1 레슨을 받는다고 저절로 습득되는 것이 아니기 때문에 기능적인 건반 연주기술들을 묶어 따로 지도하는 시간이 필요하다고 주장하였다. 이러한 활동은 음악의 기초를 탄탄히 세움으로써 포괄적인 음악성 계발에 도움을 준다. 따라서 이에 관심이 있는 학습자들이라면 연령과 음악전공 여부에 상관없이 클래스피아노 지도유형을 활용할 수 있다. 클래스피아노 유형의 다양한 수업 적용 예시를 제시하면 다음과 같다.

• 어린 초급 피아노 학습자

어린 초급 피아노 학습자들을 대상으로 음악의 기초를 다져 주기 위하여 또래그룹이 모인 전자피아노 랩에서 음악이론이나 귀로 듣고 따라 치기 그리고 즉흥연주와 같은 창작활동을 병행하면 효과적이다. 어린 학습자일 경우, 학습에 집중하는 시간이 짧기 때문에 1:1 레슨시간에 다양한 활동을 하기에는 한계가 있다. 따라서 여러 명의 또래그룹이 함께 포괄적인 음악성을 계발할 수 있는 다양한 음악활동을 학습하는 데 클래스피아노 유형이 적합하다.

• 예비 음악교사

예비 음악교사들은 한두 곡의 피아노 독주곡을 암보로 연주하는 능력보다 학교 음악수업에서 활용할 수 있는 초견 및 반주 능력이 필수적이다(권수미, 2006; Freeburne, 1952; Kingsbury, 1945; Sonntag, 1980). 이를 위해서는 음악의 기초를 쌓아 주는 음악이론, 화성, 이조, 스케일, 코드진행, 기초 테크닉 학습과 함께 초견, 반주 만들기 등의 다양한 기능적인 건반 연주기술 학습을 병행하여야 한다. 따라서 예비 음악교사들을 대상으로 하는 피아노 실기지도는 기능적인 건반 연주기술을 습득하기 용이한 클래스피아노 지도유형을 활용하는 것이 바람직하다.

2. 그룹피아노 교육의 역사

앞서 제2장에서 페다고지의 역사에 대해 자세히 언급하고 있으므로 이 절에서는 간 단히 그룹교육에 관련된 역사적 흐름만 제시한다. 그룹에서 피아노 교육은 언제부터, 어떻게 실시되었는지 그리고 어떤 목적을 가지고 그룹에서 가르쳤는지 역사적 배경과 주요 교수학자들을 살펴본다. 최근 피아노 교육에 영향을 미친 미국 피아노 페다고지 의 주도적 인물인 버로우와 페이스의 교수법을 소개한다.

1) 그룹피아노 교육의 발전 배경

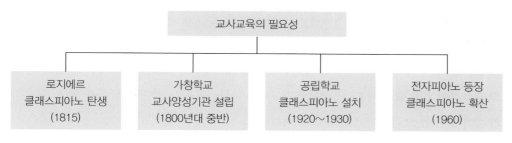

[그림 7-4] **교사교육 필요성의 영향**

그룹에서 피아노 교육이 교사들에게는 생소하게 들릴지라도 1815년 독일 음악교육 자 로지에르(J. Logier)는 더블린에서 초급수준의 학생들뿐 아니라 고급수준의 학생들에 이르기까지 클래스에서 피아노와 음악이론을 가르쳤다. 그는 그룹환경에서 음악이론 의 개념을 가르치고 그 지식을 피아노 연주에 적용하는 데 더 효과적이라고 주장하였다 (Fisher, 2010; Richards, 1960).

로지에르로부터 '어떻게 가르치는지' 그의 교수법에 대한 훈련을 받은 미국 피아노 교육학자들은 자기 나라에 돌아와서 그룹교육을 소개하였다. 미국에서 그룹피아노 수 업의 첫 번째 등장은 1860년경 남부의 여학교에서 찾을 수 있다. 이러한 교수법은 19세 기 유명한 유럽 피아니스트인 쇼팽, 슈만, 리스트가 마스터 클래스에서 그들의 학생들 을 가르친 수업의 형태와는 구분된다. 이와 같이 유럽의 전통적인 교수법은 미국 초기 피아노 교육에 영향을 미치기도 하였다.

1800년대 중반 미국에서 가창학교를 통해 대중들에게 음악교육이 소개되면서 교사 양성의 필요성을 인식하고 여러 주에서 음악 컨벤션이 열렸으며, 음악정규기관 등 교사 양성기관이 생겨났다. 이러한 움직임이 확산되어 1860년대 클래스피아노가 인기를 끌 게 되었다. 1900년대 초에는 클래스피아노의 움직임이 활성화되어 감에 따라 공립학교 에서 클래스피아노가 성행하게 되었으나 훈련된 교사의 부족현상이 초래되었다.

1960년대 들어와 전자피아노 랩이 등장함에 따라 포괄적 음악교육의 일환으로 피아 노 비전공자를 위한 클래스피아노가 널리 받아들여졌다. 미래 피아노 교사훈련과 전문 화된 프로그램의 필요성에 대한 새로운 인식이 높아지면서 대학수준의 그룹피아노 교 육이 급격히 증가하였다.

2) 주요 그룹피아노 교수학자

1800년대 중엽 클래스피아노가 미국에서 큰 인기를 끌게 되면서 그룹피아노 교육을 옹호하는 교수학자들은 교재의 출판, 논문 발표, 세미나 개최 등 다양한 방법을 통해 클래스피아노를 확산시켰다. 미국에서 그룹피아노 교육의 발전에 공헌한 주요 교수학 자들의 활동을 요약하면 〈표 7-2〉와 같다.

〈표 7-2〉 그룹피아노 교수학자들의 주요 활동

교수학자	주요 활동
존 버로우스 (John Freckleton Burrowes, 1787~1852)	• 1831년 개인지도나 클래스피아노를 위한 교재 『피아노포르테 입문서』를 뉴욕에서 처음 출판하였다. • 1854년 교사 지침서를 포함한 개정판이 출판되어 당대 여학교에서 피아노 학문을 다루는 주요 교재로 사용되었다.
줄리아 크레인 (Julia Ettie Crane, 1855~1923)	• 1885년 설립된 미시간주 보통학교와 크레인 음악정규기관에서 음악교사 양성을 위해 커리큘럼을 고안하였다. • 미래 음악교사 양성을 위해 현행 교과목과 유사한 피아노 페다고지 커리큘럼을 개발하였다.
캘빈 캐디 (Calvin Brainerd Cady, 1851~1928)	• 그룹피아노의 아버지라 불리며, 1880~1990년대 초급에서 고급 수준에 이르는 피아노 그룹지도를 옹호하는 논문을 발표하여 전 지역에 홍보하였다. • 공립학교에 클래스피아노 프로그램을 개설하였다.

테디어스 기딩스 (Thaddeus P. Giddings, 1868~1954)	• 1919년 커티스, 맥코나시, 미즈너와 함께 『공립학교 클래스피아노』 교재를 출판하였다. • 1926년부터 미국음악감독협회에서 활동한 주요 인물이다.
윌리엄스 미즈너 (William Otto Miessner, 1880~1967)	• 1924년 미즈너협회를 설립하여 피아노 음악 및 페다고지 자료에 대한 교육을 실시하였다. • 1924~1930년 뉴욕에서 캘리포니아에 걸쳐 활발한 교사 연수 캠페인을 펼쳤다. • 1930년 『피아노 선율법』, 1933년 개정판을 출판하여 널리 사용되었다.
어니스트 셸링 (Ernest Henry Schelling, 1876~1939)	• 1929년 게일 하케, 찰스 하케, 맥코나시와 함께 『옥스포드 피아노 코스』를 출판하였으며, 1930~1940년대에 클래스피아노를 위해 널리 사용되었다.
레이먼드 버로우 (Raymond Burrows, 1905~1952)	• 1925년 컬럼비아대학교에서 최초로 커리큘럼에 초급에서 고급 수준에 이르는 피아노 페다고지 코스를 개설하였다. • 1931년 성인 초보자를 위한 코스를 제공하였으며, 1930~1940년대 피아노 페다고지 지도법과 교재를 출판하고 논문을 발표하여 미국 전 지역에 보급하였다.
프란시스 클라크 (Frances Clark, 1905~1998)	• 1955년 『뮤직 트리』 시리즈를 비롯하여 많은 피아노 교재를 집필하여 널리 사용되었다. • 1960년 최초로 웨스트민스터 합창대학에 페다고지 대학원 설립, 프란시스 클라크 센터에서 피아노 교사교육을 위한 세미나, 워크숍 및 컨퍼런스를 개최하였다.
가이 덕워스 (Guy Duckworth, 1923~2015)	• 고급수준의 그룹교육 철학을 옹호하는 20세기 미국의 대표적인 그룹피아노 교수학자이다. • 그룹피아노 문헌 『키보드 음악성』(1970)과 피아노 교재 시리즈 『키보드 탐험가』(1980)를 출판하였다.
로버트 페이스 (Robert Pace, 1924~2010)[5]	• 20세기 그룹피아노 교육에 혁명을 일으킨 교수학자이다. • 1956년 『클래스 음악을 위한 피아노』 교재를 통해 포괄적인 그룹피아노 교수법을 개발하였다. • 미국 전 지역에서 피아노 교사, 공립학교 음악 교사 연수 세미나 및 세계 각지에서 워크숍 강연을 실시하였다.

---

5) 페이스는 줄리어드 음대 재학 시절 그의 스승 레빈 교수가 그의 학생들에게 동료 학생들의 피아노 레슨시간에 참여하여 관찰하라고 하는 좋은 가르침을 받았다. 졸업 후 그는 본교에서 학생들에게 피아노를 개인지도하면서 불필요한 반복에 회의를 느끼기 시작하였다. 그때 그는 컬럼비아대학교 사범대학 버로우 교수의 '클래스피아노'를 참관한 후 레퍼토리 분석, 초견, 이조, 연주의 두려움 해소 등 그룹피아노 교육이 개인레슨보다 효율적이라는 것을 깨닫게 되었다.

에마누엘 랭커스터 (Emanuel L. Lancaster, 19?~)	• 1978년 대학 그룹피아노 강사 훈련을 위한 가상의 모델 프로그램을 개발하고 대학에서 그룹피아노 연수 프로그램을 수립하였다. • 미국 전 지역뿐 아니라 캐나다, 홍콩, 중국, 한국, 말레이시아, 싱가포르 등에서 워크숍 강연을 실시하였다.

3) 그룹피아노 교수법

1900년대 중반 이후 미국에서 그룹피아노 교육을 전국적으로 보급시키는 데 주도적 역할을 한 교수학자 버로우와 페이스의 교수법을 소개한다.

(1) 버로우 교수법

'레퍼토리를 위한 개인레슨 vs. 음악성 계발을 위한 클래스 레슨'

미국 그룹피아노 교육의 창시자인 버로우(Ramond Burrows, 1905~1952)는 1930~1940년대 전국적으로 '클래스피아노 교수법(class piano method)'을 보급시킨 주요 인물이다. 버로우가 1947년 미국음악교사협회(Music Teachers National Association: MTNA)에서 '고급피아노 클래스(The Advanced Piano Class)'라는 주제로 발표한 논문의 내용을 중심으로 그의 교수법을 살펴보고자 한다(Burrows, 1947).

■ 고급수준의 그룹레슨에 대한 사례

버로우의 '클래스피아노 교수법'은 레퍼토리를 분석하고 초견과 이조 연주기술을 계발하며, 더불어 다른 사람 앞에서 연주에 대한 두려움을 효과적으로 해소시킨다. 여기에서는 4명의 대학생이 1시간 동안 주 2회 만나는 유형에서 그룹레슨[6]의 사례와 이를 통해 얻은 교육의 효과를 제시한다.

---

6) 전공 피아노 실기 수업이 한 학생당 30분 배정된 경우, 각 학생들은 2시간의 클래스 수업을 통해 많이 배울 수 있다.

① 클래스 레슨의 사례

　4명의 대학생들을 대상으로 클래스에서 바흐(J. S. Bach)의 「평균율」, 푸가와 드뷔시 (C. Debussy)의 「프렐류드」를 지도한 성공적인 수업사례를 소개한다. 이 사례는 초급 수준과 마찬가지로 고급수준에서도 클래스 레슨에서 보다 학습의 효과를 가져올 수 있는 교수법적 접근을 보여 준다.

〈예시 1〉 바흐 「평균율」, 푸가의 지도
• 학습 요점
음과 리듬의 정확성을 달성하는 방법, 푸가 주제의 각 도입부를 강조하는 방법, 대위법을 따르는 방법, 각 순차적인 패턴을 다루는 방법 및 작품 전체의 윤곽에서뿐 아니라 작은 단위 안에서 다이내믹스를 조절하는 방법을 배운다.

• 학습 활동
학생 A가 푸가에서 학습요점을 배우는 동안 나머지 학생들은 듣는다.
학생 B의 두 번째 푸가에서 유사하거나 다른 요소를 배우는 것을 관찰한다.
학생 C의 세 번째 푸가에서 학습과정을 신중히 지켜보며 따라간다.
학생 D는 네 번째 푸가를 시작할 때 아주 이해를 잘 하면서 연주하게 된다.

〈예시 2〉 드뷔시 「프렐류드」의 지도
1단계: 각 학생이 악보를 보면서 기제킹(W. Gieseking)이 연주한 전체 세트 리코딩을 듣는다.
2단계: 수업시간에 각 학생은 악곡해석에서 효과적인 부분을 악보에 연필로 표시하고, 자신의 연주에 도움이 되는 중요한 점에 대해 서로 토론한다.
3단계: 각 학생에게 3개의 프렐류드를 선택하도록 하여 몇 주 동안 학습을 통해 12개의 프렐류드를 연주할 수 있도록 한다. 연습과정에서는 교사가 한 학생에게 페달링이나 뉘앙스의 미묘한 부분을 지도하면 전체 그룹은 지도내용을 자신의 악곡에 적용한다.

---

② 교육의 효과
• 추가적인 시간 확보
　수업시간에 불필요한 중복을 줄임으로써 나머지 시간에 개별적인 문제를 해결할 수 있다. 먼저 클래스 레슨에서는 개인레슨에서 갖는 고유한 가치를 그대로 유지하면서 지도한다. 그러나 4명 모두에게 공통된 문제점을 설명함으로써 불필요한 중복을 줄이고 절약되는 시간을 각 학생들의 개별적인 문제를 해결하는 데 사용할 수 있다.

• 레퍼토리 확장

고급수준의 학생들에게 폭넓은 레퍼토리를 학습하게 할 수 있다. 클래스 레슨은 학습 기간 내내 면밀한 관찰의 가치를 가져와 클래스 학생들이 학습한 각 작품의 문제점을 파악하고 각각의 기술적 및 해석적 요소에 접근하는 방법에 대한 생각을 갖도록 한다. 얼마 후, 한 학생이 클래스에서 동급생이 배운 모든 곡을 연주 레퍼토리로 추가하는 것을 발견하게 될 것이다.

• 무대 공포증 해소

다른 사람들 앞에서 연주에 대한 두려움을 해소할 수 있다. 교사가 학생들에게 편한 마음으로 공개 연주를 하도록 가르친다고 하더라도 그들은 다른 사람들 앞에서 연주할 때 많은 두려움을 갖는다. 매 수업마다 3명의 동료와 교사 앞에서 연주하면 청중에 대한 두려움은 많이 사라질 것이다. 매주 두 번씩 자신의 연주를 들을 수 있는 비판적인 청중이 있을 때, 각 작품에 대해 충분한 시험적인 연주를 하게 된다.

• 자신의 문제점 발견

연주자는 자신의 문제를 다른 사람에게서 관찰함으로써 배운다. 일정한 템포를 유지할 수 없는 사람은 다른 사람에게서 동일한 오류를 빨리 발견하게 된다. 너무 크고 거친 음색을 표현하는 사람은 다른 학생에게서 이러한 경향이 얼마나 공격적인지 알게 되면 수정하려고 노력하게 된다. 즉, 자신의 연주에서 발견하기는 어렵지만 다른 사람에게서 인식될 때 명백한 잘못이라는 것을 알게 된다.

이 외에도 버로우는 "피아노 음악이 사회적으로 소통하는 예술"이라고 강조한다. 그는 그룹레슨 외에도 다양한 연주기술을 습득하기 위한 테크닉 클래스, 많은 사람들 앞에서 연주할 수 있는 경험을 쌓고 폭넓은 레퍼토리를 확장시키기 위한 마스터 클래스 그리고 클래스 전체 학생들의 연주모임과 같은 특별한 유형의 클래스를 함께 제공함으로써 보다 나은 음악인을 기를 수 있다고 언급한다.

(2) 페이스 교수법

미국 그룹피아노 교육의 주도적 인물인 페이스(Robert Pace, 1924~2010)는 1960년대 이후 컬럼비아대학교 사범대학에서 버로우의 교수법을 발전시켜 포괄적인 그룹피아노 교수법(comprehensive group piano method)을 개발하였다.

① 교육 철학 및 목적

㉠ 교육 철학

페이스는 "피아노 교육에서 포괄적인 음악성을 계발하여 조화로운 인간을 형성하는 데 목적을 두어야 한다."고 믿었다. 페이스의 교수법적 접근은 피아제(J. Piaget), 브루너(J. Bruner), 머셀(L. Mursell), 매슬로(A. Maslow)와 같은 인본주의적 심리학자의 영향을 받았다. 그 외에 레빈(Josef & Rosina Lhévinne), 머피(H. Murphy), 버로우(R. Burrows)와 같은 음악인들도 그의 교육 철학을 정립하는 데 도움을 주었다(Hirokawa, 1997).

㉡ 교육 목적

페이스는 피아노 교육에서 포괄적 음악성과 감수성 계발의 두 가지 목적을 가지고 그룹교수법을 개발하였다.

• 포괄적 음악성 계발

페이스의 그룹교수법은 음악교육의 기초를 튼튼히 하기 위해 레퍼토리 외에 테크닉, 음악이론, 이조, 즉흥연주, 청음 등 기능적인 건반 연주기술을 포함한다.[7] 그는 학생들의 창의성 계발을 위해 이러한 음악활동은 피아노 학습의 시작부터 가르쳐야 한다고 주장한다. 페이스는 학생이 음악적으로 독립할 수 있을 때 나중에 인생에서 음악활동을 추구하거나 일생 동안 즐거움을 누릴 수 있다고 믿기 때문이다.

---

7) 많은 피아노 교사들은 전통적인 피아노 개인레슨에서 다가오는 시험, 콩쿠르, 시험 등에서 좋은 결과를 얻기 위해 작품에서 요구하는 테크닉과 정확한 암기에 전념하며 기능적인 기술을 소홀히 다루는 경향이 있다. 페이스는 "그룹레슨에서는 학생들에게 공통점에 대해 설명함으로써 불필요한 반복과 중복을 줄이고 나머지 시간에 연주곡과 관련된 다양한 학습활동을 할 수 있는 장점이 있다."고 강조한다.

• 감수성 계발

페이스는 "음악은 사회적 예술이고, 그룹활동을 통한 음악학습은 감수성을 계발하고 조화로운 인간을 형성하는 데 도움을 준다."고 주장한다. 그는 그룹레슨에서 학생들 간에 연주상의 문제를 해결하기 위해 긍정적인 조언이나 비평을 하면서 '사회적 상호작용'을 촉진시키는 것은 학습동기 유발을 위해 중요하다고 믿기 때문이다. 이는 매슬로의 자아실현이론(theory of self-actualization)에 영향을 받은 것이다.

② 그룹피아노 교수법

페이스 교수법에서는 초급 · 중급 수준인 학생의 경우 일주일에 한 번은 짝 레슨(dyad lesson)[8]으로 피아노 연주곡을 배우고, 다른 한 번은 소그룹 레슨에서 화성, 청음, 초견, 앙상블, 즉흥연주 등 다양한 기능적인 기술을 익히는 활동을 통해 포괄적 음악성 계발을 위한 수업이 이루어진다. 또 다른 방법으로는 〈표 7-3〉에서처럼 개인레슨을 겹치거나 〈표 7-4〉에서처럼 짝 레슨을 겹쳐서 수업을 진행함으로써 우수한 학습의 효과를 가져올 수 있다(Pace, 1978, 1982). 페이스는 초급학생의 경우 주 2회 45분씩, 중급학생의 경우 주 2회 60분씩 이루어진다. 2명의 고급학생인 경우 주 1회 120분씩, 4명의 고급학생인 경우 주 2회 120분씩 수업을 권장한다. 다음에 제시한 사례는 다양한 그룹지도유형의 예시이다.

• **사례 1**: 2명의 초급학생들이 45분 동안 개인레슨과 소그룹 레슨을 하는 경우 지도계획의 예시이다.

〈표 7-3〉 개인레슨과 소그룹 레슨의 지도계획 예시

시간	학습형태	학습내용
2:00 ~ 2:30	학생 A 개인레슨	연주곡(레퍼토리)
2:30 ~ 2:45	학생 A+B 소그룹 레슨	화성, 청음, 초견, 앙상블, 즉흥연주
2:45 ~ 3:15	학생 B 개인레슨	연주곡(레퍼토리)

---

8) 짝 레슨은 1명의 교사와 2명의 학생들이 팀을 이루는 학습형태이며, 학생들의 수준에 따라 2~4명, 그룹레슨은 다양한 활동을 위해 최대 8명 정도로 구성할 수 있다.

- 사례 2: 4명의 중급학생들이 60분 동안 짝 레슨과 소그룹 레슨을 하는 경우 지도계획의 예시이다.

〈표 7-4〉 짝 레슨과 소그룹 레슨의 지도계획 예시

시간	학습형태	학습내용
2:00 ~ 2:40	학생 A+B 짝 레슨	연주곡(레퍼토리)
2:40 ~ 3:00	학생 A+B+C+D 소그룹 레슨	화성, 청음, 초견, 앙상블, 즉흥연주
3:00 ~ 3:40	학생 C+D 짝 레슨	연주곡(레퍼토리)

- 사례 3: 2명의 고급학생들이 120분 동안 짝 레슨(또는 소그룹 레슨)을 하는 경우, 지도계획의 예시이다.[9]

〈표 7-5〉 짝 레슨의 지도계획 예시

시간	학습형태	학습내용
2:00 ~ 2:40	학생 A+B	학생 A 연주곡(레퍼토리)
2:40 ~ 3:20	학생 A+B	공통 연주곡, 앙상블, 테크닉, 이론
3:20 ~ 4:00	학생 A+B	학생 B 연주곡(레퍼토리)

▶ 페이스는 교사가 그룹레슨을 지도할 때 유의할 점을 다음과 같이 명시하고 있다(Pace, 1979).

- 학생들이 작품을 연주하기 전 무엇을 유의하여 연주하고 경청해야 하는지 주요 관점을 꼭 지적해라. 교사가 성급히 말을 하기보다는 학생들이 서로에게 연주하고 보여 주면서 상호작용을 통해 문제를 해결하도록 해야 한다.
- 학생 A가 연주하고 있을 때, 학생 B가 비판적인 경청자로서 적극적으로 참여하고 있는지 확인해라. 무엇보다도 관찰자 학생 B가 공상에 잠기거나 무관심하게 앉아 있지 않도록 한다.

---

9) 그룹의 크기에 있어서 2명의 학생들이 주 1회 만나서 2시간 그룹레슨을 하거나 4명의 학생들이 주 2회 만나서 2시간 동안 그룹레슨을 진행하는 것이 이상적이다. 고급수준의 경우 동료 상호작용을을 통해 동기부여를 하면서 1:1 레슨을 제공할 수 있다.

- 학생들의 질문에 너무 빨리 대답하는 것을 피해라. 이는 학생들이 스스로 적절한 대답을 생각할 수 있는 기회를 제공하기 위한 것이다.
- 귀에 거슬리는 비판보다는 긍정적이고 정확한 비판을 하도록 격려해라. 긍정적인 평가는 학생들이 작품을 빨리 배우고 이해하는 데 도움을 줌으로써 음악적으로 성장하는 데 동기부여를 한다.
- 학생들이 연주를 비판할 때 문제점을 지적할 뿐만 아니라 좋은 점을 찾도록 해라. 좋은 점을 살려서 노력하면 문제가 줄어드는 경향이 있다.
- 긍정적인 강화로 인해 학생들 간에 경쟁을 조장하지 말라. 그룹레슨에서는 개인의 성공과 발전이 모든 학생들에게 더 나은 학습환경을 만드는 데 도움을 주므로 학생들은 파트너의 성공을 만족스럽게 받아들여야 한다.

3. 그룹피아노 교수 · 학습 지도전략

1) 초급수준의 그룹레슨

다음 예시는 초급수준 2명의 학생들을 대상으로 개인레슨과 소그룹 레슨이 중복된 유형의 수업모델이다. 앞에서 제시한 〈표 7-5〉 유형을 참고하여 학생들의 수준에 따라 2~4명 혹은 최대 8명까지 소그룹으로 구성할 수 있다. 각 학생은 15분의 개인레슨과 15분의 그룹레슨 총 30분의 피아노 지도를 받는다. 이때 그룹레슨에서는 음악이론, 초견, 화성, 귀로 듣고 연주하기, 앙상블, 즉흥연주 등의 학습활동으로 구성할 수 있다.

(1) 학습목표
다음은 초급수준 2명의 학생들이 교사와 주 1회 만나서 짝 레슨을 하는 경우 학습목표와 학습내용이다.

〈표 7-6〉 **초급수준의 학생별 학습목표와 레퍼토리 예시**

구분	학습목표	학습내용
학생 A	순차 진행하는 선율을 논−레가토로 연주하는 기술을 습득함으로써 음악적인 표현능력을 기른다.	『매직펑거 피아노 2권』「겨울이 지나면」「사랑의 슬픔」
학생 B	순차 진행하는 선율을 레가토로 연주하는 기술을 습득함으로써 음악적인 표현능력을 기른다.	『매직펑거 피아노 2권』「줄과 칸」「풍선껌」
그룹수업 (학생 A+B)	귀로 듣고 따라 연주하기: 선생님이 연주해 주시는 패턴을 듣고 도−레−미−파−솔−라−시−도 선율을 논레가토로 연주할 수 있다.	『매직펑거 피아노 2권』「Play는 Magic해!」 귀로 듣고 연주하기− 도레미파솔라시도

(2) 샘플 그룹레슨 계획

초급수준 2명의 학생이 3시부터 3시 45분까지 개인레슨과 소그룹 레슨이 중복된 유형의 수업이 계획되어 있다고 가정한 예시이다. 2명의 학생은 현재 제한된 음역인 다섯 손가락 패턴 안에서 악곡을 연주하는 학습수준이며 그룹레슨에서는 음의 확장을 위해 교사가 연주하는 음악패턴을 듣고 한 옥타브를 구성하는 음을 익히는 학습활동을 다룬다. 실제 그룹레슨에서는 상황에 따라 융통성 있게 이론, 초견, 청음, 즉흥연주, 테크닉과 같은 다양한 활동을 적용할 수 있다.

〈표 7-7〉 초급수준의 샘플 그룹레슨 계획

시간	학습활동	지도전략
3:00 학생 A 개인 레슨	[독주곡 1] 논레가토로 순차 진행하는 선율 연주「겨울이 지나면」 • 초견: 반복되는 리듬패턴을 찾으며 초견 연주하기    • 테크닉: 가운데 도의 자리에서 논−레가토로 순차 진행하는 선율 연주하기 [독주곡 2] 도의 자리에서 연주하는 12마디 간단한 악곡을 교사반주(음원반주)에 맞춰 일정박을 지켜 연주하기「황제의 왈츠」	• 교사는 학생이 반복되는 리듬패턴을 발견하도록 손뼉치기를 통하여 곡을 익히도록 한다. • 교사는 학생이 고정박을 지키며 연주할 수 있도록 피아노 반주를 하면서 앙상블 연주를 한다. • 교사는 [독주곡 1]의 지도전략과 동일하게 진행하며 상황에 따라 독주곡 학습량을 조절한다.
3:15	[그룹활동] 순차 진행하는 선율을 귀로 듣고 연주하기 • 교사 시연: 〈악보 1〉 순차 진행하는 선율 도−레−미−파−솔−라−시−도 연주	• 교사는 학생에게 반복되는 패턴을 찾으면서 주의 깊게 듣도록 설명하며 시연한다. • 교사는 시연한 음악패턴의 특징에 대해 학생들과 이야기를 나누어 본다.

학생 A+B 그룹 레슨	• 교사 시연을 듣고 학생은 따라서 연주하기 • 교사반주나 반주음원에 맞춰 학생 A와 B는 넓은 영역에서 순차 진행하는 선율 연주하기 〈지도상의 유의점〉 학생이 연주하는 손가락 번호는 자유롭게 하되 손가락을 단단하게 세워 연주하도록 한다.	• 학생들이 번갈아 가며 연주하도록 교사는 지속적으로 반주한다. • 동료가 연주할 때, 다른 학생은 음 이름을 노래 부르도록 하며 소그룹 활동에 집중하도록 한다.
3:30	[독주곡 1] 두 음 슬러로 순차 진행하는 선율 연주 「줄과 칸」 • 초견: 순차 진행하는 다섯 음과 반복되는 리듬패턴을 찾으며 초견 연주하기 • 이론: 이음줄의 기능에 대해 학습하기	• 교사는 줄에서 칸으로, 칸에서 줄로 이동하는 2도 선율적 음정을 설명한다.
학생 B 개인 레슨	  • 테크닉: 이음줄로 연결된 두 음을 손목 내리기–굴리기–올리기 주법으로 레가토 연주하기	• 교사는 두 음 슬러를 연주하는 학생의 손가락이 건반에 닿는 위치를 확인하며 테크닉을 지도한다. • 교사는 학생이 고정박을 지키며 연주할 수 있도록 피아노 반주를 하면서 앙상블 연주를 한다.

악보출처: 『매직핑거 피아노 2권』(2019).

> ▶ 교사들은 초급수준의 학생들을 대상으로 그룹레슨 계획을 설계하고 수행할 때 다음과 같은 지침을 고려해야 한다.
>
> • 함께 학습하는 학생들이 서로 비슷한 학습수준인가?
> • 그룹레슨에서 제시하는 악곡이나 활동이 각 학생의 개인레슨의 학습내용과 연관되는가?
> • 개인레슨과 그룹레슨 시간 분배가 정확하게 이루어지는가?

2) 중 · 고급수준의 그룹레슨[10]

다음 예시는 대학수준의 한 학기(15주) 프로그램에서 피아노 전공실기 강좌에 대한 그룹피아노 교육의 모델이다. 고급수준 2명의 학생들이 교사와 주 1회 만나서 2시간 동안 그룹레슨의 예시를 보여 준다.[11] 이는 다양한 음악적 배경이나 수준에서 활용이 가능하도록 유연하게 구성되어 있다. 중급수준의 경우, 학생의 음악적 경험이나 수준을 고려하여 레퍼토리를 선정하고 다음 예시를 적용하여 지도전략을 계획할 수 있다.

(1) 학습목표
• 쇼팽 에튀드: 낭만 에튀드에서 요구하는 높은 수준의 테크닉 기술을 습득함으로써 음악적인 표현능력을 기른다.
• 베토벤 소나타: 베토벤의 초기 소나타와 중기 소나타에 나타난 특징의 차이점을 비교해 봄으로써 작품에 대한 해석능력과 연주능력을 향상시킨다.
• 모차르트 협주곡: 앙상블 연주를 통해 피아노와 관현악 흐름의 구조를 파악함으로써 작품의 이해를 높이고 수준 높은 앙상블 연주능력을 기른다.

(2) 샘플 레퍼토리
그룹레슨에서의 효과를 얻기 위해 한 곡은 공통된 작품으로 선정하고 나머지 곡은

---

10) Kim(2000). 대학수준의 피아노 전공자에게 그룹교육에서 포괄적 음악성을 계발하기 위한 자료와 지도전략 개발. 미국 컬럼비아대학교 박사학위논문을 기초하여 재구성하였다.
11) 그룹의 크기는 2명의 학생들이 주 1회 만나서 2시간 그룹레슨을 하거나 4명의 학생들이 주 2회 만나서 2시간 동안 그룹레슨을 진행하는 것이 이상적이다.

3. 그룹피아노 교수 · 학습 지도전략

레퍼토리를 넓히기 위해 서로 다른 곡으로 선정할 수 있다. 〈표 7-8〉에서 레퍼토리는 그룹 환경의 장점을 활용하기 위해 서로 다른 곡을 선정하였으며 레퍼토리(학기말 시험 곡) 외에 추가된 앙상블 작품이 공통으로 포함되어 있다.

〈표 7-8〉 고급수준의 레퍼토리 예시

학생 A	학생 B
Chopin Etude, Op. 10, No 8*	Chopin Etude, Op. 25, No. 6*
Beethoven Sonata, Op. 10, No. 3*	Beethoven Sonata, Op. 31, No. 2*
Mozart Concerto, K. 488	Mozart Concerto, K. 488

*= 학기말 시험곡

(3) 샘플 그룹레슨 계획

그룹에서 고급수준 2명의 학생들이 10:00부터 12:00까지 정규수업이 계획되어 있다고 가정한 예시이다. 레슨시간에는 개별작품, 공통작품뿐 아니라 테크닉, 창작활동, 초견 등과 같은 기능적인 건반 연주기술이 다루어진다. 앙상블 작품은 3주차 수업에서 학습할 수 있도록 학생들에게 미리 과제를 부여한다. 〈표 7-9〉에 표시된 시간은 상황에 따라 다소 융통성 있게 조절이 가능하다.

〈표 7-9〉 1주차 예시

구분	학습활동	지도전략
10:00	테크닉 워밍업: • 다양한 조성의 스케일 및 아르페지오 • V7코드 연습 – 각 음마다 분산화음, 4옥타브의 아르페지오 연주 및 비판	• 개별로 연주한 후, 앙상블로서 다양한 템포와 다이내믹으로 연주하도록 한다. • C음에서 시작하여 각 음마다 V7코드를 두 번씩 반복하게 한다. 교사는 부드러운 레가토 연주를 위해 약간의 손목 로테이션을 시연한다.
10:15	Chopin Etude, Op. 10, No. 8(학생 A): • 음이나 운지법의 다양한 스케일 패시지 구별 • 여러 가지 연습방법을 이용하여 다양한 형태의 패시지에 대한 반복적 연주 및 토론	• 엄지손가락, 페달링 등 기술적 요구사항에 대해 물어본 다음 다른 형태의 패시지를 구별하게 한다(예: mm. 1ff., mm. 37ff., mm. 41ff). • 다양한 리듬, 악센트 위치, 아티큘레이션을 사용하면서 천천히 각 패시지를 연주하도록 한다.

10:30	Chopin Etude, Op. 25, No. 6(학생 B):	
	• 다양한 3도 스케일 패턴 식별	• 손가락의 독립, 팔의 회전 등 기술적 요구사항에 대해 물어본 다음 다양한 3도 스케일 패턴을 찾아보게 한다(예: mm. 1ff., mm. 5ff., mm. 27ff.).
	• 명료하고 고른 표현을 위해 다양한 패시지의 반복적 연주 및 토론	• 손목을 돌리거나 손 모양이 흐트러지지 않게 유지하면서 손가락 끝에 무게를 느끼고 연주하도록 한다.
10:45	Beethoven Sonata, Op. 10, No. 3, 1악장(학생 A):	
	• 토론, 연주, 청각 분석을 통해 작품의 성격 파악	• 하이든, 모차르트, 베토벤의 초기 스타일에 대해 물어본 다음 다른 매체(트리오, 콰르텟)의 음악을 듣고 공통된 특징을 파악하게 한다.
	• 3개의 주제에 대해 유사점과 차이점 비교하기	• 주제별로 다른 분위기를 만들어내는 음악요소를 찾아보게 한다.
	• 주제별 성격을 연주에 연관시켜 보기	• 주제별 성격을 표현할 수 있는 적절한 단어와 이미지를 생각하게 한다.
	• 창작활동: 대조되는 성격을 띤 주제의 앙상블 즉흥연주(2 pianos/4 hands)	• 두 학생들은 각 주제별 특징을 살려 창작하기 위해 서로 협력하도록 한다.
11:20	Beethoven Sonata, Op. 31, No. 2, 1악장(학생 B):	
	• 시각적 분석을 통해 주제, 클라이맥스 및 구조 파악	• 리듬 및 화성의 변화, 다이내믹 표시, 아티큘레이션, 페르마타 등 구조를 파악하는 데 필요한 요소를 찾아보게 한다.
	• 학생 B는 제시부와 발전부를 연주하고 학생 A는 비판적인 경청자로서 관찰	• 학생 B의 연주를 들은 후 두 학생들이 Op. 10, No. 3과 Op. 31, No. 2를 비교하면서 유사점과 차이점을 토론하게 한다.
	• 초견: 고전 소나타 형식의 간단한 작품을 초견으로 연주하기	• 연주 전 각 작품을 빨리 훑어보고 주제, 프레이즈 구조 등을 파악하게 한다.
11:55	과제	

과제

• Technical Work: 수업시간에 학습했던 것처럼 스케일, 아르페지오, V7코드 연습하기
• Chopin Etude, Op. 10, No. 8: 양쪽 파트의 독립된 선율을 익히기 위해 양손을 따로 연습하기
• Chopin Etude, Op. 25, No. 6: 단단한 손가락 관절을 유지하면서 리듬을 바꾸어 천천히 연습하기
• Beethoven Sonata, Op. 10, No. 3, 1악장: 악곡의 성격을 고려하여 다양한 템포로 연습하고, 베토벤의 피아노와 비엔나 클래식 스타일에 관련된 자료를 읽어 보기[예: McKay(1987), pp. 5-6, 48-53]
• Beethoven Sonata, Op. 31, No. 2, 1악장: 각 프레이즈에 대한 긴장도의 상호관계를 파악하면서 다이내믹을 표현하며 연습하기
• Mozart Concerto, K. 488, 1악장 : 피아노 독주와 관현악 부분에서 주제와 구조를 파악하면서 일정한 속도로 연습하기

(4) 그룹활동의 예시

〈표 7-9〉에 제시한 여러 가지 활동 중에서 고급수준의 학생 A와 학생 B가 동료 상호작용을 하면서 창작활동을 하는 예시를 소개한다. 두 학생은 앙상블 차원에서 서로 협력하여 두 대의 피아노/네 손을 위한 대조적인 주제를 창작할 것이다.

교사: 학생 A는 극적이고 강렬한 멜로디를 만들게 하고, 학생 B는 서정적인 멜로디를 만들어 보도록 한다. 창작을 하기 전 조성(으뜸조/딸림조 또는 관계 단조/관계 장조)과 박자($\frac{4}{4}$ 또는 $\frac{2}{2}$)에 대한 지침을 제시해 줄 수 있다.

학생: 먼저 두 학생은 창작품의 조성과 박자 그리고 소나타 형식의 대조되는 주제의 특징과 음악적 요소를 의논한다. 그 다음 교사의 지침에 따라 학생들은 제1주제와 제2주제의 특징을 살려 창작한다. 학생 A는 극적이고 강렬한 제1주제를 만들고, 학생 B는 서정적인 제2주제를 만든다. 최종적으로 상호 협력하여 창작한 작품을 연주하면서 음악적 개념을 강화한다.

▶ 피아노 교사들은 그룹레슨 계획을 설계하고 수행할 때 다음과 같은 지침을 고려해야 한다.

• 교수자료의 범위(scope of the materials)
교수자료의 범위는 그룹레슨의 성공 여부를 결정하는 데 매우 중요하다. 너무 많은 자료를 제시하면 학생들의 집중력이 떨어질 수 있고 너무 적은 자료를 제시하면 지루함을 초래하는 한편, 그룹환경의 장점을 활용하지 못하게 된다. 악곡에서 지도할 교수 요점과 관련된 일부분만을 듣고 토론하는 것이 바람직하다.

• 창의적 사고(creative thinking)
테크닉적인 문제를 해결할 때에도, 단순한 반복 및 연습보다는 창의적 사고를 항상 끌어내야 한다. 예를 들어, 레슨시간에 손, 팔, 어깨 및 몸의 조정을 면밀히 살펴보면 테크닉을 원활히 해결하려는 문제점에 대해 더 큰 인식을 하게 된다. 이런 접근을 통해 레슨시간 외에도 테크닉적인 문제를 효과적으로 스스로 해결하는 방법을 배우게 된다.

• 듣기 기술(listening skills)

듣기 기술은 레슨시간에 가능한 한 자주 권장되어야 한다. 테크닉 기술과 암기에 전념하는 피아노 교육의 경향은 낮은 수준의 청각능력을 초래하고 이론과 실기의 연관성을 무시한다. 한 학생이 연주하는 동안 다른 학생은 항상 비평가로서 연주를 듣고 적극적으로 참여해야 한다.

• 초견(sight reading)

초견은 매 레슨 시에 동반되어야 한다. 이 활동은 학생들에게 폭넓은 레퍼토리를 제공하고, 음악적 소양을 촉진하며, 인지, 정서 및 정신 운동 기술의 상호작용을 개발한다. 가능한 한 레슨에서 학습한 음악적 개념을 강화시킬 수 있는 초견 악보를 발췌해야 한다.

• 과제(assignments)

과제는 레슨에서 배운 내용을 강화하거나 다음 레슨을 위해 준비하도록 제시되어야 한다. 예를 들어, 아티큘레이션에 대한 과제를 부여한다면 다른 해석으로 연주한 전문 피아니스트의 녹음을 비교하거나 관련된 문헌을 조사하도록 할 수 있다. 학생들은 다음 레슨시간에 과제에서 학습한 내용을 말로 표현하거나 연주에 적용할 수 있어야 한다.

출처: Kim (2000), pp. 228-229.

3) 대학에서의 클래스피아노

대학에서의 클래스피아노는 1명의 교사가 동시에 많은 학생들을 지도하는 환경이므로 일반적으로 1:1 레슨에서 진행하는 레퍼토리 위주의 교수법으로는 자칫 학생관리가 소홀해져 시끄럽고 어수선한 분위기가 조성될 수 있다. 따라서 이 강좌는 클래스피아노 지도유형에 대해 숙지하고 철저한 교수지도 전략을 세워 학생들이 기능적인 건반 연주기술을 습득할 수 있도록 진행하는 것이 바람직하다.

다음 예시는 예비 초등음악교사를 양성하는 교육대학에서 운영되고 있는 클래스피아노 모델이다. '예비 초등교사를 위한 교육대학에서 음악(피아노)실기'는 '음악의 기초를 쌓아 주는 음악이론, 화성, 이조, 스케일, 코드진행, 테크닉, 초견, 반주 만들기 등의 다양한 기능적인 건반 연주기술을 학습함으로써 초등 음악수업 운영을 원활히 할 수 있는 포괄적인 음악성 계발'을 강좌 개설의 목적으로 한다.

일반적으로 대학에서의 클래스피아노는 주 1회 만나서 2시간 동안 그룹레슨을 한다. 각 대학의 전자피아노 랩의 규모에 따라 수강생의 수는 다르지만, 이상적인 클래스피아노 운영을 위한 학생 수는 12~16명이다. 수강생들은 대학입학 시 음악실기 시험을 치르지 않기 때문에 음악학습능력의 편차가 매우 크다. 개인별 편차는 있으나 대학입학 전 평균 1.5~2년 정도의 피아노 사교육을 받은 경험이 있는 수준의 성인학습자들로 가정하여 클래스피아노 지도사례를 제시한다. 다음 예시는 대학교의 교육여건과 학습자의 다양한 음악적 배경에 따라 재구성이 가능하다.

(1) 학습목표

〈표 7-10〉 **음악(피아노)실기 강좌 학습목표**

학습주제	장음계 다섯 손가락 패턴	차시 및 소요시간	1차시(50분)
학습목표	• 다장조, 바장조, 사장조의 다섯 손가락 음계를 연주할 수 있다.		
학습자료	• 초등 3~4학년 음악교과서와 교사용 지도서 • 권수미(2019)『매직핑거 피아노 3권』교재		
강의실	• 16대의 전자피아노가 구비된 랩(Lab)(교사용 1대, 학생용 15대)		

(2) 샘플 클래스피아노 교수학습 계획

〈표 7-11〉은 실제 예비초등교원들을 대상으로 하는 음악실기 강좌를 클래스피아노로 운영하는 지도안 사례이다. 학습상황에 따라 시간과 학습내용은 융통성 있게 조절이 가능하다.

〈표 7-11〉 샘플 클래스피아노 교수학습 계획

구분	교수학습활동	지도전략	시간(분)
이론	• 장음계 다섯 손가락 패턴에서 음정 간의 간격을 이해하기 –C장조에서 '도'를 시작 음으로 하여 다섯 손가락이 인접해 있는 다섯 음에 온음–온음–반음–온음 순으로 건반 위에 손을 올려 놓는다. • 장3화음 이해하기 –여러 조성에서의 장3화음을 그림건반 위에 음이름으로 표시한다. –장음계 다섯 손가락 패턴에서 1음, 3음, 5음이 모여 장3화음이 만들어지는 것을 여러 조성에서 연습한다.	• 학생들이 그림건반 위에 장3화음을 표시할 때, 교수는 강의실을 돌면서 학생들의 응답을 확인한다. (강의 및 시연)	10
독주곡	• 다장조(「하얀나라」), 바장조(「이 몸이 새라면」), 사장조(「환희의 송가」) 으뜸화음과 딸림7화음으로 이루어진 3개의 독주곡 연주하기 –교수의 시연을 듣고 각자 헤드셋을 끼고 연습한다. –정확한 운지법으로 연습한다. –각 독주곡을 선택한 모둠끼리 전체 연주한다.	• 교수는 교실을 순회하며 학생들을 살피며 지도한다. 정확한 운지법으로 연주하도록 주의한다. (개별 및 모둠학습)	15
테크닉	• 흰건반에서 시작하는 장음계 다섯 손가락 패턴을 올라가며 연습하기(C, D, E, F, G, A, B) –교사 시연을 들으면서 화음변화를 느껴 본다. –조성이 바뀌어도 근접한 두 음의 간격이 동일하게 유지되도록 다섯 손가락 패턴을 유지한다.	• 처음에는 느린 템포에서 시작하여 점차적으로 빠른 템포로 연습시킨다. (전체연주)	10
즉흥연주	• 교수의 반주나 QR코드로 연결된 음원반주를 들으며 다장조 음계 다섯 손가락패턴을 활용한 즉흥연주하기 –아래에 제시된 리듬패턴 카드를 자유롭게 연결하고 '도'음과 '솔'음 2개의 음을 사용하여 즉흥연주한다. –여러 명의 학생을 번갈아 가며 지적하여 즉흥연주시킨다. –동료연주를 듣고 평가한다. 	• 제시된 리듬패턴을 사용하여 즉흥연주한 후, 다양한 리듬패턴으로 변형하여 연주하도록 한다. (학생발표 연주)	10

악보출처: 『매직핑거 피아노 3권』(2019), p. 41.

| 학습정리 | －흰건반에서 시작하는 장음계 다섯 손가락 패턴을 연주할 수 있는가?
－다장조, 바장조, 사장조의 으뜸화음과 딸림7화음을 연주할 수 있는가?
• 차시 예고: 다장조, 바장조, 사장조에서 주요3화음을 사용하여 동요선율을 반주할 수 있도록 준비한다.
• 과제: 흰건반에서 시작하는 모든 장음계 다섯 손가락 패턴과 으뜸화음 · 딸림7화음 진행을 연습한다. | 오늘 학습한 내용 중 질문사항이 있는지 확인하기 | 5 |

▶ 다음은 전자피아노 랩(Lab)에서 클래스피아노를 지도할 때 유의해야 할 사항이다.

• 학생들을 바라보면서 지도하라

종종 교사는 학생의 반응, 신체표현, 손의 움직임 등을 바라보며 지도하는 것이 바람직하다. 만약 이처럼 학생들을 주의 깊게 관찰하지 않으면 그룹의 학생들 중 누가 어려워하고 뒤처지는지 알 수 없다. 따라서 그룹피아노를 진행할 때는 교사는 레슨계획을 숙지하고 있어야 학생들을 지속적으로 관찰하며 지도할 수 있는 여유를 확보할 수 있다.

• 각 학생들에게 해야 할 과제를 분배하라

그룹피아노 수업의 장점 중의 하나는 모둠을 나눠 앙상블 연주를 하는 것이다. 예를 들어, 모둠 1은 왼손 베이스 라인을 연주하게 하고 모둠 2는 왼손으로 모음화음을 연주하게 하거나, 모둠 3은 오른손 선율을 하게 한다. 과제를 분담할 때는 학생의 연주능력을 고려하여 결정하는 것이 바람직하며, 필요에 따라서는 학생들의 역할을 바꿔 가며 연주하게 할 수 있다.

• 가능한 한 말은 명료하게 적게 하고 연주는 많이 하라

그룹의 학생들을 지도하는 교사의 지시어는 간단하고 명료해야 한다. 이때, 교사의 지시어가 많을수록 학생의 입장에서는 능동적인 학습보다 수동적인 학습이 이루어질 가능성이 크다. 따라서 학생들이 '교사의 무슨 지시어를 들을까?'보다는 '우리가 무엇을 하는가?'에 보다 집중하여 동기부여가 강하게 이루어진 효과적인 학습이 이루어질 수 있도록 한다.

• 최대한 시각적 교수자료를 많이 활용하라

가능한 한 시각적 자료를 활용함으로써 교사가 언어로 설명하는 시간을 줄일 수 있다. 그룹의 학생들에게 피아노를 지도할 때 안타깝게도 같은 설명을 반복할 때가 있다. 예를 들어, 각 학생이 보면대에 놓인 악보나 교재를 보며 교사의 설명을 듣기보다는 프로젝터를 통해 비치는 화이트보드의 악보를 함께 보며 교사의 설명을 듣는 것이 훨씬 효율적이다.

• 학생들과 함께 연주하지 말라

학생들이 그룹이나 앙상블로 전자피아노를 연주할 때 교사가 동시에 함께 연주하는 것은 별 도움이 되지 않는다. 왜냐하면 교사의 연주소리가 학생들 그룹 연주소리 속에 묻혀 잘 들리지 않기 때문이다. 차라리 교사는 교실을 돌면서 학생들이 연주하는 손을 관찰한다든지, 기보상의 중요한 화성이나 손가락 번호 등을 지적해 줌으로써 학생들의 성공적인 연주에 더 신경 쓰는 것이 효과적이다.

• 가능한 한 많이 교실을 순회하며 학생들을 관찰하라

12~15명 이상의 학생이 동시에 수강하는 클래스피아노를 원활하게 진행하기 위해서 교사는 학생 그룹의 일부분이 되어야 한다. 다시 말해, 교실의 앞에서만 지도하지 말고 중간이나 전자피아노 사이를 걷든지, 각 학생 뒤를 걸으며 학생들이 연주하는 손을 늘 관찰하며 지도해야 할 것이다.

• 동료 간에 비평활동을 할 때는 체크리스트를 활용하라

그룹지도에서 교사가 여러 명의 학생들을 동시에 지도하는 것은 한계가 있다. 따라서 그룹학습의 장점을 살려 연주 파트너나 모둠을 정하여 동료의 연주를 비평해 주는 역할을 부여하는 것도 바람직하다. 이때, 비평을 할 때는 반드시 체크리스트를 미리 결정한 후 감상하는 것이 바람직하다. 예를 들어, 체크리스트에 음표, 운지법, 다이내믹, 연주자세 등을 포함시켜 주의 깊게 듣고 상호 평가하도록 한다. 이러한 동료평가활동을 통하여 학생들은 본인 스스로의 연주를 평가하고 가르치는 데 익숙해질 것이다.

1. 개인레슨, 마스터 클래스, 클래스피아노, 그룹레슨의 네 가지 피아노 지도유형의 차이점에 대해 토의해 보자.
2. 그룹 다이내믹스의 본질은 무엇이며 그룹피아노 교육과 어떤 연관성을 가지고 있는지 토의해 보자.
3. 미국에서 그룹피아노 교육이 어떤 목적으로 발전하게 되었는지 그 배경을 의논해 보자.

제8장

다양한 건반 연주기술

박영주

피아노는 '음악적 감각' '마음' '테크닉'으로 이루어져 있다.
이 세 가지는 모두 똑같이 개발되어야 한다. 만약 피아노 연주자가 '음악적 감각'이 없다면
실패자가 되고, '마음'이 없으면 심장이 없는 기계와 같으며, '테크닉'이 없다면 아마추어가 된다.
이는 피아노 직업에 있어서 매우 치명적이다.

– 블라디미르 호로비츠(Vladimir Horowitz) –

피아노 학습자의 음악성 향상을 위해 초견, 화성, 이조, 즉흥연주, 음악이론과 같은 기능적인 건반 연주기술에 대한 의미와 필요성에 대해 살펴보고, 이를 독창적으로 구현할 수 있는 지도방법과 활동을 제시한다. 또한 개인피아노 레슨에서 기능적인 건반 연주 기술을 포함한 지도전략을 제시함으로써 효과적인 피아노 레슨에 대한 이해를 도모한다.

1. 기능적인 건반 연주기술

　　만약 피아노가 어린아이와 같이 올바른 교육을 받고 자란다면, 집안일은 물론 자신의 남동생과 여동생을 잘 길러 내어, 온 가족에게 즐거움을 가져다줄 것이다. 여기서 피아노가 할 수 있는 집안일은 악보를 읽거나 화성과 음악구조에 대한 지식을 이해하는 것이고, 남동생은 학교 합창프로그램, 여동생은 밴드 및 오케스트라 악기활동을 의미한다. 그리고 온 가족이 느끼는 즐거움은 감상활동과 참여(연주), 창의적인 작곡활동으로부터 오는 즐거움을 의미한다(Burrows, 1947).

　　피아노는 음악교육에서 가장 기본적인 악기로 학생들의 음악적 이해(musical comprehension)를 도울 뿐만 아니라 독주, 반주, 실내악, 합주 등 다양한 형태의 음악활동을 가능하게 한다. 앞에서 언급한 바와 같이 버로우(R. Burrows)는 이러한 음악 활동을 하기 위해 필요한 피아노 기초교육의 중요성과 음악적 역할을 가족에 비유하며 강조하였다. 음악의 기초를 다지는 것은 매우 중요하며, 대부분의 음악인은 피아노 교육을 통해 음악의 기초를 확립하려고 한다. 따라서 피아노 교사는 학생들에게 피아노 테크닉 외 악보를 유창하게 읽는 능력, 선율에 어울리는 반주를 할 수 있는 능력 등 기능적인 건반 연주기술을 지도해야 하며, 학생들이 피아노 교육을 통해 음악의 기초를 잘 학습할 수 있도록 해야 한다.

　　뷰캐넌(G. Buchanan)은 음악교사에게 필요한 피아노 연주기술이 반주, 독보, 초견, 즉흥연주, 귀로 듣고 연주하기(play by ear), 화성만들기(harmonization)라고 하였다. 특히 이러한 기능들은 학생들이 개별적으로 습득할 수 있는 능력이 아니므로, '기능적인 피아노(functional piano)'와 같은 피아노 연주의 기능적인 측면을 강조한 별도의 수업시간을 학생들에게 제공해야 한다고 하였다(Buchanan, 1964). 또한 페이스(R. Pace)는 피아노 교육에 '기능적인 건반 연주기술'을 적용하여 자신만의 교수법을 완성하고 학생들을 지도하였다(Fisher, 2010; Pace, 1960). 그는 그룹레슨에서 기능적인 건반 연주기술을 지도하였고, 그룹피아노 교육 혹은 클래스피아노 교육이 기능적인 건반 연주기술을 가르칠 수 있는 가장 이상적인 환경이라고 주장하였다(Fisher, 2010; Frisch, 1954; Lyke, 1969; Pace, 1960).

기능적인 건반 연주기술은 피아노의 기능을 강조한 실용적인 건반 연주기술이라고 정의할 수 있다. 이는 음악이론을 학습할 때뿐만 아니라, 합창단, 관현악단, 오페라단, 실내악단 등에서 활동할 때 실제적으로 사용할 수 있는 건반 연주기술 능력을 의미한다. 특히 1960년대 미국 음악대학에서는 포괄적 음악성 향상에 대한 음악교육의 일환으로 학생들의 세부전공과 상관없이 클래스피아노 교육을 통해 초견, 화성, 즉흥연주 등 기능적인 건반 연주기술을 가르쳤다(Fisher, 2010). 페이스는 학생들이 기능적인 건반 연주기술을 기르기 위해 초견, 화성, 전조, 즉흥연주와 같은 기술들을 학습해야 한다고 주장하였다. 반면, 라이크(Lyke, 1969)는 초견, 화성, 전조, 즉흥연주 외 귀로 듣고 연주하기, 테크닉, 비판적 감상, 반주, 코드진행(chord progression), 음악분석을 학습해야 한다고 언급하였다. 학자들의 견해에 따라 학습해야 하는 기능적인 건반 연주기술 요소와 이를 제시한 순서에는 차이가 있다. 하지만 공통적으로 그들은 기능적인 건반 연주기술이 음악의 기초를 확립하고 피아노 연주 및 포괄적 음악성 향상에 많은 영향을 미치기 때문에 피아노 레슨 시 연주곡과 함께 구체적인 수업계획으로 제시되어야 한다고 하였다. 그리고 이는 학생의 내면에서 연주곡과 상호 관계를 맺어 음악성, 나아가 피아노 연주기술로 나타날 수 있도록 해야 한다고 하였다.

이 장에서는 학생들에게 다양한 기능적인 건반 연주기술 중에서 피아노 교육에서 쉽게 병행할 수 있는 초견, 화성, 이조, 즉흥연주, 음악이론에 대한 기본적인 이론과 지도방법을 살펴볼 것이다. 기능적인 건반 연주기술은 그룹레슨에서 효과적으로 지도할 수 있지만 여기서는 일반적인 1:1 개인레슨에서 지도전략을 제시하여 교사들이 효율적으로 교수·학습 전략을 적용할 수 있도록 한다.

1) 초견

초견(sight-reading)이란 처음 보는 악보를 연습 혹은 리허설 없이 바로 연주하는 능력으로 이는 마치 단어를 읽는 것과 같다(Lehmann & McArthur, 2002). 다시 말해, 초견은 새로운 악보의 음악기호들을 시각적으로 빠르게 분석하고 이를 바탕으로 음악을 이해하여 어떠한 연습이나 리허설 없이 높은 연주기량으로 바로 연주할 수 있는 고난이도의 정신적인 과정과 신체적인 과정을 필요로 하는 활동이다.

초견은 새로운 악보를 접했을 때 합창단 혹은 다른 악기의 반주자로 활동할 때 매우 중요하게 요구되는 능력이며, 전문 음악가뿐만 아니라 일반인에게도 음악을 누릴 수 있는 무한한 기회를 제공한다. 미국 버클리 음악대학(Berklee College of Music)의 경우 초견능력을 중요하게 생각하여 입학시험에 초견시험을 포함하고 있으며,[1] 영국왕립음악대학연합회(The Associated Board of the Royal Schools of Music: ABRSM)가 실시하는 음악 급수제도에서도 초견시험을 실시하고 있다.[2]

학생들은 연주능력과 초견능력을 같은 수준으로 유지해야 하지만, 대부분의 학생들은 연주능력에 비해 초견능력이 좋지 않다. 하지만 초견은 매우 중요하고 유용한 기술이며, 단기간에 향상되지 않기 때문에 좋은 초견능력을 기르기 위해 체계적이고 지속적인 학습이 필요하다.

(1) 초견 지도방법

교사는 학생이 피아노 건반을 쳐다보지 않고 악보만 보며 연주하고, 귀로 소리를 확인할 수 있도록 지도해야 한다. 또한 학생이 시각적으로 왼쪽에서 오른쪽으로 한 음 한 음을 집중해서 악보를 읽기보다 리듬이나 선율을 패턴으로 묶어서 연주하거나 화성진행을 이해하고 예측하면서 곡 전체의 흐름을 빠르게 읽고 분석할 수 있도록 지도해야 한다. 이때 눈동자는 현재 연주되는 음보다 앞서서 볼 수 있도록 하며, 교사는 평소 학생에게 효율적인 손가락 운지법(차례가기, 건너뛰기, 반음계 운지법 등)을 지도하여, 초견 시 운지법으로 인해 연주가 멈추지 않도록 지도해야 한다.

교사는 학생의 음악적 문해력(musical literacy)을 기르기 위해 가능한 한 다양한 종류의 악곡을 많이 읽고 연주하여 음악적 양식이 장기기억으로 저장될 수 있도록 지도해야 한다. 따라서 피아노 교사는 평소에 학생들이 악곡에 제시된 패턴들을 빠르게 인지하여 읽고 기억하며 내면화할 수 있도록 지도해야 한다.

---

1) 버클리 음악대학의 경우 학생들은 5분 동안 악기 없이 눈으로 악보를 읽고, 이후 바로 악보를 보며 악기를 연주하는 방법으로 초견시험을 진행한다.
2) 영국왕립음악대학연합회의 초견시험은 객관적인 기준과 주관적인 기준으로 학생들을 평가한다. 객관적 기준에서는 악보에 기보되어 있는 음악적 내용들을 얼마나 정확하게 연주하는지를 평가하며, 틀린 음이 어떠한 유형으로 얼마만큼 틀렸는지 횟수를 기록한다. 또한 주관적 기준에서는 악곡 전체에 대한 연주 능력을 평가하고 시작 후 멈추지 않고, 끝까지 연주하는 지속성을 평가한다.

〈보충자료 1〉 인지심리학적 이해

굴스비(Goolsby, 1994)의 연구에서 초견이 좋은 학생들은 선율과 프레이즈의 경계들을 인지하고, 음들도 묶어서 응시한다는 것을 발견하였다. 이는 형태이론(Gestalt theory) 중 근접성의 원칙, 공동운명의 법칙, 간결성의 원칙이 반영된 것으로 우리 시각은 가까운 음들과 같은 방향의 음들을 묶어서 처리하고, 보여지는 악보들을 간단하게 인지하는 성질을 가지고 있다. 이러한 인지심리학적 이해를 바탕으로 악보를 읽을 때 선율패턴들끼리 묶어서 읽거나 짧은 시간 안에 악곡 전체의 흐름을 파악할 수 있도록 훈련하여야 한다.

〈보충자료 2〉 상 · 하향식 지각처리 과정

초견능력을 향상시키기 위해 많은 악보를 읽는 것과 함께 다양한 악보를 읽는 것이 중요하다.
"왜 그럴까?"
[그림 8-1]과 같이 사람의 지각처리는 상향식과 하향식 지각처리 과정으로 나누어진다. 또한 인간이 가지고 있는 다른 복잡한 자극들과 함께 이 두 가지 지각처리 과정을 통해 악보를 읽고 연주할 수 있다(Lehmann & McArthur, 2002).

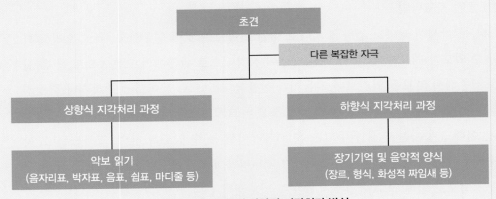

[그림 8-1] 초견 시 사람의 지각처리 방식

데이터 기반의 상향식 과정은 물리적인 특징을 통해 우리가 인식하는 과정으로, 보여지는 음표와 쉼표 혹은 들리는 음고와 음의 길이 등을 처리할 때 사용된다. 반대로, 개념들을 기반으로 하는 하향식 과정은 사람들이 배움을 통해 알았거나 장기기억에 저장되어 있는 기억들과의 관계를 통해 우리가 인식하게 되며, 연주할 때 이끔음 다음으로 근음이 주어질 것이라는 것을 예상하는 과정들이 여기에 포함된다. 따라서 좋은 초견을 위해 외형적인 특징을 인식하는 상향식 지각처리 과정뿐만 아니라 음악의 구조와 음악적 양식 등을 이해하는 하향식 지각처리 과정을 동시에 발달시켜야 한다.

상향식 지각처리 과정과 하향식 지각처리 과정들은 훈련을 통해 발전할 수 있다(Zhukov, 2014). 따라서 좋은 초견능력을 갖추기 위해 이러한 두 가지 지각처리 과정을 모두 훈련시켜야 할 것이다. 상향식 지각처리 과정을 위해 난이도를 조절하면서 가능한 한 많은 악보를 읽고 연주해야 한다. 또한 하향식 지각처리 과정의 발달을 위해 가능한 한 다양한 음악을 듣고, 다양한 곡조의 장르와 박, 다양한 리듬, 화성적 짜임새 등을 이해하여 내면의 음악적 양식을 길러야 할 것이다. 또한 아주 일반적인 코드진행이나 패턴들을 외워 두는 것도 좋은 방법이다.

좋은 초견을 위한 연습과 연주를 위한 연습방법에는 차이가 있다. 〈표 8-1〉은 레만 (A. Lehmann)과 맥아더(V. McArthur)가 제시하는 초견을 위한 연습과 연주를 위한 연습의 차이점을 수정·보완한 것이다.

〈표 8-1〉 초견을 위한 연습과 연주를 위한 연습 비교

요소	초견을 위한 연습	연주를 위한 연습
실수	• 리듬과 박자를 유지하기 • 실수하거나 생략해도 괜찮음	• 실수를 수정하고, 가능한 한 실수를 하지 않기 • 악보에 있는 것을 생략하지 않기
자세	• 손을 쳐다보지 않고 연주하기	• 손을 보면서 연주하기
음악적 요소	• 세부적인 것보다 전체를 생각하기	• 세부적인 사항을 모두 따르기
손가락 번호	• 정확한 운지법을 사용하기보다 음을 연주하기	• 정확한 운지법을 사용하기

출처: Lehmann & McArthur (2002).

(2) 활동

활동 1　감각으로 피아노 건반 위치 인지하기

초견 시 학생의 시선이 악보에서 건반으로 자주 이동하게 되면 비효율적이므로 눈은 건반을 보지 않고 손의 감각으로만 피아노를 연주하는 것이 바람직하다. 이를 위해 학생은 '가온 C'에 오른손 엄지를 올려놓고, 시선은 정면을 유지하면서(혹은 눈을 감고) 다른 음의 자리(예: F, G 등)를 찾아 연주하는 게임을 해 보자.[3] 각 음의 자리를 피아노 건반에서 찾는 활동이 익숙해지면, 학생들은 시선을 계속 정면으로 유지하면서(혹은 눈을 감고) 3화음 포지션(예: 🎼) 혹은 1전위 포지션(예: 🎼) 등 다양한 포지션을 찾아 연주하는 활동들을 해 보자. 이후 한 손 활동이 익숙해지면, 양손을 사용하여 아래의 악보를 읽은 후 시선은 정면을 유지하면서(혹은 눈을 감고) 손의 감각에만 의존하여 연주해 보자([악보 8-1] 참조).

---

3) 본 활동 이전에 교사는 학생이 2개의 검은건반과 3개의 검은건반 위치를 이용하여 손의 감각만으로 각 음의 자리를 찾을 수 있도록 한다. 이때에 음높이와 상관없이 다양한 음을 피아노 건반에서 찾다가 학생의 수준이 향상되면, 악보에 해당하는 음을 피아노 건반으로 찾아 연주할 수 있도록 순차적으로 지도한다.

[악보 8-1] 양손 C 코드

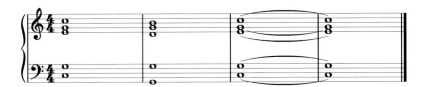

> **활동 2**   **선율패턴으로 악보 읽기**

[악보 8-2]를 눈으로 읽어 보자.

[악보 8-2] 초견악보 예시

A학생은 한 마디에 6개의 ♪음표로 ♪♪♪♪♪♪ 악보를 인지하고, B학생은 ♪음표를 두 개씩 묶어 건너뛰기 음형으로 ♪♪♪♪♪ 악보를 인지할 수 있다. C학생은 각 마디가 C7코드와 F코드의 아르페지오 패턴으로 ♪♪♪♪♪ 악보를 인지할 수 있다. 좋은 초견능력을 기르기 위해서는 C학생처럼 이음줄이 악보에 표기되어 있지 않아도 악보를 의미 있는 패턴으로 인지하고 연주하는 것이 좋다.

2) 화성

화음이란 수직적으로 2음 이상이 울리는 소리이며, 화성(harmony)은 이러한 화음들이 연속적으로 울리면서 만들어지는 음향의 시간적 흐름이다. 프랑스 작곡가 라모(J. Rameau)는 "선율은 화성에서 나온다."라고 말할 정도로 화성의 우월성을 주장하였다. 피아노는 화성을 학습하기에 가장 적합한 악기이며, 화성을 듣고 눈으로 확인하거나 혹은 눈으로 확인하면서 화성을 들을 수 있는 매우 이상적인 악기이다. 또한 학생들은 화성진행을 분석해 봄으로써 음악의 구조를 보다 쉽게 이해할 수 있다. 하지만 대다수의 학생들은 자신의 연주곡 안에서 어떠한 화성변화가 일어나고 있으며, 그 화성변화가 음악 안에서 어떠한 것을 암시하고 있는지 화성의 구조를 이해하지 않고 피아노 연주를 한다. 따라서 학생들은 곡이 내포하고 있는 진정한 의미를 잘 파악하지 못하게 되며, 피아노 연주에 대한 확신과 자신감, 나아가 자신이 가지고 있는 최고의 연주역량을 발휘하기 어렵다.

성경희(1988)는 리듬, 가락, 화성, 셈여림, 형식, 빠르기, 음색 중 화성감이 가장 마지막으로 이루어지는 음악개념이라고 하였다. 비록 피아노로 악곡을 표현하는 것은 다른 높은 차원의 피아노 연주기술이 요구되지만, 학생이 단순히 듣는 것 이상으로 화성의 어울림과 음색의 변화를 느낄 수 있으면, 음악적으로 '생각'할 수 있는 능력과 나아가 작곡가가 사용한 테크닉에 대한 이해도 이끌어 낼 수 있다(Walton, 1955).

(1) 화성감 지도방법

학생의 화성감을 기르기 위해서는 연주곡을 테크닉 중심으로 접근하기보다 '귀'로 듣고 화음의 색깔을 구별할 수 있어야 한다. 이를 위해 교사는 학생에게 으뜸음을 가장 먼저 지도할 수 있다. 이후 음정관계를 내재화하며(완전 5도, 완전 4도 등), I-V-I의 화성진행을 귀로 구별할 수 있도록 지도해야 한다. 이후 IV화음을 추가한 I-IV-V-I의 화성진행을 지도할 수 있다.

또한 교사는 화성진행이 매우 뚜렷한 「소나티네」나 규모가 작은 피아노 소품을 활용하여 학생들에게 화성감을 지도해야 한다. 연주곡에 제시되어 있는 알베르티 베이스 혹은 분산화음 등 펼쳐진 음들을 묶어서 화음으로 연주하도록 지도하거나 반대로 화음을 펼쳐서 연주하도록 지도할 수 있다. 뿐만 아니라 기존의 선율에 화성 붙이기 혹은 반주 만들기와 같은 음악활동을 통해서 학생들에게 화성감을 지도해야 한다. 이러한 활동을 통해 교사는 학생들에게 화성의 구성음을 인지하는 것은 물론 화성진행 및 음악적 구조를 지도할 수 있다.

(2) 활동

활동 1 **반주 만들기**

학생과 주요 3화음 I, IV, V 및 각 코드의 구성 음을 학습한 다음, 클레멘티 「소나티

네, Op.36, No.1」의 1-8마디 주제 선율에 어울리는 반주를 만들어 보자. 반주에 사용되는 코드를 결정할 때 두 가지 방법으로 접근할 수 있다. 첫째, 주요 3화음 중 각 마디의 선율에 어울리는 화음을 하나씩 직접 대입하고 연주하여 들어 본 다음 어울리는 화음을 선택해서 완성할 수 있다([악보 8-3] 참조).[4]

[악보 8-3] 귀로 듣고 어울리는 화음 결정하기

둘째, [악보 8-4]와 같이 각 마디의 기준박인 첫째, 둘째, 셋째 박에 해당하는 음표의 음이름들을 살펴보고, 기준박에 가장 많이 나타난 음을 가진 화음을 선택하여 반주를 만들 수 있다. 이는 화성음과 비화성음의 차이를 인지하는 활동으로 학생들은 향후 감각적으로 화음을 빠르게 결정할 수 있다.

[악보 8-4] 기준 박에 연주된 '음' 살펴보기

화음을 결정한 다음 반주패턴을 선택하여 [악보 8-5]와 같이 선율에 어울리는 반주를 만들 수 있다.[5] 반주를 창작한 후 교사와 함께 화성의 진행을 살펴보고 원곡의 반주와 비교하며 자유롭게 이야기해 보자.

---

4) 교사는 피아노 레슨에서 왼손의 펼쳐진 음들을 코드로 묶어서 연습할 수 있도록 환경을 조성하여 학생들의 화성감을 발달할 수 있도록 한다.

5) 학생의 피아노 연주 및 학생에게 내재하고 있는 화성감에 따라 다양한 형태의 반주패턴을 만들 수 있다. ♪나 온음표를 이용하여 반주를 창작할 수 있으며, 학생의 수준에 따라 왈츠패턴, 아르페지오패턴 등 다양한 패턴을 이용하여 반주를 창작할 수 있다.

[악보 8-5] 클레멘티 「소나티네, Op.36, No.1」, 1-8마디를 이용한 반주 만들기 예시[6]

활동 2　화성진행 비교하기

사티(E. Satie)의 「짐노페디(Gymnopédies), No.1」의 선율에 왼손 반주를 만들어 보자. 이를 위해 D장조의 음계 및 코드를 학생과 같이 연습하고, D장조의 주요 3화음을 내면화한다([악보 8-6] 참조).

[악보 8-6] D장조 주요 3화음(I, IV, V)

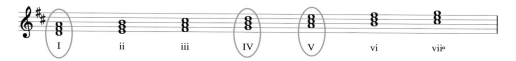

짐노페디의 1-4마디는 오른손 선율이 없으므로 학생들은 자유롭게 D장조 코드를 선택하여 창작할 수 있다. 학생이 창작한 곡과 원곡을 비교하여 들어 보자. 창작한 곡과 원곡의 화성진행은 물론 곡의 빠르기, 반주의 패턴 등에 대해 자유롭게 이야기해 보자([악보 8-7] 참조).

---

6) 위 예시의 두 번째 마디는 클레멘티 소나티네의 원곡과 다른 화음이 사용되었다. 이러한 활동을 통해 학생들에게 화성진행에 따른 소리의 차이를 설명할 수 있다.

[악보 8-7] 사티 「짐노페디(Gymnopédies), No.1」, 1-8마디, 반주 만들기

3) 이조

이조(transposition)란 악곡 전체의 조성을 다른 조성으로 바꾸어 연주하는 것으로, 이를 통해 악곡 전체의 음높이와 곡의 분위기에 대한 변화를 느낄 수 있다. 또한 이조활동을 통해 학생들은 조성에 따른 곡의 성질 및 조성감, 민감성을 발달할 수 있다(Ericsson & Kintsch, 1995). 예를 들어, 학생들은 모차르트(W. Mozart)의 「작은별 변주곡」 주제 부분을 C장조에서 D장조 혹은 학생의 수준에 따라 C#장조 등 여러 가지 조성으로 이조해 봄으로써 조성에 따른 곡의 분위기를 민감하게 느낄 수 있을 것이다. 또는 학생들은 G장조와 같이 상대적으로 쉬운 이조활동을 통해 창작활동의 계기를 마련할 수 있다. 나아가 장조에서 단조로 이조를 시도해 봄으로써 자연스럽게 자신의 감정을 음악으로 표현하는 창작활동으로 전환할 수 있을 것이다.

피아노 연주자는 독창, 중창, 합창 등 가창자의 음역에 따라 알맞은 음역으로 이조하여 반주할 수 있어야 하며, 가창활동 외에도 클라리넷, 색소폰과 같은 이조악기를 반주할 때도 이조능력이 필요하다. 특히 선율만 제시되어 있는 클라리넷이나 색소폰의 악보를 보고 화성반주를 만들 때, 화성반주능력을 소유하고 있어도 이조능력이 없으면 피아노 반주를 하기 힘들다.

(1) 이조 지도방법
교사는 학생들에게 피아노 초급과정 때부터 다조성 접근법으로 이조를 지도해야 한

다. 또한 초급과정일 경우 음악의 기초이론을 바탕으로 지도하기보다는 손의 감각이나
혹은 청음 감각에 의해 이조를 경험할 수 있도록 지도해야 한다. 대부분의 피아노 초급
연주곡들은 C장조의 곡(가온 C)으로 되어 있으므로, 교사는 학생들이 연주곡을 상대적
으로 이조가 쉬운 G장조, F장조, D장조 혹은 A장조 등으로 이조하여 연주할 수 있도록
지도해야 한다.

　　학생의 이조능력이 발전하면 연주곡의 원조에서 2~3도 정도 위아래로 이조할 수 있
도록 지도하며, 이때 음악이론을 바탕으로 음계 및 조성, '고정 도법(fixed do)' 및 '이동
도법(movable do)'의 특징을 지도해야 한다.

(2) 활동

활동 1　　**피아노 곡 이조하기**

　　'흑건'이라는 부제를 가지고 있는 쇼팽(F. Chopin)의 「연습곡, Op. 10, No. 5」를 연주
해 보자([악보 8-8] 참조). 이 작품을 G장조로 이조하려면 어떻게 해야 할까?

[악보 8-8] 쇼팽 「연습곡, Op. 10, No. 5」, Gᵇ장조

　　[악보 8-8]은 Gᵇ장조이므로 'Gᵇ'음을 이동도법으로 '도'로 읽을 수 있다. 이 곡을 G장
조로 이조하려면 단2도를 올린 G음이 '도'가 되기 때문에 [악보 8-9]와 같이 이조를 할
수 있다.

[악보 8-9] 쇼팽 「연습곡, Op. 10, No. 5」, G장조

활동 2   **B♭ 클라리넷 반주하기**

B♭ 클라리넷은 이조악기로 악보에 기보된 음보다 연주 시 장2도 낮게 들린다. 즉, 악보 ①을 B♭ 클라리넷으로 연주한다면 ②와 같은 소리가 난다([악보 8-10] 참조).

[악보 8-10] 기보된 악보(①)를 B♭ 클라리넷으로 연주 시 실제 들리는 소리(②)

따라서 이조악기를 피아노로 반주할 때 기보된 음과 실제 들리는 소리의 차이를 잘 파악하여 피아노 반주를 해야 할 것이다.

[악보 8-11]을 B♭ 클라리넷으로 연주한다면 피아노 반주는 어떻게 해야 할까? 비록 기보된 악보는 '레'가 으뜸음인 D장조의 으뜸화음으로 시작하지만, 실제 들리는 소리는 장2도 낮게 들리므로 '도' 음이 으뜸음인 C장조로 피아노 반주를 해야 한다.

[악보 8-11] 이흥렬 「섬집아기」 - B♭ 클라리넷 악보와 피아노 반주악보[7]

---

7) 악보에서 선율의 기보음은 '라'이지만, 실제로 들리는 소리는 '솔'로 들린다.

4) 즉흥연주

즉흥연주(improvisation)란 악보의 도움 없이 즉석에서 생각하는 음악을 연주하는 능력이다. 피아노 즉흥연주란 사람의 인지와 감정, 운동영역이 복잡하게 얽혀 피아노 연주로 나타나는 고차원적인 연주기술이다. 학생들은 피아노 즉흥연주 시, 시각, 촉각, 청각을 이용하여 실질적으로 건반을 보고, 느끼고, 들으면서 즉흥연주를 경험할 수 있다. 유능한 즉흥연주자는 작곡에 대한 기본적인 요소를 잘 이해하고 있으며, 이러한 요소들을 자신의 연주에서 자유롭게 조절할 수 있다(Konowitz, 1980). 또한 즉흥연주는 연주자 내면의 심리와 외부의 사회문화적 영향, 연주자의 신체 생리학적인 운동기능, 연주자가 가지고 있는 음악적 배경지식에 큰 영향을 받는다(Kenny & Gellrich, 2002).

바로크시대의 바흐(J. Bach), 헨델(G. Handel) 등 그 시대의 건반악기 연주자들에게 즉흥연주는 다른 악기와 앙상블을 하거나 숫자저음(figured bass)을 연주하기 위해 피아노 연주자가 갖추어야 할 당연한 능력이었다. 하지만 오늘날 클래식 음악을 전공하는 학생들은 즉흥연주가 매우 도전적인 영역이며, 오히려 즉흥연주는 재즈나 대중음악 전공자들에게 특별히 요구되는 역량이라고 생각한다.

피아노 학습에 있어서 즉흥연주가 갖는 교육적 의의는 다양하다. 자크-달크로즈(Jaques-Dalcroze, 1921)는 즉흥연주가 음악을 더 많이 듣게 하고, 잘 이해할 수 있고, 잘 전달하게 만들며, 더 좋은 연주를 만들어 준다고 하였다. 또한 즉흥연주 경험은 학생들에게 창조적인 건반 연주기술 향상과 독보, 청음 등 다른 영역의 발달에도 도움을 준다. 특히 학생들은 즉흥연주를 통해 새로운 것을 만들어 낼 수 있는 경험을 할 수 있고, 이러한 경험들은 학생들의 창의성 신장에 큰 영향을 준다. 따라서 교사는 학생들의 나이와 피아노 연주수준에 상관없이 가능한 어린 나이에 그리고 초급과정 때부터 '즉흥연주' 경험을 제공할 필요가 있다.

(1) 즉흥연주 지도방법

일반적으로 즉흥연주를 무계획적인 활동으로 생각하기 쉽지만, 실제 즉흥연주는 '계획적인 훈련'으로 지도가 가능하다(Azzara, 1999; Brophy, 2001; Kenny & Gellrich, 2002; Weisberg, 1999). 뿐만 아니라 계획적인 훈련의 주된 목적은 학습자의 내면화된 음악적 능력을 고려하여 즉흥연주를 이끌어 내는 것이다.[8]

피아노에서 다양한 즉흥연주 지도유형을 제시하고 있지만 일반적으로 '제한된 음악적 요소 안에서 즉흥연주 활동'을 하거나 혹은 음악적 구조 안에서 '문답형 방식에 의한 즉흥연주'로 진행할 수 있다(권수미, 2018). '제한된 음악적 요소 안에서 즉흥연주'란 초급수준의 학생들 중 음악적 지식이 얕은 학생 혹은 즉흥연주 경험이 부족한 학생들에게 음악적 요소, 범위, 내용 등을 세부적으로 지정해 줌으로써 즉흥연주를 경험하게 하는 방법이다. 예를 들면, 학습자의 음악적 능력을 고려하여 2~3개의 음만을 제시하여 즉흥연주를 할 수 있다.

'문답형 방식에 의한 즉흥연주'란 질문-응답 방식의 음악적 구조 안에서 즉흥연주를 이끌어 내는 방법이다. 처음에는 교사의 연주를(질문) 학생이 그대로 모방하여(응답) 연주하고, 충분한 연습으로 다양한 음악적 요소들이 학생에게 내재되면, 교사의 연주(질문)에 학생이 즉흥연주로 응답을 할 수 있다. 이후 익숙해지면 음악적 흐름 안에서 서로 선율을 주고받으면서 발전된 즉흥연주를 진행할 수 있다.

체계적인 즉흥연주 지도를 위해 처음에는 간단한 리듬, 다이내믹, 셈여림, 음고 등을 활용하여 지도하는 것이 좋다. 이후 다양한 조성 안에서 음과 화음을 적용하며, 보이싱(vocing), 대위선율(counterpoint) 등과 같은 요소들을 단계적으로 확장하는 것이 바람직하다. 기초적인 음악요소들이 학생에게 내재되어 즉흥연주로 나타낼 수 있다면 단계적 즉흥연주 학습과 예술적인 즉흥연주 학습을 따로 분리하여 지도해야 한다. 이는 마치 언어학적인 방법처럼 다양한 단어와 문법 규칙을 아는 것이 더 많은 문장들을 만들 수 있도록 도와줄 수는 있지만, 화려하고 창의적인 문장을 만드는 것을 도와주는 것은 아니기 때문이다.

---

8) 교사는 피아노 건반 위에서 즉흥연주 지도를 시작하는 것보다 신체를 이용한 달크로즈의 유리드믹스 활동이나 코다이의 손기호 혹은 왼손보표를 활용하여 학생들에게 내재된 음들을 몸 혹은 목소리로 이끌어 내면서 즉흥연주 활동을 시작할 수 있다. 또한 오르프의 말리듬 및 오르프 악기들을 활용하여 학생들에게 즉흥연주 경험을 제공하는 것도 좋은 방법이다. 익숙한 동요선율에 학생들이 하고 싶은 말을 넣어 노래하거나 레치타티브 형식으로 하고 싶은 말을 낭독하여 이야기하는 것도 이후 학생들이 하게 되는 건반 즉흥연주 활동에 도움을 줄 수 있다.

(2) 활동

활동 1 **5음 음계를 활용한 즉흥연주**

초급 피아노 학습자의 제한된 음악적 능력을 고려하여 5음 음계를 사용하여 선율 즉흥연주를 해 보자. 먼저 교사는 페달을 밟고 양손으로 보르둔을 연주한다. 학생이 교사의 보르둔을 듣고 일정박이 내재화되면, 학생은 5음 음계의 구성음(도, 레, 미, 솔, 라)을 사용하여[9] 즉흥연주를 해 보자. 특히 5음 음계는 반음으로 인한 불협화음이 만들어지지 않기 때문에 누구나 마음 가는 대로 음을 연주해도 듣기 편안한 소리를 연주할 수 있다. 하지만 곡의 마무리를 위해 마지막 음은 '도'를 연주하여 곡의 종지를 만들어야 한다([악보 8-12] 참조).

[악보 8-12] **5음 음계를 사용한 선율 즉흥연주** [10]

활동 2 **화성진행을 이용한 즉흥연주**

학생들에게 익숙한 선율이나 화성진행을 즉흥연주 재료로 활용할 경우, 학생들은 즉흥연주를 보다 쉽게 경험할 수 있다. 예를 들어, 센과 치히로의 행방불명 OST 중 「언제나 몇 번이라도」의 화성진행을 이용하여 즉흥연주를 해 보자.

---

9) 5음 음계의 사용이 어려우면 '솔' 한 음만 사용하여 리듬 즉흥연주를 하거나, '솔'과 '미' 두 음 혹은 '솔' '미' '라' 세 음만 사용하여 위와 같이 활동해 보자.

10) 한 대의 피아노에서 즉흥연주 시 '교사-학생'의 음역대가 차이가 날수록 듣기 편안한 소리를 제공하므로 교사는 낮은 음역에서 보르둔을 연주하고, 학생은 높은 음역에서 즉흥연주 하는 것이 좋다. 이때 교사는 보르둔을 한 손으로 혹은 두 손으로 연주할 수 있다.

곡의 화성진행과 화음의 구성음을 내재화하기 위해 [악보 8-13]과 같이 양손으로 연주해 보자. 이후 학생의 왼손은 그대로 두고, 오른손의 코드를 펼쳐서 연주하여 각 화음의 구성음을 충분히 내재화하자.

[악보 8-13] 센과 치히로의 행방불명 OST 중 「언제나 몇 번이라도」의 반주 화성진행

「언제나 몇 번이라도」의 화성진행을 충분히 연주한 후 리듬을 변형시키거나 음을 첨가 혹은 삭제하면서 주어진 화성진행에 따라 즉흥연주를 해 보자. 또한 [악보 8-14]와 같이 교사는 1-4마디는 그대로 진행하고, 학생은 5-8마디를 즉흥으로 연주하여 문답형 방식에 의한 즉흥연주를 시도해 보자.

[악보 8-14] 센과 치히로의 행방불명 OST 중 「언제나 몇 번이라도」의 문답형 방식에 의한 즉흥연주 예시

학생이 즉흥연주 활동에 익숙해지면, 「언제나 몇 번이라도」의 화성진행만 활용하여 자유롭게 즉흥연주를 해 보자.

5) 음악이론

음악이론(music theory)은 학생들의 음악적 안목과 자질을 함양하게 한다. 또한 작곡가의 의도를 파악하는 데 필요한 음악적 지식을 정확하게 이해하게 함으로써 보다 수준 높은 연주를 가능하게 한다. 그렇기 때문에 학생들은 음악작품에 사용된 리듬, 선율, 화음, 형식적인 요소 사이에 존재하는 피아노 음악의 내적 특징에 대한 음악적인 이해가 필요하다. 하지만 대부분의 교사는 음악이론과 실기를 분리하여 지도하며, 학생들 역시 피아노를 학습할 때 음악이론을 연관시키기보다는 별개의 과목으로 인식하는 경향이 있다. 따라서 교사는 음악이론과 음악사, 연주가 상호관련성을 가지며 학습하도록 환경을 조성하여 학생들의 포괄적인 음악성 향상에 도움을 주어야 할 것이다.

음악이론은 학자에 따라 범위와 구분 및 내용이 다르지만, 여기서는 피아노 전공자들이 대학 교과과정에서 공통적으로 학습하는 음악기초이론, 화성학, 대위법, 음악형식으로 분류하고, 각 과목에 대한 주요 학습내용을 〈표 8-2〉와 같이 제시하였다.

〈표 8-2〉 **음악이론의 분류**

구분	주요 학습내용
음악기초이론	기보법, 악상기호, 빠르기말, 나타냄말, 음정, 음계, 조성
화성학	3화음, 7화음, 화성, 변화 화음, 이조, 비화성음
대위법	2성, 3성, 4성 대위법(엄격대위법, 자유대위법)
음악형식	2부형식, 3부형식, 소나타형식, 론도형식, 다악장형식, 응용형식

음악이론에 대한 견고한 지식은 개인의 음악성 향상은 물론 이후 교사의 도움 없이도 자기주도적인 학습을 가능하게 만들며, 이는 일생 동안 음악을 즐길 수 있는 계기를 마련할 수 있다. 따라서 학생들은 음악이론에 대한 지식을 쌓는 것에 게을리 하지 말아야 할 것이다.

(1) 음악이론 지도방법[11]

학생들에게 음악이론을 지도할 때, 학생의 연주곡과 직접적으로 관련 있는 것들을 중점으로 지도하여 학생들이 '왜 그렇게 연주해야 하는지'에 대한 음악적 개념을 이해할 수 있도록 해야 한다. 음악이론은 한 번에 많은 내용을 제시하기보다는 학생의 이해 정도에 따라 단계적으로 하나씩 제시하도록 지도하고, 제3장의 우즐러, 고든, 스미스(Uszler, Gordon, & Smith, 2000)가 제시한 것처럼 '경험-정의-내면화-강화-개념획득'의 5단계 순서에 의해 음악이론을 학습할 수 있도록 해야 한다. 나아가 교사는 다른 악곡에서 이미 습득한 음악이론이 다시 제시된다면, 이를 교사가 다시 설명하기보다는 학생 스스로 인지하고, 자신의 피아노 연주에 적용하여 연주할 수 있도록 지도한다.

(2) 활동

활동 1   화성진행 – 캐논코드(I – V – vi – iii – IV – I – IV(ii)[12] – V)

[악보 8-15, 16, 17]을 각각 연주해 보자.

[악보 8-15] 파헬벨 「캐논 변주곡」 ①

---

11) 〈표 8-2〉에 제시된 음악이론 요소에 관한 활동들을 모두 제시하는 것이 바람직하지만 지면상 음악이론의 주요 학습내용 중 두 가지만 선택하여 활동으로 제시한다.

12) IV의 대리코드로 ii코드가 자주 쓰인다.

[악보 8-16] 자전거 탄 풍경 「너에게 난, 나에게 넌」②

[악보 8-17] 이민섭 「당신은 사랑받기 위해 태어난 사람」③

각 악보를 연주하고 음악에 대한 느낌을 이야기해 보자. 그리고 ①번 악보의 왼손과 ②번 악보의 오른손을 함께 연주해 보거나[13] ①번 악보의 왼손과 ③번 악보의 오른손을 함께 연주해 보자. 서로 다른 곡을 함께 연주해도 전혀 어색하지 않는 이유에 대해 이야기해 보자.

C장조의 음계와 그에 따른 코드를 학습하고, ①번 악보의 화음을 분석해 보자. 각각의 곡들도 화성분석 후 화성진행을 서로 비교해 보자. 또한 각 곡에서 사용된 화성진행을 바탕으로 새로운 선율을 즉흥연주 하거나 혹은 창작하여 연주해 보고, 이러한 화성진행이 적용된 다른 곡도 함께 찾아보자.[14]

---

13) [악보 8-16]은 한 마디씩 화음변화가 일어나기 때문에 [악보 8-15]의 왼손 2분음표를 온음표로 바꾸어 [악보 8-16]의 오른손 선율과 함께 연주한다.

14) 이은미의 「애인있어요」, 박효신의 「눈의 꽃」 등이 위의 코드로 반주가 가능하다.

활동 2 **빠르기말에 따른 연주곡**

　　음악이론에서 '빠르기말'은 매우 기본적인 음악요소이지만, 학생들은 곡에 제시되어 있는 빠르기로 연주하기보다는 자신이 연주 가능한 빠르기로 곡을 연주하거나 혹은 교사에 의해 곡의 빠르기를 결정하는 경우가 많다. 연주자는 작곡가가 제시한 빠르기말에 따라 연주하도록 노력해야 하며, 만약 곡의 앞부분에 빠르기말 표시가 있지 않을 때는 'con brio'와 같은 분위기를 나타내는 말 혹은 곡의 제목(「미뉴에트」「가보트」등)에서 유추할 수 있는 빠르기로 곡을 연주할 수 있다. [악보 8-18]을 적절한 빠르기로 자유롭게 연주해 보자.

[악보 8-18] 빠르기말이 생략된 곡

　　어떠한 빠르기로 연주하였는가? 만약 앞의 곡을 알지 못했다면 '보통 빠르기'로 곡을 연주하였을 가능성이 크다. 하지만 [악보 8-19]와 같이 빠르기말이 있다면 앞서 연주한 곡과 전혀 다른 느낌으로 연주해야 할 것이다.

[악보 8-19] 쇼팽「왈츠, Op. 34, No. 3」

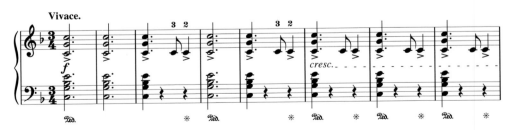

　　특히 [악보 8-19]의 곡이 쇼팽「왈츠」중의 한 곡인 것을 알게 된다면 빠른 것은 물론 춤곡의 느낌을 살려 빠르고 생기발랄하게 연주해야 할 것이다. 즉, 앞서 언급한 것과

같이 학생들은 음악적 지식을 토대로 '왜 그렇게 연주해야 하는지'에 대한 의문의 답을 스스로 구해서 연주할 수 있다.

2. 피아노 지도전략

교사는 레슨시간이 제한되어 있기 때문에 학생의 연주곡과 연계해서 피아노의 기능적인 건반 연주기술을 지도해야 하며, 부족한 부분들은 음악적 요소와 관련된 보충곡을 선택하여 지도할 수 있다.

1) 개인피아노 레슨

다음 예시는 중급수준의 학생을 대상으로 개인피아노 레슨에서 기능적인 건반 연주기술의 다양한 활동을 포함하는 수업 예시이다. 이 수업은 〈표 8-3〉과 같이 연주곡과 보충곡을 선정하여 45분 동안 진행된다. 레슨시간에는 연주곡 외에 초견, 화성, 이조, 즉흥연주, 음악이론과 같은 기능적인 건반 연주기술이 포함된다.

(1) 학습목표
- **연주곡**: 모차르트 「피아노 소나타, K.545」, 1악장 제시부와 재현부의 조성, 화성 구조를 분석하고 이를 피아노로 연주할 수 있다.
- **기능적인 건반 연주기술**: 초견, 화성, 이조, 즉흥연주, 음악이론과 같은 기능적인 건반 연주기술을 통해 포괄적 음악성을 향상한다.
- **보충곡**: I, IV, V(V$_7$)의 화음이 포함된 곡을 초견으로 연주할 수 있다.

(2) 샘플 레퍼토리
연주곡을 선정하고 연주곡에서 학습해야 할 음악요소와 유사한 곡으로 보충곡을 선정한다. 보충곡은 학생들이 사전 연습 없이 레슨시간 내에 연주 가능한 수준의 악곡이어야 하며, 미크로코스모스, 체르니, 동요 등을 사용할 수 있다. 또한 학생들이 보충곡을 통해 다양한 악곡을 경험할 수 있도록 다양한 시대와 장르의 악곡을 부분적으로 발

췌하여 사용할 수 있다. 〈표 8-3〉은 중급수준의 45분 수업을 위한 연주곡과 보충곡 예
시이다. 60분 수업 시에는 다른 연주곡을 선택하여 함께 지도할 수 있다.

〈표 8-3〉 **중급수준의 연주곡 예시**

개별 연주악곡	보충곡
모차르트 「피아노 소나타, K. 545」, 1악장	체르니 「연습곡, Op. 599, No. 12」
	「작은별」 동요(알베르티 반주)

(3) 샘플 레슨 계획

[그림 8-2]와 〈표 8-4〉는 〈표 8-3〉에 제시한 악곡을 이용하여 1:1의 개인레슨에서
45분 동안 진행할 수 있는 레슨 계획안 예시이다. 일반적인 기초테크닉(4분)과 수업마
무리(3분)를 제외한 개별 연주곡(25분)과 기능적인 건반 연주기술(13분)은 총 38분으로,
이는 레슨환경, 학생의 상태에 따라 융통성 있게 조절할 수 있다.

활동순서는 연주곡 후 기능적인 건반 연주기술을 지도하기보다는 연주곡 레슨 사이
에 기능적인 건반 연주기술을 첨가하여 실시할 수 있다. 이때 기능적인 건반 연주기술
의 이해를 돕기 위해 부분적으로 발췌한 보충곡을 사용할 수 있다. [예: 연주곡(13분)-기
능적인 건반 연주기술(5분)-연주곡(12분)-기능적인 건반 연주기술(8분)].

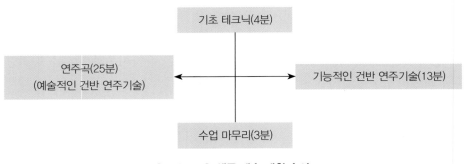

[그림 8-2] **샘플 레슨 계획 순서**

〈표 8-4〉 **1차시 예시**

구분	학습활동	지도전략	시간 (분)
기초 테크닉	• C장조 스케일 및 아르페지오 연주	• 테크닉 연습 시 C장조의 구성음들을 내재화할 수 있도록 한다.	4
연주곡	[모차르트 「피아노 소나타, K.545」, 1악장] • 소나타 형식 파악 • 제시부의 제1주제와 제2주제의 조성, 화성구조 분석 및 유형별 테크닉 연주 • 재현부의 제1주제와 제2주제의 조성, 화성구조 분석 및 유형별 테크닉 연주	• 제시부와 재현부를 먼저 지도하여 학생들이 소나타 형식을 파악할 수 있도록 한다. • 화성 울림 안에서 알베르티베이스를 연주할 수 있도록 한다. • 펼친음을 화음으로 연주하거나 화음을 펼친음으로 연주한다. • C장조와 F장조의 분위기를 자유롭게 이야기한다.	25
기능 적인 건반 연주 기술	[화성] • 제1주제에 어울리는 반주 만들기 [즉흥연주] • I-IV-V-I 화성진행을 바탕으로 한 즉흥연주 [이조] • 1주제의 1-8마디를 F장조로 이조한 후 재현부의 1주제와 비교하기 • 「작은별」 동요 [초견] • 「체르니, Op. 599, No. 12」, 1-4마디	• 연주곡의 I, IV, V 화성진행을 분석하고 이에 어울리는 반주 패턴을 만들어 연주한다. • 학생의 수준에 따라 한 손 혹은 양손으로 즉흥연주를 한다. • 이조 후 조성에 따른 주제선율의 느낌을 자유롭게 이야기 한다. • C장조의 「작은별」 동요를 F장조로 이조하도록 한다. • 오른손을 의미 있는 패턴으로 인식하여 초견을 하도록 한다. –보충곡은 연주곡보다 쉬운 곡으로 선정하여 연주하도록 한다. –건반을 보지 않고, 손의 감각으로 왼손 화음을 연주하도록 한다.	13

| 수업 마무리 | [과제제시]
• 예술적인 피아노 건반 연주기술 연습 및 모차르트「플루트 협주곡, K.314」감상 | • 포괄적 음악성 향상을 위해 학생에게 다양한 장르의 연주곡을 감상하도록 한다. | 3 |

2) 기능적인 건반 연주기술

〈표 8-4〉에 제시한 기능적인 건반 연주기술 중 이해를 돕기 위해 화성진행을 바탕으로 한 즉흥연주 예시를 제시한다.

교사: I, IV, V의 구성음과 화음이 가지고 있는 소리의 특징을 학생과 이야기한다. 또한 I-IV-V-I의 화성진행을 제시한다.

학생: I-IV-V-I의 화성진행을 코드로 연주하고 각 화성의 구성음들을 오디에이트한다. 각 화성을 알베르티 베이스로 변형하여 노래하고 연주하여, 각 화성의 구성음을 내재화한다([악보 8-20] 참조).

[악보 8-20] **화성의 구성음 내재화하기**

교사: 왼손은 그대로 반주하면서 학생은 화성의 구성음만을 이용하여 즉흥연주를 한다.

[악보 8-21] **I-IV-V-I 즉흥연주**

1. 피아노 교육에서 기능적인 건반 연주기술의 필요성을 토의해 보자.

2. 초견, 화성, 이조, 즉흥연주, 음악이론 외 기능적인 건반 연주기술에는 어떤 활동이 있으며, 이에 대한 지도방법을 토의해 보자.

피아노 교수학 총론

제3부

전문적인
피아노 교사

제9장

새로운 교수매체와 피아노 교육

권수미

●

최악의 과학자는 예술가가 아닌 과학자이며,
최악의 예술가는 과학자가 아닌 예술가이다.
−물리학자 아르망 트루소(Armand Trousseau)−

테크놀로지를 활용한 음악교육의 발전과 이에 따른 음악 교수 · 학습 방법의 변화를 살펴본다. 또한 최근 빠르게 변화하는 통신기술과 사회 · 교육 환경에 익숙한 피아노 학습자들을 지도해야 하는 피아노 교사들이 알아야 할 교수 · 학습 매체로서 테크놀로지의 종류와 그 활용방법을 살펴본다.

21세기를 지식정보화 사회라고 일컫는다. 이는 인간의 생활방식뿐만 아니라 교육방식에도 변화를 이끌며 학생들의 학습환경 또한 정보통신기술(Information & Communication Technology: ICT) 교수매체의 활용을 빈번하게 요구하고 있다. 이러한 시대적 흐름은 예술교육 중에서도 가장 아날로그적인 피아노 교육환경에까지 영향을 끼치고 있다. 1960년대 전자피아노의 개발이 피아노 교육환경의 큰 변화를 이끌어낸 이후 1980년대 PC와 MIDI의 개발로 디지털을 활용한 음악교수매체 변화에 가속도가 붙었다. 2000년대에 들어와 인터넷의 활용이 본격화되었고, 최근에는 스마트폰이 손안의 컴퓨터로 사용자들이 필요로 하는 애플리케이션을 설치하여 발달된 형태의 컴퓨터 기능을 대체하는 교수매체의 단계에 이르렀다. 이러한 교수매체의 변화는 피아노 교육에도 영향을 주고 있다.

이 장에서는 그동안 이루어진 테크놀로지를 활용한 음악교육의 발전이 피아노 교육에 끼친 영향을 살펴보고 21세기를 살아갈 전문적인 피아노 교사가 습득하여야 할 테크놀로지를 활용한 교수매체 및 활용방법을 살펴본다.

1. 테크놀로지를 활용한 음악교육

1) 테크놀로지를 활용한 음악교육의 발전과정

피아노 교육에 있어 테크놀로지의 정의는 피아노 악기 자체의 기술적인 발전과 음악매체의 기술적인 발전의 두 가지 측면에서 이야기할 수 있다. 첫째, 피아노 악기 자체만을 놓고 볼 때, 1700년대 크리스토포리가 피아노포르테를 발명한 이후 악기의 구조와 테크놀로지의 발전은 지난 300년 동안 피아노 작품의 작곡과 연주에 획기적인 변화를 일으켰다. 둘째, 20세기 이후의 음악매체의 테크놀로지 발전은 음악을 감상하는 방법뿐만 아니라 피아노 교육방법까지 변화시켰다. 예를 들어, 1960년대 전자피아노의 개발은 그룹피아노 교육을 대중화시키는 데 기여하였으며, 1980년대 PC와 MIDI의 개발은 음악교육에 있어 디지털 매체 활용을 가속화시킴으로써 원하는 음악으로 접근을 수월하게 해 주었다.

최근의 스마트 기기와 정보통신기술의 발전은 이전에 공연장에 직접 가야 가능했던 음악감상을 시간과 공간의 제한을 받지 않고 언제든 가능하게 해 주었다. 스마트폰으로 터치만 하면 쇼팽 국제 콩쿠르 실황연주 및 수상 여부를 방안에서 생방송으로 볼 수 있는 시대가 열린 것이다. 뿐만 아니라 페이스북, 팟캐스트, 트위터 등과 같은 SNS를 통하여 세계 각국의 화제가 되는 음악을 감상하고, 온라인을 통하여 지구 반대편에 있는 연주자나 피아노 교수학자의 계정으로 직접 소통함으로써 연주에 대한 비평을 할 수 있게 되었다.

과학기술의 발전으로 악기 연주를 자동화하려는 데서 시작한 인간의 노력은 최근에 이르러 인공지능(AI)이 인간의 예술창작 영역까지 활동범위를 넓히는 데 이르렀다. 2016년 국내에서 인공지능 로봇 피아니스트 테오트로니코(Teotronico)와 이탈리아 피아니스트 프로세다(R. Prosseda)가 피아노 연주시합을 한다는 뉴스를 접하였다(류태형, 2016. 5. 17.). 이어 2017년 구글은 가상현실 속의 인공지능 피아니스트를 개발함으로써 인간의 피아노 연주에 반응하여 듀엣연주가 가능하게 하였다(Wilson, 2017).

과학기술의 발전은 음악감상의 방법적인 측면뿐만 아니라 피아노 교육의 방법적인 측면에도 큰 영향을 끼치고 있다. 2000년대 인터넷의 발전은 피아노 교육에 있어서 원거리 학습을 가능하게 함으로써 교수학습에 있어 공간의 한계를 초월하기 시작하였다. 국가나 지역별로 인터넷망의 보급상황에 따라 영상지연으로 인한 불편함이 있긴 하지만, 통신업계는 향후 5세대(G) 통신이 본격적으로 상용화되고 영상지연이 없어지면 유튜브나 인터넷(IP) TV를 통한 실시간 피아노·기타 교습 같은 러닝 콘텐츠 분야가 더욱 커질 것으로 전망하였다(안별, 2019. 1. 3.).

2) 교수매체의 변화에 따른 음악 교수·학습 방법의 변화

테크놀로지의 급속한 변화 속에 가장 아날로그적인 교수법을 지향하는 피아노 교사들의 이해를 돕기 위하여 우선 음악교육 안에서 테크놀로지를 활용한 교수매체와 교수·학습 방법의 이론과 실제 등을 소개하고자 한다.

교수매체의 유형은 제공하는 정보의 형태에 따라 시각매체, 청각매체, 시청각매체, 상호작용매체로 나눌 수 있다(신재흡, 2012). 이 분류기준은 매체가 내용을 전달하기 위하여 의존하는 상징체계가 무엇인지 그리고 그것을 받아들이는 인간의 감각기관이 무엇인지에 따른 분류라 할 수 있다. 음악교육에서는 20세기 초반만 해도 녹음기, 라디오, 오디오 장치 등과 같은 청각매체에 많이 의존하였지만, 20세기 후반 들어 시청각매체의 발달로 VTR, TV, 멀티미디어 CD-ROM, DVD 등을 활용하여 음악을 보고 들으며 감상할 수 있게 되었다. 최근에는 상호작용매체의 발달로 컴퓨터 보조학습(CAI), 멀티미디어 시스템 등과 같은 다양한 매체를 활용함으로써 학습자가 단순히 음악을 감상하고 정보를 습득하는 것을 뛰어넘어 학습자의 반응을 감지하고 그에 대한 피드백을 즉각적으로 제공함으로써 학습의 효과를 가속화시키는 단계에 이르게 되었다.

이러한 교수매체의 변화는 자연스럽게 교수 · 학습 방법의 변화를 가져왔다. 최근 활발히 사용되고 있는 교수 · 학습 방법 중 e-러닝, m-러닝, u-러닝의 특징을 간략히 살펴보면 다음과 같다. 이 세 가지 학습방법은 주로 상호작용매체를 사용하며 디지털 온라인 학습환경에서 이루어진다. 이것은 학습자에게 오디오, 비디오, 그래픽, 사진, 텍스트 등으로 구성된 콘텐츠를 제공하며 미래 교육을 책임지는 역량 있는 학습방법이기도 하다. 우선 e-러닝(electronic learning)은 컴퓨터 등 전자기기, 정보통신 및 전파 · 방송기술을 활용하여 이루어지는 학습을 일컬으며 인터넷 학습, 웹기반 학습, 사이버 학습, 원격학습, 전자학습 등으로 불리기도 한다. m-러닝(mobile learning)은 스마트폰 등 모바일 기기를 통해 언제 어디서나 자유롭게 인터넷에 접속해서 교육받을 수 있게 하는 시스템이다. 특히 모바일 인터넷 속도가 빨라지고 단말기 성능이 좋아지면서 최근 다양한 분야에 대한 교육이 가능해졌다. 머지않은 미래사회에는 컴퓨터나 모바일뿐만 아니라 어떤 단말기라도 시간과 장소에 구애받지 않고 학습자의 상황에 맞는 교육 시스템을 제공하는 u-러닝(ubiquitous learning) 시대가 도래할 것이라고 이야기한다(권성호 외, 2006; 변영계 외, 2009; 신재흡, 2012; 오소영, 2015).

〈표 9-1〉 교육공학적 매체를 이용한 교수 · 학습 방법

분류	의미	매체
e-러닝	전자통신(인터넷) 기반하의 모든 학습형태 및 활동	컴퓨터, 오디오, 비디오, CD-ROM 등
m-러닝	모바일 통신환경을 이용	노트북(넷북), PDA, 태블릿 PC, 스마트폰 등
u-러닝	언제 어디서나 내용에 상관없이 어떤 단말기로도 학습이 가능	스마트폰, TV, 게임기, PMP, 센서 등

2. 테크놀로지를 활용한 피아노 교육

1) 테크놀로지를 활용한 피아노 교육 현황

예술교육 중에서도 가장 아날로그적인 피아노 교육에서 활용하는 교수매체는 1960년대 전자피아노의 개발 이후 지금에 이르기까지 많이 변화해 왔다. 예를 들어, 1960~1980년대에 피아노 교육에 테크놀로지를 활용한다는 것은 음악감상을 위한 오디오 기기 활용이나 피아노 연주 시 박을 맞추기 위한 메트로놈을 사용하는 정도였다. 이어 1980~1990년대에는 PC와 MIDI의 활용으로 작곡이나 즉흥연주 활동을 통하여 창의적인 음악학습의 가능성을 열었다. 사보된 악보를 시각적뿐만 아니라 청각적으로 동시에 제공함으로써 전통적인 음악교육에서 제공할 수 없던 학습의 효율성을 높여 주었다. 또한 다양한 음악교육용 소프트웨어들이 출시됨에 따라 학생들의 학습 성장과정을 추적하며 음악이론적 이해를 돕는 교육매체로 각광받았다.

스마트폰을 활용하기 이전의 모바일 교육환경은 개인용 정보 단말기(Personal Digital Assistant: PDA), 휴대용 멀티 플레이어(Portable Multimedia Player: PMP) 또는 휴대전화 등에 담긴 음성이나 영상을 반복적으로 재생하며 학습을 습득하는 형태였다. 이러한 형태는 교사와 학생 간의 상호작용이 불가능하며 학습자 중심이 아닌 교사 중심의 학습환경에 그쳤다. 하지만 현재는 단순 반복학습과 암기학습이 아닌 학습자가 원하는 정보를 검색하여 스스로 자기주도적인 학습을 가능하게 할 뿐만 아니라 학습한 내용은 애플리케이션을 활용하여 자기 평가를 통한 문제해결능력도 향상시키는 데까지 이르고 있다(김영록 외, 2013; 장상현, 2012).

무엇보다도 스마트폰의 사용은 장소에 상관없이 어디서든지 다양한 정보를 빠르고 쉽게 얻을 수 있어 시공간을 초월한 피아노 교수법의 다양성을 열어 주었다. 예를 들어, 피아노와 스마트폰이 갖춰지면 현재 다음과 같은 다양한 교수학습이 언제, 어디서든지 가능하다.

- 메트로놈을 구입하는 대신 애플을 다운받아 박을 맞춰 연습하는 데 사용할 수 있다.
- 음악이론 학습을 위해 본인의 상태나 수준에 맞는 애플을 다운로드받아 스스로 학

습할 수 있다.

- 유튜브에서 여러 명의 연주자의 연주동영상을 비교하며 무제한 감상이 가능하다.
- 본인이나 학생 연주 동영상을 유튜브나 SNS 계정에 올림으로써 사람들과 공유할 수 있다. 또한 피아노 교사는 홈페이지, 블로그, 카페 등을 활용하여 피아노 학습과 관련된 글을 게시함으로써 학생·학부모와 소통할 수 있다.
- 본인의 연주를 오디오 또는 동영상으로 녹음하여 스스로 비평하며 감상할 수 있다.
- 악보를 온라인에서 구매하여 다운로드받아 연주할 수 있다.
- 스카이프(skype)를 연결하여 서로 다른 공간에 있는 교사와 학생 간의 교수학습이 가능하다.

이와 같은 학습활동은 10~20년 전만 해도 상상할 수 없었던 것들이다. 실제 미국의 음악대학교 입학 실기 오디션의 경우, 학교로 방문하여 라이브 오디션(live audition)을 권장하지만, 이것이 여의치 않은 학생은 본인의 연주를 녹음한 DVD를 제출하거나 유튜브에 학생의 연주를 올려 인터넷상으로 오디션에 임할 수 있다고까지 명시하고 있다. 테크놀로지의 급속한 변화와 발전은 피아노 교수·학습 환경뿐만 아니라 평가방법까지도 변화시킨 것이다.

2) 피아노 교수매체로서 테크놀로지의 활용방법

세상이 아무리 변하여도 피아노 학습의 본질은 학생 스스로 피아노 악기를 연주하며 소리를 듣고 사고하는 과정에서 이루어지는 것이다. 하지만 테크놀로지가 강화된 21세기 사회·교육 환경에서 자라난 어린 학생들을 이해하고 지도하기 위해서 피아노 교사들은 테크놀로지 산물들의 종류와 작동방법을 배워야 할 필요가 있다. 우즐러 등(Uzsler et al., 2013)은 21세기의 피아노 교사들은 테크놀로지와 멀티미디어의 사용 여부에 대해 고민하기보다는 이들을 어떻게 효과적으로 사용할 것인가를 고민해야 한다고 조언하였다. 테크놀로지를 활용한 피아노 교육의 필요성과 그 교육적인 효과를 학습자의 측면에서 그리고 교사의 측면에서 제시하면 다음과 같다.

- 학습자의 측면: 학습자로 하여금 시각, 청각 등 다양한 감각과 지력을 통해 음악적

경험을 얻게 하여 학습 효과를 극대화시킬 수 있다. 시간과 공간의 제한을 뛰어넘어 학습자가 원하는 시간과 장소에서 피아노 학습이 가능하며 학습내용의 선정과 문제해결 방법에서 학생 중심 학습이 가능하다.

- **교사의 측면**: 교사가 학습내용을 반복적으로 설명하고 전달하는 임무를 교수매체가 부분적으로 담당하게 되어 교사의 레슨부담이 줄어들게 된다. 교사의 도움이 필요한 학습자에게 개인 보충지도, 학생상담 등의 관심을 쏟을 여유가 생기게 됨으로써 교사의 역할이 긍정적으로 바뀔 수 있다.

피아노 스튜디오에서 사용될 수 있는 테크놀로지 도구로는 전자피아노, 컴퓨터 및 소프트웨어(청음, 이론, 음악사, 즉흥연주, 기보, 상호작용 CD-ROM 멀티미디어, MIDI, 시퀀싱), 녹음기, 레코드와 CD 플레이어 등(Bastine, 2006)을 포함하여 대부분이 e-러닝 교수매체들이다. 하지만 현대사회에서 급진적인 테크놀로지의 변화를 고려해 볼 때 가장 쉽게 활용될 수 있는 테크놀로지 매체는 역시 m-러닝 형태의 스마트폰 기기의 사용일 것이다. 진화된 스마트폰의 기술은 손바닥 안의 작은 컴퓨터의 기능, 녹음기능, 동영상을 촬영하는 녹화기능, 유튜브를 통한 감상의 기회 및 연주 공유, 애플리케이션을 활용한 교육의 기회들을 모두 포함할 수 있기 때문이다.

(1) e-러닝 교수매체의 활용방법

① 전자피아노

전자피아노는 전통적인 피아노의 연주방식과 소리의 대안으로 고안된 키보드의 한 종류이다. 1960년대 최초로 전자피아노가 개발된 이후 현재에 이르기까지 성능과 디자인에서 많은 발전을 이루어 왔다. 개인지도뿐만 아니라 그룹피아노 수업을 진행하고자 할 때, 미래 사회에서 전자피아노의 활용은 지속될 것으로 예측된다.

전자피아노가 갖는 장점은 여러 가지가 있다. 우선, 전자음원을 이용하여 소리를 내기 때문에 정기적인 조율관리가 필요하지 않으며, 어쿠스틱 피아노에 비해 부피도 작아 가격이 비교적 저렴하다. 여러 명의 학생들이 동시에 모여 앙상블이나 그룹피아노 학습을 하고자 할 때는 효과적이다. 전자피아노를 활용한 다양한 피아노 교수법을 구현하기 위하여 전자피아노의 기능에 대해서 알아보면 다음과 같다.

• 음색/사운드효과

어쿠스틱 피아노 음색뿐만 아니라 오케스트라를 구성하는 다양한 악기의 음색이 제
공된다. 따라서 학생들로 하여금 다양한 시대의 악기음색을 활용한 연주를 가능하게
한다. 예를 들어, 바로크시대의 미뉴에트를 학습할 때, 하프시코드 음색으로 연주할 경
우 작품의 성격을 보다 잘 이해하고 연주할 수 있다.

• 리듬/드럼 머신

학습자에게 왈츠, 행진곡, 탱고, 살사 등과 같은 다양한 스타일의 리듬패턴을 제공한
다. 각 리듬패턴의 템포나 박자도 변형이 가능하며 또는 전자피아노 안에 내재되어 있
는 타악기 음색으로 본인이 원하는 리듬패턴을 새롭게 창작하여 녹음시킬 수 있다. 이
러한 기능은 유리드믹스 학습을 할 때 활용할 수 있고 독특한 리듬패턴을 가진 작품들
을 연주할 때 타악기 반주로 앙상블 연주가 가능하다.

• 시퀀서

사용자로 하여금 본인의 연주를 녹음하거나, USB에 있는 음악을 불러와서 연주하는
등 녹음기능을 가지고 있다. 교사가 미리 반주를 녹음하여 학생들에게 들려줌으로써
학습 효과를 높일 수 있고, 청음이나 이론 학습에도 응용할 수 있다. 요즘 판매되는 대
부분의 전자피아노에는 시퀀서가 부착되어 있다.

• 미디 인터페이스

전자피아노를 외부 하드웨어나 소프트웨어와 연결하여 사용할 수 있도록 허용하는
기능이다. 예를 들어, 전자피아노가 미디(MIDI) 인터페이스를 통하여 컴퓨터와 연결되
어 있을 경우, 창작뿐만 아니라 악보 사보가 가능하다.

• 화음/자동반주 기능

초급수준의 학습자가 단선율을 연주할 경우, 자동으로 화음반주가 이루어지도록 고
안된 기능이다.

② 컴퓨터를 활용한 피아노 교육

피아노 교육에서 컴퓨터를 활용한 학습은 크게 두 가지 유형으로 나눌 수 있다. 첫째, 소프트웨어를 활용한 학습이고, 둘째, 인터넷 통신을 이용한 학습이다.

• 소프트웨어를 활용한 교육

컴퓨터 학습 프로그램은 학습자의 반응에 즉시 응답하는 상호작용의 기능을 가지고 있으므로 학습자가 자기주도적으로 학습할 경우 시청각 매체로서 교육효과가 매우 크다. 또한 학습자가 오답을 제시하여도 기계와 학습자 간의 관계이기 때문에 교사나 다른 학습자를 통해 느낄 수 있는 모욕감을 최소화할 수 있다는 장점이 있다. 시간에 쫓기는 레슨현장에서 교사가 다른 학생에게 피아노를 가르치는 동안 학생이 컴퓨터를 활용하여 스스로 이론이나 청음을 학습한다면, 이는 교사에게 부족한 레슨시간을 효율적으로 활용할 수 있는 기회를 제공할 수 있고, 학생에게는 다양한 학습주제를 활용한 포괄적인 피아노 교육을 가능하게 해 준다.

e-러닝 교육매체로서 컴퓨터 소프트웨어는 CD의 형태나 각종 파일의 형태로 제작된 것이 보편적이다. 하지만 이때 컴퓨터와 전자피아노 간에 MIDI를 연결하여 사용할 경우, 음악 학습내용과 활동은 보다 다양해질 수 있다. 미디(MIDI)란 'Musical Instrument Digital Interface'의 약자로서 1981년 전자악기 제조사들에게 악기규격 통일을 공식적으로 제안한 일종의 전자악기들 간의 약속이다. 미디 인터페이스를 통하여 컴퓨터와 연결될 경우, 크게 연주를 녹음하는 시퀀싱(Sequencing) 프로그램과 악보를 그리는 노테이션(Notation) 프로그램을 통한 다양한 활동이 가능하다. 시퀀싱에는 PC용으로 케이크워크(Cakewalk)가 발전한 소나(Sonar), 큐베이스(Cubase) 그리고 매킨토시용인 퍼포머(Performer), 로직(Logic) 등이 있으며, 노테이션 프로그램은 앙코르(Encore)가 사라지고 시벨리우스(Sibelius)와 피날레(Finale), 큐베이스의 VST(Virtual Studio Technology) 등이 빠르게 발전하였다(김윤철, 2013).

• 인터넷 통신을 이용한 학습

인터넷 통신을 이용한 학습에서 최근 많은 관심을 끌고 있는 것은 화상 원격시스템을 도입한 원거리 레슨이다. 화상 원격시스템은 처음 지리적으로 분리된 두 지역 간에서 이루어진 시청각이 결합된 실시간 기업회의에 도입되어 사용되었으며 이러한 쌍

[그림 9-1] 2010 인텔 비저너리 컨퍼런스 원격 피아노 레슨 사례

방향 비디오 오디오 통신 시스템은 교육에 바로 도입되었다(Gillies, 2008; Montamedi, 2001).

피아노 교육은 역사적으로 오랫동안 교수자와 학습자 간 1:1 면대면 도제식 방법으로 이루어져 왔다. 하지만 현대사회에 들어와 바쁜 일상 속에서 학습자가 원하는 시간과 조건에 맞는 수업방식을 찾지 못한 많은 피아노 학습자들의 고민을 풀어 주기 위한 방법으로 스카이프와 같은 인터넷 통신을 이용한 화상통화로 피아노 학습이 가능하게 되었다. 비록 악기교육이 그 특성상 면대면 지도를 통해서만 지도가 가능한 부분이 없는 것은 아니나, 문제점을 보완하기 위한 노력과 함께 온라인을 이용한 원격학습이 증가하는 추세이다. 그 사례로 인디애나 음악대학에서는 전자음악(digital music)과 멀티미디어 뮤직(multimedia music) 등의 과목을 온라인을 통해서 교육하고 있으며 믹싱(mixing), 엔지니어링(engineering), 사운드 디자인(sound design) 등의 기술을 가르치고 있다. 미국 줄리어드 음대에서는 열린 교실(Open Classroom)이라는 명칭 아래 기초 학습자를 대상으로 한 피아노 실기수업(Sharpen your Piano Artistry) 등의 다양한 온라인 실기수업을 진행함으로써 원격 음악 실기교육의 저변을 확대해 나아가고 있다.

국내에서도 실제 S사이버대학에서는 오프라인과 온라인 수업을 병행하며 피아노 실기교육을 진행하고 있다(윤소영, 2018). 이 학교에서는 15주를 기본으로 수업의 70% 이상은 온라인 e-러닝 콘텐츠 수업으로 이루어진다. e-러닝 콘텐츠는 매 차시 학생이 학습하는 실기곡의 문헌적 배경, 작품에 대한 음악적 분석, 다양한 테크닉의 적용 등을 피아노 교사가 촬영하여 온라인에 올리고 학생은 본인이 원하는 시간과 장소에서 학습한다. 레슨의 종류와 방법적인 측면에 있어서도 지도교사 1명이 학생 1명을 개인레슨하거나, 3명의 학생을 그룹레슨하고 또는 25명 이상의 학생들에게 오프라인에서 마스터 클래스를 제공하기도 한다. 이처럼 지도유형과 방법을 다르게 설계함으로써 교육의효과를 이끌어 내고 있다(〈표 9-2〉 참조).

〈표 9-2〉 S사이버대학의 레슨 종류와 지도방법 및 교육 효과

레슨 종류	지도방법 및 내용	교육 효과
1:1 레슨	온라인/오프라인 피아노 실기 레슨	과제곡에 대한 이해, 콘텐츠 수업의 이해도 확인, 교수자의 기술 전가
1:3 레슨	온라인 그룹레슨	과제곡에 대한 다양한 해석 교류, 연주 기회로 인한 긴장 완화 및 자신감 함양
1:25 레슨	오프라인 마스터 클래스	연주 기회 획득 및 다양한 레벨의 다른 과제곡에 대한 이해 및 감상, 간접 레슨을 통한 경험의 기회 제공

(2) m-러닝 교수매체의 활용방법

① 스마트폰을 이용한 피아노 학습

스마트폰을 학습매체로 활용한 교수학습은 이미 피아노 교육에도 자연스럽게 유입되었다. 스마트폰은 시간과 장소에 구애받지 않고 활용할 수 있고 교사와 학부모 간의의사소통도 훨씬 수월해지도록 이끌어 주었다. 이미 손바닥 안의 작은 컴퓨터라 불릴만큼 기능면에 있어서 컴퓨터를 대체하고 있으며 많은 사람들이 공유할 수 있기에 빠른 속도로 교육현장에서 활용되고 있다. 예전에는 컴퓨터 소프트웨어나 인터넷통신을이용한 e-러닝의 비중이 컸다면 최근에는 스마트폰의 대중화와 활용 증가에 따라 이제는 대부분의 프로그램이 태블릿 PC와 스마트폰을 활용하는 m-러닝으로 넘어가는추세이다. 하물며 이전에는 피아노 교재에 수록된 음원을 CD로 감상하였다면 최근에는 악보에 표기된 QR코드를 스마트폰으로 스캔하여 곧바로 유튜브로 연결시켜 감상할수 있게 되었다.

[그림 9-2] QR 코드를 활용한 음원감상 사례

② 피아노 학습에서 활용할 수 있는 다양한 앱의 실제

m-러닝을 확장시키는 데 기여한 것은 태블릿 PC나 스마트폰에 활용할 앱 (application, 이하 'app')을 동시에 제작하고 있기 때문이다. '앱(app)'이란 스마트폰에 컴퓨터 지원기능을 추가한 지능형 단말기인 스마트폰에 제공되는 여러 가지 응용프로그램을 말한다. 이전에는 테크놀로지를 통한 피아노 교육은 일반적으로 전자피아노 활용이나 키보드에 MIDI를 연결한 활동 등이 주를 이루었다. 그 밖에 피아노 학습과 병행하여 포괄적 음악성 개발을 위해 음악이론, 초견 또는 청음을 학습하는 소프트웨어나 교육용 인터넷사이트 활용 정도에 그쳤다. 하지만 최근 정보통신기술의 급격한 발전으로 태블릿 PC나 스마트폰을 활용하여 실제 피아노 교육에 직접적으로 활용될 수 있는 다양한 앱이 개발되고 있다. 여기에서는 피아노 교육에서 직접적으로 활용할 수 있는 스마트폰을 활용한 다양한 교육자료인 앱과 그 활용방법을 소개하고자 한다. 구글 플레이 스테이션에서 제공하는 많은 피아노 교육용 앱 중 사용자들의 리뷰와 평가가 4점 (5점 만점) 이상의 것만 선별하였다(2019년 3월 기준).

• Simply Piano

개발자: JoyTunes
iOS 9.0 버전 이상

- 단계별로 음이름과 코드를 익힌 후 학습자의 취향과 수준에 맞는 노래 와 연습곡을 제공하고 있다.
- 앱에서 반주음원과 악보를 제공하고, 학습자는 간단한 선율이나 양손연 주를 피아노 연주하도록 한다.
- 이때 학습자가 틀린 연주를 할 경우 앱에서 즉각적인 피드백을 제시함 으로써 학습자 스스로 수정연주하도록 한다.
- 앱에서 제공하는 교육프로그램에 따라 학습자 스스로 독학이 가능하다.

• Paper Piano

개발자: Gyorgyi Kerekes
iOS 6.0 버전 이상

- 실제 종이건반에서 피아노 연주를 가능하게 해 주는 앱이다.
- 아이폰의 카메라를 통하여 종이건반을 인식하게 함으로써 학습자가 종 이건반 위에서 누르는 음이 폰을 통하여 소리가 나도록 한다.
- 총 아홉 가지 음색의 악기가 지원된다.
- 활용방법: 피아노 학습에 입문하는 미취학 아동이나 어린이를 대상으로 손 모양을 잡아 주거나 음색경험을 제공할 때 활용 가능하며 사이트에 서 종이건반 PDF 파일을 곧바로 인쇄하여 사용 가능하다(http://www. socialgamestudio.com/piano.pdf).

• Piano 3D-Real 피아노 AR APP

개발자: Massive
Technologies Inc.
iOS 6.0 버전 이상

- 리얼한 3D 그래픽으로 학습하려는 곡을 가상현실(AR)로 처리하여 피아 노가 무인 자동연주되는 건반모습을 보여 주는 피아노교육용 앱이다.
- MIDI 파일로 악보를 불러들인 후 자유롭게 자동연주되는 동영상을 통해 감상학습이 가능하다.
- 곡을 원하는 지점에서 느리게 하거나 정지시킨 후, 음표를 하나씩 연주 하며 배울 수 있다.
- 학습모드로 변경해 연주실력을 가다듬거나 왼손, 오른손을 바꿔 가며 연 습이 가능하다.

• Music Notes–Sheet Music Player

개발자: Musicnotes
Android 버전 5.0 이상
iOS 9.0 버전 이상

- 300,000곡 이상의 디지털 악보를 소리로 재생시키거나 조옮김시킬 수 있다.
- 소장하고 있는 디지털 악보를 폴더나 목록화시켜 정리가 가능하다.
- 내장된 펜이나 형광펜(입력 도구)으로 악보에 표기가 가능하다.
- 중급수준의 피아노 학습자에게 적합하다.

• Piano Companion

제작자: Songtive
iOS 9.0 버전 이상

- 피아노 학습에 있어서 필요한 음계와 코드(Chord)에 관한 이론과 실제 소리로 재생하는 기능을 제공한다.
- 모든 키에서 시작하는 장3화음, 단3화음, 감3화음, 증3화음 및 7도, 9도 11도, 13도에 이르는 화음을 실음과 함께 건반그림이 함께 제공된다.
- 피아노를 독학하려는 성인 학습자에게 적합하다.

• 피아노 실제

제작자: Gismart Piano
iOS 9.0 버전 이상

- 태블릿 PC나 스마트폰 건반을 활용하여 게임식으로 간단한 피아노곡을 학습하며 연주할 수 있는 프로그램이다.
- 독보능력이 부족한 학습자를 위하여 매직 타일 게임에서 떨어지는 타일 아래에 있는 건반을 누르며 연주하도록 설계되어 있다.
- 피아노, 그랜드 피아노, 오르간, 하프시코드, 아코디언, 하프 등과 같은 다양한 악기음색 및 특수효과와 리듬이 재생됨으로써 학습동기와 흥미를 제공한다.
- 피아노 학습을 처음 시작하는 어린 학습자에게 적합하다.

• 피아노 스쿨-세상 편한 독학 앱

개발자: 테일윈드(국내 개발)
iOS 4.0.3 버전 이상

- 독학 학습자용 피아노 지도 앱이다.
- 전자피아노와 스마트 기기를 연결하여 사용 가능하다.
- 클래식 곡과 실용반주 과정을 포함한다.
- 바이엘 교재, 악곡 등 레슨 강좌가 수록되어 있다.
- 교사의 지도와 함께 영상을 보며 함께 연주가 가능하다.
- 바이엘을 활용하여 진도에 맞춰 체계적 학습이 가능하다.
- 구간 설정으로 어려운 부분 반복연습이 가능하다.
- 오른손·왼손 따로, 양손 연습이 가능하다.
- 연주 결과를 악보로 확인 가능하다.

• Flowkey: Learn Piano

개발자:
flowkey GmbH Alt-Moabit

- 태블릿 PC나 스마트폰을 MIDI 피아노와 연결하여 학습할 수 있는 프로그램이다.
- 오른손 연습, 왼손 연습, 독보, 코드연주 등 단계별로 카테고리를 분류하여 제시한다.
- 초급(beginner), 중급(intermediate), 상급(advanced), 프로(pro)의 4단계로 레벨을 분류한다.
- 최신팝송, 드라마 영화 ost, 클래식 명곡 등 1000곡 이상의 피아노 악곡이 담겨 있다.

• 피아노 코드와 음계(Piano Chords and Scale)

개발자:sincere apps
iOS 5.0 버전 이상

- 큰 화음, 음계 및 코드 진행의 라이브러리를 포함한다.
- 화음, 음계에 대한 자세한 설명을 포함한다.
- 가상 피아노에 메모 표시 기능이 있다.
- 코드진행을 활용할 수 있는 노래를 포함한다.
- 실제 피아노와 함께 사용할 수 있고, 음악이론이나 피아노 시험 공부에 적합하다.
- 초보자와 경험자의 노래 작곡에 모두 유용하다.

• Perfect Piano

개발자: Revontulet Soft Inc.
iOS 3.0 버전 이상

- 88키 피아노 키보드이다.
- 단일행 모드, 이중행 모드, 더블 플레이어 모드를 통해 여러 대의 휴대폰을 연결하여 연주 가능하다.
- 여러 내장 사운드 효과: 그랜드피아노, 파이프오르간 등
- 음색 다운로드를 통해 기타, 일렉트릭 기타, 플루트, 색소폰, 바이올린, 하프 등의 음색 설치가 가능하다.
- 온라인 채팅을 통해 세계 각지의 플레이어와 연주 및 연결이 가능하다.

아직 아날로그적 성향이 강한 피아노 교육에서 활발한 테크놀로지의 활용을 기대할 단계는 아니지만, 빠르게 급진하는 통신기술과 교육환경을 고려할 때, 미래의 피아노 교육에서는 테크놀로지의 활용이 필수적인 교육매체가 될 것으로 예상된다. 현재에도 이미 전자피아노를 활용한 그룹피아노 수업 외에, e-러닝과 m-러닝을 통한 독학 피아노 애플 활용, 유튜브 등을 통한 감상수업, 원거리 피아노 지도하는 피아노 교사들도 상당수 있다. 그 밖에 학원 경영과 학부모와의 소통을 위해 애플을 통한 학습자의 출결 체크, 등·하원 알림 전송, 학습진도, 학습성과 등의 알림이 활용된 지 오래이다. 우슬러 등(Usler et al., 2003)이 조언하였듯이 21세기의 피아노 교사들은 테크놀로지와 멀티미디어의 사용 여부에 대해 고민하기보다는 이들을 어떻게 효과적으로 사용할 것인가를 더욱 고민해야 할 것이다.

토의 주제

1. 최근의 테크놀로지를 활용한 음악 교수 · 학습 방법의 큰 변화는 무엇인지 토의해 보자.
2. 피아노 교사들이 활용할 수 있는 교수학습 매체로서 테크놀로지 종류와 그 방법에 대해 토의해 보자.

제10장

성인피아노 교육

박부경

피아노 교사들은 성인 학습자들의 관심을 충족시킬 수 있도록
다양한 스타일의 학습내용과 레퍼토리를 탐구해야 한다.
−텔마 쿠퍼(Thelma Cooper)−

성인피아노 교육의 이해를 돕기 위해 성인학습자의 특성과 학습자 유형에 대해 살펴본다.
성인피아노의 지도유형, 학습동기와 목표, 학습속도, 레퍼토리 선정 등 성인피아노 지도의
개요에 대해 살펴본다. 또한 성인교육에 적용할 수 있는 지도전략을 제시한다. 마지막으로,
성인피아노 교육의 현황을 파악하여 미래의 교사와 피아노 교수학 학자들이 풀어야 할 과
제를 조명해 본다.

음악과 함께하는 삶은 성인들의 삶의 질 향상에 도움을 줄 수 있다. 피아노 교육은 성인학습자에게 좋아하는 곡의 연주를 통해 즐거움을 주고, 스트레스 해소와 정서적 안정감을 제공할 수 있다. 또한 피아노 연주를 통한 소근육의 움직임은 두뇌활동을 촉진시키기에, 성인피아노 학습은 학습자들의 노화지연과 치매예방에도 도움이 된다. 이러한 성인교육의 이점을 인식하여 최근에는 성인학습자 인구가 점차적으로 늘어나고 있다. 이에 피아노 교사와 교육학자들은 성인피아노 교육의 학습내용, 교수방법, 교재 개발 등을 위해 많은 연구와 노력을 기울여야 할 것이다. 그렇다면 성인피아노 교육이 아동의 교육과 다른 점은 무엇일까? 성인학습자를 지도하는 교사는 학습자의 발달상태와 학습동기를 파악하여 이에 적합한 교육목표를 세워야 할 것이다. 이에 이 장에서는 성인의 피아노 지도를 위해 알아야 할 성인학습자의 특성, 유형, 지도의 개요, 교수전략 등에 대해 살펴본다.

1. 성인피아노 학습자의 특성과 유형

1) 성인피아노 학습자의 특성

일반적으로 성인기는 성인초기(청년기), 성인중기(장년기), 성인후기(노년기)로 구분한다. 우리는 간단하게 '성인기'라 지칭하지만, 성인기는 아동과 비교하여 긴 시간을 아우르기에 성인기에 대해 세부적으로 분류하여 이해해야 한다. 따라서 아동과 구별되는 성인학습자의 교수법 개발을 위해 성인학습자들의 신체·인지·심리·사회 발달의 특성 중 피아노 학습에 관계될 수 있는 중요사항들을 중심으로 살펴본다.

〈표 10-1〉 성인피아노 학습자의 특성과 피아노 교육의 적용

신체적 특성	• 손의 크기가 옥타브나 화음을 연주하는 데 어려움이 없다. • 소근육 훈련 부족으로 경직된 근육의 움직임이 있고, 유연성과 운동성이 부족하다. • 시력과 청력이 노화로 인해 약화된다.
인지적 특성	• 인지가 완성된 상태이기에 테크닉 개발 등 기능교육보다 음악사, 음악이론, 비평적 음악감상 등 인지교육을 강화할 수 있다. • 성인의 일생 동안 축적된 지식과 풍부한 경험을 꺼내어 교육자료로 활용할 수 있다. • 새로운 아이디어나 음악유형을 받아들이기 어려워할 수 있다. • 기억력 감퇴로 인해 암보가 어려울 수 있다.
심리적 특성	• 성인은 자존감이 강하기에 교사는 학습자의 자존감에 상처를 줄 수 있는 언급은 삼가야 한다. • 교사는 안내자 혹은 파트너로서의 역할을 담당한다. • 음악활동을 통해 정서적 안정을 찾을 수 있다.
사회적 특성	• 사회적 교류 증진을 위한 그룹활동이나 모임을 선호한다.

성인학습자의 신체적 특성은 그들의 모든 신체발달이 완성되어 있는 단계이다. 따라서 아동지도에서 경험할 수 있는 미완성된 근육·뼈로 인해 무너진 손모양이나 약한 터치 등은 성인지도에서 문제되지 않는다. 반면, 성인학습자는 아동에 비해 유연성이 부족하고 경직된 근육의 움직임이 있다. 성인후기 학습자들의 신체적 특성은 노화에 의한 시력과 청력 감소를 들 수 있다. 따라서 교사는 성인후기 학습자들에게 크게 확대된 악보를 제공하고, 학습자가 교사의 입모양을 볼 수 있게 얼굴을 마주 보고 좀 더 크게 말한다. 성인후기 학습자 중 관절염 등으로 인하여 불편한 손가락이 있는 경우, 교사는 불편한 손가락의 음을 생략해 주고, 손가락 번호를 바꾸거나 리듬을 단순하게 변형시켜 줄 수 있다.

성인학습자의 인지적 특성은 아동에 비해 지적 이해도가 높고 깊은 대화가 가능하다. 따라서 성인교육에서는 그들의 강점을 살릴 수 있도록 기능적인 교육(테크닉 개발 등)에 집중하기보다 인지적 욕구를 만족시킬 수 있는 교육내용에 비중을 둔다. 아동교육에서는 악곡의 특징 등에 대해 간단하게 다루는 반면에, 성인교육에서는 작곡가의 의도 및 철학, 작품의 역사적 배경, 영감소재 분석(문학이나 미술작품) 등을 보다 깊게 다룰 수 있다. 피아노 지도 시 요구되는 요소들(음색, 톤, 프레이즈, 아티큘레이션 등)에 대해 감상을 통해 비평적으로 토론하며 학습할 수 있다.

또한 성인학습자들이 가지고 있는 지식과 풍부한 경험 등은 중요한 교육자료로 사용될 수 있다. 성인학습자가 아동과 가장 다른 점은 살아온 세월만큼 축적된 경험과 배경, 사고의 깊이일 것이다. 교사는 성인학습자들의 내재된 사고와 경험의 저장고에서, 그것들을 필요한 만큼 꺼내어 교육에 접목시킬 수 있다. 반면, 성인학습자는 고정된 사고로 인해 익숙하지 않은 느낌이나 새로운 아이디어 등을 거부할 수 있다. 따라서 성인학습자들에게 새로운 교육내용과 교수방법을 소개할 때는 점진적으로 조금씩 분량을 늘려 가며 소개한다.

성인학습자의 심리적 특성은 자신의 활동분야에서 확립된 정체성과 높은 자존감이다. 따라서 교사는 그들의 자존감에 상처를 줄 수 있는 언급은 삼가도록 주의한다. 성인교육에서 교사의 역할은 '권위적인 교사'로서의 접근보다, '도움을 줄 수 있는 안내자 혹은 파트너'로서의 역할이 더 합당하다. 이를 위해 교사는 학습자에게 질문을 많이 던지고, 그들의 대답에 귀를 기울이도록 한다. 또한 성인학습자가 신체적으로 긴장이 되거나 테크닉 문제 등으로 인해 심리적으로 위축될 경우, 교사는 이들의 긴장을 완화시키도록 도움을 준다.

성인학습자의 사회적 특성은 다른 사람에 대해 개인적으로 관여하고 친밀감을 원한다는 것이다. 성인학습자들은 피아노 지도의 시간 외에도 학습자 간에 교류하는 시간(학습+문화적 향유)을 지향한다. 따라서 성인교육에서 피아노 그룹지도와 그룹 음악활동(음악 게임, 창작, 감상을 통한 토론·인문학이나 미술과의 융합수업)은 성인학습자들의 사회적 교류를 증진시킬 수 있다. 아동의 피아노 지도에 익숙한 교사는 학습진도와 학습성취만을 고려하여 개인레슨을 선호하겠지만, 성인후기의 학습자에게 그룹활동은 필수적이다.

2) 성인피아노 학습자의 유형

성인학습자의 학습동기, 학습목표에 따라 학습내용과 교수방법은 달라지프로 학습자의 유형을 분류하고 이에 맞는 교수전략을 적용하는 것은 중요하다. 스웬슨(Swenson, 2010)에 의한 진지한 아마추어, 대기만성형 학습자와 원만한 아마추어의 성인학습자 유형에 대해 살펴본다.

(1) 진지한 아마추어

'진지한 아마추어(serious amateur)' 유형은 취미로 피아노를 학습하지만, 전공자 못지 않게 음악에 대한 열정을 가지고 자신의 음악적 역량을 발달시키는 학습자들이다. 이들은 대부분 이전에 피아노 교육을 받았던 유경험자들로서, 아동이나 청소년기에 많은 음악경험을 가진 사람들이다. '진지한 아마추어' 유형의 학습자는 학습 레퍼토리의 확장, 테크닉 기술 개발, 음악의 지적이해 성장 등을 학습동기로 가지고 있다. 이들은 클래식 음악에 좀 더 집중하고 앙상블의 기회를 즐기며, 자신의 공연기회에 관심이 많다. '진지한 아마추어' 학습자들은 수준이 높은 곡을 연주하기 원하며, 어린이들을 위한 곡 같은 유치한 레퍼토리는 싫어한다. 따라서 교사는 '진지한 아마추어' 유형의 학습자에게 교재를 사용하거나 악곡을 선곡할 때 주의해야 한다. 이들은 레슨 중에 교사와 담론의 시간을 충분히 가지기 원하고, 레퍼토리 선택에 신중하며, 교사의 도움을 받기 원한다. 다음은 저자가 가르쳤던 진지한 아마추어 유형의 성인학습자 사례를 소개하고자 한다.

〈사례 10-1〉 균형 있게 테크닉과 음악적 역량 계발을 추구한 진지한 아마추어 학습자

　　저자가 미국에서 가르쳤던 게리(Gary)는 '진지한 아마추어' 유형의 성인학습자였다. 그는 60세의 성인후기 학습자로 미국 프린스턴 지역의 대학에서 연구자로 일하고 있었고, 대학에 속한 지역음악학교(Community Music School)에서 피아노 레슨을 받았다. 게리는 노화로 인해 손가락의 근육이나 관절이 굳어 있었기에 그의 테크닉 기술은 좋지 않았다. 하지만 그는 음악에 대한 열정이 강하였으며, 인지적으로 음악지식을 확장하는 것에 관심이 많았다.

　　게리가 모차르트 「소나타, K.331」의 1악장을 공부할 때였다. 그는 고악기인 포르테피아노(Fortepiano)의 연주음원을 참고하며, 장식음의 즉흥연주에 대해 연구하였다. 변주곡마다 반복(도돌이표)을 하며 장식음의 변화를 주었는데, 장식음에 대한 학구적 해석을 해 내는 것이 그에게는 큰 기쁨이었다. 또한 그는 테크닉 개발도 소홀하지 않고, 쇼팽의 「연습곡」에서 자신에게 필요한 열 마디 정도를 발췌하여 연습하였다. 너무나 학구적이고 열정적인 성인학습자를 가르치는 것은 교사로서 도전적이고 기쁜 경험이었다. 저자는 게리를 지도하면서 즐거운 파트너 관계를 유지하며 교육할 수 있었다.

(2) 대기만성형 학습자

'대기만성형 학습자(late bloomer)'는 피아노를 치고 싶다는 꿈과 희망을 실현하기 위해, 나이가 들어 피아노 학습을 시작한 학습자들이다. 이들은 대부분 초급자들이며, 이전에 피아노 교육을 많이 받지는 못한 자들이다. '대기만성형 학습자'는 초급단계인 자

신들의 현재 수준을 어느 정도 인지한다. 이들은 대부분 솔로 연주에 관심이 있고, 앙상블 연주곡은 그들의 인기곡(hit-list) 항목에 들어 있지 않다. 이들은 이전의 피아노 학습경험이 부족하기에 교사에 대한 의존도가 크고, 체계적이고 논리적으로 지도하는 교사를 선호한다. '대기만성형 학습자'도 진지하기는 하지만, 아직 '진지한 아마추어'로 성장할 수 있을 만큼 자기주도적 학습은 어렵다. 이들은 성실히 학습하여 '진지한 아마추어'로 성장하기도 하지만, 학습정체기를 만났을 때 그만두거나 쉬는 경우도 많다. 다음은 늦은 나이에 학습을 시작하여 '진지한 아마추어'로 성장하게 된 '대기만성형 학습자'의 사례이다(Swenson, 2010).

〈사례 10-2〉 '진지한 아마추어'로 성장한 '대기만성형 학습자'

　　중년인 데이비드(David)는 성공적인 회사의 경영 임원이었다. 회사에서의 직책으로 인해, 그는 오랜 시간 근무하고 출장일정이 많았다. 가족관계는 아내와 두 명의 자녀를 두고 있었고, 골프에 열정이 있었다. 그의 스케줄이 너무 바쁘기에, 교사는 첫 레슨 후 과연 그가 성실히 레슨에 임할지, 연습을 할 수 있을지에 대해 걱정하였다. 하지만 그는 교사의 우려와는 반대로 아주 열심히 피아노 수업에 임하였다. 피아노 학습을 시작한 후 그는 매일 2시간씩 연습하였고, 출장을 갈 때면 호텔의 영업이 끝난 후 그곳의 피아노를 활용하여 연습할 정도였다. 2년 안에 그는 예술성과 테크닉을 겸비한 중급수준의 학습자로 성장하여, 마침내 '진지한 아마추어'의 학습자 유형이 되었다.

(3) 원만한 아마추어

'원만한 아마추어(amicable amateur)' 유형은 (음악연주의 즐거움은 아직 경험하지 못했지만) 건강증진, 정서안정 등 음악학습을 통해 얻을 수 있는 장점들을 인식하여 스스로 피아노 학습을 시작한 학습자들이다. 이들은 학습진도나 연습습관에 있어서 다른 유형과 많은 차이가 난다. 이들은 학습 초기에 엄청난 에너지와 흥미를 가지고 빠르게 발전하지만, 일상에서 다른 재미있는 일이 생겨날 경우 이내 피아노 학습에 시들해질 수 있다.

'원만한 아마추어' 학습자는 친근하고 유연성 있는 교사를 선호한다. 이들은 교사가 피아노의 개념이나 악곡에 대해 시범을 보이며 가르칠 때 만족한다. '대기만성형 학습자'와는 반대로 이들은 부족한 경험에도 불구하고 자신들의 학습에 대한 결정권을 가지기 원한다. '원만한 아마추어' 유형은 자신들이 음악을 리드하기 원하기에, 녹음된 CD나 MIDI 반주의 활용을 싫어한다. 반면, 교사의 반주와 함께 연주하는 것을 즐기는데, 이는 교사가 반주를 통해 학습자의 템포를 유지시켜 주면서도, 동시에 학습자의 리드를 따라가 주며 균형감을 유지해 주기 때문이다. '원만한 아마추어' 유형을 지도할 때, 교사는 성인피아노 교재의 진도를 조금씩 느리게 나가더라도 보충악곡을 여러 스타일로 다양하게 제공하는 것이 아주 중요하다.

2. 성인피아노 지도의 개요

성인학습자의 피아노 지도에 필요한 피아노 지도의 개요에 대해 지도유형, 학습동기와 목표, 학습속도, 레퍼토리의 선택으로 나누어 살펴본다.

1) 지도유형

성인학습자들을 지도할 때, 학습효과를 위해 개인지도, 그룹지도 또는 오락형 음악학습을 병행하여 [그림 10-1]처럼 다양한 프로그램을 제공할 수 있다.

개인지도   그룹지도   오락형 음악학습

[그림 10-1] 성인피아노 지도유형

피아노 지도에서 가장 친숙하고 보편적인 지도유형은 교사 대 학생 간의 1:1 개인지도일 것이다. 우선 개인지도는 음악성과 테크닉 등 연주의 완성도를 집중적으로 향상시키는 것을 목표로 삼을 때 적합한 지도유형이다. 내적 학습동기를 끌어내 주어야 하는 성인학습자의 경우 그룹지도가 효과적일 수 있다. 이 경우 비슷한 수준의 동료들이 서로 의지하며 상호 간에 긍정적 자극을 주면서 학습할 수 있기 때문이다. 마이어스(Myers, 1990)는 성인학습자의 음악적 기량이 그룹지도에서 현저하게 향상된다고 하였다.

그 밖에 딜런(Dillon, 2009)은 성인학습자를 대상으로 새로운 지도유형인 오락형 학습

(Recreational Music Making: RMM)을 소개하였다. RMM은 이전에 음악훈련을 많이 받지 않았으나 음악을 즐기기 원하는 학습자들을 위해 생겨난 교수법으로, 그룹지도를 근거로 만들어졌지만 개인지도에 적용하는 것도 가능하다. RMM은 4~6명의 성인학습자가 피아노 두 대를 양 옆으로 나란히 놓고, 서로의 피아노 연주를 들으며 수업할 수 있도록 다양한 환경으로 세팅할 수 있다. RMM 지도에서 학습자들은 난이도(기초, 초급, 중급, 고급)별로 그룹을 나누어 수업하고, 그룹 내에서는 모두 같은 RMM 교재로 학습한다. 각 그룹에서는 동일한 교재를 사용하므로, 마스터 클래스(master class)와 같이 앞에 나와 한 사람이 지도를 받는 동안 그룹 내의 나머지 학생들은 함께 교재를 보며 학습에 참여하게 된다. 학습자들은 학습주제에 따라 돌아가며 지도를 받는다.

　RMM 지도의 특징은 솔로 연주를 강조하지 않고, 학습자의 부담감을 줄이기 위해 듀엣이나 앙상블의 기회를 열어 둔다. 하지만 원하는 학습자의 경우 솔로를 연주할 수 있다는 조건을 제시한다. RMM에서는 2~3달에 한 번씩 RMM 연주자 클럽(Player's club)을 통해 연주기회를 제공하고, 학습동기를 고취시킨다. 또한 RMM은 초기에 과도하게 테크닉에 집중하지 않는다. 왜냐하면 테크닉이 부족한 학생이더라도 다른 동료들의 테크닉 발달과정을 지켜보면서, 학습동기 생성과 함께 점차적으로 자신의 테크닉 개발을 이룰 수 있기 때문이다.

2) 학습동기와 목표

　유아나 아동이 부모의 손을 잡고 교습소를 찾는 것과는 달리, 성인학습자는 자발적으로 레슨을 받기 위해 찾아온다. 성인학습자들은 외부적 학습동기보다 내재적 학습동기가 강하다. 따라서 자신만의 내재적 학습동기를 가지고 학습을 시작한 성인학습자들은 교육목표 또한 뚜렷하다. 성공적인 레슨을 위해 교사들은 왜 성인학습자들이 피아노를 배우려고 하는가, 또한 그들이 피아노 학습을 통해서 얻고자 하는 것이 무엇인가 파악해야 한다.

　주트라스(Jutras, 2006)는 성인학습자의 학습동기와 교육효과에 대해 개인, 사회·문화, 피아노 기술로 나누었다. 그는 피아노 교육의 개인적 효과에 대해 자아성취, 연주와 즐거움, 일상으로부터의 탈출, 개인의 성장, 꿈의 실현, 자부심, 스트레스 해소, 자기만족, 자신감, 자기훈련, 자기표현, 상상과 창의성, 미적 감상, 정신의 순으로 나타내었다.

사회·문화적 효과는 문화의 이해, 타인을 위한 연주, 새로운 친구와의 만남, 공동의 목표, 소속감, 사회적 인식, 협력, 문화유산, 공동체의 순으로 나타내었다. 또한 피아노 기술의 이점은 기술향상, 음악지식, 음악성, 기술개선, 테크닉, 음악이론, 음악감상의 순으로 나타내었다. 이에 교사는 성인피아노 학습자의 다양한 동기와 학습목표를 파악하여 유형별로 지도하여야 한다. 학습자가 단일 동기만이 아니라 여러 학습동기를 복합적으로 가지고 있을 경우, 교사는 각각의 학습목표가 순차적 혹은 순환적으로 달성될 수 있도록 계획적인 수업을 설계하는 것이 바람직하다.

3) 학습속도 조절

교사는 성인학습자들의 학습속도(pacing)를 고려하여 레슨계획을 세우도록 한다. 성인학습자는 빠른 학습속도(빠른 진도)에 대해 긴장감이 증가될 수 있다(Maris, 2000). 따라서 교사는 학습자 스스로 학습속도를 조절할 수 있도록 돕는다. 성인학습자의 경우 아동학습자와 같이 독보, 테크닉, 페달 등 모든 것이 빠르게 발달할 것이라고 여기며 장기적인 레슨계획을 세운다면 문제가 발생할 수 있다. 성인은 개인사정으로 쉽게 그만둘 수도 있고, 불규칙적인 학습으로 계획한 대로 학습진도가 나가지 못할 수 있다. 따라서 성인학습자의 지도계획은 좀 더 단기적이고 즉각적인 교육목표를 세운다.

성인학습자는 한 곡에 오래 머물며 진도가 느릴 경우 지루함을 느낀다. 따라서 교사는 성인학습자에게 과거에 배운 레퍼토리를 가끔씩 연주하게 하여, 즐거움을 주고 학습동기를 높일 수 있다. 학습자는 과거의 학습 곡을 다시 연주하며, 이전보다 훨씬 쉽고 편안하게 연주할 수 있음을 알게 된다. 이러한 활동은 그간의 학습의 어려움에서 벗어나 배움의 즐거움을 느끼고 다시 집중할 수 있게 도와준다.

인지심리학에서는 새로운 정보 습득을 위해 분산학습의 효과성에 대해 말한다. 학생이 새롭거나 어려운 내용을 배울 때, 다른 곡을 연주하는 사이에 자주 새 곡으로 돌아가 연주하고, 레슨의 끝에 마지막으로 한 번 더 연주시킨다(Schoen, 2018). 교사는 레슨시간 중 자주 레슨주제를 바꾸어 분위기를 전환시키고, 학습에 대한 발달상태, 진전사항 등을 자주 체크하여 피드백을 준다.

4) 레퍼토리의 선택

교사로서 성인학습자에게 학습 레퍼토리를 정해 주는 것은 어려운 일 중 하나이다. 왜냐하면 레퍼토리의 선택은 성인학습자에게 피아노 학습의 지속과 성패를 결정짓는 아주 중요한 요소이기 때문이다. 이에 교사는 성인학습자에게 학습동기를 유발시키면서 음악적 만족도를 채울 수 있도록 레퍼토리 선곡을 위해 노력해야 한다.

성인초급자에게 피아노 교육의 주요 원칙과 핵심적 기초를 지도하기 위해 성인피아노 교재를 사용할 것을 권장한다. 현재 국내에서 가장 많이 활용되고 있는 성인피아노 교재는 해외에서 출판된 교재를 수입·번역한 것들이다. 일부 국내 출판의 성인피아노 교재들이 있긴 하지만, 성인학습자를 위해 전문적으로 개발된 것이 아니라 기존 바이엘 교재의 변형이나 악보모음집 수준에 그치고 있는 실정이다. 국내에 수입되지는 않지만 해외에서 출판되는 성인피아노 교재 중에는 성인중기 이상(50세 이후)의 학습자를 위한 교재와 RMM과 같은 새로운 오락형 수업의 교재들도 있다. 이들은 교재와 인터넷 홈페이지를 연결하여 교재의 지도에 대한 비디오 가이드도 제시하고 있다. 따라서 교사는 아마존 등의 사이트를 이용하여 해외의 연령별·지도유형별 성인피아노 교재를 활용할 수 있다.

하지만 성인학습자에게 성인피아노 교재만으로 수업을 하는 것은 지루할 수 있다. 따라서 1시간 수업의 경우, 교사는 학습의 틀을 잡기 위해 10~15분 정도 교재를 중심으로 지도하고, 나머지 시간은 학습자들이 선택한 레퍼토리에 시간을 할애한다. 레퍼토리 선정을 위하여 해외의 사이트에서는 아마존(amazon.com)이나 쉿뮤직플러스(sheetmusicplus.com)에서 제공되는 악보 엿보기(look inside) 기능과 IMSLP.org에서 제공하는 미리보기(preview) 사양을 이용하여 악보의 일부를 확인하고 구매할 수 있다. 국내의 경우 주로 가요, 팝, 영화 OST, 뉴에이지 위주의 악보를 제공하는 마피아(마음만은 피아니스트, mapianist.com), 악보나라(akbonara.co.kr), 악보바다(akbobada.com) 등의 사이트를 이용할 수 있다.

(1) 학습자의 곡 선택

성인학습자의 레퍼토리 선곡은 학습자가 자율적으로 선택할 수 있도록 한다. 어떤 교사들은 레퍼토리의 선곡은 교사의 중요한 임무 중 하나라고 주장할 수 있겠지만, 학습자의 레퍼토리 선곡은 성인학습자에게 자아만족감과 연습동기를 부여할 수 있다. 학습자의 주도적인 선곡 시 문제점은 교사와 학습자의 취향이 다르고, 서로 간의 편차가 클 때 발생하게 된다. 하지만 학생이 선곡한 곡이 교사에게 익숙하지 않거나 교사가 선호하지 않는 장르라 하더라도, 그 곡이 학생의 학습동기를 자극하고 학습목표 달성에 도움을 줄 수 있다면 그것으로 충분하다. '대기만성형 학습자'의 경우, 자신의 꿈을 실현하기 위한("「엘리제를 위하여」를 꼭 칠 거야." 등) 학습동기와 목표가 존재할 수 있다. 이에 교사는 항상 '이건 내가 원하는 곡은 아니지만, 학생이 원하는 곡이다.'라는 사실을 교사 자신에게 주지시킬 필요가 있다(Jutras, 2013).

〈사례 10-3〉 **도전적 선곡에 의한 학습자의 학습동기 강화**

앤(Anne)과 같이 관절염을 앓고 있는 노인학습자에게 테크닉 과제는 어려울 수밖에 없다. 앤은 그동안 자신의 신체적 제한점에도 불구하고 강한 정신력을 가지고 활동하였기에 새롭고 도전적인 학습곡을 선호하였다.

앤과 교사는 레슨시간을 활용하여 함께 악곡을 선곡하였다. 앤은 교사와 함께 곡을 탐색하는 과정과 교류에 가치를 느꼈다. 교사는 탐색의 시간을 통해 학습의 목표, 악곡의 가치들에 대해 학습자와 함께 담론할 수 있었다. 앤과의 대화를 통해서, 교사는 도전정신이 큰 그녀에게 보다 큰 작품을 연주하도록 하여 학습동기를 자극하였고 테크닉 대신 음악적 표현력에 집중하여 지도해야 함을 깨달았다. 이들이 함께 선곡한 레퍼토리는 학습자가 지정된 템포로 막힘 없이 연주하는 데 어려움이 있었지만, 앤은 자신이 원하는 곡을 연주한다는 사실에 대단히 만족하며 열심히 연습하였다. 학습자의 의지에 따라 악곡의 난이도를 높이는 것은 과제의 가치를 높이는 것이고, 그들이 악곡을 익히는 데 최고의 노력을 쏟을 수 있도록 학습동기를 강화할 수 있다.

(2) 난이도 조절

많은 성인학습자들은 아주 세련된 음악 소비자로서 유명 연주자의 음원을 듣고 실황공연을 가며, 자신들의 현재 수준보다 어려운 작품에 자주 영감을 받곤 한다. 이러한 성인학습자들은 비현실적인 레퍼토리를 선곡할 수 있고, 이는 그들에게 큰 좌절감을 안겨 줄 수 있다. 따라서 성인학습자에게 선곡의 권한을 전권 위임하는 것이 언제나 좋은 것은 아니다. 왜냐하면 성인학습자는 자신에 대해 비현실적인 이상을 가질 수 있으며(Marciano, 1990), 그들은 자신에게 적합한 수준의 곡을 선곡하는 데 자주 어려움을 겪는다. 이때 교사는 차선책으로 학습자가 선곡한 곡과 비슷한 유형이지만, 테크닉 난이도가 좀 더 쉬우면서 음악적 의미를 찾을 수 있는 곡을 제시해 주도록 한다. 또한 교사는 학생의 난이도에 맞게 레퍼토리를 편곡해 줄 수 있다.

(3) 음악적 완성도와 레퍼토리의 확장

교사는 학생들이 자유롭게 연주할 난이도의 곡을 선곡하여 음악적 완성도를 높이도록 한다. 음악적 연주를 경험한 이후, 성인학습자들의 학습만족도가 높아지는 것을 자주 보곤 한다. 학습자들은 수준에 맞는 난이도의 곡을 음악적으로 연주하며 즐거움과 감동을 느낄 수 있다. 또한 성인학습자들은 익숙하게 들었던 곡 중에서 레퍼토리를 선곡하므로 세상에 얼마나 많은 음악(시대, 작곡가, 스타일)이 있는지 파악하지 못하는 경우가 많다. 따라서 교사는 학습자들을 새로운 레퍼토리의 세계로 초대할 수 있어야 한다. 새로운 곡을 소개할 때 교사는 추천해 줄 몇 곡을 학습자들에게 미리 감상하게 한다. 감상하는 몇 주 사이, 새로운 곡들은 이미 학습자들의 레퍼토리 선택범주 속에 자리 잡게 된다.

3. 성인피아노 지도전략

1) 독보 지도

독보는 시각, 청각, 운동감각을 모두 요구하는 다면적 현상이다. 피아노 독보는 단선율이 아닌 다성부를 다루기에 다른 악기에 비해 복잡하고 어렵다. 성인학습자들 중 일부는 모방-반복학습법(rote-teaching)에 의해서 악곡을 배우고자 하고, 독보 지도를 거부하는 경우가 있다. 하지만 성인피아노 학습이 장기 학습이 되지 못하는 가장 큰 이유는 독보 지도 없이 암보에 의해서만 악곡을 배우기 때문일 것이다(Covington, 1981). 성인학습자들은 인지능력이 완성된 상태이기에 독보(이론적으로 악보 읽기) 자체에 대한 습득은 빠를 수 있다. 다만, 인지적 운동기능(cognitive-motor skill)의 부조화로 인해 성인학습자들은 머리로 음악적 완성을 위해 무엇을 해야 하는지 아는데도 불구하고, 이들의 손가락은 실망스럽게도 너무 느리게 반응한다. 악보를 읽어 나가면서 동시에 손가락을 움직이는 것이 어렵기 때문에 성인학습자들은 독보가 어려운 것이라고 느낄 수 있다.

초급 성인학습자의 독보를 돕기 위해 교사는 이미 학습자가 알고 있는 노래 위주로 독보훈련을 한다. 독보훈련 과정은 아는 노래에서 점차 모르는 노래(known to unknown) 읽기로 넘어가는 것이 좋다(Ernst & Emmons, 1992). 또한 성인학습자에게 '한 줄 초견훈련'[1]을 실행하여, 작은 학습량이라도 매번 초견학습이 이루어지도록 돕는다. 또한 성인학습자는 아동에 비해 음악이론에 대한 이해가 빠르기 때문에 교사는 독보에 도움을 줄 수 있도록 이론학습을 강화시킨다.

성인학습자의 독보훈련을 돕기 위한 방법으로는 무보표 악보(레터기보), 노래(chant) 활용과 다섯손가락의 자리 익히기를 제시할 수 있다. 교사는 학습자가 연주하고 싶은 곡의 주요 주제를 활용하여 무보표 악보(레터기보)를 만들어 줄 수 있다. 초급 성인학습자에게 「엘리제를 위하여」의 전곡연주는 어려울 수 있지만, 도입부분의 연주를 통해 학습동기와 흥미를 고취시킬 수 있다(〈악보 10-1〉 참조).

〈악보 10-1〉 무보표로 기보된 「엘리제를 위하여」 도입주제

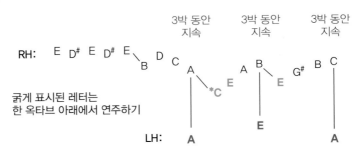

출처: Schoen (2012).

교사는 오선보표의 계이름을 익히기 위한 노래를 만들어 학습시킬 수 있다. RMM과 같은 그룹 오락형 피아노 학습에서는 성인학습자들이 함께 노래 부르며, 어려운 독보의 과정을 동료들과 같이 극복할 수 있게 지도한다. 이러한 방법은 성인학습자들이 악보에 계이름을 쓰는 안 좋은 버릇을 처음부터 차단해 줄 수 있다. 예를 들어, 낮은음자리표 계이름을 익히기 위한 독보학습을 노래(chant)로 지도하기도 한다(〈악보 10-2〉 참조).

---

1) 초견교육을 위해서는 영국왕립음악대학연합회(The Associated Board of the Royal Schools of Music: ABRSM)의 초견교재를 활용할 수 있다.

〈악보 10-2〉 낮은음자리표 독보학습을 위한 노래

준비: 계이름을 적지 말고 줄과 칸의 음을 외워 보자!

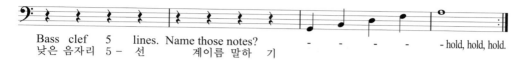

Bass clef 5 lines. Name those notes? - - - - hold, hold, hold.
낮은 음자리 5 - 선 계이름 말하 기

What's on the 5th line? Name that note - What's on the 1st line? Name that note -
다섯째 줄 어떤 음 계이름 말해 봐 첫째 줄 어떤 음 계이름 말해 봐

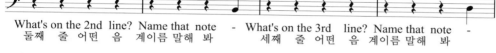

What's on the 2nd line? Name that note - What's on the 3rd line? Name that note -
둘째 줄 어떤 음 계이름 말해 봐 세째 줄 어떤 음 계이름 말해 봐

출처: Dillon (2011).

인지와 신체 협응능력의 조화를 위해 다섯 손가락의 위치(C-D-E-F-G, G-A-B-C-D, F-G-A-B-C 등)를 익히는 것은 학습자가 건반의 위치를 익숙하게 찾을 수 있게 돕는다. 학습자들은 몇 개의 기준음을 익히고, 이를 통해 음정과 화음까지 파악할 수 있다. 따라서 초기 독보과정에서는 다섯 손가락의 자리에서 움직일 수 있는 과제곡을 위주로 학습시킨다. 건반의 위치에 익숙해진 후에는, 학습자가 건반을 보지 않고 악보만을 보며 연주할 수 있도록 학습자의 손의 운동성을 키워야 한다.

2) 코드 지도

코드(chords)는 조성체계와 반주를 익히는 데 중요한 학습요소이며, 성인학습자들은 자주 코드학습에 흥미를 느끼곤 한다. 성인학습자들은 팝송이나 재즈 연주에 관심을 갖는 경우가 많은데, 이러한 장르의 음악들은 모두 코드를 알아야 이해하기 쉽다. 노래 선율의 코드반주를 위해서, 학습자는 각 장·단조의 3화음과 7화음을 학습해야 한다. 코드를 익힌다면 학습자들은 쉽고 빠르게 자신들이 좋아하는 노래를 연주할 수 있게 된다. 학습자는 C의 자리에서 음계와 장·단화음을 익힌 후, 이를 단·감화음 및 전위와 12개조로 확장할 수 있다. 이를 이용하여 최종적으로는 팝음악이나 재즈에서 흔하게 볼 수 있는 코드의 변화에 기초한 즉흥연주까지 시도해 볼 수 있다.

3) 리듬 지도

성인학습자의 리듬 지도가 어려운 경우, 교사는 대부분 학습자들이 박을 세는 (counting) 것에 문제가 있음을 깨닫게 된다. 성인학습자들은 "1, 2, 3, 4"라고 숫자를 말하며 자신들이 박을 세고 있다고 여기지만, 이전에 음악훈련을 받지 못한 학습자들의 경우 숫자만 말하고 있을 뿐 일정한 속도로 박을 세지 못하는 것이다. 이에 교사는 첫 레슨부터 고정박(steady beat)을 가르쳐야 한다. 리듬교육의 첫 단계에서는 고정된 템포의 녹음 음악에 맞추어 학습자가 박을 세도록 한다. 다양한 템포와 박에 익숙하기 위해, 교사는 학습자가 좋아하는 음원들을 틀어 놓고 손뼉을 칠 수도 있고, 같이 걸어 볼 수도 있다. 고정박이 익숙해진 후에는, 박의 세기를 고려하여 강박과 약박을 표현하며 걸어 볼 수 있다. 자크-달크로즈(Emile Jaques-Dalcroze, 1865~1950) 교수법과 같이 음악에 맞추어 걷거나 춤을 추어 보는 것은 고정박을 익히는 데 도움이 된다.

4) 테크닉과 연습과정 지도

교사는 성인학습자들에게 전반적인 피아노 테크닉 문제를 모두 다루기보다, 일정 기간 동안 가장 문제되는 테크닉 한두 가지만(예: 성인학습자의 대표적인 문제점인 몸의 긴장완화나 손가락의 독립 등) 집중하여 지도한다. 테크닉 개발에 관심이 있는 '진지한 아마추어' 유형의 학습자에게, 교사는 테크닉 교재를 사용하여 훈련시키기보다 학습자가 연주하는 악곡의 패시지 안에서 테크닉 개발이 필요한 부분을 발췌하여 연습시키도록 한다.

연습방법을 모르는 성인학습자는 처음부터 끝까지 무한반복 연습을 하며 어려움을 느낄 수 있다. 교사는 성인학습자에게 부분연습의 중요성을 알려 주고, 시간을 효과적으로 사용하여 연습하도록 지도한다. 교사는 연습시간이 제한된 성인에게 매일의 효과적인 연습방법을 설계해 줄 수도 있다. 시간에 쫓기는 성인학습자는 양적 연습이 아닌 질적 연습을 이루어야 한다. 또한 성인에게는 복습과정이 중요한데, 이를 위해 교사는 다양한 연습법을 사용하여 기억회상을 자극할 수 있다. 교사는 학생들에게 작은 프레이즈 단위로 연습을 시키되, 크게, 작게, 느리게, 빠르게, 스타카토, 레가토, 눈을 감고 연주하는 등 다양한 방법으로 연습시킬 수 있다(Schöen, 2018).

5) 성공적 음악경험

성인학습자들의 다양한 인생경험과 지식을 활용하여 음악성과 표현력 계발에 집중하여 교수한다. 따라서 매번의 레슨마다 가능한 음악적 경험을 충분히 할 수 있도록 한다. 각 레슨마다 성인학습자가 성공적인 연주경험을 많이 가질 수 있도록 수업내용을 구성한다(짧거나 단순한 활동도 무방하다). 매 학습마다 성공적인 레슨이 될 수 있도록, 강화를 위한 짧은 연습과제나 활동들을 다양하게 제시하도록 한다.

교사는 성인학습자의 내적 동기를 끌어내기 위해 공개연주 등의 기회를 독려하여 학습이 지속되는 데 도움을 준다. 연주회를 진행하며 음악 만들기(music making)에 대한 의견이나 개인적인 일화를 서로 공유하면서 사교적인 행사가 되도록 이끌어 주고, 이 과정에서 교사도 함께 참여할 수 있다. 연주를 마친 후에는 큰 칭찬과 격려를 아끼지 말도록 한다. 연주자는 그들이 연주할 곡에 대한 배경, 일화, 선택동기나 연습하면서 어려웠던 부분들 혹은 그에 대한 해결과정, 자신이 연주할 때 가장 긴장되는 것들에 대해 이야기할 수 있다.

4. 성인피아노 교육 현황

국내의 성인피아노 교육은 이제 막 붐을 타고 확장되기 시작한 단계이다. 늘어나는 성인피아노 학습자와 함께 최근에는 성인피아노 전문학원들이 생겨나고 그 숫자 또한 늘어나고 있다. 성인피아노 전문학원의 경우, 기존의 아동을 위한 피아노 학원과는 구별되게 성인취향의 인테리어와 카페형의 휴식공간을 제공하고 있다. 카페 공간에서 성인학습자들은 레슨 전후, 연습시간 사이 동료들과 티타임을 가지며 교류하기도 하고, 자신의 업무에서 받은 스트레스를 해소하며 휴식을 취한다. 이러한 학습환경과 성인피아노 전문학원에서 제시하는 '한 곡 완성' 등의 학습목표들은 피아노에 관심 있는 성인학습자들을 피아노 교육현장으로 유입시키고 있다.

[그림 10-2] 카페형의 성인피아노 학원

출처: 위드피아노 홈페이지.

하지만 카페형 인테리어의 학습환경이나 동호회 중심의 모임은 성인초기(청년) 학습자의 기호와 맞기에, 현재 국내 성인피아노 전문학원에 수강하는 학습자들은 성인초기에 집중되어 있다. 해외의 사례에서 성인중기(50대 이상) 이상의 인구가 중심인 현상과는 많은 차이가 있다(Wristen, 2006). 현재 성인피아노 전문학원에서는 '한 곡 완성' 등을 학습목표로 제시하여 수강생을 모집하고 있다. 이러한 학습목표는 성인학습자의 관심을 자극하고 잠재된 청년 인구를 피아노 학습으로 끌어모으는 데 성공적일 수 있다. 하지만 이러한 이유로 장기학습자보다는 2~3개월 기간의 단기학습자가 많은 실정이다. 또한 성인교육에서는 동료들과의 사회교류 증진이나 소속감, 결속력 등이 중요한 학습 요인으로 작용할 수 있다. 하지만 현재 국내 성인피아노 교육은 대부분 개인레슨 유형을 중심으로 진행되고 있기에 음악학습을 통한 교류의 기회는 주어지지 않고 있다. 성인에게 사회적 교류가 중요하다는 점을 착안하여 휴식공간에서의 교류, 연주회가 끝난 후의 교류, 동호회 모임을 활용한 교류 등이 이루어지고는 있으나 이러한 교류는 음악학습 외에서 일어나는 제한적인 교류이다. 해외의 사례에서 볼 수 있는 것처럼 그룹지도나 앙상블 연주를 통해 음악학습 내에서의 교류를 증진시키고, 그 외에 부수적으로 음악외적인 교류가 함께한다면 성인학습자의 사회적 학습요인을 충분히 발달시킬 수 있을 것이다.

　　현재 아동 인구에만 집중된 피아노 교육을 성인 대상으로 관심을 이동시켰다는 것은 고무적인 일이다. 하지만 아직 성인피아노 교육은 분야가 열리기 시작한 초기단계이기에, 교수법 개발, 성인학습자 교사의 재교육, 교재 개발 등 피아노 교수학자들이 해결해야 할 과제들이 많이 남아 있다. 현재 국내에 출판된 성인학습자를 위한 교재의 경우, 많은 교재들이 아동 교재를 재구성하여 변형한 정도이기에 그 전문성에 한계가 있다. 또한 미국에서 수입된 성인피아노 교재는 주로 미국 취향의 악곡을 다루고 있기 때문에 현 성인세대가 즐길 수 있는 우리나라 정서의 악곡을 찾기에 어려운 점도 있다. 성인피아노 교육을 위해 다양한 커리큘럼이 개발되고, 보다 본질적인 내면적 음악 향상과 깊은 음악경험이 함께 한다면 성인피아노 교육의 미래는 더욱 밝아질 것이다.

토의 주제

1. 성인피아노 교육이 아동의 교육과 비교할 때 다른 점들이 무엇인지 토의해 보자.
2. 성인학습자를 가르치면서 교사가 겪을 수 있는 어려움과 주의점에 대해 토의해 보자.
3. 성인학습자의 학습동기를 고취시킬 수 있는 레퍼토리 선택전략에 대해 토의해 보자.

제11장

특수교육

박부경

음악은 세상의 모든 경계를 연결할 수 있다. 음악은 나이, 성별, 인종, 사회적 지위 등
모두를 아우르며, 장애 또한 예외가 아니다. 음악을 통해 우리는 모두 하나가 된다.

−스캇 프라이스(Scott Price)−

특수교육에서 피아노 교육의 역할은 기능 중심의 교육보다는 학습자들의 삶의 질 향상일
것이다. 음악 연주는 특수교육 학습자들에게 심리적 안정 기지를 제공하고 사회와 소통의
창구를 열어줄 수 있다. 피아노 학습이 가능한 특수교육 학습자 중 시각장애, 자폐성장애,
과잉행동장애를 중심으로 장애의 특성과 음악교육의 의미를 살펴본다. 또한 각 장애의 특
성에 따라 적용할 수 있는 피아노 교수전략을 살펴본다.

특수교육에서 음악교육이 지니는 의미는 무엇일까? 특수교육 학습자를 위해서 피아노 교육은 어떤 기능을 할 수 있는가? 특수교육에서 피아노 교육이 줄 수 있는 영향은 피아노 기술의 향상 등 기능 중심의 교육보다는 특수교육 학습자들의 삶의 질 향상에서 더 의미를 찾을 수 있다. 일반인에 비하여 장애인의 삶은 사회와의 소통, 자기조절 등 여러 가지 어려움을 지닐 수 있기 때문에 음악연주는 그들에게 심리적 안정기지로서의 역할을 할 수 있고 사회와 소통의 도구로서 활용될 수 있다.

특수교육이란 신체적·정신적·사회적 발달의 장애로 인하여 독특한 교육적 요구를 지닌 학생들에게 필요한 교육적 지원을 하는 것을 의미한다. 특수교육의 대상은 일반학생들을 위한 교육내용이나 방법으로는 교육효과를 기대하기 어려운 학생들로 한정한다. 「장애인 등에 대한 특수교육법」에서는 시각장애, 청각장애, 지적장애, 지체장애, 정서행동장애, 자폐성장애, 의사소통장애, 학습장애, 건강장애, 발달지체 등으로 장애유형을 분류하고 있다. 이 중 이 장에서는 피아노 교육을 활발하게 적용하고 음악적 교육효과가 나타날 수 있는 시각장애, 자폐성장애, 과잉행동장애를 중심으로 살펴본다.

1. 특수학생의 특성과 음악교육의 의미

1) 시각장애

시각장애인은 시각적 통로가 닫히면서 잔존 감각기관인 청각이 발달하므로 음악에 많은 관심을 보이고 예민한 청각에 집중하여 음악적 잠재력을 발달시킬 수 있다. 시각장애인은 시각의 한계로 인하여 정안인[1]과 같은 상태의 교육을 받는 것이 어렵지만, 다른 교과목과 달리 음악학습은 청각을 집중적으로 활용하기에 정안인과 유사한 교육받을 수 있다.

---

1) 시각장애가 없는 정상인을 지칭한다.

시각장애인 중 전맹[2]의 경우는 세상에 태어나서 아무것도 본 적이 없기에 모든 사물과 사람들에 대해 머리에서 생각하고 상상하여 다시 태어나게 한다. 이는 자신만의 구조와 사고에 의해 사물을 재형상화하는 것이다. 따라서 시각장애인은 시각 사용이 단절되면서 잔존감각인 청각과 촉각이 발달하여 상실된 감각을 대체하게 되며, 음악활동을 통해 청력의 보상작용을 확대시킬 수 있다. 이로 인해 그들은 음악교육을 통해 만족감과 성취감을 느낀다. 실제 많은 시각장애인은 예술활동 중 음악에 더 관심을 보이고, 초기 음악활동에 있어서 자발적 참여가 많다. 그러나 중도시각장애인의 경우, 늦은 나이에 시각을 잃을수록 선천적 시각장애인과 비교하여 청각이 발달하지 못하기도 한다. 따라서 중도시각장애인의 경우는 생활이나 학습에서 더 어려움을 겪게 된다(박부경, 2017).

2) 자폐성장애

자폐성장애란 낮은 사회성 발달과 언어 발달의 결함이 있고, 지속적이고 극심하게 고착된 관심과 경직된 행동을 주요 특징으로 하는 발달장애이다. 자폐성장애는 교사들이 만나게 되는 학생의 장애 가운데 가장 어렵고 힘든 것 중 하나이다. 자폐성장애 학생은 대부분 자기만의 세계에 혼자 있는 듯 하고, 일상의 활동이나 사건, 상호작용과는 아무 상관 없는 듯한 극단적인 얼굴 표정과 행동을 보인다.

자폐성장애의 특징은 사회적 상호작용을 위한 눈맞춤, 얼굴 표정, 자세, 몸짓 등과 같은 비구어적 행동 사용이 어렵다. 또래관계를 발달시키지 못하고, 즐거움이나 관심 또는 성취에 대해 다른 사람들과 자발적으로 나누려고 하지 않는다. 자폐성장애 학생의 50% 정도는 기능적인 언어 습득에 어려움을 겪는데, 언어의 발달이 지체되거나 발달이 전혀 나타나지 않는 경우도 있다. 이들은 사회적 모방이 어렵고 문법에 어긋난 언어를 사용하기도 하며, 지칭하는 대상을 혼돈하여 말하기도 한다. 자폐성장애에서 나타나는 가장 두드러진 행동은 변화에 대한 저항의 표현으로서 일상생활을 방해할 정도의 반복적이고 상동적인 행동이다. 흔들기, 돌기, 날갯짓 하기, 손가락 펄럭이기 등의

---

2) 시각장애의 정도에 따라 시각이 전혀 없는 경우를 전맹이라 하고, 암실에서 광선을 감각하는 정도는 광각, 활자를 읽을 수는 없으나 일상생활이 가능한 경우는 약시로 구분한다. 이 중 전맹과 광각을 맹으로 분류한다.

행동은 장애 정도가 심한 아동에게서 흔히 나타나는 행동이다. 반복적인 행동들은 대부분 의도가 없거나 예측하기 어려운데, 연구자들은 이러한 반복적이고 의례적인 행동들이 불안증상을 통제한다고 한다. 자폐성장애 학생은 자해행동을 보이기도 하는데, 이는 자신을 향한 공격행동으로 심하게 머리박기, 때리기, 할퀴기, 물기 등의 행동들로 나타난다. 따라서 자해행동의 소거를 가장 우선시하는 것은 가족과 교사에게 중요한 일이다.

이러한 자폐성 성향으로 인하여 자폐성장애 학생은 학습과 사회활동에 제약을 받는다. 하지만 자폐성장애 학생은 청각이 예민하여 소리에 민감하며, 언어나 다른 환경의 자극보다는 음악적인 소리에 반응과 흥미를 보인다. 이들은 음악적 선율을 기억하고 구별하는 재능이 있으며, 피아노 등 건반악기에 관심이 많다(장은언, 2016). 그 외에도 언어표현이 어려운 자폐성장애 학생에게 가사를 동반한 음악활동은 그들의 언어표현 능력을 향상시키는 데 도움을 줄 수 있다. 따라서 언어발달이 어렵고 의사소통이 힘든 자폐성장애 학생에게 음악교육은 중요한 소통수단으로서의 역할을 할 수 있고, 이들을 세상과 연결시켜 주는 교량적 역할을 할 수 있다.

3) 과잉행동장애

과잉행동장애(ADHD)는 다른 장애범주와는 다르게 의학분야(소아청소년의학과 정신의학)에 의하여 장애에 대한 정의가 내려지고 개념이 퍼져 나가게 되었다. 일부 사람들은 이 범주 자체가 존재해야 하는지의 여부에 대해 의문을 품고 있기에, ADHD는 논쟁의 여지가 있는 장애범주라 할 수 있다. 하지만 ADHD는 일반 학생에게서 가장 흔하게 발견되는 부적응 행동이다. 최근 교육현장에서 주의력이 낮고 산만한 학생들을 가르치는 일은 교사들이 당면한 어려운 과제 중 하나이다.

ADHD 학생은 주의력 결핍 현상을 보이고, 충동적인 의사결정을 하며, 어떤 주제에 대해 집중하기보다는 환경 내부에 존재하는 자극에 의해 산만해지기도 한다. ADHD의 판단근거는 주의력 결핍, 과잉행동, 충동성의 세 가지 기본요소이다. 주의력 결핍 현상은 교사가 이야기할 때 경청하지 않는 것처럼 보이거나 지시사항을 따르지 않는 것이다. 또한 숙제나 간단한 일을 완결하는 데 실패하거나 활동을 조직화하지 못하고 외부자극에 쉽게 산만해진다. 과잉행동의 현상으로는 자주 손과 발을 만지작거리고 의자에 앉아서도 쉴 새 없이 움직이거나 끊임없이 말하거나 자기 자리에 착석할 것이 기대되는 상황에서 이탈하는 경우 등이다. 충동성의 현상으로는 질문이 끝나기도 전에 불쑥 답을 말하거나 자신의 순서를 기다리는 데 어려움을 가지는 경우이다.

ADHD 학생에 대한 연구를 살펴보면, 이들은 작은 자극에도 주의력이 분산되기 때문에 선율이나 리듬에 집중하는 음악훈련을 통해 선택적 집중력을 강화시킬 수 있다. 또한 음악인지훈련을 통해 습득된 지각인지기술(청각적 정보, 공간 및 시각적 인지능력)은 다른 학습에도 전이된다(정현주, 2006).

2. 특수학생의 피아노 지도전략

1) 시각장애 학생

(1) 독보와 점자 악보의 활용

정안인의 경우 많은 정보를 시각적 자극에 의해 얻는 반면, 시각장애인의 경우 음악학습을 위해 가장 중요한 자원은 청각적 자극이며 그다음으로는 촉각적 자극이다. 시각장애인은 손끝의 정교한 촉각을 사용하여 점자[3]를 읽는다. 정안인의 경우, 글자를 활용하는 문서의 체계와 오선보표 · 음고 · 음가를 활용하여 표기하는 악보체계가 구별되어 있다. 하지만 시각장애인의 경우 아직까지 악보체계가 별도로 마련되어 있지 않기에, 일반 글자와 악보가 동일하게 6점자를 사용하고 있다. 따라서 글자의 배열과 동일하게 수평적으로 기록된 악보의 점자정보를 읽어 나가는 것은 상당히 어려운 일이다. 시각장애인에게 음악활동은 청각을 이용할 수 있기에 가장 유리한 활동일 수 있으나, 음악연주를 위해서는 시각적 제약이 문제가 되는 독보과정의 어려움을 뛰어넘어야만 한다.

정안인의 경우 눈으로 오선에 기보된 악보를 읽어 나가면서 선율적 수평의 흐름과 화성의 수직적 흐름을 동시에 파악하고, 표기된 다이내믹 사인과 음악기호 등을 함께 읽는다. 따라서 정안인은 빠른 시간 안에 음악정보를 종합적으로 이해하고 판단하는

---

3) 지면 위에 도드라진 점을 손가락으로 만져서 읽는 시각장애인용 문자이다.

것이 가능하다. 하지만 시각장애인의 경우, 오선체계가 사용되지 않기에 수평적으로 배열된 점자음표를 읽은 후, 읽어 낸 음정의 기호들을 계산하면서 머릿속에서 수직적으로 화음을 재배열하는 작업을 거쳐야 한다. 따라서 악보를 읽는 시간은 정안인에 비해 많이 소요되며, 머릿속에서 정보를 종합하는 과정 또한 복잡하다. 〈악보 11-1〉과 [그림 11-1]에서 제시된 것과 같이, 일반악보에서 두 마디 분량의 음악정보는 점자악보에서는 엄청난 분량으로 풀어내야 한다(박민재, 2014).

〈악보 11-1〉 신동일 「노란우산」 중 No. 2 묵자악보, 3-4마디

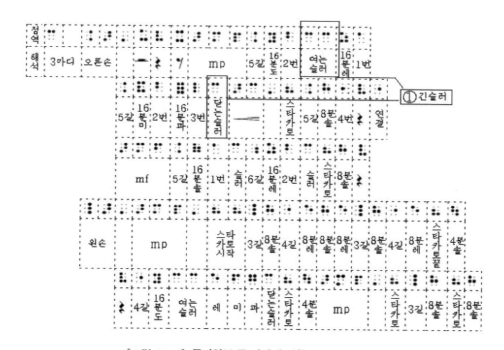

[그림 11-1] 묵자악보 두 마디에 대한 점자 악보 정보

시각장애 학생은 기본적으로 묵자악보를 점역한 점자악보를 사용하여 피아노 교육을 받는다. 하지만 시각장애 학생 모두가 점자악보를 활용하여 독보하고 있지는 않다. 음악점자를 알지 못하는 학생은 교사가 왼손, 오른손, 양손을 각각 녹음해 주고 이를 청각으로 들으며 악보를 익힌다. 청각과 함께 점자악보를 보조적으로 사용하는 경우도 있고, 점자악보 사용 없이 음반 등을 들으며 청각적 자료에만 의지하는 경우도 있다. 이는 점자악보를 읽는 것이 너무나 어렵기에 발생하는 현상이지만, 청각에만 의존한 학습은 학생이 자발적으로 새로운 악보를 접할 수 없고, 악보의 이면에 담겨진 작곡가의 의도와 생각을 표현하는 것에도 한계를 가진다. 또한 교사의 녹음 자체가 이미 교사의 주관적 해석과 연주력이 들어간 것이기에 자신의 음악적 해석에 대해 고민하면서 발견하는 자발적 학습이 어렵다. 따라서 교사는 점자악보 활용을 장려하고, 점자악보에 대한 경험이 없는 학생의 경우 점자악보 교육기관에 대해 안내를 제시할 수 있어야 한다.

(2) 암보와 기억력

정안인은 악보를 보면서 피아노를 연주하지만, 시각장애인은 악보를 읽을 때와 피아노를 연주할 때 모두 손가락의 촉각을 사용해야 한다. 시각장애 학생은 점자악보 읽기와 연주를 동시에 할 수는 없으며, 연주를 위해서는 암보가 선행되어야 한다. 따라서 시각장애 학생에게 암보는 첫 레슨부터 필수조건이다. 시각장애 학생을 지도할 때, 학생은 암보로 연주하더라도 교사는 학생의 지도 시 필요한 악보를 준비해서 레슨에 임해야 한다.

(3) 점자정보단말기의 활용

현대에는 출판된 점자악보의 활용보다 점자악보가 저장된 시각장애인용 보조공학도구인 점자정보단말기[4]를 사용하는 것이 일반적이다. 점자정보단말기는 저장된 점자악보를 꺼내 읽을 수 있고, 점자악보에 레슨에서 지도받은 내용을 기록할 수 있다(그림 11-2] 참조). 일반적으로 정안인을 지도할 때 교사와 학생은 함께 악보를 보며 이야기하

---

4) 우리의 컴퓨터와는 모양이 좀 다르지만, 점자악보를 전자파일 형태로 저장할 수 있으며, 6점의 점자키보드를 이용하여 직접 입력 · 편집 · 출력할 수 있다.

[그림 11-2] 점자정보단말기, 한소네

고, 교사는 지도의 주요사항들을 악보에 표시해 준다. 하지만 시각장애인 지도에서 교사와 학생은 함께 시각적으로 악보를 보며 학습할 수 없기 때문에 학생은 점자단말기를 사용하고 교사는 묵자악보를 확인하며 레슨을 진행한다. 또한 점자악보의 경우 점역상태에 따라 악보의 오류들을 발견할 수 있는데, 교사는 학생과의 대화를 통해 점자악보 파일과 교사의 악보를 비교하여 잘못 표기된 사항들을 수정해 주어야 한다. 아직 점역체계가 통일되어 있지 않고 자료 수집과 관리 또한 정리되어 있지 않기에, 점자악보에서 음표, 붙임줄의 표기, 악상기호나 지시어의 오류들은 종종 발견될 수 있는 일이다.

(4) 레슨 녹음파일

시각장애 학생이 연습과정에서 중요하게 활용하는 도구는 레슨 녹음파일이다. 정안인처럼 학생이 악보를 보며 레슨받을 수 없고 교사 또한 레슨 내용을 악보에 적어 줄수 없기 때문에 학생은 매번의 레슨시간마다 녹음파일을 만들고 이를 들으며 연습하도록 한다. 시각장애 학생은 정안인에 비하여 더 많은 연습시간이 소요된다. 따라서 교사는 학생의 연습을 돕기 위해서 지침서를 만들 듯이 아주 자세하게 레슨내용을 설명해주어야 한다(예: 손가락 번호를 제안할 경우 한 음씩 쳐 주거나 노래하면서 번호를 제시한다: 미-3번, 레-2번, 도-1번, 솔-5번).

(5) 청각과 촉각을 활용한 지도

시각장애 학생이 신체의 장애 없이 가장 자유로울 수 있는 부분 중 하나는 청각이다. 하지만 들리는 대로 듣는 것이 아니라 이를 음악적 지식에 근거하여 비판적으로 들을수 있는 능력을 키워 내야 한다.

시각장애 학생에게 청각 외의 중요 감각기관은 촉각인데, 교사가 언어로 자세히 설명하더라도 이해시키기 어려운 부분은 촉각을 활용해 접근한다. 손의 감각은 시각을 대신할 수 있다. 강약에 대한 터치, 톤(tone)과 레가토와 같은 아티큘레이션 등을 설명할 때 교사는 학생의 팔 위에 직접 연주를 하며 팔의 무게나 손끝의 감각을 느낄 수 있게 해 준다. 또한 시각장애 학습자는 시각의 제한으로 방향감이 약하여 수평적 이동에 의한 레가토의 표현이 어려울 수 있기에 촉각적 제시를 통해 방향감각을 익힐 수 있게 도와준다. 손의 움직임과 도약 등 운동감에 대한 지도는 교사의 손 위에 학생의 손을 얹어 같이 움직이며 손의 움직이는 에너지와 동작의 원리 등을 이해시킨다.

(6) 음악 표현력 향상을 위한 지도

우리가 얻는 정보의 80% 이상은 시각을 통해 얻기에, 시각장애 학생은 시각경험의 제한으로 인하여 표현력의 한계가 있을 수밖에 없다. 이에 교사는 학습자의 음악적 표현력을 키워 주기 위해 다양한 비유나 스토리텔링 기법들을 동원하여 돕는다. 피아노 지도 시 시각적인 접근 없이 소리와 터치, 음색에 관한 표현력을 지도하는 것은 어려운 일이기 때문에 교사는 다이내믹 표현의 폭을 늘릴 수 있도록 많은 소리를 들려주고, 학생에게 여러 단계의 음량을 표현할 수 있도록 지속적으로 연습시킨다. 다음은 저자가 시각장애 학생에게 표현력 향상을 위한 설명을 하며 어려움을 겪었던 사례이다.

저자는 항상 시각을 사용하여 사물을 보아 왔기에 학생이 당연히 알 것이라 여겨지는 사물과 자연의 현상을 설명하며, 학생과 경험의 오차가 있음을 알게 되었다. 이에 저자는 교사의 비유적 설명방법에 대한 고민과 노력이 필요함을 깨닫게 되었다. 슈베르트 「소나타, D. 784, 가단조」를 학습하면서, 학생은 프레이즈를 느끼고 음악적 표현을 하는 것을 어려워하였다. 학생은 음악적 흐름이 없이 박마다 프레이즈가 조각나듯 끊어지게 연주하였다. 저자는 3악장을 지도하며 자연스러운 프레이즈의 흐름을 설명하기 위하여, 흐르는 시냇물에 대한 비유를 들었다(〈악보 11-3〉 참조). 하지만 학생과의 대화를 통해 시냇물을 비유한 설명법이 잘못 되었음을 깨달았다. 학생은 흐르는 물을 본 적이 없었다. 학생은 계곡처럼 흐르는 물속에 손을 담가 보기는 했지만, 학생이 경험한 것은 수직으로 손을 넣은 구간의 물속에서, 손에 닿는 물의 저항에 대한 것이었다. 물의 흐름을 느끼려면 연속성을 알아야 하고, 연속성을 알기 위해서는 물의 수평적 흐름을 시각적으로 파악해야 하기 때문이다. 저자는 시각장애 학생의 경험적 범주에 대해 세심하고 정확하게 파악하는 것이 필요함을 알 수 있었다.

〈악보 11-2〉 슈베르트 「소나타, D. 784」, 3악장, 1-9마디

시각장애 학생의 피아노 지도를 위해서 교사는 학생의 어려운 점이 무엇인지 학생의 특성을 이해하고, 학생의 특성이 피아노 학습과 연주에 어떠한 영향을 미칠 수 있는지 이해하여야 한다. 학생에 대한 이해가 전제되어야 교사는 학생이 가지는 음악의 의미, 사회적 소통과의 연관성, 레퍼토리 선정, 전략적 교수방법 등에 대해 고려할 수 있을 것이다.

2) 자폐성장애 학생

프로보노스트(Pronovost, 1961)는 자폐아들이 음에 대해 상당한 관심을 가지고 있다고 보고하였다. 자폐아가 음악의 추상적이고 복잡한 면을 이해하지 못한다 하더라도 일반적으로 음악을 좋아하고 음악이나 비언어적 지시에 반응하기에 구체적인 상황에서만 반응을 보이는 자폐아에게 음악을 접하게 하는 것은 바람직하다.

자폐성장애 학생을 지도할 때 교사는 사회적 인간관계, 의사소통, 상상력을 발전시키는 데 어려움을 겪을 수 있다. 자폐는 범주성 장애(spectrum disorder)로서 자폐의 정도와 예후가 매우 다양할 수 있기에, 자폐의 경우마다 다르게 학생에 맞는 접근방법을 적용해야 한다(Price, 2010). 자폐를 위한 중재방법으로는 조기 중재, 응용행동 분석, 아동의 관심에 근거한 교육 프로그램 제공, 예측 가능한 시간표, 작은 단계로 세분화한 교수 제공, 고도로 구조화된 환경에서 아동의 관심에 따른 활동 참여, 가족 참여 등을

제시할 수 있다.

　일반적인 피아노 지도에서 교사의 역할은 학생들을 진중한 음악세계로 끌어오고, 음악을 연주하는 기쁨을 알게 도와주는 것이다. 하지만 자폐라는 장애는 음악의 기쁨을 나누기 위해서 필수적인 교사와 학생 간의 소통을 허락하지 않을 뿐 아니라 그들이 우리의 세계로 들어오는 일도 없다. 결국 우리들이 그들의 세계로 들어가야 하며, 그들의 언어를 이해할 수 있는 방법을 찾아야 한다. 따라서 교사가 자폐성장애 학생의 특성을 단점으로 바라보지 말고, 강점으로 전환하여 학습에 적용하는 것은 아주 중요한 일이다(Price, 2010). 자폐성장애의 특성을 파악하여 피아노 교육에 적용할 수 있는 세부사항을 제시해 보면 다음과 같다.

(1) 관점의 전환

　교사는 자신의 학생이 자폐성 학습자가 아니라 '일반적인' 학습자라 가정하며 관점(perspective) 전환의 과정을 거쳐본다. 반대로 교사 자신이 자폐적 성향이 있다고 가정하자. 교사는 학생이 경험한 세계를 이해하기 위하여 교사의 사고방식을 자폐성장애 학생이 경험한 방식과 동일하게 바꾸도록 노력해야 한다. 교사가 일상생활에서 경험하는 대인관계 기술, 대화 기술, 상상력을 모두 내려놓고 레슨을 시작하자. 대부분 교사가 경험하는 일상의 상호작용 기술들은 자폐성장애 학생의 세계에서는 가능한 것들이 아니다. 교사는 자폐성장애 학생이 이끄는 대로 존중하며 따라가도록 한다.

　교사는 자폐성 학습자의 인지연령이 실제연령과 다를 수 있다는 것을 알아야 한다. 자폐성 학습자들은 우리가 사용하는 어휘들을 이해하지 못할 수 있고, 우리가 일상생활에서 사용하는 어휘의 관계들을 발전시키지 못할 수 있다. 자신의 학생이 이해할 수 있는 어휘의 폭을 알아내어, 교사는 그에 맞게 언어를 구사하도록 한다.

(2) 정확성

　교사는 자폐성장애 학생의 지도에서 학습내용이 의미하는 바를 정확히 설명할 수 있어야 한다. 우리는 일상생활에서 몸짓(gesture)을 표현하기도 하고, 관계된 어휘들을 사용하며, 속어, 문화적 상황, 경험 등을 활용해서 대화를 하곤 한다. 가끔 우리는 서로가 무엇을 말하려고 했는지, 끝까지 설명하지 않고서도 서로의 생각을 알아채고 이해하기도 한다. 그러나 자폐성장애 학생에게는 이러한 모든 사회적 상황이 가능하지 않다. 자폐성장애 학생은 교사가 아주 정확하게 말하고, 그들이 이해하기에 적합한 용어를 사용하여 설명하기를 원한다.

자폐성장애 학생에게 설명할 때 비유나 은유의 방법을 사용하는 것은 그들을 혼란스럽게 만들 수 있다. 이들에게는 정확한 용어와 함께 사전적 정의대로 설명해 주어야 한다. 예를 들어, "스타카토를 연주할 때 팝콘이 튀는 것처럼 표현한다."는 비유적 설명 대신, "스타카토 연주는 건반을 누른 후 최대한 빠르게 손가락을 건반에서 떼는 것이다."라고 이해시켜야 한다. 스타카토 연주를 팝콘 튀기기에 비유하는 설명은, 팝콘이 튀는 이미지를 상상하며 이를 연주 동작에 적용하게 하는 것이다. 하지만 후자의 설명법은 스타카토 소리를 내기 위해 단계별로 나누어 과제를 제시하기에 자폐성장애 학생의 특성에 맞는 설명법이다.

(3) 규칙적인 일상과 단계별 과제 제시

규칙적인 일상(routine)을 확립하는 것은 자폐성장애 학생의 지도에서 아주 유용하다. 자폐성장애 학생과 교사는 학습내용을 작은 단계로 나누고 세분화하여 단계별로 학습하는 방법(step-by-step breakdown of tasks)을 배우고 익혀야 한다. 자폐성장애 학생은 예측 가능하고 안정적이며 반복적인 일상에 잘 적응하기 때문에 반복적인 일상을 적용하여 지도한다. 이러한 교수방법을 적용할 수 있게 되고, 자폐성장애 학생에게 적합한 어휘와 설명법을 알아낸다면 교사는 자폐성장애 학습자들의 세계로 들어가는 데 성공할 수 있다. 규칙적인 일상을 구성하고 확립하는 것은 '과제분석(task analysis)' 및 '행동분석(applied behavior analysis)'과 연결되어 있다.

매번 반복되는 레슨의 순서를 정해 놓고, 항상 같은 순서로 레슨을 시작하고 끝내도록 한다. 매번 레슨을 시작할 때마다 오늘 무엇을 배울지에 대해 순서대로 설명해 주거나, 순서를 한눈에 보기 쉽게 레슨 순서지(visual chart)를 만들어 활용할 수 있다([그림 11-3] 참조). 교사는 레슨 시작 전 이를 학습자에게 읽어 주어 레슨의 순서를 미리 예견할 수 있도록 돕는다. 이때 중요한 것은 각각의 레슨 순서를 하나씩 마감하며, 학생에게 다음 순서로 넘어가도 되는지 '허락'을 구하는 것이다. 학생이 넘어가는 것을 허락할 경우 다음 순서로 진행할 수 있고, 또한 이러한 작업은 교사가 학생의 세계로 들어갈 수 있도록 초대받는 것을 의미한다.

레슨 주제마다 학생들에게 과제를 단계별로 나누어 제시한다. 성공적인 레슨을 위

레슨 순서지(Visual Chart)

- 첫째. 오른손과 왼손을 따로 연주한다.
- 둘째. 손가락 번호를 살펴본다.
- 셋째. 건반에서 음이름을 살펴본다.
- 넷째. 레슨곡집(lesson book)을 연주한다.
- 다섯째. 연주곡집(performance book)을 연주한다.
- 여섯째. 과제곡 「대나무 잎(Bamboo Leaves)」을 배운다.

[그림 11-3] 레슨 순서지

해서 각 단계마다 과제의 제목을 붙여 주고, 학생이 작은 세부사항에 집중하도록 유도하며, 무엇을 어떻게 해야 할지 정확하게 설명하도록 한다. 이러한 교수방법을 위하여, 매번의 레슨에서 규칙적이고 반복적으로 적용될 수 있는 '5단계 계획(5-step plan)'을 소개하겠다(Price, 2010). '5단계 계획'은 레슨과 학생의 연습 시 모두 적용할 수 있으며, 수업의 명확한 목표와 결과를 가질 수 있도록 단계마다 이끌어 준다([그림 11-4] 참조). 교사는 학생의 과제곡을 선택할 때도 자폐성장애 학생의 특성을 고려하여, 5단계 과정을 쉽게 따를 수 있는 곡을 선정한다. 예를 들어, 초급단계의 경우, '5단계 계획'에 따라 단계별 학습이 가능할 수 있도록 박과 리듬, 화성 패턴, 멜로디의 구조가 명확한 과제곡을 선택한다.

- 음표(notes)
- 손가락 번호(fingering)
- 박자 세기(counting)
- 작은 단위로 배우기(learn a small bit)
- 5번 규칙: 작은 단위로 나눈 부분을 완벽하게 5번 연주하기

[그림 11-4] 레슨적용의 5단계 계획

(4) 자폐성장애 학생을 위한 지도의 대화기법 예시
과제곡 「대나무 잎」의 레슨에 필요한 대화기법의 예시를 살펴보자.

<악보 11-3> 『알프레드 프리미어 피아노 코스』「대나무 잎(Bamboo Leaves)」

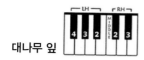

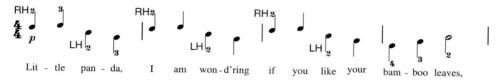

지도의 대화기법 예시

- 이제 「대나무 잎」을 배워 보자.

- 우리 첫 번째 마디를 배워 볼까? 알겠지? 좋아!

  (만일 학생이 싫다고 대답하면, 교사는 학생이 준비될 때까지 기다린다.)

- 오른손 보여 줘 봐. 잘했어~.

- 오른손 손가락 번호 2번 보여 줘 봐. 손가락 번호 3번 보여 줘 봐. 잘했어!

- 검은건반을 오른손 2번으로 칠 수 있겠니? 아주 좋아.

- 자아, 건반을 오른손 손가락 2번으로 쳐 보자.

  그리고 멈추지 않고 다음 건반을 3번으로 쳐 보자.

- 한 번 더 다시 해 보자. 진짜 훌륭해.

- 고정된 템포로 다시 연주해 볼까?

  (이때 교사는 'play play'라 말하며, 한 박씩 박자를 셀 수 있게 도와준다.)

- 이제 왼손 해 볼까?

- 왼손 보여 줘 봐. 잘했어~

- 왼손 손가락 번호 2번 보여 줘 봐. 손가락 번호 3번 보여 줘 봐.

- 검은건반을 왼손 2번으로 칠 수 있겠니? 아주 좋아!

- 자아, 이 건반을 왼손 손가락 2번으로 쳐 보자.

그리고 멈추지 않고 다음 건반을 3번으로 쳐 보자.

- 한 번 더 다시 해 보자. 진짜 훌륭해.

- 고정된 템포로 다시 연주해 볼까?

  (이때 교사는 'play play'라 말하며, 한 박씩 박자를 셀 수 있게 도와준다.)

- 우리 마디 1을 오른손, 왼손 함께 쳐 볼까?

학생들이 두 손을 올리고 연주할 준비가 되었는지 확인한 후, 바로 "하나, 둘, 시-작(ready go)"이라며 시작 사인을 준다. 다음 한 박씩 리듬에 맞추어 "play, play, play, play" 또는 "오른-손, 왼-손" 또는 "2, 3, 2, 3"이나 다른 박자를 세는 구령을 만들어 학생들의 주의를 집중시킨다. 이와 같은 방식으로 다음 마디도 진행한다. 교사는 항상 학생이 더 진행하고 싶은지, 멈추고 싶은지, 몇 마디만 집중해서 하고 싶은지 그들의 의사를 물어본다. 이러한 의사소통 과정은 학생이 현재 수업량을 소화할 수 있는지, 따라가기 너무 힘든지 교사가 학생의 상태를 파악할 수 있게 돕는다. 또한 교사는 학생이 수업과정을 이해하고 있는지, 단계별 과제제시를 덜 적용해도 되는지, 학생이 교사에게 말할 수 있도록 훈련시켜야 한다. 몇 마디만을 연주하더라도 정확하고 익숙해지도록 하고, 학생이 긍정적으로 성취감을 느낄 수 있게 한다. 자폐의 정도에 따라 모든 학생이 단계별 과제제시를 필요로 하지 않을 수도 있지만, 이러한 교수과정은 자폐성장애 학생을 어떻게 지도할 수 있는지, 자폐성장애 학생이 어떻게 자아만족감을 느끼며 성공적으로 학습을 할 수 있는지에 대해 청사진을 제공할 수 있다(price, 2010).

3) 과잉행동장애 학생

과잉행동장애(Attention Deficit Hyperactivity Disorder: ADHD)의 학생은 감정적으로 변화가 심하고 자극적인 상황을 원하는 반면, 자신의 행동이 다른 사람들에게 어떠한 영향을 주는지는 잘 인식하지 못한다. ADHD의 증상은 과잉행동, 주의력 결핍, 충동성, 사교적으로 부적절한 행동 등이다. 사실 사교적으로 부적절한 행동이 개인레슨에서는 문제가 되지 않지만 그룹수업에서는 크게 문제가 된다. 예를 들어, 다른 학생을 수업

중에 거칠게 밀수도 있고, 다른 학생의 공간을 침범할 수도 있다. 이때 교사는 ADHD 학생 자신이 다른 학생들에게 어떤 영향을 주었는가 인식할 수 있도록 행동방침에 대한 핵심어를 사용하도록 한다. 예를 들어, "손을 네 몸에서 떼지 말고 있어."라고 말하여, 학생들이 일정 시간 동안 가만히 움직이지 않도록 지시하고 자신의 잘못된 행동을 알아차릴 수 있도록 유도한다. ADHD 학생을 위해서는 다양한 활동을 하는 것이 중요한데, 음악수업 시간 동안 신체활동, 글쓰기나 그리기 활동, 활발하게 감상 수업하기, 리듬활동 등을 활용할 수 있다. ADHD의 증상들, 과잉행동, 주의력 결핍, 충동에 따른 피아노 지도전략을 살펴보자.

(1) 과잉행동

ADHD의 증상 중 과잉행동(hyperactivity)은 가장 알아차리기 쉬운 증상으로, ADHD 학생은 항상 움직여야만 한다. ADHD 학생에 대한 지도방법으로는 과제를 완수했을 때 상을 주도록 하고, 과제 완수에 대한 책임감을 기를 수 있게 돕는다. 또한 그룹 음악수업에서 학생이 에너지를 방출할 기회를 제공하도록 한다. 예를 들어, 가끔은 일어서서 발표를 하거나 시범연주를 보일 수 있고, 수업에서 학생이 맡은 역할을 다른 사람과 바꾸어 주기도 한다.

수업시간에 온몸을 움직이는 것은 안 되지만 발 정도는 움직이게 허락해 줄 수 있고, 수업시간 동안 일정한 간격을 두고 스트레스 해소용 공(stress relief ball)을 제공하여 움직이고 싶은 마음을 억제시킬 수 있다. 정도가 심한 ADHD 학생의 경우, 수업공간 안에 움직이기 구역(wriggle zone)을 따로 마련해 주어, 레슨시작 전이나 레슨 중간의 쉬는 시간을 활용하여 마음껏 움직일 수 있게 해 줌으로써 움직이고자 하는 욕구를 해소시켜 준다. 학생의 에너지 방출을 위하여 자크─달크로즈 교수법과 같이 음악활동과 연계된 체계적인 신체의 움직임 수업 또한 효과적이다.

학생이 자주 교사의 행동, 표정을 모방할 수 있기에, 교사는 레슨 중 에너지 레벨을 낮게 유지하고, 조용하거나 느리게 말하며 수업활동의 간격(pacing)을 천천히 진행한다. 이러한 방식으로 학습내용을 전달할 때, ADHD 학생을 더 집중시킬 수 있고 여유 있게 접근할 수 있다.

(2) 주의력 결핍

주의력 결핍(inattention)은 학생이 자주 몽상에 빠지거나, 레슨시간 동안 교사 말을 듣거나 집중하는 것에 어려워하는 경우이다. 이들은 수업에서 다루는 세부사항에 집중하는 것이 어렵고, 자신의 일을 정리하거나 체계를 세우는 것을 어려워한다. 주의력 결핍 학생은 부주의한 실수를 하고 교사의 지시사항을 잘 따르지 않으며, 자신이 좋아하지 않은 곡을 연주하는 것에 대해 거부하기도 한다.

주의력 결핍 학생은 두 가지 일을 동시에 하는 것에 어려움을 느낀다. 따라서 레슨에서 배운 것들을 잊어버릴 수 있으므로 체크리스트를 만들어 집에서 연습할 때 이를 활용하도록 한다. 또한 교사가 학습내용을 오랫동안 설명해 주는 것보다 교사의 짧은 질문들을 통해 학생이 스스로 틀린 부분을 찾거나 고칠 수 있게 유도하는 교수방법이 더 많은 정보를 습득하게 할 수 있다.

주의력 결핍 학생에 대한 효과적인 교수방법 중 하나는 미리 레슨계획에 대한 아웃라인을 정하고, 하나의 활동이 끝날 때마다 활동항목을 체크하게 하여 수업의 집중력을 향상시킬 수 있다. 이 방법은 계속 시계를 보는 학생에게도 레슨의 집중력을 끌어내는 데 효과가 있다. 마지막으로, 레슨을 하는 공간은 장식도 간단하게 하고, 학생의 주의력을 분산시킬 수 있는 물건을 가져다 놓지 않는다. 문제발생이 가능한 일을 사전에 제거하도록 한다.

(3) 충동

충동적 행동은 자주 과잉행동과 연결되는데, 이는 두 가지 증상이 비슷한 성질을 지니고 있기 때문이다. 충동(impulsivity)의 증상으로는 자신의 순서가 돌아오는 것을 기다리기 어려워하고, 다른 사람을 방해하며, 충분히 생각하여 문제를 풀지 않고 답을 제시하기도 한다. 충동적인 학생은 다른 사람의 개인적 공간을 지켜 주는 것이 어렵고 자신의 감정조절을 힘들어하는데, 특히 화를 조절하는 것을 가장 어려워한다.

이러한 학생을 위해서는 레슨을 위한 명확한 가이드라인을 주고, 그들의 행동에 대해 즉각적인 피드백을 주는 것이 좋다. 피아노 레슨현장에서 준수하여야 할 주요 규칙을 만들고, 언제든지 쉽게 볼 수 있도록 벽에 붙여 놓는다. 규칙의 항목은 간단하고 명료해야 하며, 4문장 이상을 넘지 않도록 작성한다. 규칙들은 긍정적인 내용으로 구성되어야 하기에, 하지 말아야 하는 것보다는 해야 할 것을 위주로 작성한다. 또한 학생이 자기성찰을 할 수 있는 도구를 개발하여 다른 사람과의 교류에 대해 인지할 수 있도록 돕는다. 자기성찰을 위한 방법으로는 레슨이 끝나고 학생에게 자신의 행동에 대해 평가하게 하는 것이다.

교사는 스트레스를 감소시키기 위하여 조용하고 여유있는 환경을 제공하도록 한다. ADHD 진단을 받은 학생에게는 체계적이고 규칙적인 레슨의 순서와 방법이 필요하다. 레슨의 순서를 예견하는 것은 학생이 여유를 가지게 도울 수 있는데, 다음 활동에 대해 신호를 제시함으로써 집중력을 이끌 수 있다. "8분음표가 들어간 새 곡을 배울 거야, 먼저 8분음표를 모두 찾아보자."와 같이 신호를 줄 수 있다.

이와 같이 ADHD 학생을 중재시킬 수 있는 방법은 교수방법이 간단명료해야 하며, 가능하면 차트, 목록, 시각적 보조물의 형태로 수업도구를 활용한다. 과제의 양도 많은 양을 주지 않고, 짧게 나누어 주도록 한다. 무엇보다도 교사는 ADHD 학생 지도 시 발생할 수 있는 충동적 행위를 미리 예상하고, 이를 긍정적으로 대처할 방법을 준비하는 것이 필요하다. 학생이 문제를 일으킨 후보다는 문제 발생 전에 차단하는 것이 효율적이기 때문이다.

토의 주제

1. 시각장애의 특성을 살펴보고, 시각적 제한으로 인해 피아노를 지도할 때 무엇을 더 보완해서 가르칠 수 있는지 토의해 보자.
2. 자폐성장애의 특성을 살펴보고, 학습자의 주도를 따라가기 위해 교사는 어떤 점을 고려하며 피아노 지도에 접근해야 하는지 토의해 보자.
3. 과잉행동장애의 특성을 살펴보고, 개인레슨과 그룹레슨 시 학생의 과잉행동, 주의력 결핍, 충동의 문제를 어떻게 조절해 줄 수 있는지 토의해 보자.

제12장

학원 경영과 소통

권수미 · 김소형

●

의사소통에서 제일 중요한 것은
상대방이 말하지 않는 소리를 듣는 것이다.
─피터 드러커(Peter Ferdinand Drucker)─

전문적인 피아노 교사가 갖춰야 할 능력이 무엇이고 이를 개발하기 위해 어떤 노력을 해야 할지 알아본다. 실제 학원(교습소)을 설립 · 운영할 때의 법규와 정책을 세워본다. 또한 학생의 성장을 위해 교사가 학생 · 학부모와의 소통 시 취해야 할 올바른 자세와 그 방법에 대하여 살펴본다.

1. 교사의 전문성 개발

베스틴(Bastien, 1988)은 성공적인 피아노 교사가 갖추어야 할 자질로 전공분야의 지식·인품·열정·자신감 등 여러 개인적인 속성이 있으며 이러한 자질의 유무에 따라 훌륭한 교사와 평범한 교사의 판가름이 된다고 하였다. 평범한 피아노 교사가 되는 것은 특별한 국가 자격시험 없이 최소학위를 습득하면 가능하나, 성공적인 피아노 교사가 되기 위해서는 피아노 학습의 특성상 전문적인 능력을 습득하기 위하여 끊임없는 노력이 필요하다. 이에 전문적인 피아노 교사교육의 필요성과 구체적인 방법 그리고 전문 피아노 교사가 습득하여야 할 능력에 대하여 살펴본다.

1) 교사교육의 필요성

교사교육이란 (예비)교사가 교실, 학교 및 더 넓은 교육 공동체에서 효과적으로 업무를 수행하는 데 필요한 지식, 태도, 행동 및 기술을 갖추도록 고안된 정책, 절차 및 조항을 의미한다(Allen, 1940). 대부분의 피아노 교사는 그들이 배운 대로 학생을 지도하는 경우가 많다. 하지만 현대사회는 음악적·교육적·행정적으로 교육현장에서 늘 예상치 않은 문제점들이 발생하기 때문에 과거를 답습하며 배운 대로만 학생을 지도할 수 없는 것이 현실이다. 이렇게 교육현장에서 발생하는 문제들을 개별적으로 해결하기보다는, 교육공동체에서 피아노 교사들이 오랜 시간 동안 습득해 온 지식과 경험들을 공유하면 훨씬 효율적이고 전문적인 피아노 교육이 가능할 것이다. 더군다나 현재 우리 사회가 당면하고 있는 학령인구의 감소와 노인인구의 증가 그리고 테크놀로지의 급속한 변화는 피아노 교육에서 학습 대상과 내용 및 지도방법의 큰 변화를 예고하고 있다. 이러한 사회적·시대적 변화에 대처하기 위하여 피아노 교사교육은 끊임없이 필요하다.

2) 교사교육 프로그램의 현황

교사교육의 대상자는 크게 세 가지로 분류된다. 첫째, 예비교사를 대상으로 하는 교육, 둘째, 지도경험이 적은 신입교사를 위한 교육, 셋째, 경험이 많은 교사를 대상으로 하는 교육이 그것이다. 교사교육 프로그램에서 예비교사를 위한 교육은 일반적으로 (전문)대학 이상의 교육기관에서 제공하는 학위 프로그램이 있으며, 경험이 있는 교사는 교육청이나 음악교육 혹은 피아노 교육 관련 학회, 협회 등에서 운영하는 교사 세미나 프로그램 등을 통하여 가능하다.

(1) 대학에서의 교사교육

대학에서의 교사교육은 학생이 졸업 후 전문 연주가나 교육자로서 활동할 수 있는 지식과 기술을 제공하여야 한다. 하지만 현실적으로 대학을 졸업한 피아노 전공생 중 전문 피아니스트로 활동하는 사람은 극소수에 불과함에도 불구하고 실제 대부분의 국내대학은 전문 연주자 양성에만 주력하는 교육을 담당해 오고 있다. 피아노 전공 졸업생은 대부분 사회에 나와서 학생을 지도할 때, 그들이 배운 대로 가르치려는 경향이 있다. 예를 들어, 전통적인 피아노 교수법에 따라 음 읽기나 어려운 테크닉 과제 해결을 위해 교사의 지시에 맹목적으로 따르면서 기계적인 반복연습에 전념할 것을 요구한다. 이러한 접근은 '왜 그렇게 쳐야 하는지' 음악에 대한 이해를 바탕으로 하는 현대 피아노 교수학의 지도법에서 벗어난 19세기의 진부한 모방교수법에 불과한 것이다(김신영, 2019).

대학에서 피아노 교육은 장기적인 계획 아래 전문적인 피아노 교사 양성을 위한 체계적인 교육 프로그램을 제공할 수 있다. 우선, 피아노 연주의 기본이 되는 전공실기 이외에도 음악적인 이해력을 신장시킬 수 있도록 음악이론, 음악사, 피아노 문헌, 초견, 청음, 앙상블 연주 등과 같은 기초교육을 제공한다. 이를 통하여 궁극적으로 대학에서 피아노 교육은 학생 스스로 연주를 평가하고 문제점을 진단할 수 있는 통찰력을 계발할 수 있도록 이끌어 주어야 한다. 더 나아가, 피아노 교육자로 활동할 수 있도록 다양한 연령의 학습자를 지도하기 위한 학습이론 그리고 수준별 피아노 교재자료 분석 및 그 지도방법 등에 대한 구체적인 교육 프로그램을 제공하여야 한다. 이를 통하여 피아노 전공생이 장차 피아노 교육자로서 사회에서 만날 다양한 연령과 특성을 지닌 학생을 '어떻게 효율적으로 가르쳐야 하는가'에 지속적인 관심을 가지고 연구할 수 있는 역량을 심어 줄 수 있어야 한다.

현재 21세기를 살아가는 현대의 피아노 학습자들은 과거에 피아노 교육을 받을 때와는 다른 가치관과 태도로 학습에 임하고 있다. 피아노 교육환경, 교재자료, 학습매체 그리고 피아노 교사에 대한 사회적인 인식 또한 변하고 있다. 미래 사회에서는 세월이 흐르면 흐를수록 변화의 속도는 더욱 급격해질 것이다. 이에 대학 교육기관에서의 피아노 교사교육에 관한 보다 적극적인 준비와 실천이 요구되는 상황이다.

(2) 단기적인 음악전문성 개발을 위한 교사교육

음악전문성 개발을 위한 교사교육 방안으로 장기적인 학습을 요구하는 대학의 학위 프로그램 이외에 단기적으로는 음악교육 혹은 피아노 교육 관련 학회, 협회 등에서 운영하는 세미나 등을 찾아볼 수 있다.

아이러니하게도 국내에서 피아노 교사교육은 1970년대 이후 미국에서 개발된 많은 피아노 교재들을 소개하며 음악출판사가 중심이 되어 시작되었다. 1970년대 후반 세광출판사에서 가온 다 접근방식 교재 중 가장 성공적인 톰슨 교재를 비롯하여 1980년 음악춘추사에서 점진적인 다조성 접근법인 베스틴 교재를 도입하였다. 이어서 1992년 상지원에서 알프레드 교재를, 1998년 디지털 피아노 회사 벨로체에서 피아노 어드벤쳐 교재를 수입하여 출판하였다. 이러한 출판사들은 전국 여러 지역에서 세미나, 워크숍을 개최하여 교재의 특징 및 교수법을 소개하기도 하고, 자격증 과정을 제공하거나 단기교육 연수 일정을 계획하여 피아노 교사교육을 하고 있다(김신영, 2019). 음악출판사들은 전문 피아노 교사로서 갖춰야 할 지식이나 기술을 전달하기도 하지만 자체적으로 출판하는 교재를 홍보하고 교재의 이해를 돕기 위한 교사교육 프로그램을 제공하는 경우가 많다. 따라서 피아노 교사들은 출판사에서 제공하는 교사교육을 맹목적으로 받아들이기보다는 교재 개발을 위한 출판사의 교육적 의도와 노력, 커리큘럼의 참신함과 구성내용, 다양한 교수법 적용 여부 및 기대되는 학습 결과 등을 고려하며 교사교육에 참여하는 것이 바람직하다.

단기적으로 운영되는 피아노 교사교육에는 국내 음악출판사에서 제공하는 세미나 이외에 학회나 협회에서 제공하는 프로그램이 있다. 1990년대 후반 국내 대학원에서 학위 프로그램이 개설될 무렵, 1998년 12월 한국피아노교수법학회가 창단되었는데, 이는 현재 국내에서 유일한 피아노 페다고지 관련 학회이다. 주로 대학에서 강의하는 강사와 대학(원)생을 중심으로 매년 정기적으로 학술대회를 통하여 교사교육을 시행하고 있다. 그 외에 피아노 학원 교사나 개인 레스너를 대상으로 교사교육을 시행하고 있는 곳으로는 2003년에 설립된 한국피아노교수법연구소, 2011년 창단된 피아노페다고지연구회 등이 있으며, 온라인에서 2002년에 개설되어 2019년 현재 약 4만 8천여 명의 회원들의 모임인 피아노학원운영자의 모임(피운모) 등에서는 피아노 교사들이 정보와 문제점 등을 공유하며 자체 피아노 교사교육을 시행하고 있다.

피아노 교육 전문가들이 모인 학회나 협회에서는 피아노 교육에 대한 거시적인 방향 제시와 함께 구체적인 교사교육이 제공되어야 한다. 1950년대 이후 미국의 피아노 페다고지 발달사를 살펴보면 전문 피아노 교사 양성을 위한 교육은 대학교, 전문적인 학회 그리고 대학에서 전문성 있는 지도자에 의해 실시되어 왔다. 1979년에 창단된 미국 피아노페다고지협회(National Conference on Piano Pedagogy: NCPP)는 교사교육의 중요성을 강조하며 피아노 페다고지 커리큘럼을 학문적으로 연구함으로써 대학(원)에서 학위 프로그램을 개설하는 데 큰 방향을 제시해 주었다. 동시에 NCPP와 MTNA에서는 각각 1986년과 1988년 학술대회에서 대학(원)생들이 참여하는 피아노 공개강좌 세션을 마련하고 숙련된 전문가의 평가를 받는 프로그램을 제공함으로써 구체적인 피아노 교사교육의 예시를 제공해 왔다.

현재 국내의 학회나 협회에서 제공하고 있는 피아노 교사교육은 아직 거시적인 방향 제시보다는 미시적인 관점에서의 교사교육에 보다 더 큰 관심을 갖는 것이 사실이다. 그동안 학회나 협회에서 이루어진 활동을 살펴보면 마스터 클래스, 피아노 교재 소개, 지도자 세미나, 개인레슨, 입시평가, 콩쿠르 등의 사업이 주를 이룬다. 이러한 활동 중 교사교육이기보다는 교육사업이라고 불릴 만한 활동도 있는 것이 사실이다.

피아노 교육의 활성화를 위해 제공되는 다양한 활동 중 국내에서 간과되고 있는 것이 바로 '피아노 지도 공개강좌'이다. '왜 그렇게 지도해야 하는지' '어떻게 문제를 해결해야 하는지'에 대한 방법을 찾아갈 수 있도록 실제 교사의 피아노 지도를 숙련된 전문가가 평가하는 피아노 지도 공개강좌와 같은 교사교육 프로그램이 제공될 필요가 있다. 일반적으로 학원 피아노 교사들은 당장 학원에 적용할 새로운 피아노 교재 소개나 레퍼토리 소개에 관한 교사교육 프로그램에 더 큰 관심을 갖는다. 이때 피아노 교사들이 잊지 말아야 할 것은 오랜 학습기간이 필요하지만, 피아노 교육의 본질적인 문제를 고민하게 하는 '피아노 교육철학'이나 '교사역량' 계발과 같은 다양한 교사교육 프로그램의 참여이다. 이를 위하여 학회나 협회에서 현장 피아노 교사들의 요구에 보다 더욱 귀를 기울이고 이를 해결해 나가기 위한 다양한 교사교육이 제공되어야 할 것이다.

(3) 학원연수를 통한 피아노 교사교육

전문적인 피아노 교사로서 학원이나 교습소를 운영할 때 피아노 교육뿐만 아니라 국가나 지역사회에서 제시하는 법·규정의 변화에 대처할 수 있는 행정적 노하우가 필요하다. 「학원의 설립·운영 및 과외교습에 관한 법률」 제15조의 4 및 제20조에 의거하여 음악학원장을 포함한 전국의 모든 학원장은 매해 학원 관련 개정 법령 및 교육부 정책 방향 등 제반 내용에 관한 각 학원이 소재한 지역 교육청에서 1년에 한 번씩 학원 행정에 필요한 학원연수를 받도록 의무화하고 있다.

3) 전문적인 피아노 교사가 갖추어야 할 능력

유능한 피아노 교사가 되기 위해서는 가능한 한 많은 음악적, 피아노 연주 기술적 그리고 교육적인 훈련을 쌓아야 한다. 피아노 교수학 전공으로 대학원 수준에서 교사교육을 받을 경우, 피아노 교사가 갖추어야 할 전문적인 능력에 대해 NASM(National Association of Schools of Music, 1989, 2007)과 NCKP(National Conference on Keyboard Pedagogy)에서는 다음과 같이 제시한다.

- 피아노 음악의 기본이 되는 다양한 시대의 작품연주, 기초 테크닉 습득 및 개발, 음악이론과 건반화성, 초견, 청음, 앙상블 그리고 즉흥연주를 석사과정 학생 본인 스스로가 잘 해야 할 뿐만 아니라 다른 학생들을 효과적으로 지도하는 방법
- 개인 및 그룹레슨의 방법으로 다양한 수준의 학생을 장기적인 계획을 세워 균형 있고 지속적으로 지도할 수 있는 방법
- 학생연주를 적절히 평가하고 문제점을 진단할 수 있는 능력
- 스튜디오 레슨이나 연습에 도움을 줄 수 있는 최신 테크놀로지와 자료 활용방법
- 대학원 졸업 후 활용할 수 있는 평생교육 및 직업과 관련된 전문지식 또는 정보(출판, 워크숍, 학회, 세미나, 조직 및 기관 등)
- 학생지도 시에 필요한 주제나 문제를 도서관 자료나 정보 등을 활용하여 스스로 연구 또는 해결할 수 있는 능력
- 대학 진학 이전의 청소년 및 대학생 및 성인 학생들의 학습 스타일에 대한 기본적인 지식을 바탕으로 교재 분석, 지도방법 및 학습자의 연령에 맞는 대화기술

그 밖에 피아노 교수학 강좌 중 최근 피아노 교재자료 동향, 피아노 지도실습 경험, 피아노 수업참관 등의 학습 경험은 피아노 교사가 본인의 피아노 스튜디오를 설립하여 운영하는 데 큰 도움이 될 것이다.

재능이 있는 학생이 피아노를 잘 치게 만드는 것이 능력 있는 피아노 교사가 아니다. 재능이란 교육의 유무와 관계없이 드러나는 경우가 많기 때문이다. 도리어 성공적인 피아노 교사란 음악적 재능이 뛰어난 학생뿐만 아니라 가진 재능이 충분하지 않은 학생들도 피아노 연주를 할 수 있도록 이끌어 줄 수 있는 사람인 것이다. 이것이 바로 전문적인 피아노 교사가 갖추어야 할 능력인 것이다.

2. 개인과외교습 신고 및 학원(교습소) 설립

우리나라에서 개인과외교습자로 활동하거나 학원(교습소)을 설립하기 위하여 습득하여야 할 법규를 살펴봄으로써 전문적인 피아노 교사가 숙지하여야 할 사항을 살펴본다.

1) 개인과외교습자

피아노 교사가 자신의 집에서 피아노 교습을 하고자 할 때, 최소한 교사가 학생지도를 위하여 이동하여야 하는 시간을 줄이고 학원(교습소) 운영에 수반되는 간접비 부분을 절약할 수 있는 장점이 있다. 하지만 이때 고려하여야 할 사항은 피아노 교육활동을 하기에 주거활동공간과 분리되어 있는지, 이웃에 방해가 되지 않도록 방음시설이 필요한지 여부를 살펴야 할 것이다.

교육과학기술부(2009)에서 발간한 개인과외교습자 신고제 해설 자료에 의하면 '과외교습'이란 초등학교 · 중학교 · 고등학교 또는 이에 준하는 학교의 학생이나 학교입학 또는 학력인정에 관한 검정을 위한 수험준비생에게 지식 · 기술 · 예능을 교습하는 행위로 정의하고 있다(「학원법」 제2조의 제4호). '학습자의 주거지'로 방문레슨을 하거나 '교습자의 주거지'에서 개인교습을 하는 경우, 「건축법」 제2조 제2항의 단독주택 또는 공동주택에서 교습료를 받고 과외교습을 하는 자로 규정하며 이들은 주소지를 관할

하는 교육지원청에 신고한 후 '개인과외교습자신고필증'을 교부받은 후 관할 세무서에 가서 사업자등록을 한 후 교습을 하는 것이 원칙이다(미신고 시 과태료 500,000원 부과, 2019년도 기준; 교육과학기술부, 2009). 이때 대학 또는 대학원에 재학 중인 학생은 신고

〈표 12-1〉 **개인과외교습자신고서**

[별지 제22호 서식] 〈개정 2008.1.2〉			(앞쪽)	

개인과외교습자신고서		처리기간		사진 (3cm×4cm)
		즉시		

①성명	한글		②주민등록번호	
	한자			

③주소	(☎.)
④학력 및 전공	
⑤자격	
⑥경력	

⑦교습과목 및 교습료

교습과목 ＼ 교습료	초등학교	중학교	고등학교	비고
	월 원 (1시간당 원)	월 원 (1시간당 원)	월 원 (1시간당 원)	
	월 원 (1시간당 원)	월 원 (1시간당 원)	월 원 (1시간당 원)	

⑧교습장소	

※ 교습료는 1인당 금액을 말합니다.
※ 비고란에는 초등학교 · 중학교 및 고등학교별 교습인원을 기재합니다.

학원의설립 · 운영및과외교습에관한법률 제14조의2제1항 및 동법시행령 제16조의2제1항의 규정에 의하여 위와 같이 개인과외교습자로 신고합니다.

년   월   일

신고인   (서명 또는 인)

귀하

구비서류(각 1부)	수수료
1. 주민등록증 사본	없음
2. 최종학력증명서	
3. 자격증 사본(해당자의 경우에 한합니다)	

대상에서 제외(휴학생은 신고대상)되며, 신고내용은 교습자의 인적사항, 교습과목 및 교습료 등이다. 신고와 관련된 서식은 〈표 12-1〉과 같다.

국내 음악대학(원)을 재학 혹은 졸업한 상당수의 피아노 전공생은 학생의 집으로 방문하거나 본인의 거주지에서 피아노 지도를 하고 있다. 소수의 전공생은 전문적인 피아노 교사가 되기 위하여 지도경험을 쌓는 차원에서 피아노 교습을 하지만 대다수의 전공생은 용돈을 벌기 위한 수단 방편으로 아르바이트 차원에서 피아노 교습을 한다. 흔히 말하는 아르바이트(Arbeit)란 독일어의 '일' '노동' '업적' '근로' 등의 뜻으로 본래의 직업이 아닌 별도의 수입을 얻기 위해 하는 일로 단기 혹은 임시로 고용되어 일하는 것이다. 만약 피아노 지도에 임하는 자세가 "아르바이트로 피아노 지도를 한다."라고 말한다면 전문적인 피아노 교사가 아닌 아마추어 교사로서 임하는 것임을 깨달아야 할 것이다.

2) 학원(교습소) 설립

대다수의 학부모들은 피아노 교사를 선택할 때 학습장소가 지리적으로 가정이나 학교에서 가까운 곳에 위치해 있어서 접근성이 좋은 곳을 선호한다. 학원(교습소)을 설립할 경우, 건물 임대, 인테리어 시설, 관리유지비와 같은 비용이 교사에게는 상당한 부담을 줄 수 있다. 하지만 가정에서 혼자 학생을 지도하는 것과는 달리 동료 피아노 교사와 함께 지도하거나 강사를 고용하여 지도함으로써 더 많은 수의 학생 지도가 가능해지며, 다양한 활동을 위한 공간이 확보됨으로써 보다 전문적인 피아노 교육이 가능해지는 장점이 있다. 서울특별시교육청(2018)에서 제공하는 『2018년 학원업무편람』에서 교습소와 학원에 대한 정의를 살펴보면 다음과 같다.

'교습소'라 함은 초등학교, 중학교 및 고등학교 또는 이에 준하는 학교의 학생이나 학교입학 또는 학력인정에 관한 검정을 위한 수험준비생에게 지식 · 기술 · 예능을 교습하는 행위를 하는 시설로서 학원이 아닌 시설을 말한다. '학원'이란 사인(私人)이 대통령령으로 정하는 수 이상(10인)의 학습자 또는 불특정다수의 학습자에게 30일 이상의 교습과정(교습과정의 반복으로 교습일수가 30일 이상이 되는 경우 포함)에 따라 지식 · 기술(기능 포함) · 예능을 교습(상급학교 진학에 필요한 컨설팅 등 지도를 하는 경우와 정보통신기술 등을 활용하여 원격으로 교습하는 경우 포함)하거나 30일 이상 학습장소로 제공되는 시설을 말한다.

　학원이나 교습소를 설립하기 위한 절차를 구체적으로 살펴보면 다음과 같다. 우선, 본인이 설립하려는 학원이나 교습소의 주소지를 관할하는 교육지원청에 교습소 설립 및 운영신고를 하고 신고필증을 교부받은 후 교습을 시행하여야 한다(「학원의 설립·운영 및 과외교습에 관한 법률」 제14조, 시행령 제13조, 시행규칙 제11조). 학원과 교습소의 차이는 크게 면적기준과 강사채용 가능 여부에 의해 결정된다. 우선, 면적기준을 비교하면, 학원의 경우 지역마다 차이가 있지만 일반적으로 $60m^2$ 이상이 되어야 하나 교습소의 경우 면적의 제한은 없지만 $3.3m^2$당 1명의 원생을 받을 수 있다. 특히 교습소의 경우 동시 지도할 수 있는 인원수는 5인 이하로 제한된다. 학원이나 교습소의 시설 및 규모는 해당 시도별로 다르기 때문에 반드시 지방단체 교육지원청에서 확인하여야 한다.

　강사채용 가능 여부에 있어서 학원의 경우, 원장은 강의를 안 해도 되며, 강사를 고용하여 다양한 과목을 강의할 수 있다. 이에 반해, 교습소의 경우 1교습소 1과목을 원칙으로 한다. 예를 들어, 피아노 교습소에서는 피아노만을 교습하여야 하며 피아노 이외의 다른 악기들도 교습하고자 한다면 시설적으로 넓은 면적을 확보하여 음악학원을 설립하여야 하는 것이다. 2019년 1월부터 「학원의 설립·운영 및 과외교습에 관한 법률 시행령」 제15조에 교습소에 두는 임시교습자 및 보조요원의 채용기준을 추가하였다. 그 적용범위는 우선 임시교습자의 경우 교습자가 출산 또는 질병 등의 불가피한 사유로 직접 교습할 수 없는 경우에 해당된다. 보조요원의 경우, 학습자에 대한 행·재정적인 사무처리, 등·하원 지도, 어린이 통학버스 동승보호자, 안전사고 예방·지도 등과 같은 편의제공을 위해 채용할 수 있게 되었다. 하지만 보조요원이 단독으로 교습행위를 하거나 교습을 보조하는 행위는 금지되어 있음을 유의하여야 할 것이다.

　학원과 교습소 설립자의 자격을 비교하면 우선 교습소 설립자는 전문대학 졸업 이상의 졸업증명서, 졸업증서, 실기교사 자격증 원본 등이 필요하고 학원 설립자는 자격제한이 없다. 하지만 둘 다 공통적으로 성범죄 경력자(「아동·청소년 성보호에 관한 법률」 제56조)나 아동학대 관련 범죄 전력자는(「아동복지법」 제29조 3) 취업이 제한된다. 학원과 교습소 설립절차상의 차이점은 〈표 12-2〉에 제시되어 있다(서울특별시교육청, 2018).

　이처럼 피아노(음악)학원 및 교습소 그리고 개인과외교습 등을 설립하기 위해서는 교육장소가 위치해 있는 전국 16개 시·도 교육청 산하 관내 교육지원청에서 제시하는 조례와 규정을 따라야 한다. 학원비 및 교습비 신고도 각 교육지원청에서 설정한 기준액을 따라야 하며 이것은 지역별로 다르게 설정되어 있다. 〈표 12-3〉은 서울특별시의 주요지원청에서 제시하는 음악 학원 및 교습소 교습비 조정기준가를 비교한 것이다. 그 외에 학원 및 교습소의 안전 및 사고 예방을 위해서는 반드시 관내 시도교육청에서 규정하는 안전시설(소방안전시설 및 전기안전점검)을 갖추고 「학원의 설립·운영 및 과외교습에 관한 법률」(이하 '법'이라 한다) 제4조 제3항에 따라 학원 및 교습소의 보험가입 또는 공제사업에의 가입도 준수하여야 할 것이다(서울특별시교육청, 2017).

〈표 12-2〉 **학원 및 교습소의 차이점**

구분	학원	교습소
시설규모	관할 지자체 조례 확인	교습에 필요한 최소한의 규모
교습장소	제2종 근린생활 시설, 교육연구시설	제2종 근린생활 시설, 교육연구시설
강사채용 여부	채용 가능	채용 불가
학습자수	동시 10인 이상 가능(피아노 6인 이하)	동시 9인까지 가능(피아노 5인 이하)
교습과목	교습과정에 해당하는 여러 과목 (피아노, 바이올린, 첼로 등)	1과목(피아노만 가능)
1인 2개소 이상 운영가능 여부	가능	불가
설립자의 자격	「학원의 설립·운영 및 과외교습에 관한 법률」에 따른 결격사유에 해당되지 않는 자로서 학원의 설립·운영 중 결격사유가 발생하면 학원 등록의 효력은 상실함.	전문대학 졸업 이상의 졸업증명서, 졸업증서, 실기교사 자격증 원본

〈표 12-3〉 **학원 및 교습소 교습비 조정기준가**   (단위: 원)

교습과정	서울특별시도 교육청	분야	분당단가	월교습비 (21일 기준)	시행일
음악	강남서초 교육지원청	초급	191	240,660	2014.06.16.~
		중급	268	337,680	2014.06.16.~
		입시(실용, 관현악, 성악 포함)	344	433,440	2014.06.16.~
	서부교육지원청	초급	130	163,800	2013. 07. 31~
		중급	160	201,600	2013. 07. 31~
		고급	190	239,400	2013. 07. 31~
	동부교육지원청	초급	121	152,460	2016. 08. 05~
		중급	178	224,280	2016. 08. 05~
		고급	258	325,080	2016. 08. 05~
	북부교육지원청	일반	185	233,100	2012. 05. 17~
		입시	291	366,660	2012. 05. 17~
	남부교육지원청	일반	130	201,600	2013. 06. 29~
		입시 · 실용 · 관현악	280	352,800	2013. 06. 29~

※ 월교습료 산정: 분당단가 × 60분 × 21일(1시간 / 1일)

3. 학원(교습소) 경영의 실제

  상당수의 음악전공생이 대학 졸업 후 자신의 전공을 살려 학원(교습소)을 개원하길 희망한다. 하지만 최근 학원(교습소) 및 피아노를 지도하는 개인 레스너들은 증가하나 출산율의 감소로 인한 학원생이 줄어듦에 따라 음악 사교육 시장의 규모가 잠재적으로 축소되고 있다. 이에 따라 음악 학원 간의 경쟁이 치열해지고 있으며, 학원이나 교습소가 '운영'이란 단어보다는 '경영'이라는 단어를 더 많이 사용해야 하는 것도 이러한 어려운 상황을 의미하고 있다. 따라서 학원이나 교습소를 운영하는 교사는 학생의 피아노를 지도하는 교육자의 역할뿐만 아니라 이제는 학원(교습소)을 운영하는 경영자의 역할까지 맡아야 하는 것이 현실이다. 이에 학원(교습소) 및 개인피아노 과외교습을 경영하는 데 필요한 정책과 조언을 제공하고자 한다.

1) 학원(교습소) 및 개인과외교습을 위한 운영 정책

전문적인 피아노(음악) 학원 및 교습소 그리고 개인피아노 과외교습을 운영하기 위해서 반드시 구비하여야 할 것이 운영정책이다. 최소한 각 시도교육청에서 제공하는 학원업무편람을 정독하고 이를 준수할 경우 흔히 학생과 학부모와 앞으로 일어날 수 있는 논쟁을 최소화할 수 있다(〈표 12-4〉 참조). 예를 들어, 교습비 책정은 〈표 12-3〉에서 언급한 것처럼 관내 교육청에서 제시하는 조정기준가를 준수하여야 한다. 그리고 교습비에 대한 정보, 반환 기준 등은 학원 및 교습소에 게시해 두어야 한다. 그 외에 세부적으로 세워야 할 정책으로는 교습비 청구기간, 상담시간, 연간행사계획 그리고 보충레슨에 대한 정책이다. 예를 들어, 24시간 전에 통보하지 않고 레슨에 빠질 경우 보충 레슨 여부, 레슨비 환불 등에 대한 정책은 학생이 처음 등록할 때 명확히 제시하여야 이후의 발생할 수 있는 문제를 방지할 수 있을 것이다.

〈표 12-4〉 **교습소의 게시 및 비치 서류(「학원법」 제16조 관련)**

장부 및 서류명	게시(○)/ 비치(△)	보존기간	비 고
1. 교습소설립 · 운영신고증명서	○	준영구	과태료 사항
2. 교습비등 게시	○		과태료 사항
3. 교습비등 반환기준	○		과태료 사항
4. 교습비등 영수증 원부	△	5년	과태료 사항
5. 현금출납부	△	5년	과태료 사항
6. 수강생 대장	△	3년	과태료 사항
7. 직원 명부	△	계속	과태료 사항
8. 개인정보 수집 · 이용 동의서	△		해당시
9. 개인정보 처리 위탁 계약서	△		해당시

2) 학원(교습소) 시설

학원(교습소) 시설은 각 시도교육청에서 제정하는 학원의 설립 · 운영 및 과외교습에 관한 조례에 따라 설립 · 운영되어야 한다. 음악대학을 갓 졸업하고 처음으로 교습소를 운영하고자 할 때는 큰 자본을 가지고 시작하기 쉽지 않다. 이때는 조율이 잘된 피아노와 높이 조절이 가능한 피아노 의자 한 대부터 시작하여 교수자의 역량이 발전함에 따라 점차적으로 시설을 확장해 나아갈 수 있다. 교습소의 경우, 동시 지도할 수 있는 인원수는 5인 이하로 제한되기 때문에 피아노를 5대 이상 구비하는 것이 제한된다. 만약 2대 이상의 피아노를 구비할 경우 부피가 큰 어쿠스틱 피아노보다 디지털 피아노 구입을 추천한다. 그 이유는 좁은 공간 활용을 효율적으로 할 수 있을 뿐만 아니라 피아노 앙상블 및 그룹피아노 지도를 할 수 있기 때문이다. 그 외에 음악감상을 위한 오디오 시스템, 특강수업을 위한 리듬악기, 이론수업을 위한 화이트보드 그리고 테크놀로지를 활용한 다양한 음악활동을 위해 컴퓨터와 음악 소프트웨어 혹은 다양한 음악 애플이 장착되어 있는 태블릿 PC나 패드 등을 구비하면 좋다.

3) 학원(교습소) 경영을 위한 조언

(1) 교사 전문성 신장을 위한 노력

학원(교습소)을 운영하는 피아노 교사는 실기교육을 통해 어린 학생에게는 학교 음악교육을 보완하면서 학생의 음악성을 계발하고 음악을 애호하게 하는 자세를 키우는 역할을 한다. 성인학습자를 대상으로 하는 피아노 교육에 있어서도 성인이 음악적 성장뿐만 아니라 음악을 통한 자아실현을 이루는 데 기여할 것이다. 또한 피아노를 전공하려는 학생을 지도함으로써 음악가로 성장하는 데 필요한 지식과 기술을 계발하고 전문적인 길로 나아갈 수 있도록 진로를 이끌어 주는 데 중요한 역할을 한다.

이처럼 다양한 학습동기와 연령을 지닌 학습자를 대상으로 피아노 교육을 하기 위해서 자신의 전문성을 신장시키려는 노력이 필요하다. 교사는 학원의 경쟁력을 대표하므로, 서로 다른 학습동기와 연령을 지닌 학생들에게 차별화된 교육과정과 수업방법을 개발하여 경쟁력 있는 교사로 성장하기 위한 노력을 기울여야 한다(김혜숙, 오경희, 2011). 특히 학원교육은 규정된 교육과정이 없기 때문에 강사 스스로 교육내용과 방법을 선택해야 하는 경우가 많으므로 최근 음악교육의 방향과 교수법에 대한 이해와 연구가 지속적으로 필요하다(장선희, 김성미, 2002). 결국 이러한 교육프로그램의 질적 향상과 교육방법의 개선 그리고 교육운영의 효율과 향상은 궁극적으로 학원(교습소)의 재무적 측면과 경영에 영향을 미친다. 따라서 학원에서도 피아노 교사교육에 대한 장기적 계획을 가지고 교사의 학습과 수업에 대한 역량을 강화시키는 것이 중요하며, 지속적으로 강사교육을 지원하여 교사의 역할에 대한 책임감을 불어넣어야 할 것이다(김미숙, 2014).

(2) 교사와 학부모 간의 관계를 위한 노력

모든 교육에 있어서 교수자와 학습자 간의 소통은 더할 나위 없이 중요하다. 성인학습자의 경우, 교사와 직접적인 소통이 가능하나 학습자의 나이가 어릴수록 학부모에게 그들의 자녀가 무엇을 어떻게 학습하고 있는지 지속적으로 알리고 소통할 필요가 있다. 이를 위한 방법으로 학부모 간담회를 개최하거나 학습상담을 실시하는 방법이 있다. 학부모 간담회에서는 학원장이나 교사의 피아노 교육철학, 교수방법, 학원운영정책 등을 논의할 수 있다. 학습상담에서는 교사와 학부모가 직접 만나 학생의 피아노 교육 진행상황을 전달하고 가정에서 피아노 연습의 중요성을 논의할 수 있다.

그 밖에 정기적으로 학원(교습소) 안내문을 발송하는 방법도 제안한다. 안내문에는 학원(교습소), 학원장 및 교사의 근황 그리고 학생이 개별적으로 수행하고 있는 교육과정과 진행사항을 전달할 수 있다. 예를 들어, 교사연주회나 교사연수 소식을 전달함으로써 교사의 전문성 신장을 위해 끊임없이 노력하는 모습을 알리는 동시에 교사에 대한 신뢰감을 쌓을 수 있다. 또한 학생의 주별 혹은 월별 교육상황을 안내문으로 발송함으로써 학부모는 학원(교습소)에 가지 않아도 자녀의 학습상황을 파악할 수 있다.

특히 학원(교습소)에서 연주회나 기타 행사 등이 있을 때는 미리 공지하여 알리도록 하여야 한다. 책정된 교육비 외에 추가적인 비용이 발생하는 것은 학부모가 부담스러워할 수 있으므로 가능한 한 이 부분은 자제하는 것이 바람직하다. 교육비에 대한 공지는 면대면보다는 안내문과 같이 지면을 통해 알리는 것이 바람직하며, 월별 교육비 영수증 및 연말 소득공제 영수증도 함께 챙겨야 할 것이다.

(3) 교사와 학생과의 관계를 위한 노력

학습의 주체인 학생과 교사 간의 소통도 중요하다. 이를 위하여 피아노를 지도하는 교사에게는 '피아노 지도계획-지도실제-지도결과'를 정리하는 레슨일지 작성을 권한다. 학교음악 교육과는 달리 음악학원 교육은 규정된 교육과정이 없기 때문에 교사 스스로 교육목적 및 내용 그리고 방법을 선택해야 하는 경우가 많다. 피아노 지도에 있어 학생 개개인을 위해 장기적으로는 학기별 혹은 학년별 계획이 세워져야 하며 단기적으로는 매시간 지도계획이 필요하다. 하지만 실제 피아노 교수・학습은 늘 연습시간의 부족으로 계획한 분량을 못 끝내고 다음으로 미루는 경우가 많은 것이 사실이다. 음악지도의 이러한 문제점을 해결하기 위해서라도 레슨일지 작성이 필요하다. 교사는 레슨일지에 단기적으로 매시간별 피아노 지도목표와 지도방법, 평가, 과제 등을 기록하여야 한다. 또한 학생의 출석 여부, 학습태도, 진도 상황, 과제이수 여부 등도 기록하여야 한다. 이와 같은 레슨일지는 학부모와의 상담자료로서 사용할 수 있을 뿐만 아니라 학생의 특성과 학습여건을 고려한 장기적인 교육계획을 세우고 교사의 교수법을 개선하는 데 도움을 줄 수 있다.

한두 명이 아닌 많게는 수십 명의 학생을 지도하는 학원(교습소)에서 각 학생의 학습상황을 기록해 두지 않는 한 모든 학생의 학습상황을 기억하는 것은 불가능하다. 다만, 레슨일지 작성이 교사의 업무 과중으로 이어지지 않도록 가능한 한 간단하게 기입할 수 있는 일정 양식의 표를 만들어 활용하는 것이 바람직하다.

〈표 12-5〉 **교사 레슨일지 샘플**

학생 이름						
학습일자		월　일　시　분~　시　분				
레슨계획	지도목표					
	교재/레퍼토리					
	지도내용 및 방법					
	과제					
레슨평가	평가 (과제이수 여부)	1	2	3	4	5
		매우 미흡	미흡	보통	우수	매우 우수
	학습태도	1	2	3	4	5
		매우 미흡	미흡	보통	우수	매우 우수
	기타 특이사항					

한편, 학생 측면에서 스스로 자기주도적으로 피아노 학습을 할 수 있도록 스스로 관찰할 수 있는 연습일지 작성을 권한다. 연습일지는 학생이 레슨 때 학습한 내용, 연습해야 할 사항, 연습하면서 특히 어려운 부분 그리고 스스로의 연습을 평가하는 등을 작성하는 일종의 자기활동지이다. 연습일지에 일기 쓰듯이 간단하게 피아노 연습과정을 작성하는 활동은 학생에게는 자기주도적인 학습을 이끌어 줄 뿐만 아니라 교사에게는 이를 통해 학생이 무엇을 어려워하고 문제해결을 위하여 무엇을 도와줘야 할지를 구체적으로 계획할 수 있도록 도와준다.

〈표 12–6〉 **학생 연습일지 샘플**

연습일지	2019년 월 일				
Bach Invention					
Mozart Sonata					
내 연습은 어땠나요? 스스로 평가해 봅시다.	전혀 연습을 못 했어요.	조금 연습했어요.	보통이에요.	열심히 연습했어요.	매우 열심히 연습했어요.
레슨 때 선생님께서 수정 보완을 요구하신 사항은 무엇인가요?					
잘 안되는 부분은 어디인가요? 왜 그런지 이유를 생각해 봅시다.					
스스로를 칭찬하고 반성해 봅시다.					
부모님 한마디 또는 확인해 주세요.					

(4) 학생연주회

학생이 배운 것을 평가하는 것은 교육과정에 있어서 반드시 포함되어야 할 활동이다. 그것은 학생이 얼마나 배우고 발전하였는지에 대한 정보를 갖는 것뿐만 아니라 교사가 그동안 학생들을 잘 가르쳤는지 또 얼마만큼 훌륭하게 목표에 달성하였는지에 대한 정보를 구할 수 있기 때문이다.

피아노 교육에서의 평가는 여러 가지 방법으로 가능하다. 그런 의미에서 학원에서의 연주회는 일정 기간 동안 학생이 얼마나 학습하였는지를 파악할 수 있는 좋은 평가

방법 중 하나이다. 물론 교사는 매주 레슨 때마다 한 주간의 학생의 연습과정을 평가할 수 있고, 학생은 매일의 연습 때마다 스스로의 연습과정을 평가할 수도 있다. 하지만 무엇보다도 일정 기간 학습한 작품을 동료와 가족들이 있는 무대 위에서 연주하는 경험은 음악교육만이 갖는 짜릿한 경험이다. 이때 연주회는 긴장된 상황에서 시험을 치르는 평가가 아닌 음악의 즐거움을 경험할 수 있는 축제나 페스티벌과 같은 역할을 한다. 어릴 때부터 꾸준히 무대에서 연주경험을 갖는 학생은 자아성취감과 함께 자신감을 습득할 수 있다. 학부모는 자녀들의 음악적 성장을 바라보며 지속적인 지원을 하고 싶어 할 것이다.

하지만 눈에 보이는 성과를 내기 위하여 단기적인 목표에만 집중할 경우, 학생이 음악적 요소와 개념을 이해하고 연주하는지도 불확실할 뿐만 아니라 수년간 피아노 학습을 하여도 악보를 읽는 것조차 어려워할 수 있다. 즉, 피아노 교사는 피아노 지도가 특정한 작품을 무대에 올리기 위한 준비에만 중점을 두고 이루어질 경우 파생될 수 있는 피아노 교육의 문제점에 대해 늘 경계하여야 할 것이다.

학생연주회를 진행하는 방법이나 장소 또한 다양하게 생각해 볼 수 있다. 학원 내에 학부모가 참관할 수 있는 공간이 확보될 경우에는 학원에서의 작은 연주회가 추가 비용이 들지 않아 효과적일 것이다. 하지만 대다수의 교습소나 개인피아노 과외교습자인 경우, 학생연주회 개최를 위한 공간적인 여유가 없어 외부시설을 대관하는 경우가 있다. 이때 지역사회의 교회, 병원, 양로원, 복지원 등과 같은 기관에서 학생연주회를 시도해 보는 것도 추천한다. 꼭 화려한 무대가 아니더라도 지역사회 내에 피아노가 갖춰진 기관에서의 소박한 연주회는 어린 학생들에게 단지 개인적인 성취를 위한 연주에서 그치지 않고 더 나아가 '재능기부'를 통한 사회적인 참여를 경험할 수 있는 귀한 경험이 될 것이다. 뿐만 아니라 피아노 교사에게는 연주회를 통하여 학생들의 음악적 성장뿐만 아니라 지역사회에서의 관계유지 그리고 학원(교습소) 홍보까지 겸할 수 있어 일거양득이 된다.

4. 학생 및 학부모와의 소통

학생은 교사를 통하여 관계를 학습하고 관계를 통해 자아를 형성하고 성장해 나간다. 이러한 관계에 있어서 '소통'은 학생의 학습효과를 극대화할 뿐만 아니라 정서적 공감대를 형성함으로써 상호관계의 질을 향상시킨다. 더불어 가정교육과의 연계를 위해 교사는 학부모의 도움이 필요하며 학부모 역시 자녀교육을 위해 교사와의 핵심적인 의사소통이 필수요소이다. 피아노를 연주하는 수준에 따라 초급, 중급, 고급으로 구분되고 그 목표에 따라 전공, 비전공으로 나뉘지만 여기에서는 피아노 교사가 초급학생과 전공학생 그리고 학부모와의 소통을 위해 준비해야 할 사항에 대해 살펴본다..

1) 학생과의 소통

(1) 초급학생

초급학생의 경우, 기초연마를 위해 연습을 기계적으로 많이 하게 하는 것보다는 학생 스스로 연습에 대한 동기부여가 필요하다. 이를 위해 교사는 매 레슨 전 10분 동안은 피아노의 구조를 한 부분씩 그림 그려 보거나 소리가 나는 원리에 대해 알려 주기도 하고 현재 연습하는 곡의 작곡가에 대해 서로 이야기해 보는 시간을 갖는 것이 도움이 된다. 혹은 학생이 알 만한 곡을 교사가 연주하여 중간 특정 부분의 음을 연주하지 않고 어떤 음이 들어가는지 피아노로 쳐 보게 하거나 소리 내어 불러 보게 한다. 즉, 학생에게 피아노는 흥미롭고 재미 있는 악기라는 인식이 자리 잡도록 하여 자연스럽게 연습으로 이어지도록 하는 것이다. 이럴 경우, 교사의 일방적인 정보 제공보다는 학생에게 일정량의 과제를 주어서 학습공동체로서의 의사소통이 이루어지도록 하며, 이를 통해 학습적·정서적 공감대를 형성할 수 있다.

학생이 피아노를 통해 이루고자 하는 목표와 성향 파악 또한 중요하다. 초급학생은 목표가 뚜렷하지 않은 경우가 많으므로 교사가 지속적으로 학생에게 목표를 질문하고 학생 스스로가 그 답을 찾게 하는 것이 피아노 학습을 지속적으로 유지하게 하는 방법이다. 중간에 목표가 바뀔지라도 학생 스스로가 인지하고 선택하도록 주도적인 위치에 있게끔 해야 한다. 그리고 교사는 초급학생이 피아노에 익숙해지기 전까지는 비언어적 행동에 주의를 기울여야 한다(Aalieh & Ghasem, 2011). 레슨 중 시선이 다른 곳에 있거나 행동이 느려지거나 두통이나 복통 등의 신체적 통증을 호소하면 교사는 즉시 학생의 부모에게 상담을 요청하거나 현재의 상태를 알려 함께 해결하도록 한다.

(2) 전공학생

① 연습이 불성실한 학생을 상담할 때

피아노를 전공으로 선택하는 학생의 경우, 교사는 학생에게 '연습'의 중요성을 계속 인지시켜야 한다. 연습이라는 거대한 무게를 극복하지 않고서는 목표에 도달할 수 없다는 것을 강조할 필요가 있다. 따라서 교사가 매번 연습하라고 다그치기보다는 매 레슨마다 학생 스스로 최선을 다해 연습했는지 물어보는 것도 한 방법이다. 많은 학생이 연습이 부족하거나 원하는 소리가 나지 않을 때 교사를 향해 습관적으로 "죄송합니다."라고 말한다. 이것은 교사에게 미안한 일이 아니라 학생 스스로에게 미안한 일임을 일깨워 주어야 한다. 인생을 살면서 스스로에게 최선을 선사하는 것은 정말 아름다운 일이다. 마지막 1%까지 최선을 다하는 자만이 인생의 주인공으로서 당당하게 살아가는 법이다.

레슨 중 꾀를 피우거나 연습을 게을리할 때 교사는 단호히 야단을 쳐야 하지만 결코 감정적으로 대해서는 안 된다. "야단치다 보니 언성이 높아졌다." "말하고 나니 후회된다."와 같은 말들은 교사로서 주의해야 한다. 연습부족으로 시작한 훈계가 감정적으로 번져서 다른 점으로 확대되어서는 안 된다. 연습부족이면 연습의 중요성에 관한 훈계만 하며 레슨시간을 잘 지키지 않으면 약속에 대한 중요성만 언급해야지 이것저것 막 섞어서 요점이 무엇인지 학생이 헷갈려 하지 않도록 해야 한다. 교사가 학생에게 충고를 할 때는 다음과 같이 학생의 장점을 함께 부각시키는 것도 방법이다.

- "○○이는 집중력은 아주 훌륭한데 연습을 안 하니 그 집중력이 빛나지가 않아. 그러니 연습량을 조금 늘이면 두 배의 효과가 날 거야. 한번 시도해 보자."
- "○○이는 손 구조가 피아노 치기에 적합하여 아주 훌륭한 피아니스트가 될 거야. 그런데 레슨에 매번 늦으니 시간이 모자라네. 레슨시간을 한번 지켜볼까?"

교사는 학생에게 오로지 목표달성을 위해 압박과 상처를 주는 존재가 아닌 존중과 신뢰를 주는 따뜻한 조언자이다(오세집, 2005).

② 슬럼프에 빠진 학생을 상담할 때

전공학생은 진학이라는 눈앞의 목표를 향해 쉬지 않고 달려가다가 중요한 순간 슬럼프에 빠져 피아노를 멀리하게 되는 경우가 있다. 예를 들어, 입시 전 콩쿠르에 도전했다가 예상치 못한 결과를 얻었을 때, 유명 연주가의 연주를 보고 난 후 스스로 자괴감에 빠질 때, 오랜 시간 동안 곡의 한 부분이 기술적인 면이나 음악적인 면에서 해결이 되지 않을 때 등 다양한 원인이 발생할 것이다. 그러므로 교사는 학생과 소통 시 다음과 같은 개방적인 형태의 질문을 통해 학생의 현재 컨디션을 파악할 수 있다.

• "요즘 제일 신나는 일은 무엇이니?"
• "10년 후 오늘은 무엇을 하고 있을까?"

이런 개방적이고 오픈된 질문은 학생으로 하여금 말하고 싶은 부분에 초점을 맞춰 이야기하게 하고 설명식의 대답을 통해 학생이 어떤 의식의 흐름 속에 있는지 교사가 가늠할 수 있다(이규미, 2018).

정서적으로 안정이 되지 않은 상태의 학생에게 한 번에 여러 질문을 던지면 학생은 대답을 찾는 과정에서 더욱더 혼란을 겪을 수 있다. 명심하자! 질문은 한 번에 한 가지씩! 다음과 같이 단답형 대화를 유도하는 폐쇄적인 형태의 여러 질문은 사실관계 확인은 가능하지만 학생의 현재 상태를 살피기에 적합하지 않다.

• "요즈음은 방학이니 늦잠 자지? 그래서 연습은 몇 시간씩 하니?"
• "레슨 올 때 버스 타고 왔지? 레슨 마치고 어디 갈 거야?"

슬럼프에 빠진 학생을 교사가 알아채지 못하고 오랜 기간 방치하면 학생은 자신감이 저하되고 목표의식이 흐려지게 되므로 학생 자신도 모르는 사이에 원하지 않는 방향으로 가 있게 된다. 이럴 때 교사가 다음과 같이 무관심하고 대수롭지 않게 여기는 반응을 보이면 상황은 악화된다.

- "다 그래~ 별거 아니야!"
- "너 연습하기 싫어서 그러지?"
- "이렇게 연습 안 하면 입시 떨어질 수 있어!"

　입시를 앞둔 학생이 슬럼프를 겪을 때는 무조건 연습만 강조하여 극복시키는 것보다는 다른 방법으로 융통성을 발휘하여 단시간에 문제를 해결하는 것도 하나의 방법이다. 예를 들어, 레슨시간에 교사와 함께 쉽고 짧은 듀오곡을 연습하게 함으로써 입시곡의 부담을 잠시나마 잊게 한다든지 입시곡의 악보를 펴서 악보에 표기된 다이내믹스의 종류나 악상기호를 모두 적어 보게 하여 곡을 다른 시각으로 접근하게 도와줄 수도 있으며 입시곡의 작곡가에 관한 책을 읽게 하여 작곡가로서의 성공비결이 무엇인가를 생각해 보게 할 수도 있다. 그 밖에 레슨 시간과 장소를 바꿔서 학생의 관심을 외부로 돌려 정신적인 환기를 시키는 것도 좋은 방법 중 하나이다. 이때는 반드시 학부모에게 상황을 이해시키고 동의를 구해야 함을 잊지 말아야 한다.

　이는 학생과의 공감대 형성뿐만 아니라 교사에 대한 믿음과 신뢰를 굳건히 한다. 그 외의 방법으로 교사의 슬럼프 경험담을 이야기해 주거나 유명 작곡가가 겪은 슬럼프에 대해 알려 주는 것도 좋은 방법이다. 예를 들어, 「피아노협주곡 1번」을 작곡한 후 극심한 자괴감에 빠져 정신과 치료를 받는 지경까지 갔지만 스스로 이를 잘 극복하여 「피아노협주곡 2번」과 같은 명곡을 탄생시킨 라흐마니노프의 일화가 있다. 다른 예로는 귀가 완전히 들리지 않은 상태를 비관하여 자살을 결심하고 유서를 쓴 후에도 음악에 대한 열정을 포기하지 않고 「합창 교향곡」과 같은 걸작을 작곡한 베토벤의 일생을 들려주는 것도 좋은 방법이다. 그리하여 슬럼프란 혼자만이 겪는 것이 아니라 누구나 겪는 아름다운 성장통임을 알려 준다.

　누군가의 마음을 움직인다는 것은 상상 이상의 정성과 인내를 요구한다. 학생이 슬럼프를 잘 극복하려면 교사의 시간과 정성이 절대적으로 필요하며 때에 따라 예상치 못한 비용이 발생하기도 한다. 이럴 때는 학부모에게 의논하여 비용청구도 가능하니 오롯이 학생에게만 집중하는 것이 효과적이다. 교사와 학생은 상생(相生)하는 존재이다. 학생의 성장이, 곧 교사의 성장이다.

2) 학부모와의 소통

(1) 일반상담

① 피아노를 시작하는 학생

피아노를 시작하기 위하여 방문한 학생과 학부모를 상담할 때 교사는 학생과 학부모의 학습목표를 함께 확인해야 한다. 학생과 학부모의 목표가 상이하다면 서로 조율하여 한 방향으로 이끄는 것이 교사의 역할이다.

학습목표를 파악하면 교사는 이에 합당한 그의 교육철학과 지도방법을 소신 있게 밝혀야 한다. 이에 따라 교재선택, 레슨시간, 레슨횟수, 레슨방법, 레슨비용, 보충레슨의 기준 등에 관하여 상세한 상담을 진행한다. 이 단계에서 명백하고 확실한 소통이 이루어져야 지속적인 학습이 이루어지므로 장시간을 할애하더라도 상호이해가 분명히 되었음을 확인할 필요가 있다. 상담 시에는 차림새 또한 학부모로 하여금 학생을 믿고 맡길 수 있다는 생각이 들도록 이미지메이킹을 해야 한다. 꼭 정장을 입을 필요는 없지만 단정한 옷매무새를 유지하고 반지, 팔지, 네일아트 등 피아노 교육에 방해를 주는 지나친 액세서리를 삼가한다.

② 피아노 학습이 진행되고 있는 학생

피아노 학습이 진행되는 과정에 있어서 교사는 학부모에게 자녀의 피아노 교육 관련 상담을 할 수 있는 다양한 방법을 제공하는 것이 중요하다. 예를 들어, 요즈음은 맞벌이 부모 수가 증가하므로 상담 시간과 장소를 미리 의논하여 면담을 진행할 수도 있고 전화 상담이나 이메일 상담도 언제든지 이루어지도록 한다. 상담환경 또한 중요하다. 효과적인 상담을 위해서는 학부모와 마주 보도록 의자를 배치하는 것이 상호 의사소통에 도움을 주며 학부모의 표정이 보일 정도의 중간 조명이면 충분하다. 학부모와 면담이 이루어질 때 교사가 작성한 학습발달기록과 학생 스스로가 작성한 연습일지를 함께 준비하면 효과적이다. 학부모를 만났을 때 바로 상담목적을 시작하는 것보다는 다음과 같은 부드러운 대화로 학부모의 마음을 편하게 하는 것이 바람직하다. 그리고 학생의 학습장점이나 교우관계 혹은 인성에 대한 장점을 먼저 부각시키고 그 후에 학생이 개선하여야 할 부분에 대해서 함께 의논한다. 이때 교사가 가장 주의해야 할 사항은 일방적인 내용전달이 아니라 상호 간의 의견교류임을 기억하여야 할 것이다.

- "○○ 어머님! 오시느라 수고하셨어요." (중략)
- "○○ 어머님! 시간 내어 주셔서 감사해요."
- "○○이는 교우관계가 좋아요."

상담이 마무리될 시점에서 개선방법과 그 결과에 대해 추후상담 날짜를 잠정적으로 잡는 것도 학생의 지속적인 학습발달에 도움이 될 것이다. 전화 상담이나 이메일 상담이 이루어질 경우에도 앞의 상황을 유의하여 준비하도록 한다. 상담이란 일방적인 내용전달이 아니라 상호 간의 의견교류이다.

③ 학부모와의 신뢰관계 형성

교사에게 있어서 학부모는, 학부모에게 있어서 교사는 공동의 교육적 목표를 위한 동반자이자 파트너이다. 즉, 이 둘은 상호협조하에 신뢰관계를 형성하고 유지해야 한다(Lawrence, 2003). 이를 위해 학부모는 교사에게 자녀와 그 주위환경에 관한 정보를 솔직히 제공하고 교사의 의견을 감정보다는 이성적으로 받아들여야 하며, 교사의 노고에 인정하고 감사함을 가져야 한다. 반면, 학부모와의 신뢰관계 형성을 위해 교사가 지녀야 할 기본적 자세는 다음과 같다.

- **전문가적인 면모**

전문적인 교사의 자격을 갖추기 위하여 어떠한 과정을 공부하였는지 학부모에게 경력을 밝히고 피아노 학습에 관한 교육관을 정확히 설명한다. 가능하다면 그동안 피아노 교육에 관한 성과자료(학생 콩쿠르 참여, 학생 연주회 개최 등)를 제시하는 것도 효과적이다.

- **학습정보 제공**

학부모가 자녀를 직접적으로 교육하지 않을 경우, 자녀의 학습과정이나 상태에 대한 정보가 없다면 학부모는 불안과 두려움을 느낀다. 이를 해소시켜 교사에 대한 신뢰감을 갖도록 하는 방법으로 학생의 수업장면을 사진 찍거나 녹화하여 학부모에게 전송한다든지 통화나 문자 혹은 이메일을 통해 현재 학습진행 상태를 학부모에게 제공한다.

• 경청

교사와 학부모의 교육적 관점은 다를 수 있다. 학부모와의 상담 시 교사는 섣불리 판단을 내리기보다 학부모가 최대한 의견을 많이 제시하도록 분위기를 이끌고 이야기를 듣는 것으로써 학부모로부터 신뢰와 공감을 얻는다.

• 신상 비공개

인간은 신체적 · 정신적인 균형을 이루어야 건강한 사회생활이 가능하다. 학생들 중 간혹 어느 한 부분에 균열이 생겨 힘든 시간을 보내는 경우가 있다. 학생과 그 주변에서 일어나는 그 어떠한 상황에 대해서도 제3자에게 발설해서는 안 된다.

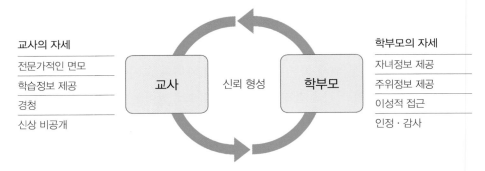

[그림 12-1] 신뢰관계 형성을 위한 학부모와 교사의 자세

(2) 민원상담

① 교사의 자세

인간은 서로 다른 사고방식과 지각방식으로 생활하기 때문에 의견충돌이나 의견대립은 자연스러운 현상이다. 반면, 누군가로부터 칭찬이 아닌 불만을 듣게 되면 기분 또한 상하는 것이 당연한 이치다. 그러나 내적으로 쌓인 불만보다는 표출되는 불만이 오히려 교사에게는 득이 된다. 즉, 불만을 만족스럽게 해결한 후 학부모와 교사는 학생의 성장을 돕고자 하는 협조자로서의 상호신뢰를 더욱 굳건히 할 수 있다. 그러므로 학부모의 불만을 나의 불만으로 삼지 말고, 학부모로부터 불만사항을 들었을 때 이를 원만

히 해결하기 위해서 교사는 우선적으로 다음과 같은 자세를 취할 수 있다.

첫째, 학부모가 감정적으로 흥분된 상태거나 언성이 높아진 상태라면 교사는 목소리 톤을 낮추어 상대가 감정을 자연스럽게 가라앉히도록 한다. 감정이 격해진 상태에서는 정확한 소통이 이루어질 수가 없다.

둘째, 학부모의 말을 끝까지 듣고 교사가 그 내용을 재차 반복해서 불만사항이 무엇 인지를 정확히 인지할 필요가 있다. 학부모의 불만사항을 미리 짐작하여 중간에 말을 끊는다거나 무슨 말을 할지 안다는 식의 표현은 상담을 망치는 행위이다.

셋째, 학부모의 입장에서 언어적·비언어적으로 상담을 진행하는 것이 바람직하다. "어머님이 왜 화가 나셨는지 그 입장에서 충분히 이해가 됩니다. 정말 저라도 화가 나 겠어요." "예, 예, 그럼요. 옳은 말씀입니다."라고 말한다거나 학부모와 눈을 맞추어 학 부모에게 집중하는 모습을 보이거나 호응의 의미로 고개를 끄덕일 수도 있다. 교사의 이런 행동은 학부모와의 부드러운 소통을 가능하게 한다. 이때 교사가 손에 볼펜을 잡 고 있거나 핸드폰을 들고 있는 것은 학부모로 하여금 자칫 거부감을 느끼게 할 수 있으 므로 주의하여야 한다.

② 민원해결

학원(교습소)에서 발생할 수 있는 문제해결을 위한 민원 상담 순서는 [그림 12-2]와 같다.

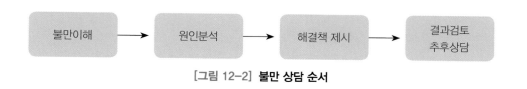

[그림 12-2] 불만 상담 순서

학부모의 불만이 교사에게 전달되었고 이것을 교사가 잘 이해하였다면 불만이 생겨 난 원인을 분석하고 해결책을 찾는다. 이때 중요한 점은 근본목적을 염두에 두고 그 목 적에 부합하는 범위 내에서 해결책을 찾아야 한다. 현대는 고학력 학부모 수의 증가와 학부모의 높은 교육열로 인하여 학부모 스스로가 교육전문가라 자처하는 경우가 많아 지고 있기에 해결책을 일방적으로 제시하기도 한다. 그러나 교사의 입장에서는 피아노 교육만큼은 전문가임을 잊지 말고 교사로서 권위를 지키면서 해결책을 당당히 제시하되 학부모의 의견과 절충을 해야 한다. 일정 시간이 지난 후 해결책을 학생에게 적용한 결과가 어떠한지 반드시 학부모와 함께 검토한다. 더불어 추후상담이 필요한지에 대해서도 확인하여 학부모와 교사는 학생교육을 위한 동반자임을 학부모에게 확인시켜 주는 것이 좋다. 이것은 학부모가 학생의 학업 성장을 유도하는 조력자로서의 역할을 충분히 할 수 있도록 교사가 코치 역할을 하는 것이다.

21세기의 급변하는 사회 속에서 피아노 교사가 갖춰야 할 전문적인 능력 또한 더욱 다양하고 세분화되고 있는 추세이다. 피아노 교사가 갖춰야 할 역량 중 피아노 연주가 뛰어나거나 또는 피아노를 잘 지도하는 것은 필수조건이지 더 이상 충분조건은 아니다. 대학에서 이수한 피아노 교사교육만으로 평생 피아노 교습을 할 수 있는 세상이 아니다. 국가 교육과정이 변할 때마다 함께 변화하는 개인피아노 교습 및 학원 운영법규도 지속적으로 업데이트시켜야 할 뿐만 아니라, 학령층 감소에 반하여 늘어나는 성인·노인층 학습자를 유입하기 위한 교수 상담 연수, 학습자의 특성에 맞는 교재 선택을 위한 크고 작은 세미나 등을 통하여 지속적인 자기역량 강화가 이루어져야 할 것이다. 우리 피아노 교사들이 피아노 교육을 행하는 마지막 순간까지 전문적인 피아노 교사로 거듭날 수 있도록 끊임없는 자기개발에 힘쓰길 바란다.

> **토의 주제**
>
> 1. 피아노 교사가 갖추어야 할 전문성을 습득하기 위하여 단기적·장기적으로 교사교육을 받을 수 있는 방법은 무엇이 있는지 토의해 보자.
> 2. 우리나라에서 개인피아노 과외교습자로 활동하거나 학원(교습소)을 설립하기 위하여 숙지하여야 할 법규는 무엇인지 토의해 보자.
> 3. 학원(교습소) 및 개인과외교습을 운영할 때 교습소에 게시하거나 비치하여야 하는 서류는 무엇인지 논의해 보자.
> 4. 연습이 불성실하거나 슬럼프에 빠진 학생을 상담할 때 여러분은 어떤 방법으로 학생상담을 할 것인가? 학생과 학부모와의 신뢰관계를 형성하기 위하여 피아노 교사가 갖춰야 할 자세와 방법에 대하여 논의해 보자.

참고문헌

고은숙(2014). 오디 유아피아노 교육의 화성감수성 지도방안 연구-『오디 피아노 · 피아노 오디』교재를 중심으로. 백석대학교 음악대학원 석사학위논문.

곽정미(2014). 『오디 피아노 · 피아노 오디』 워크북 교재 분석 및 지도방안 연구. 백석대학교 음악대학원 석사학위논문.

교육과학기술부(2009). 개인과외교습자 신고제 해설자료. 서울: 교육과학기술부.

권성호, 강경희, 서정희, 이상하(2006). u-러닝 효과성 분석 연구. 한국교육학술정보원, CR 2006-26.

권수미(2006). 음악대학 부전공 피아노 실기 관련과목 실태조사. 음악교육연구, 31, 9-35.

권수미(2018). 초급 피아노 학습자를 위한 창작즉흥연주 교육 자료 개발. 음악학, 35, 145-182.

권수미, 김혜진(2017). 초등 음악교과전담제 운영실태 연구. 음악교육연구, 46(4), 1-19.

김미숙(2014). BSC관점 기반 무용학원 경영성과 모형 및 전략체계도. 한국무용연구, 32(1), 25-48.

김미정, 박휴용(2013). 시각장애 음악전공자들의 회고를 바탕으로 한 음악교수방법론 탐색. 음악교육연구, 42(3), 151-182.

김신영(2001). 피아노 음향학과 피아노 교육. 음악연구, 25, 1-30.

김신영(2008). 피아노 페다고지의 진정한 의미와 그 실제. International Piano, 68, 56-58.

김신영(2016). 그룹피아노교육의 역사적 배경과 그 현황. 한국음악교육학회 창립 60주년 기념 국제학술대회 자료집, 289-296.

김신영(2017). 포괄적 음악성. 민경훈 외 (편), 음악 교수학습방법(pp. 199-216). 서울: 학지사.

김신영(2019). 시대의 흐름에 따른 피아노 페다고지의 재조명, 음악교육연구, 48(1), 1-31.

김영록, 정미현, 김재현(2013). 스마트기기의 교육적 이용 실태 및 활용방안 연구. 인터넷정보학회논문지,

14(3), 35.

김영숙(2007). 통합 피아노 교수법과 기초 테크닉. 서울: 도서출판 뮤직트리.

김영숙(2008). 통합 피아노 교수법과 음악언어. 서울: 도서출판 뮤직트리.

김용환(2003). 피아노 제작기술의 발달과 그 영향, 음악과 민족, 26, 365-392.

김윤철(2013). 음향 기기 역사. 서울: 커뮤니케이션북스.

김춘경, 이수연, 이윤주, 정종진, 최웅용(2016). 상담학 사전. 서울: 학지사.

김혜숙, 오경희(2011). 학원의 교육체 및 학습관리를 위한 전략적 대응에 관한 사례연구. 청소년학연구, 18(3),
    127-152.

노주희(2003). 가르치지 않고 가르치기, 안내. 에듀클래식. 서울: 음악교육사.

노주희(2004) 오디에이션 음악활동이 유치원 아동의 음악소질 향상에 미치는 영향. 인간행동과 음악연구, 1(1),
    11-32.

노주희(2005). 음악활동으로서의 일상생활놀이: 교육 목표 및 방법. 인간행동과 음악연구, 2(1), 47-65.

노주희(2006). 음악치료기법과 모델. 서울: 학지사.

노주희(2016). 치유로서의 음악교육: 오디에이션 음악교육활동을 중심으로. 한국예술연구, 14, 33-51.

두산백과(2018). http://www.doopedia.co.kr (검색일: 2018. 11. 27.)

랑랑(2017). 랑랑의 피아노 마스터(4권). (송지혜, 김효원 공역). 서울: 중앙아트.

류태형(2016.05.17.). 로봇 vs 인간 '피아노 배틀'…'쇼팽의 녹턴' 기계적 연주. LA중앙일보. Retrieved January,
    25, 2019, from http://www.koreadaily.com/news/read.asp?art_id=4271200

박귀원(2013). 오디에이션 음악활동을 통한 유아피아노 지도 방안 연구-『오디 피아노 · 피아노 오디』의 테크
    닉 지도를 중심으로. 숙명여자대학교 사회교육대학원 석사학위논문.

박민재(2014). 시각 장애인 피아노 교육을 위한 점자 학습 자료 점역 상황 조사 연구. 음악교수법연구, 14, 55-
    73.

박부경(2017). 비시각장애 교사의 시각장애 학생 피아노 교수경험에 대한 자문화기술지. 음악교수법연구,
    18(2), 51-82.

백병동(2007). 대학음악이론. 서울: 현대음악출판사.

변영계, 김영환, 손미(2009). 교육방법 및 교육공학. 서울: 학지사.

변지원(2017). 오디 피아노 교육의 기능화성감 지도 연구-「오디 피아노 · 피아노 오디」를 중심으로. 이화여자
    대학교 공연예술대학원 석사학위논문.

서울특별시교육청(평생교육과, 2017). 서울특별시 학원의 설립 · 운영 및 과외교습에 관한 조례 제6530호. 세종: 법
    제처 국가법령정보센터.

성경희(1988). 음악과 교육론. 서울: 갑을출판사.

송무경(2016). 음악 논문 작성법. 경기: 음악세계.

신재흡(2012). 교육방법 및 교육공학의 이론과 실제. 서울: 동문사.

안미자(2007). 피아노 어떻게 배울까. 서울: 이화여자대학교출판부.

안별(2019.1.3.). ICT/미디어 "유튜브 따라잡자"…통신 3사, IPTV '홈트레이닝' 콘텐츠 내놓는다. 조
    선일보 비즈. Retrieved January, 30, 2019, from http://biz.chosun.com/site/data/html_dir/2019/

01/02/2019010202012.html

오로라(2018. 11. 1.). 즉석 작곡부터 패션 디자인까지… AI, 인간의 고유 영역 '창작' 넘보다. **조선일보 비즈.** Retrieved January, 30, 2019, from http://biz.chosun.com/site/data/html_dir/2018/11/01/2018110100122.html?utm_source=naver&utm_medium=original&utm_campaign=biz

오세집 (편)(2005). 피아노 교육에 관한 모든 것. 서울: 상지원.

오소영(2015). 피아노 교육에서의 테크놀러지 도구 사용 현황과 교사 인식을 통한 포괄적 음악성 향상을 위한 연구. 한세대학교 피아노교수학대학원 박사학위논문.

유은석(2008). 21세기 교사를 위한 피아노 교수전략. 서울: 학지사.

윤소영(2018). 온라인 피아노 교육의 연구: S사이버대학의 온라인 피아노 실기 교육의 사례를 중심으로. **음악교육공학,** 34, 1-26.

윤은미(2007). Gordon의 음악학습이론에 기초한 유아 음악과 동작의 통합 활동 프로그램 구성 및 적용 효과 탐색. 중앙대학교 대학원 박사학위논문.

윤은미(2008). 생활놀이 오디음악활동이 만 3세 유아의 음악표현력과 정서지능에 미치는 영향. **유아교육학논집,** 12(5), 51-76.

이규미(2018). 상담의 실제: 과정과 기법. 서울: 학지사.

이성희(2000). 바이엘 피아노 교재의 분석 연구. 이화여자대학교 교육대학원 석사학위논문.

이혜진(2001). 악기의 왕 피아노. **피아노 음악,** 20(6), 74-77.

이화100년사 편찬위원회(1994). 이화100년사. 서울: 이화여자대학교출판부.

이화여자대학교 음악연구소(2003). 이화여자대학교 음악대학의 역사. 경기: 나남출판.

이희진(2011). 스마트 폰 기반 중국어 교육 애플리케이션 기획 및 제작 연구. 이화여자대학교 외국어특수교육대학원 석사학위논문.

장상현(2012). 빅 데이터와 스마트교육. 서울: 한국교육학술정보원.

장선희, 김성미(2002). 음악학원 강사의 직업적 프로필에 관한 조사연구: 서울시 소재 음악학원 강사를 중심으로. **교과교육학연구,** 6(1), 39-62.

장은언(2016). 자폐성 장애학생을 포함한 초등학교 통합음악수업 프로그램 연구. **음악교육공학,** 27, 67-86.

정순례, 이병임, 조현주, 오대연(2013). 학습이론의 이해와 적용. 서울: 학지사.

정완규, 권수미(2008). 우리나라와 미국 대학원에서의 피아노 교수학 전공 운영 및 교과과정 비교 연구. **음악교육연구,** 35, 107-149.

정현주(2006). 주의력 결핍 및 과잉행동 문제를 가진 아동의 주의집중력 증진을 위한 음악인지프로그램의 효과 연구. **열린교육연구,** 16(3), 55-71.

최승현(2006). 1930년 이화 음악과의 피아노선율법 출간과 선진 20세기 피아노교수법의 도입. **이화음악논집,** 10(2).

최현정(2004). Gordon 음악학습이론에 기초한 오디에이션 음악활동이 어머니의 양육태도에 미치는 영향. 중앙대학교 교육대학원 석사학위논문.

한국오디에이션교육연구소(2012). 오디 피아노 · 피아노 오디 I · II · III · 반주책. 서울: 예솔.

Aalieh, S., & Ghasem, M. (2011). Students counselling and academic achievement. *Social and Behavioral Sciences, 30*, 625-628.

Agay, D. (Ed.) (2004). *The art of teaching piano*. London: Music Sales Ltd.

Anderson, R. P. (2012). *The pianist's craft: Mastering the works of great composers*. Plymouth, UK: The Scarecrow Press, Inc.

Allen, C. H. (1940). In-service training of teachers. *Review of Educational Research, 10*, 210-215.

Askenfelt, A., & Jansson, E. (1990). From touch to string vibrations. In A. Askenfelt (Ed.), *Five lectures on the acoustics of the piano* (pp. 39-57). Stockholm: Royal Swedish Academy of Music.

Azzara, C. D. (1999). An Aural Approach to Improvisation: Music educators can teach improvisation even if they have not had extensive exposure to it themselves. *Music Educators Journal, 86*(3), 21-25.

Bae, S. Y. (2010). Designing constructivist piano instruction: Collaborative action research with teachers in Korea. (Doctoral dissertation, Teachers College, Columbia University).

Bandura, A. (1977). Self-efficacy: Toward a unifying theory of behavioral change. *Psychological Review, 84*, 191-215.

Bartels, A. (1960). A history of class piano instruction. *Music Journal, 18*(6), 42, 96-97.

Bastien J. W. (1988). *How to teach piano successfully* (3rd ed.). New York: W. W. Norton & Company, Inc.

Bastien, W. J. (2006). 성공적인 피아노 교수법. (송지혜 역). 서울: 음악춘추사.

Bernstein, S. (1981). *With your own two hands*. New York: G. Schirmer Books.

Bernstein, S. (1992). 자기발견을 향한 피아노 연습. (백낙정 역). 서울: 음악춘추사.

Bigler, C. L., & Lloyd-Watts, V. (1979). *Studying Suzuki piano*. (교회음악사 편집부 역). 서울: 교회음악사.

Bischoff, H. (Ed.). *J. S. Bach: Six french suites*. Kalmus.

Bissel, P. M. (1984). Group keyboard and adult market. *American music teacher, 34*(1), 12-17.

Bobbitt, R. (1970). The development of music reading skills. *Journal of Research in Music Education, 18*(2), 143-156.

Bolton, H. (1964). *On teaching the piano*. Borough Green, CA: Novello and Co.

Borich, G. D. (1996). *Effective teaching methods* (3rd ed.). Englewood Cliffs, NJ: Prentice-Hall.

Boshkoff, R. (1985). Establishing goals for first grade. *The Orff Echo, 17*(2), 11-13.

Boyle, J. D. (1970). The effect of prescribed rhythmical movements on the ability to read music at sight. *Journal of Research in Music Education, 18*(4), 307-318.

Bransford, J. D., & Stein, B. S. (1993). *The ideal problem solver* (2nd ed.). New York: Freeman.

Breithaupt, R. (1905). *Die Natürliche Klavierfechnik*. Leipzig: Kahnt.

Brenner, B. & Strand, K. (2013). A case study of teaching musical expression to young performers. *Journal of Research in Music Education, 61*(1), 80-96.

Brophy, T. S. (2001). Developing improvisation in general music classes. *Music Educators Journal, 88*(1), 34-53.

Brown, J. S., Collins, A., & Duguid, P. (1989). Situated cognition and the culture of learning. *Educational*

Researcher, 18(1), 32-42.

Brown, K. L. (2003). From teacher-centered to learner-centered curriculum: Improving learning in diverse classrooms. *Education, 124*(1), 49-54.

Bruner, J. S. (1977). *The process of education.* Cambridge, MA: Harvard University Press.

Bryant, C. M. (1963). Design for musical perception. *Clavier, 2*, 17-21.

Bryant C. M. (1964). Solving technical problems: Thus an intellectual and musical approach. *Clavier, 3*, 44.

Buchanan, G. (1964). Skills of piano performance in the preparation of music educators. *Journal of Research in Music Education, 12*(2), 134-138.

Bukhovstev, A. (2018). 안톤 루빈스타인의 피아노 페달링. (유은석 역). 서울: 예솔.

Burrows, R. (1947). Piano study-a fundamental. *Music Educators Journal, 34*(1), 54.

Burrows, R. (1947). *The advanced piano class.* Cincinnati, Ohio: Music Teachers National Association Processding.

Busoni, F. (1957). *The essence of music and other papers.* Trans. by Rosamond Ley. London: Rockliff.

Caland, E. (1897). *Die Deppes' che Lehre des klavierspiels erklärt und erläutert von Elisabeth Caland.* Ebnersche Hof-Musikalienhandlung.

Caland, E., & Deppe, L. (1903). *Artistic piano playing as taught by Ludwig Deppe together with practical advice on questions of technique.* Chicago, IL: Olympian Publishing Company.

Camp, M. W. (1981). *Developing piano performance: A teaching philosophy.* Chapel Hill, NC: Hinshaw Music, Inc.

Camp, M. W. (1992). *Teaching piano: Synthesis of mind, ear and body.* Van Nuys, CA: Alfred Publishing Company.

Camp, M. W. (1995). 피아노 연주법: 교수법 철학. (안미자 역). 서울: 이화여자대학교출판부.

Campbell, M., & Greated, C. (1987). *The musicians's guide to acoustics.* New York: Schirmer Books.

Canin, M. (1981). Pianist's problems: The soft pedal. *The Piano Quarterly, 29*(114), 42.

Cartwright, D. & Zander, A. (1960). Origins of group dynamics. In D. Cartwright, & A. Zander (Eds.), *Group dynamics: Research and theory* (2nd ed., pp. 3-32). New York: Harper & Row, Publishers.

Cecco, B. D. (1986). Why learn music. *Music Educators Journal*, 49-51.

Ching, J. (1956). *Piano technique.* Chicago, IL: Clayton F. Summy Co.

Chmielowska, W. (1963). Zagadnień nauczania gry na fortepiane (From questions of learning to play the piano). Kraków.

Chon, J. (2012). Mind, body, and piano: A synergistic approach to teaching piano to beginners. (Doctoral Dissertation, University of Washington).

Chronister, R. (1977). Piano teaching-past, present, future. *Keyboard Arts, 6*(1), 3-6.

Chronister, R. (1996). Naming notes is not reading: A sequential approach to music reading. In J. Lyke, Y. Enoch & G. Haydon (Eds.), *Creative piano teaching* (3rd ed., pp. 69-83). Champaign, IL: Stipes Publishing L.L.C.

Clark, F. & Goss, L. (1973, 1993). *The music tree*. Secaucus, NJ: Summy Birchard.

Clement, M. (1803). *Introduction to the art of playing on the pianoforte containing the elements of music, preliminary notions on fingerings with examples and fifty fingered lessons in the major and minor key*. London, England, United Kingdom: Clemeni, Banger, Hyde, Collard & Davis.

Clementi, M. (1974). *Introduction to the art of playing on the piano forte; containing the elements of music, preliminary notions on fingering, and fifty fingered lessons*, (Originally printed 1801). New York: Da Capo Press Music Reprint Series.

Clements, A. (1981). The piano makers. In D. Gill (Ed.), *The book of the piano* (pp. 236-257). New York: Cornell University Press.

Closson, E. (1976). *History of the piano*. London: Paul Elek Books.

Coats, S. (2006). *Thinking as you play*. Bloomington, IN: Indiana University Press.

Conable, B. (2006). *바디 맵핑*. (배주은 역). 서울: 중앙아트.

Conda, J. M. (1997). The late bloomers piano club: A case study of a group in progress. Ph. D. Dissertation, The university of Oklahoma.

Cooper, G. W., & Leonard B. M. (1960). *The rhythmic structure of music*. Chicago, IL: The University of Chicago Press.

Cooper, T. (2001). Adults' perception of piano study: achievements and experiences. *Journal of Research in Music Education, 49*(2), 1-17.

Cortot A. (1952). *In search of Chopin*. New York: Abelard Press.

Couperin, F. (1933). *L'Art de toucher le clacevin*. Anna Linde (Ed.). Leipzig: Breitkopf & Härtel Musikverlag.

Cousins, N. (1978). The taxpayers' revolt. *Saturday Review*, 56.

Coutts, L. (2018). Selecting motivating repertoire for adult piano students: A transformative pedagogical approach. *British Journal of Music Education, 35*(3), 285-299.

Covington, V. L. (1981). Approach to piano reading in a selected sample of current instructional materials for adult beginners. Thesis. Doctor of music education. University of Illinois.

Deppe, L. (1885). Armleiden des Klavierspielers. Der Klavierlehrer, VIII.

Deutsch, M. (1968). Field theory. In D. L. Sills (Ed.), *International encyclopedia of the social sciences* (pp. 406-417). New York: The Macmillan Co. & The Free Press.

Dewey, J. (2007). *민주주의와 교육(교육학 번역총서 2)*. (이홍우 역). 경기: 교육과학사.

Dillon, B. (2009). The joys of making: Observations regarding recreational music making. *American music teacher, 59*(2), 20-22.

Dillon, B. (2011). Developing musical independence while having fun. *Clavier companion, 3*(1), 28-30.

Donington, R. (1980). Dynamics. In S. Sadie (Ed.), *The new grove dictionary of music and musicians* (pp. 795-796). London: Macmillan Publishers Limited.

Duckworth, G. (1968). Discovery learning in piano instruction. *Music Educators Journal, 54*(6), 53-55, 143-

146.

Dykema, P. W. (1931). National bureau for the advancement of music. *Music Supervisors' Journal, 17*(3), 25-25.

Ehrenpreis, C., & Wohlwender, U. (1995). *1 2 3 Klavier.* Leipzig: Breitkopf & Härtel.

Eigeldinger, J. (1986). *Chopin: Pianist and teacher as seen by his pupils.* (N. shohet, Trans.) Cambridge, MA: Cambridge University Press.

Elliott, C. A. (1982). The relationships among instrumental sight-reading ability and seven selected predictor variables. *Journal of Research in Music Education, 30*(1), 5-14.

Enoch, Y. (1974). *Group piano-teaching.* Oxford University Press.

Enoch, Y. (1977 & 1996). Technical development for elementary students. In Lyke, J., Enoch, Y., & Haydon, G. (Eds.), *Creative piano teaching* (3rd ed., pp. 107-120). Champaign, IL: Stipes Publishing L.L.C.

Ericsson, K. A., & Kintsch, W. (1995). Long-term working memory. *Psychological review, 102*(2), 211-245.

Ernst, K. D. (1953). The place of reading in the elementary music program. *Music Educators Journal, 39*(3), 26-28.

Ernst, R. E. & Emmons, S. (1992). New horizons for senior adults. *Music Educators Journal, 66,* 30-34.

Fay, A.(1880). *Music study in germany* (Reprinted 1965). New York: W. W. Norton and Co,, Inc.

Fenton, N. (1943). *Counselor's interview with the student.* Redwood City, CA: Stanford University Press.

Fielden, T. (1949). *A science of pianoforte technique.* London: Macmillan and Co.

Fink, S. (1992). *Mastering piano technique: A guide for students, teachers, and performers.* Portland, OR: Amadeus Press.

Fisher, C. (2010). *Teaching piano in groups.* New York: Oxford University Press.

Fletcher, N. H., & Rossing, T. D. (1998). *The physics of musical instruments* (2nd ed.). New York: Springer-Verlag New York, Inc.

Fletcher, S. (1972, October). Arthur Schnabel. *Clavier,* 11, 14-17.

Fraser, A. (2003). *The craft of piano playing.* Lanham, MD: Scarecrow Press.

Freeburne, F. G. (1952). Functional secondary piano training of music teachers. Dissertation Abstract International, 13, 1216. (UMI No. 00-06352).

Freundlich, I. (1977). Observations. Dean Elder (Ed.). *Clavier, 16,* 18.

Friedman, M. M. (1958). Observations on a non-beginners' adult education class in piano study. *Music Educators Journal, 45*(2), 56-67.

Frisch, F. T. (1954). Keyboard experience and class piano teaching. *Music Educators Journal, 40*(3), 25-26.

Gagne, R. M., & Wager, W., Golas, K., & Keller, J. M. (2004). *Principles of instructional design* (5th ed.). Boston, MA: Cengage Learning.

Gardner, H. (1983). *Frames of mind: The theory of multiple intelligences.* New York: Basic Books, Inc.

Gát, J. (1965). *The technique of piano playing* (I. Kleszky, Trans.). Budapest: Corvina.

Gát, J. (1968). *The technique of piano playing*. WD: Collet's Holdings Ltd.

Gerig, R. (1974). *Famous pianists and their technique*. Washington: Robert B. Luce, Inc.

Gieseking, W., & Leimer, K. (1938 & 1972). *Piano technique*. New York: Dover.

Gillies, D. (2008). Students perspectives on videoconferencing in teacher education at a distance. *Distance Education, 29*(1), 107-118.

Gliński, M. (1932). *Szopen (Chopin)*. Warsaw: Monograph.

Goolsby, T. W. (1994). Eye-movement in music reading-effects of reading ability, notational complexity, and encounters. *Music Perception, 12*, 77-96.

Gordon, E. (2013). *A music learning theory for new born and young children*. Chicago, IL: GIA.

Gordon, E. G. (1958). Why Johnny can't read music. *Music Educators Journal, 44*(3), 36, 40-42.

Gordon, S. (1996). *A hstory of keyboard literature: Music for the piano and its forerunners*. New York: Schirmer Books.

Hall, D. E. (1980). *Musical acoustics: An introduction*. Belmont, CA: Wadsworth Publishing Co.

Harich-Schneider, E. (1954). *The harpsichord: A introduction to technique, style and the historical sources*. MO: Corcordia Publishing House.

Hill, C. E. (2014). *Helping skills: Facilitating exploration, insight, and action*. Washington, DC: American Psychological Association.

Hill, G. L. (2008). Teaching rhythm to beginning piano students: An analysis of various counting systems and the integration of Kodaly and Orff rhythm strategies. (Doctoral dissertation, The University of Mississippi).

Hirokawa, E. (1997). Robert Pace: Music theorist, composer, and educator. *Bulletin of Historical Research in Music Education, 18*(3), 155-172.

Hoffer, C. R. (1964). *Teaching music in the secondary schools*. Belmont, CA: Wadsworth Publishing Company, Inc.

Hofmann, J. (1909). *Piano playing with piano questions answered*. New York: Dover Publications, Inc.

Jaques-Dalcroze, E. (1921). *Rhythm, music and education*. New York: GP Putnam's Sons.

Johnson, D. W., & Johnson, F. P. (1994). *Joining together: Group theory and group skills* (5th ed.). Boston: Allyn and Bacon.

Johnson, D. W., & Johnson, R. T. (1985). Student-student interaction: Ignored but powerful. *Journal of Teacher Education, 36*(4), 22-26.

Johnson, R. (1981). Group lessons: They're not just for beginners. *Clavier, 20*(10), 27.

Julstrom, R. D. (1981). The joy of one-to-one teaching. *American Music Teacher, 30*(6), 34.

Jutras, P. (2006). The benefits of adult piano study: As self-reported by selected adult piano students. *The Journal of Research in Music Education, 54*(2), 97-110. (Based on 2003 Ph.D. Dissertation, University of North Texas).

Jutras, P. (2013). It isn't my choice. *Clavier Companion, 5*(2), 54-55.

Keene, J. A. (1982). *A history of music education in the United States.* Hanover, NH: University Press of New England.

Kennedy, M., & Kennedy, J. B. (2007). *The concise oxford dictionary of music* (5th ed.). New York: Oxford University Press.

Kenny, B. J., & Gellrich, M. (2002). Improvisation. In R. Parncutt & G. E. Mcpherson (Eds.), *The science and psychology of music performance* (pp. 117-134). New York: Oxford University Press.

Kim, S. Y. (2000). Development of materials and teaching strategies for comprehensive musicianship in group piano instruction for college-level piano majors. (Doctoral dissertation, Teachers College, Columbia University).

Kingsbury, C. L. (1945). Harmony skills used by selected high school instrumental music teachers. (Doctoral dissertation, Indiana University).

Klingenstein, B. G. (2009). *The independent piano teacher's studio handbook: Everything you need to know for a successful teaching studio.* Milwaukee, WI: Hal Leonard Corporation.

Klopf, D. W. (1981). *Interacting in groups: Theory and practice.* Denver, CO: Morton Publishing Co.

Knerr, J. (2006). Strategies in the formation of piano technique in elementary level piano students: An exploration of teaching elementary level technical concepts according to authors and teachers from 1925 to the present. (Doctoral dissertation, University of Oklahoma).

Kochevitsky, G. (1967). *The art of piano playing: A scientific approach.* Princeton, New Jersey: Summy Birchard Music.

Konowitz, B. (1980). Improvisation on keyboard instruments. *Music Educators Journal, 66*(5), 86-88.

Kroeger, M. (2008). *Paul rand: Conversations with students.* New York: Princeton Architectural Press.

Krongard, H. I. (1950). Rapid reading at the piano. *Music Educators Journal, 36*(4), 54-55.

Kropff, K. (Ed.) (2002). *A symposium for pianists and teachers: Strategies to develop the mind and body for optimal performance.* Dayton, OH: Herigage Music Press.

Kullak, A. (1907). *The aesthetics of pianoforte-playing.* New York: G. Schirmer.

Kwon, S. (2006). A development of Korean piano method with accompaniment MIDI disks for college music majors whose primary instrument is not piano. (Doctoral disssertation, Teachers College, Columbia University).

Lancaster, E. L. (1978). The development and evaluation of a hypothetical model program for the education of the college and university group piano instructor. (Doctoral dissertation, Northwestern University).

Lancaster, E. L. (1981). Outstanding group-piano program+vital piano-pedagogy program=strong teacher training. *American Music Teacher, 30*(6), 36-37.

Lannert, V., & Ullman, M. (1945). Factors in the reading of piano music. *The American Journal of Psychology, 58*(1), 91-99.

Last, J. (1963). *The young pianist.* London: Oxford University.

Last, J. (1980). *Freedom in piano technique.* Great Yarmouth, England: Galliard Ltd.

Last, J. (1985). *The young pianist: A new approach for teachers and students*. New York: Oxford University Press.

Lawrence, S. (2003). *The essential conversation: What parents and teachers can learn from each other*. New York: Random House Publishing Group.

Lehmann, A. C., & McArthur, V. (2002). Sight-reading. In R. Parncutt & G. McPherson (Eds.), *The science and psychology of music performance* (pp. 135-150). New York: Oxford University Press.

Lehmann, A. D., & Ericsson, K. A. (1997). Research of expert performance and deliberate practice: Implication for the education of amateur musicians and music students. *Psychomusicology, 16*, 40-58.

Leimer, K., & Gieseking, W. (1932). *The shortest way to pianistic perfection*. Bryn Mawr, PA: Theodore Presser Co.

Letňanová, E. (1942). *Piano interpretation in the seventeenth, eighteenth and nineteenth centuries: A study of theory and practice using original documents*. Jefferson, NC: McFarland & Company, Inc.

Levinskaya, M. (1930). *The lvinskaya system of pianoforte technique and tone-color through mental and muscular control*. CA: J.M. Dent and Sons LTD.

Lhevinne, J. (1972). *Basic principles in pianoforte playing*. London: Dover Publishing Co.

Liddicoat, A. J. (2007). *An introduction to conversation analysis*. London: Continuum International Publishing Group.

Lindstrom, R. W. (1976). Who started group teaching? *Clavier, 15*(2), 4.

Lister-Sink, B. (1996 & 2005) *Freeing the caged bird*. DVD. Winston-salem, NC: Wing sound.

Logier, J. B. (1818). *A refutation of the fallacies and misrepresentations contained in a pamphlet*, entitled "An Exposition of the New System of Musical Education." London: R. Hunter.

Lowder, J. E. (1983). Evaluation of keyboard skills required in college class piano programs. *Contributions to Music Education 10*, 33-38.

Lyke, J. (2011). *Creative piano teaching*. Champaign, IL: Stipes Publishing L.L.C.

Lyke, J. B. (1969). What should our piano minors study? *Music Educators Journal, 56*(4), 49-53.

Lyke, J., Enoch, Y., & Haydon, G. (1977 & 1996). *Creative piano teaching* (3rd ed.). Champaign, IL: Stipes Publishing L. L. C.

Lyke, J., Haydon, G., & Rollin, C. (2011). *Creative piano teaching*. Champaign, IL: Stips Publishing L. L. C.

Magrath, J. (1995). *Pianist's guide to standard teaching and performance literature*. Van Nuys, CA: Alfred Publishing Co.

Marciano, T. D. (1990). A sociologist investigates the adult piano students. *American Music Teacher, 39*(6), 24-27.

Maris, B. (2000). *Making music at the piano: Learning strategies for adult students*. New York: Oxford University Press.

Maris, B. E. (1989). What is the relationship between piano performance and piano teaching? *Piano Quarterly, 146*, 26-29.

Mark, T. (2003). *What every pianist needs to know about the body.* Chicago, IL: GIA Publications, Inc.

Martienssen, C. A. (1930). *Die individuelle klaviertechnik auf der grundlage des schöpferischen Klangwillens.* (2nd ed., 1954, retitled Schöpferische Klavierunterricht). Leipzig: Breikopf & Härtel.

Mathiesen, J. T. (2001). Greece I: Ancient. In S. Sadie (Ed.), *The New Grove Dictionary of music and musicians* (2nd ed., Vol. 10. pp. 327-348). London: Macmillan Publishers.

Matthay, T. (1903). *The act of touch in all its diversity.* London: Longmans, Green, and Co.

Matthay, T. (1913). *Musical interpretation.* Boston, MA: Boston Music Co.

Matthay, T. (1926). *The first principles of pianoforte playing.* Рипол Классик.

Matthay, T. (1932). *The visible and invisible in piano technique.* London: Oxford University Press.

Matthay, T., & Rideout, P. (1924). The act of touch. *The Musical Times, 65*(977), 640.

McAllister, L. S. (2012). Positive teaching. *American Music Teacher, 61*(4), 18-22.

McCormick, J., & McPherson, G. (2003). The role of self-efficacy in a musical performance examination: An exploratory structural equation analysis. *Psychology of Music, 31*(1), 37-51.

McKay, E. N. (1987). *The impact of the new pianofortes on classical keyboard style: Mozart, Beethoven and Schubert.* West Hagley, West Midlands, UK: Lynwood Music.

McKinney, H., & Anderson, W. R. (1940). *Music in history.* GA: American Book Company.

McMahon, G., & Palmer, S. (Eds.) (1997). *Handbook of counselling.* British Associations for Counselling.

McPherson, G. E. (1994). Factors and abilities influencing sight-reading skill in music. *Journal of Research in Music Education, 42*(3), 217-231.

McPherson, G., & McCormick, J. (2006). Self-efficacy and music performance. *Psychology of Music, 34*(3), 322-336.

Mehr, N. (1960). Group teaching of the piano. *Music Journal, 18*(2), 16, 53-54.

Mikuli, K. (1915). *Introduction to the complete works for the pianoforte by Frédéric* Chopin. New York: G. Shirmer.

Milliman, A. L. (1992). A survey of graduate piano pedagogy core course offerings. (Doctoral dissertation, University of Oklahoma).

Mishra, J. (2014). Factors related to sight-reading accuracy: A meta-analysis. *Journal of Research in Music Education, 61*(4), 452-465.

Monsour, S. (1996). Developmental characteristics of children. In J. Lyke, Y. Enoch, & G. Haydon (Eds.), *Creative piano teaching* (3rd ed., pp. 2-16). Champaign, IL: Stipes Publishing L.L.C.

Monsour, S. A. (1963). Piano classes are not new. *Clavier, 2*(5), 32-35.

Montamedi, V. (2001). *A critical look at the use of* videoconferencing in the United States. *Distance Education, 122*(2), 386-394.

Mursell, J. L. (1956). *Music education principles and problems.* New York: Silver Burdette.

Myers, D. E. (1990). Musical self-efficacy among older adults and elementary education majors in sequential music learning programs. *Southeastern Journal of Music Education, 2*, 195-202.

Myers, D. E. (1992). Teaching learners of all ages. *Music Educators Journal*, 79(4), 23-26.

Myers, D. G., & DeWall, N. (2016). 마이어스의 심리학개론. (신현정, 김비아 공역). 서울: 시그마프레스.

National Association of School of Music (1989). *NASM Handbook 1989-1990*. Reston, VA: National Association of Schools of Music.

Neuhaus, H. (1973). *The art of piano playing*. New York: Praeger Publishers.

Newman, W. S. (1974). *The pianist's problems*. New York: Harper and Row.

Olson, D. R. (1978). The arts as basic skills: Three cognitive function of symbols. In S. Madeja (Ed.), *The arts, cognition, and basic skills*. St Louis, MO: Cembrel.

Ortmann, O. (1925). *The physical basis of piano touch and tone*. New York: E. P. Dutton & Co.

Pace, R. (1960). Keyboard experience in the classroom. *Music Educators Journal*, 46(4), 44-45.

Pace, R. (1974). Partner lesson.

Pace, R. (1978). Piano lessons: Private or group. *Keyboard Journal*, 4(2), 1-5.

Pace, R. (1979). Parners in learning. *Keyboard Journal*, 5(1), 8-12.

Pace, R. (1982). *Position paper*. Madison, WI: Prepared for the National Conference on Piano Pedagogy.

Pasquet, J. (1981). The pedals: three or more. *The Piano Quarterly*, 29(115), 29-32.

Pearce, E. (2014). *The success factor in piano teaching: Making practice perfect*. Frances Clark Center for Keyboard Pedagogy, Inc.

Pike, P. D., & Carter, R. (2010). Employing cognitive chunking techniques to enhance sight-reading performance of undergraduate group-piano students. *International Journal of Music Education*, 28(3), 231-246.

Price, S. (2010). All in a day's routine: Piano teaching and autism. *Clavier Companion*, 2(4), 10-16.

Pronovost, W. (1961). The speech behavior and language comprehension of artistic children. *Journal of Chronic Diseases, 13*, 228-233.

Ramdass, D., & Zimmerman, B. J. (2008). Effects of self-correction strategy training on middle school students' self-efficacy, self-evaluation, and mathematics division learning. *Journal of Advanced Academics, 20*(1), 18-41.

Randel, D. M. (1986). *The new harvard dictionary of music*. Cambridge, MA: The Belknap Press of Harvard University Press.

Raymond, R. (1950). Essential principles in piano teaching. *Music Journal, 8*, 50.

Reimer, B. (1989). *A philosophy of music education* (2nd ed.). Englewood Cliffs, NJ: Prentice Hall,

Repp, B. H. (1996). Patterns of note onset asynchronies in expressive piano performance. *The Journal of Acoustical Society of America, 100*(6), 3917-3932.

Resenshine, B. V. (1979). Content, time, and direct instruction. In P. L. Peterson & H. J. Walberg (Eds.), *Research on teaching*. Berkeley, CA: McCutchon.

Rho, J. (2004). Development of an early childhood music curriculum for South Korean children. (Doctoral dissertation, Temple University).

Richards, W. H. (1960). How old is class piano? *Music Journal, 18*(7), 42, 85.

Richards, W. H. (1962). Trends of piano class instruction. (Doctoral dissertation, University of Missouri, Kansas).

Richards, W. H. (1978). History a brief, chronology. *Piano Quarterly, 101*, 12-14.

Rink, J. (1995). *The practice of performance: Studies in musical interpretation*. Cambridge, UK: Cambridge University Press.

Risset, J., & Wessel, D. L. (1982). Exploration of timbre by analysis and synthesis. In D. Deutsch (Ed.), *The psychology of music* (pp. 26-48). New York: Academic Press.

Robinson, H., & Jarvis, R. L.(Eds.) (1967). *Teaching piano in classroom and studio*. Washington, DC: Music Educators National Conference.

Rosenberg, S. M., Westling K, D., & Mcleskey, J. (2010). 특수교육개론. (박현옥, 이정은, 노진아, 권현수, 서선진, 윤현숙 공역). 서울: 학지사.

Rozmajzl, M. & Boyer, R. (2005). *Music fundamentals, methods, and materials for the elementary classroom teacher* (4th ed.). Boston, MA: Pearson.

Sandor, G. (1981). *On piano playing: Motion, sound and expression*. New York: Schimer Books.

Sandor, G. (2001). 온 피아노 플레잉. (김귀현, 김영숙 공역). 서울: 음악춘추사.

Savler, R. (1945). Teaching the reading of piano music. *Music Educators Journal, 32*(1), 22-23, 72-75.

Schiff, A. (2016). *Sir András Schiff piano masterclass at the RCM: Martin James Bartlett*. Royal College of Music. Retrieved January 10, 2019, From https://www.rcm.ac.uk

Schneider, J. (Ed.). *J. S. Bach: French suites* (2nd ed.). Van Nuys, CA: Alfred Music.

Schoen, G. (2018). Geragogy!: The joy of teaching older adults. *American music teacher, 68*(2), 16-19.

Schultz, A. (1936). *The riddle of the pianist's finger and its relationship to a touch-scheme*. Chicago, IL: The University of Chicago Press.

Schunk, D. (2016). *Learning theories: An educational perspective* (7th ed.). Boston, MA: Pearson Education, Inc.

Schunk, D. H., & Pajares, F. (2004). Self-efficacy in education revisited: Empirical and applied evidence. In D. M. McInerney & S. Van Etten (Eds.), *Big theories revisited, Vol. 4 in: Sociocultural influences on motivation and learning* (pp. 115-138). Greenwich, CT: Information Age Publishing.

Scripp, L. R. (1995). The development of skills in reading music. (Doctoral dissertation, Harvard University).

Seashore, C. (1938). *Psychology of music*. New York: McGraw-Hill; reprinted by Dover Books in New York (1967).

Serafine, M. L. (1988). *Music as cognition: The development of thought in sound*. New York: Columbia University Press.

Sharan, Y., & Sharan, S. (1992). Expanding cooperative learning through group investigation. New York: Teachers College, Columbia University Press.

Shockley, R. (2002). 음악 매핑. (김명서 역). 서울: 한양대학교출판부.

Sinn, D. R. (2013). *Playing beyond the notes*. New York: Oxford University Press,

Sloboda, J. (1984). Experimental studies of music reading: A review. *Music Perception*, 2(2), 222-236.

Sloboda, J. A. (1982). Music performance. In D. Deutsch (Ed.), *The Psychology of Music* (pp. 479-493). Oxford: Clarendon Press.

Smith, P. & Ragan, T. (1992). *Instructional design*. Upper Saddle River, NJ: Prentice-Hall, Inc.

Sonntag, W. (1980). The status and practices of class piano programs in selected colleges and universities of the State of Ohio. Dissertation Abstract International, 41, 2989A. (UMI DEN 81-00258)

Spellman, C., & Unglaub, K. (Eds.) (2005). Peter Smithson: Conversations with Students. Hudson, NY: Princeton Architectural Press.

Stangeland, R. (1981). Dimensions in piano technique: Tone quality. *The Piano Quarterly*, 29(115), 33-36.

Stauffer, D. W. (2005). Idea bank. *Music Educators Journal*, 92(1), 21-22.

Steinhausen, F. A. (1905). *Die physiologiche fehler und umgestaltung der klaviertechnik (The physiological misconseptions and reorganization of piano technique)*. Leipzig: Breitkopf & Härtel.

Steinitz, T. (1988). *Teaching music in rhythmic lessons: Theory and practice of the Dalcroze method*. Tel-Aviv, Israel: OR-TAV, Music Publications.

Swenson, T. (2010). The serious amateur, the late bloomer, and the amicable amateur. *Clavier Companion*, 2(16), 50-53.

Swinkin, J. (2015). *Teaching performance: A philosophy of piano pedagogy*. Switzerland: Springer International Publishing.

Thelen, H. (1981). *The classroom society*. London: Croom Helm.

Thomson, A. G. (1953). An analysis of difficulties in sight reading music for violin and clarinet. (Doctoral dissertation, University of Cincinnati).

Tom, J. N. (2015). *A comparative analysis of the writings and technical approach of Ludwig Deppe and his contemporaries in piano pedagogy*. Southern Illinois University Carbondale Research Paper.

Uszler, M. (2000). Putting theory into practice. In M. Uszler, S. Gordon, & S. M. Smith (Eds.), *The well-tempered keyboard teacher* (pp. 239-263). New York: Schirmer Books.

Uszler, M., Gordon, S., & Smith, M. S. (1999). *The well-tempered keyboard Teacher*. New York: Schirmer Books.

Uszler, M., & Larimer, F. (1986). *The piano pedagogy major in the college curriculum: A handbook of information and guidelines. Part II: The graduate piano pedagogy major*. Princeton, NJ: The National Conference on Piano Pedagogy.

Uszler, M., Gordon S. & Smith S. M. (2000). *The well-tempered keyboard teacher* (2nd ed.). New York: Schirmer Books.

Uszler, M., Gordon S., & Smith S. M. (2003). 피아노 교수법 최고의 길잡이. (조윤수, 최소영 공역). 서울: 뮤직필.

Vallerand, R. J. & Bissonnette, R. (1992). Intrinsic, extrinsic, and amotivational styles as predictors of behavior: A prospective study. *Journal of Personality, 60*(3), 599-620.

Vanderspar, E. (1984). *Dalcroze handbook*. Launceston: Launceston Printing Company.

Wagner, E. E. (1968). Raymond Burrows and his contractions to music education. (Doctoral dissertation, University of Southern California).

Walton, C. W. (1955). Keyboard harmony for the pianist. *Music Educators Journal, 42*(2), 53-56.

Waterman, F. (1993). *Every pianist's dictionary*. London: Faber Music Ltd.

Weinrich, G. (1990). The coupled motion of piano strings. In A. Askenfelt (Ed.), *Five lectures on the acoustics of the piano* (pp. 73-82). Stockholm: Royal Swedish Academy of Music.

Weisberg, R. W. (1999). Creativity and knowledge: A challenge to theories. In R. J. Sternberg (Eds.), *Handbook of creativity* (pp. 226-250). New York: Cambridge University Press.

Westheimer, G. (1999). Gestalt theory reconfigured: Max Wertheimer's anticipation of recent developments in visual neuroscience. *Perception, 28*(1), 5-15.

Whiteside, A. (1955). *Indispensables of piano playing*. New York: Charles Scribner's Sons.

Whiteside, A. (1969). *Mastering the Chopin etudes and other essays*. New York: Clarles Schribner's Sons.

Wieck, F. (1875). *Piano and songs: How to teach, how to learn and how to form a judgement of musical performance*. Trans. by Mary P. Nichols. New York: Lockwood & Brooks.

William, J. M. (Ed.) (1949). *C. P. E. Bach: Essay on the true art of playing keyboard instruments*. New York: W. W. Norton.

Willoughby, D. (1971). *Comprehensive musicianship and undergraduate music curricula*. Washington, DC: Music Educators National Conference.

Wilson, S. (2017.02.17.). Google has built an AI pianist that can play a duet with you. *Fact Magazine*. Retrived January, 28, 2019, from https://www.factmag.com/2017/02/17/google-ai-duet-pianist/

Won, K. K. (1999). Undergraduate Piano Pedagogy Course Offerings in Selected Colleges and Universities in the Republic of Korea, (Doctoral dissertation, University of Oklahoma).

Woody, R. H. (1999). Getting into their heads. *American Music Teacher, 49*(3), 24-27.

Wristen, B. (2006). Demographics and motivation of adult group piano students. *Music Education Refsearch, 8*(3), 387-406.

Wuytack, J. (2008). 오르프 슐베르크 테크닉의 이해. (김영전 역). 경기: 음악세계.

Zhukov, K. (2014). Evaluating new approaches to teaching of sight-reading skills to advanced pianists. *Music Education Research, 16*(1), 70-87.

위드피아노 http://with-piano.com

http://leerobertsmusic.com/robert_pace_piano/about-the-pace-approach/robert-paces-teaching-philo/group-or-privateby-dr-rober.html

http://www.francesclarkcenter.org/NationalConferencePages/resources/curriculum/MMpiped.pdf

〈악보문헌〉

강효정(2017). 피아노 아카데미아. 서울: 세광음악출판사.

권수미(2019). 매직핑거 피아노 1권, 2권, 3권. 서울: 현대음악출판사.

김용환(2002). 서양음악사 100장면 2. 부산: 가람기획.

백병동(2007). 대학음악이론. 서울: 현대음악출판사.

송무경(2017). 연주자를 위한 조성음악 분석 1. 서울: 예솔.

안미자(2007). 피아노 어떻게 배울까. 서울: 이화여자대학교출판부.

엘리트 뮤직스쿨 위원회(1996). 엘리트 피아노. 서울: 현대음악출판사.

유은석(2005). 피아노 베이직. 서울: 도서출판 음악세계.

이데 유미코, 송지혜, 정수임(1996). 하이비스. 서울: 세광음악출판사.

정완규(1998). 클라비어. 서울: 태림출판사.

Alexander, D., Kowalchyk, G., Lancaster, E. L., McArthur, V., & Mier, M. (2006). 알프레드 프리미어 피아노 코스. (오세집 역). 서울: 상지원.

Bastien, J. (1995). 베스틴 피아노 교본. (음악춘추사 역). 서울: 음악춘추사.

Beyer, F. (1985). *Vorschule im Klavierspiel*, Op. 101. Leipzig: Edition Peters.

Faber, N., & Faber, R. (2003). 피아노 어드벤처. (뮤직트리 역). 서울: 뮤직트리.

Hall, P. (1983 & 1989). 옥스퍼드 피아노 타임. (음악세계 편집부 역). 서울: 음악세계.

Marlais, H. (2010). 피아노 석세스. (예솔 역). 서울: 도서출판 예솔.

Palmer, W. A., Manus, M., & Lethco A. V. (1992). 알프레드 기초 피아노 라이브러리. (상지원 역). 서울: 상지원.

Palmer, W. A. Manus, M., & Lethco, A. V. (1993). *Alfred's basic piano course*. CA: Alfred Publishing.

찾아보기

내 용

저자 소개

■ 김신영(Kim, Shin Young)

경희대학교 음악대학 피아노 연주 학사
경희대학교 대학원 피아노 연주 석사
미국 컬럼비아대학교 음악교육학 석사 · 박사
　　(피아노 교수학 전공)
현 국립목포대학교 음악학과 명예교수

〈저서 및 논문〉
음악교육 프로그램 개발(공저, 레인보우북스, 2018)
음악교육학 총론(공저, 학지사, 2017)
음악 교수학습방법(공저, 학지사, 2017)
시대의 흐름에 따른 피아노 페다고지의 재조명
　　(음악교육연구, 2019)

■ 김소형(Kim, So-Hyung)

부산대학교 예술대학 피아노 연주 학사
미국 보스턴 콘서바토리 피아노 연주 석사
미국 하트포드대학교 피아노 연주 Artist Diploma
동덕여자대학교 통합예술치료학 박사
현 동의대학교 음악학과 교수

〈논문〉
피아노 전공 대학생들의 목표 심상화 방법
　　(음악교육연구, 2019)
치매노인의 정서적 안정과 사회적 행동 증진을 위한
　　통합예술치료 프로그램 개발 및 효과
　　(동덕여자대학교, 2018)

■ 권수미(Kwon, Sumi)

이화여자대학교 음악대학 피아노 연주 학사
미국 맨해튼 음악대학 피아노 연주 석사 · 박사
미국 컬럼비아대학교 음악교육학 석사 · 박사
현 한국교원대학교 초등교육과 교수

〈저서 및 논문〉
매직 핑거 피아노 · 레퍼토리 1~8권
　　(현대음악출판사, 2019)
음악교육연구의 동향과 과제(공저, 학지사, 2018)
초등 음악교과전담제 운영실태 연구(음악교육연구, 2017)

■ 노주희(Rho, Joohee)

서울대학교 음악대학 음악이론 학사
서울대학교 대학원 음악학 석사
미국 템플대학교 음악교육학 박사
현 한국오디에이션교육연구소 소장

〈저서 및 논문〉
오디 피아노 · 피아노 오디 I, II, III, 반주책
　　(공저, 예솔, 2012)
노주희 노래책 '오디'(예솔, 2008)
치유로서의 음악교육(한국예술연구, 2016)

■ 박부경(Park, Bukyung)

한양대학교 음악대학 피아노 연주 학사 · 석사

미국 뉴욕대학교 음악교육학 석사

미국 미시간주립대학교 피아노연주 박사

숭실대학교 대학원 평생교육학 박사

현 협성대학교 겸임교수, 총신대학교 객원교수

　목원대학교, 세종대학교 · 이화여자대학교 대학원 강사

〈논문〉

노인음악교육 개선을 위한 평생교육의 적용

　(음악교수법연구, 2018)

비시각장애 교사의 시각장애 학생 피아노 교수경험에

　대한 자문화기술지(음악교수법연구, 2017)

■ 배수영(Bae, Su-Young)

미국 보스턴 콘서바토리 피아노 연주 학사

미국 맨해튼 음악대학 피아노 연주 석사

미국 컬럼비아대학교 음악교육학 석사 · 박사

현 동아대학교 교육대학원 교수

〈저서 및 논문〉

음악교육 프로그램 개발(공저, 레인보우북스, 2018)

피아노 전공 대학생들의 연습전략 분석

　(음악교육연구, 2018)

대학 피아노 전공실기 지도교수들의 연습전략 지도방법

　연구(음악교육연구, 2016)

■ 박영주(Park, Young Joo)

경원대학교 음악대학 피아노 연주 학사

경원대학교(현 가천대) 대학원 피아노 교수학 석사

미국 컬럼비아대학교 음악교육학 석사 · 박사

현 경남대학교 음악교육과 교수

〈저서 및 논문〉

음악교육연구의 동향과 과제(공저, 학지사, 2018)

음악적 넛지, 음악교육 프로그램 개발

　(공저, 어가, 2017)

음악 교수학습방법(공저, 어가, 2016)

빅데이터 분석을 통해 본 '클래식 음악'

　(음악교육공학, 2014)

■ 유은석(Yu, Lydia Eunsuk)

미국 서던캘리포니아대학교 피아노 연주 학사

미국 줄리아드 음악대학 피아노 연주 석사

미국 서던캘리포니아대학교 피아노 연주 박사

현 명지대학교 피아노과 겸임교수

　가천대학교 기악과 강사

〈저서 및 논문〉

한권으로 마스터하는 피아노 반주법(학지사, 2019)

21세기 교사를 위한 피아노 교수전략(학지사, 2008)

자끄 이베르의 「이야기들」 중 두 악장을 중심으로 한

　창의적 교수방안 연구(음악교수법연구, 2017)

KOMCA 승인 필

피아노 교수학 총론
Introduction to Piano Pedagogy

2020년 3월 1일 1판 1쇄 인쇄
2020년 3월 5일 1판 1쇄 발행

지은이 • 김신영 · 권수미 · 김소형 · 노주희 · 박부경 · 박영주
　　　　배수영 · 유은석
펴낸이 • 김진환
펴낸곳 • ㈜ **학지사**
　　　　04031 서울특별시 마포구 양화로 15길 20 마인드월드빌딩
대표전화 • 02-330-5114　　팩스 • 02-324-2345
등록번호 • 제313-2006-000265호

홈페이지 • http://www.hakjisa.co.kr
페이스북 • https://www.facebook.com/hakjisa

ISBN 978-89-997-1683-6 93370

정가 23,000원

이 도서의 국립중앙도서관 출판시도서목록(CIP)은 서지정보유통지
원시스템 홈페이지(http://seoji.nl.go.kr)와 국가자료공동목록시스템
(http://www.nl.go.kr/kolisnet)에서 이용하실 수 있습니다.
(CIP 제어번호: CIP2020006276)

출판 · 교육 · 미디어기업 **학지사**

간호보건의학출판 **학지사메디컬** www.hakjisamd.co.kr
심리검사연구소 **인싸이트** www.inpsyt.co.kr
학술논문서비스 **뉴논문** www.newnonmun.com
원격교육연수원 **카운피아** www.counpia.com